THEATRUM
COGITATIOCUM
思想剧场

The Italian Renaissance

Culture and Society in Italy (3rd)

Peter Burke

意大利文艺复兴

文化与社会 第3版

〔英〕彼得·伯克 著

刘君 译

上海人民出版社

献给玛丽亚·露西娅

目　录

引　言

主　题

本书是约 1400 年至 1500 年间（亦即时人宣称的艺术和文学的"再生"时期）意大利文艺复兴（运动）的一部文化史。吊诡的是，这场文艺复兴运动似乎是一场系统的"温故而知新"（go forward by going back）的努力，换言之，通过效仿一个更古老的榜样——即古希腊人和罗马人的榜样——来打破中世纪传统的努力。

关于这个主题，若无上千部也有上百部研究著作了，其中最著名的仍是伟大的瑞士历史学家雅各布·布克哈特的《意大利文艺复兴时期的文化》（*The Civilization of the Italian Renaissance*，1860）。150 多年前，布克哈特在书中将文艺复兴视为一个由现代社会创造的现代文化。如今这一文化看上去则显得十分古旧（archaic）。态度的转变部分是由于学术界对文艺复兴与中世纪的连续性的研究，但更主要的原因是对"现代"（the modern）的理解产生了各种变化。1860 年以降，古典传统衰微，再现性艺术（representational art）的传统被打破，乡村社会演变为城市—工业社会（乃至后工业社会），其规模令 15、16 世纪的城市及其手工业（handicrafts）相形见绌。以今天的眼光来看，文艺复兴时期的意大利就显得"落

后"了，因为当时的大多数人以耕种为生，许多人目不识丁
且一切均仰仗畜力（尤其是马和牛）。在这一视角下，该时期
的许多文化创新要比它们在布克哈特时代显得更非凡。理解
并解释这些创新——随着时间的推移而逐渐形成一种新的传
统——正是本书的主旨所在。

视　角

本书不仅要撰写文艺复兴运动的文化史，而且要写它的社
会史以及特别是文化与社会的关系。[1] 文化与社会这两个关键
概念都很难界定。我所说的"文化"主要指一些态度和价值观
及其在人工制品（包括文本）及实践（包括表演）中的表达和
体现。文化是想象和象征的领域，文化并非脱离于日常生活，
而是渗透在日常生活之中的。至于"社会"，这个术语是经济、
社会和政治结构的统称，它们体现在一个特定空间和时间所特
有的社会关系当中。

本书的核心观点是，如果只关注那些我们至今敬仰的创作
绘画、雕塑、建筑、音乐、文学和哲学的个体的自觉的创作意
图，我们就无法理解这一时期意大利人的文化。了解这些个体
的意图当然是必要的——500 年后的我们只能尽力而为，因为
证据的不足以及我们与他们的思想范畴、想法和价值观的差异
都是障碍——但仅此并不足以理解这些个体参与的文艺复兴
运动。

有几个理由可证明这一方法本身的不足。首先，赞助人
的权力限制了艺术家和作家的自由。例如，虽然波提切利的

1　Williams, *Culture and Society, 1780–1950*.

绘画非常清楚地表达了其个性，以致500年后的今天我们仍能轻而易举地辨认出他的某些作品，但波提切利不是一个完全自由的画家。正如我们将看到的（边码第117页），《春》（*Primavera*）的构思或"方案"可能并非出自艺术家本人。建筑师的情况尤其如此，空间、金钱以及赞助人的意愿的限制是显而易见的（至今依旧如此）。一般来说，文艺复兴时期的艺术家都或多或少遵照别人的指示行事。对他们的限制是其自身历史的一部分。

然而，若说波提切利——且再以他为例——是违背个人意愿被迫创作出了《春》，那就如同说画这幅画的想法在某个清晨自动出现在他头脑中一样荒唐可笑。个性自发表达的浪漫观念对波提切利而言是遥不可及的。他所扮演的是由其文化限定（或至少是处于其中的）的画家角色。甚至像莱奥纳尔多·达·芬奇和米开朗基罗这样的杰出个体也浸泡在他们的文化中，并共享——至少大部分时候——他们生活的环境中流行的想法、思维或价值观（这个问题在第8章会作详细论述）。比如，即便一些人，如马基雅维利或米开朗基罗成功地改变了他们时代的政治语言或艺术语言，其成功也不只是因为他们自己的天才，而也是由于他们同代人的需要，后者只是在觉得创新合适的时候才接受创新。正如法国历史学家吕西安·费弗尔过去常说的，我们不可能思考各个时代的所有思想。

费弗尔的同事费尔南·布罗代尔甚至走得更远，主张我们都被自己的思维"禁锢"。不过，有些社会提供了多种不同的有关艺术家的角色——以及大量其他信息——的定义，文艺复兴时期的意大利就是这样一个社会。这种多元性可能是该时期其他成就的一个前提。无论如何，布罗代尔的监狱隐喻是有误导性的。没有社会经历和文化传统（最明显是语言），我们将根本无法思考或想象任何东西。

问题是，对于21世纪的我们来说，文艺复兴已经变成了一个几乎像中世纪一样"异域的"或至少是"准异域"（half-alien）文化。[1] 本书研究的艺术家和作家正变得离我们——或者说我们离他们——越来越遥远。过去，文艺复兴作为现代西方文明兴起的"宏大叙事"的一部分来研究，这是一个含蓄地贬低了其他社会群体和其他文化的成就的必胜主义和精英主义的故事。[2] 现在，这一叙事连同北美大学里曾常见的那些有关"西方文明"的课程都被摒弃，研究文艺复兴的重要性受到质疑。但另一方面，15、16世纪意大利高雅文化（high culture）的魅力却丝毫不减。事实上，现在其魅力已经远远超越了欧洲和美洲。在我们这个全球旅游以及电视和互联网图像泛滥的时代，《维纳斯的诞生》《蒙娜丽莎》和米开朗基罗在西斯廷礼拜堂的壁画从未如此广为人知，或受到如此广泛的崇敬。

这些变化意味着什么？结论在这里事实上已自己显现出来：意大利文艺复兴应当从一个稍微不同于布克哈特的视角研究。它应被重新界定——换言之应与现代性的观念脱离——并用一种"去中心"（decentred）的方式研究。[3] 不需要用进步的术语表现新文化形式的兴起，比如，好像古罗马风格的建筑明

---

1 Medcalf, "On reading books from a half-alien culture".

2 Bouwsma, "The Renaissance and the Drama of European History"；Lyotard, *Condition postmoderne*.

3 Farago, *Reframing the Renaissance*；Warkentin and Podruchny, *Decentring the Renaissance*；Burke, "Decentring the Renaissance"；Starn, "Postmodern Renaissance?".

显优于哥特风格或传统的中国风格建筑。要理解文艺复兴运动，或者欣赏这一时期个人或群体的成就，这种设想是没有必要的。

另一种将文艺复兴去中心的方式，可能是注意到这场运动与其他运动和其他文化在一个无休止的交换过程中并存并互动。

研究路径

本书的焦点是一场运动而非那些参与其中的人，虽然其中一些人的个性让我们永难忘怀，如米开朗基罗。本书不仅关注语言学家所说的"信息"（message），即一个特定的交流行为（一首诗、一座建筑、一幅画或一首小夜曲），而且关注"编码"（code），即限定了我们所说——但没有它就不可能有"信息"——的传统或文化规则。这项研究的核心主题是当时所说的"野蛮的""哥特的"或"中世纪"（文艺复兴时期的人文主义者杜撰的一个词）编码如何被摒弃，以及这一编码如何被另一个更密切模仿古希腊和罗马（但同时也包含许多新因素的）新编码所取代。在这一时期，佛罗伦萨人尤其发展出了一种"创新的传统"——也许可以给它这样一个带悖谬色彩的名字。

这一时期的艺术史构成了15、16世纪意大利整体史（general history）的一部分——不仅是变化的态度和价值观的历史，也是第9章将详细讨论的经济兴衰、政治危机和权力平衡的变化以及不那么剧烈和渐进的社会结构的变迁史。艺术与其时代的历史联系在一起是不言而喻的。问题在于如何具体阐述这种关系。在本书中，我的目标是避免两种研究文艺复兴的早期路径的不足，对此第 2 章有更详细的讨论。第一种是 *Geistesgeschichte*（精神史），第二种是历史唯物主义，或曰马克思主义。

Geistesgeschichte 字面意思即"精神史"，即在一切活动形式，包括艺术以及尤其是哲学中辨认一种"时代精神"（*Zeitgeist*）的历史方法。这一流派的史学家，包括雅各布·布克哈特（至今仍是最伟大的文艺复兴史学家）和荷兰史学家约翰·赫伊津哈从思想而非日常生活入手，强调一致性而忽视文化和社会冲突并假定不同活动之间存在非常模糊的联系。另一方面，历史唯物主义者立足于日常生活，强调冲突而忽视一致性，并往往假定文化（他们所说的"意识形态"的一种表达形式）是由经济和社会"基础"直接或间接决定的。

尽管我敬仰布克哈特和赫伊津哈，也仰慕从沃尔特·本雅明到雷蒙·威廉斯（本书最初的题目就受到其《文化与社会》一书的启发）的某些马克思主义学者，但本书还是尝试第三种路径。它采取了介于马克思主义学派与"精神史"之间的中间立场，因为它关注社会对艺术的影响，但同时认为文化不仅仅是经济和社会趋势的表现。这个中间立场与法国"年鉴学派"的立场类似，尤其是马克·布洛赫、吕西安·费弗尔和费尔南·布罗代尔。比如，第 8 章对思维史（history of mentalities）以及在第 11 章对比较史的关注就极大受益于他们的榜样作用。有关尼德兰人的讨论是布洛赫所说的邻居（或近距离）比较的例子，而对日本文化和社会的讨论则展现了他的远距离比较的思想。

本书的理想是一部"开放的"社会史，即探索艺术与政治、社会和经济趋势的联系，而不假定想象的世界由这些趋势或力量决定。比如，当我们试图解释佛罗伦萨的创新传统时，我们需要记住佛罗伦萨是欧洲最大的城市之一，它由美第奇家族这样的商人主导，并充满激烈竞争。

这部开放的社会史借用了许多社会理论家的思想而没有接受任何一种全套理论"包裹"。比如，埃米尔·涂尔干对自我意识和竞争的社会解释，马克斯·韦伯的官僚制和世俗化观念，卡尔·曼海姆对世界观和世代的关注，以及晚近的皮埃尔·布尔迪厄对社会区隔和象征资本的兴趣，这些都与意大利文艺复兴的历史相关。

一些社会和文化人类学家的著作虽然看起来可能与布克哈特相矛盾，但对理解文艺复兴也很重要。如果说意大利文艺复兴时期的文化已经变成了一种准异域文化，因而历史学家既要承认也要努力克服文化距离，那么他们就需要向那些努力将神话、仪式和象征置于其社会语境的所谓象征人类学家学习。因此，与其他研究欧洲旧制度的历史学家一样，如卡罗·金兹伯格的《奶酪与蛆虫》（1976）和罗伯特·达恩顿的《屠猫记》（1984），我也借用了从爱德华·伊文斯-普理查德到已故的克利福德·格尔茨等人类学家的著作。正如曾长期被忽视的伟大文化史家阿比·瓦尔堡很早以前就意识到的，人类学与研究文艺复兴时期的巫术和占星学的相关性是显而易见的。人类学对研究图像的功能和用途的重要性也已得到证明。更广泛地说，人类学家能帮助我们远离"艺术""文学"以及甚至"个人"之类的现代概念，这些概念在 15、16 世纪的意大利尚在形成中，与它们现在的含义并不完全一样。[1]

1　Burke, "Anthropology of the Renaissance".

在人类学中，与本书讨论的问题最相关的是"人种语言学家"或"沟通人种志学家"的研究。与约书亚·费什曼等语言社会学家一样，戴尔·海姆斯与该群体其他成员的主要关切也是研究谁对谁说了什么，在什么情况下以及通过何种渠道或编码。[1] "说"不只包括说话和写作，也包括一系列诸如仪式这样广泛得多的"沟通事件"，这些事件表现同时又构成了一种文化。这一路径与本书的相关性是显而易见的，因为本书关注当哥特式"编码"或风格被另一种编码（既更新又更古老）取代时，绘画、戏剧和诗歌表达的信息。

计　划

在本研究中，由中心向外扩展的章节顺序表达了社会的物质基础广泛但间接地影响艺术这一观念。中心就是我们现在说的意大利文艺复兴时期的艺术、人文主义、文学和音乐，本书第1章对此作了简要描述。这一章提出了本书其余部分要解答的问题：为什么艺术在此地点和时间采取了这些特定形式？第2章扼要叙述了从画家—艺术史家乔尔乔·瓦萨里（他已意识到对新的艺术成就作出解释的需求）到我们自己时代对这一问题作出的解答。

本书第二部分关注的是艺术的切近社会环境。首先，第3章关注创造我们现在如此仰慕的绘画、雕塑、建筑和诗歌等艺术杰作的各色人物，尤其是详细研究了600位最知名的艺术家和作家。其次，第4章关注这个"创造性精英"群体为之生产人造物品和表演的各种赞助人，以及赞助人期望用钱买到什

1　Hymes, *Foundations in Sociolinguistics*; Fishman, "Who Speaks what language".

么。由此扩展开来，第 5 章和第 6 章考察了我们所说的"艺术品"的社会用途以及当时的观众和听众的反应——换言之即当时的趣味。这些章节呈现了微观层面的社会史和文化史。

有些学者，包括 E. H. 贡布里希，主张艺术的社会史应就此打住，但我认为这样做将使工作半途而废。[1] 因此，本书第三部分，亦即最后部分继续向外扩展。若不将趣味嵌入（第 7 章描述的）当时主导的世界观，那么对趣味标准的描述就不能让人充分理解。再者，若我们要理解艺术家和赞助人这样的社会群体的理想、意图或需求，也需要将其置于整个社会结构中（第 8 章）。最后是文化与社会变迁的关系问题。本书每一章都讨论了一些具体变化，但第 9 章和第 10 章试图将这些不同线头连缀起来，并通过与同一时期邻近的尼德兰文化以及另一个时空上更遥远的文化，即日本著名的"元禄时期"的文化进行比较和对照来阐明意大利的发展。

计量方法

本书的一个主要特色，也是一个至今仍有争议的特色是使用计量方法。比如，关于绘画主题的变化的讨论就是基于大约 2000 件日期确定的绘画样本，并展示了法国人说的"序列史"（*histoire sérielle*），即对一个时间序列的分析。论述艺术家和作家的那一章也是基于对 600 位精英职业生涯的分析。计量分析最早是在 20 世纪 60 年代进行的，当时借助了一台 ICT 1900 型计算机，现在它无疑已经成了一件古董。这种集体传记或"群体传记学"（prosopography）方法在后来的一些意大

---

1 Gombrich, *In Search of Cultural History*.

利文艺复兴研究中被沿用。[1]另一方面，本书最早的一位评论者把我使用统计学描绘为"伪科学主义"。这个反应表明我需要用几句话来澄清至少两点。

第一点，无论何时，只要史学家使用"较多"或"较少"、"兴起"或"衰落"这样的词汇就都是在含蓄地作定量论断，没有此类词汇他们会发现讨论变化将极其困难。定量论断需要量性证据。对计量方法的一种常见批评是它们只是告诉了我们已经知道的事。它们的确常常证实了先前的结论，但它们也像发现新证据一样使这些结论建立在更坚实的基础上。

第二点涉及准确性，认为统计数字只是貌似准确，因为分析的取样与外部世界的确切关系并不十分确定。因此，至少在历史学领域提出类似"7.25%"这样的数字不仅毫无用处，而且还有误导性。虽然如此，计算出大概的绝对数字可能是评估相对量值和变化幅度的最可靠途径，这也是使用这一方法的真正目标。

修订版

1964 年，应一位研究文艺复兴的顶尖学者约翰·黑尔的邀请，我开始撰写这本书。对我来说，时机恰到好处，因为我刚刚被任命为新建的萨塞克斯大学的副讲师（Assistant Lecturer），并在那里开设了两门分别关于"文化与社会"和雅各布·布克哈特的课程。侵入艺术史领域的前景令人生畏，但 1967 年在普林斯顿高等研究院的几个月促进了我的研究，使

---

1 Bec，"Lo statuto socio-professionale degli scrittori"；De Caprio，"Aristocrazia e clero da la crisi dell'umanesimo alla Controriforma"；King, *Venetian Humanism in an Age of Patrician Dominance*.

我有机会与米拉德·梅斯、詹姆斯·贝克和尤利乌斯·黑尔德进行富有成效的谈话。

自那时以来，艺术史与"普通"或一般历史一样已经发生了或遇到了很多事。曾被绝大多数艺术史家视为边缘或甚至是（考虑到其马克思主义的历史）颠覆性的艺术社会史，愈益靠近这一学科的中心。特别是有关艺术赞助的研究，包括文艺复兴时期以及其他时期的艺术赞助研究大量涌现。[1] 收藏史自 20 世纪 80 年代以来吸引了越来越多人的兴趣，针对这一主题的会议和期刊反映了这一点。比如，在文艺复兴时期的意大利，波吉奥·布拉乔利尼这样的人文主义者、内罗乔·德·兰迪这样的画家、伊莎贝拉·德·埃斯特这样的贵族甚至保罗二世（从前的皮埃特罗·巴尔波）这样的教皇都收集古典雕像、钱币、雕刻宝石以及——就人文主义者和主教保罗·乔维奥来说——名人肖像。[2] 许多收藏家热爱他们收藏的物品，但收藏像其他炫耀性消费一样也变成了一种时尚，使个人可以通过这种方式区别于普通人，以保持或提升其社会地位。艺术家可能将精英阶层的人描绘为身处一个包含许多其收藏的珍爱物品的背景中，如布龙奇诺画的《乌古利诺·马尔特利像》（参见第 4 章插图 4.5）。[3]

1　Kempers, *Painting, Power and Patronage*; Kent and Simons, *Patronage, Art and Society in Renaissance Italy*; Hollingsworth, *Patronage in Renaissance Italy*; Kent, *Cosimo de Medici*; Burke, *Changing Patrons* 等。

2　Pomian, *Collectors and Curiosities*; Elsner and Cardinal, *Cultures of Collecting*; Findlen, "Possessing the past"; Salomon, "Cardinal Pietro Barbo's collection"; Michelacci, *Giovio in Parnasso*.

3　Bourdieu, *Distinction*; Burke, *Historical Anthropology of Early Modern Italy*, ch. 10; Urquizar Herrera, *Coleccionismo y nobleza*.

在 20 世纪 60 年代，我感觉自己侵入艺术史家领地的做法有点孤军深入。不过，今天一些艺术史家也正入侵"普通的"或一般历史的领地，他们撰写文艺复兴时期的家庭或购物，在此过程中，他们还比研究一般历史的同事越来越有效地使用了图像证据。[1] 艺术史的观念已经受到学科内部那些通常被称为"视觉文化"派的挑战。

一般历史也有所变化。在文艺复兴研究中，有三场运动尤为显著。我们也许可以称其为女性转向、家庭转向和全球转向。

女性转向

女性转向与 20 世纪 70 年代妇女史的兴起联系在一起，这是更广泛的女性主义运动的一部分。正是在那时艺术史家林达·诺克林发文诘问："为何没有伟大的女艺术家？"历史学家琼·凯莉则接着提出了另一个问题："妇女有一个文艺复兴吗？"女性主义者杰梅茵·格里尔则撰写了研究女艺术家的《障碍赛跑》（*The Obstacle Race*）。[2] 在意大利文艺复兴时期寻找女艺术家的努力并未产生实质性的结果（参见边码第 48 页）。但女作家的情况不同：事实上，其中一些人已久享盛名，不过现在她们吸引了更多兴趣。一些在人文主义的历史上处于边缘的知识女性也引起了越来越多关注：比如维罗纳的伊索塔·诺加罗拉（边码第 49 页）。[3] 关于文艺复兴时期妇女的地

9

1 Brown, *Private Livesin Renaissance Venice*; Welch, *Shopping in the Renaissance*.

2 Nochilin, "Why have there been no great women artists?"; Kelly, "Did women has a Renaissance?"; Greer, *The Obstacle Race*.

3 Pesenti, "Alessandra Scala"; King, "Thwarted ambitions"; Labalme, *Beyond their Sex*; Jardine, "Isotta Nogarola" 和 "Myth of the learned lady"。

位和"文艺复兴时期女性主义"的研究大量增加。[1]

由于妇女进入创造性精英群体的道路阻碍重重，学者们将注意力转向妇女促进艺术的其他方式，即作为赞助人直接作出贡献，或者作为支持者或扶植者——即法国人说的"推动者"（animateurs）——间接作出贡献。有关于文艺复兴时期那些委托订制绘画、雕像和建筑的妇女的研究已经涌现。[2] 现在，仅有关曼托瓦侯爵夫人伊莎贝拉·德·埃斯特的艺术赞助的研究就足能填满半个书架。[3] 其他一些妇女则充当间接赞助人，将艺术家和作家推荐给男性亲属。[4] 乌尔比诺宫廷，即卡斯提利奥内有关廷臣的著名对话的背景，也从一个女性主义或至少是从女性的视角被研究，这些研究注意到由于公爵朱多巴尔多体弱多病，乌尔比诺宫廷由公爵夫人伊莉莎白·贡扎加主导，因此妇女在对话中扮演了一个谨慎但重要的角色。[5]

这些研究从属于一个更广泛的大趋势，即在经济、政治以及文化史领域凸显妇女的可见度，研究意大利的史学家也加入这一趋势。[6] 对妇女文化角色的兴趣还促进了文艺复兴研究中

10

---

1 Jordan, *Renaissance Feminism*; Migiel and Schiesari, *Refiguring Woman*; Niccoli, *Rinascimento al femminile*; Panizza, *Women in Italian Renaissance*.

2 King, *Renaissance Women Patrons*; Matthews-Greco and Zarri, "Committenza artistica feminile"; Welch, "Women as patrons"; Reiss and Wilkins, *Beyond Isabella*; McIver, *Women, Art and Architecture*; Roberts, *Dominican Women*; Solum, "Problem of female patronage".

3 Braghirolli, "Carteggio di Isabella d'Este"; Cartwright, *Isabella d'Este*; Fletcher, "Isabella d'Este"; Brown, "Ferrarese lady"; Campbell, *Cabinet of Eros*; Ames-Lewis, *Isabella and Leonardo*.

4 Regan, "Ariosto's threshold patron".

5 Zancan, "Donna e il cerchio"; Finucci, "Donna di corte".

6 比如 Brown and Davis, *Gender and Society in Renaissance Italy*; Muir, "In some neighbours we trust".

可称为"家庭转向"的发展。

家庭转向

家庭转向包括对私人生活，对家庭日常生活世界的关注，但它在物质文化领域最明显。[1] 自本书于 1972 年首次面世以来，文艺复兴研究中一个主要的兴趣变化是对装饰艺术或"应用艺术"及其所处环境，特别是室内环境的兴趣或重新评价的兴起。这一兴趣的早期阶段与英国的艺术和手工艺运动以及其他地方的类似运动联系在一起，并导致了从这一角度对文艺复兴的一些研究。[2] 目前的变化或转向则是更广泛的史学趋势的一部分，尤其是对私人生活和物质文化的兴趣的兴起。[3]

在这个结合部，英国学者可能从艺术暨人文研究委员会获得两项集体研究项目的资助，一个关于"物质的文艺复兴"，另一个关于"家庭室内"（包括 15、16 世纪意大利的室内），维多利亚和艾伯特博物馆则在 2006—2007 年举办了一个主题为"在文艺复兴时期意大利的家中"的展览。意大利、美国和法国学者也对自 20 世纪 80 年代至今的家庭转向作出了重要贡献。女性学者在这一新领域非常突出，博物馆馆员也表现不俗。这一家庭转向的参加者撰写了大量关于房屋内部环境的重要著作，特别是作为上层阶级炫耀衬景的城市豪宅。[4]

1　Brown，*Private Livesin Renaissance Venice*；Musacchio，*Art，Marriage and Family*.

2　Schiaparelli，*Casa forentina*；Schubring，*Cassoni*.

3　Findlen，"Possessing the past"；O'Malley and Welch，*Material Renaissance*.

4　Lydecker，*Domestic Setting*；Goldthwaite，"Empire of things"；Thornton，*Italian Renaissance Interior*；Thornton，*Scholar in His Study*；Ajmar-Wollheim and Dennis，*At Home*；Currie，*Inside the Renaissance House*；Lindow，*Renaissance Palace*；Palumbo Fossati Casa，*Intérieurs vénitiens*.

其他学者关注在房屋内发现的各种不同物品，如椅子、床、挂毯、地毯、盘子、碟子、镜子、高脚杯和墨水瓶。它们常常被精心设计和装饰，比如安德烈亚·里乔制作的青铜墨水瓶架，它们连同文本一起变成了人们的兴趣点。青铜小雕塑有时是大型大理石雕像的复制品，展示了主人对古代的品位和兴趣。[1]美丽的居家物品展示在待客室、书房和卧室（有时向来访者开放）并吸引了当时鉴赏家们——如洛伦佐·德·美第奇和伊莎贝拉·德·埃斯特——的兴趣。比如，波提切利的《春》最初就挂在一个卧室里。[2]历史学家还考察了与其中一些物品相关的家庭仪式，比如"婚柜"（cassone，装嫁妆的箱子）或庆生盘（用以盛放点心端给产妇，后来挂在墙上展示）以及其中蕴含的价值观。[3]婚柜和庆生盘有时装有表现爱情和婚姻的华丽装饰画。

这一新的研究潮流不仅有助于使文艺复兴时期的意大利更靠近我们，而且促进了对我们可能太轻易地称为"艺术品"的东西的重新评价，"艺术品"这个概念再度复制了被视为高级的"美术"（或法语所说的 beaux-arts）和低级的"装饰艺术"之间的区分。这个区分在 18、19 世纪是显而易见的，但我们可以争辩说，将此区分用在意大利文艺复兴时期是时代倒错的。[4]同一些画家可能今天受雇绘制我们所说的"架上画"，明

1　Radcliffe and Penny, *Art of the Renaissance Bronze*；Warren，"Bronzes"。

2　Smith，"On the original location"；Syson and Thornton, *Objects of virtue*；Ago, *Gusto for Things*；Motture and O'Malley，"Introduction"。

3　Klapisch-Zuber, *Women, Family and Ritual in Renaissance Italy*；Baskin, *Cassone Painting*；Musacchio, *Ritual of Childbirth*；Randolph，"Gendering the period eye"。

4　Guerzoni, *Apollo and Vulcan*.

天又去绘制庆生盘。更准确地说，我们可以认为美术与装饰艺术的区分在本书讨论的这一时期正在出现，瓦萨里的一句评论证实了这一点，他说，在15世纪"甚至最卓越的画家"也装饰柜子"而不会像今天的画家那样感到丢脸"。不过，甚至在16世纪早期的"盛期文艺复兴"时期，一个像拉斐尔这样在自己时代享有盛名的画家也设计金属工艺品和挂毯。[1]

全球转向

今天，全球史的兴起使文艺复兴显然比过去渺小，用迪佩史·查克拉巴提让人记忆深刻的话来说，它使"欧洲地方化"（provincializing Europe）了。[2]像20世纪50年代的阿诺德·汤因比一样，现在一些学者开始谈论复数的"文艺复兴"，即用这个词指一系列关联的复兴运动。[3]一系列拜占庭以及伊斯兰的文艺复兴已经被发现。比如，在建筑中，以圣索菲亚大教堂为典型代表的晚期古典传统的许多方面在拜占庭帝国的继承者奥斯曼帝国于伊斯坦布尔、艾迪尔内等地修建的一系列清真寺中被沿用。转向非古典传统的文艺复兴时期，人们会想到中国朱熹时代的儒学复兴，正好是发生在西方人所说的"12世纪的文艺复兴"的时代。正如皮科和菲奇诺被称为"新柏拉图主义者"，朱熹也被普遍描绘为一个"新儒学家"。

但在两个意义上，意大利文艺复兴仍然可被视为"老大"（the Big One）：因为它绵延的时间特别长（持续了近300年），

1　Syson and Thornton, *Objects of Virtue*, p. 160.

2　Chakrabarty, *Provincializing Europe*.

3　Toynbee, *Study of History*; Goody, *Renaissances*.

也因为它影响特别大，之后又持续了 350 年。[1] 不过，除了古希腊罗马文化和中世纪西方文化，对这一运动作出贡献的其他一些文化也值得关注。[2] 它们很久以前已被发现，特别是拜占庭的学术文化以及（至少在自然科学方面）伊斯兰世界的学术文化贡献。[3] 阿比·瓦尔堡在费拉拉的无忧宫（Palazzo Schifanoia）的文艺复兴时期壁画中发现了一幅印度占星学图像，这个图像是通过阿拉伯学者阿布·马夏尔，即西方人说的"阿布马扎尔"传播到意大利的。[4] 另一方面，犹太学者对文艺复兴的贡献，尤其是对希伯来研究的复兴的贡献只是最近才开始被研究，比如文艺复兴影响意大利犹太人社区的方式。[5]

转向物质文化，文艺复兴时期的意大利开始欣赏来自欧洲以外的物品。1487 年，洛伦佐·德·美第奇收到一件中国瓷器作为礼物；在乔万尼·贝利尼的《诸神的盛宴》中能看到一些青花瓷碗。到 16 世纪，热那亚匠人开始仿制明朝的瓷器。科西莫·德·美第奇大公有一些来自非洲的物品，如叉子、汤勺、盐盒和一些如今称为"非洲—葡萄牙风格"的象牙角。至于新大陆，美第奇家族圈子内流行着来自墨西哥的人造物品，从镶嵌面具到图绘手抄书不等。[6]

不过，艺术家以及人文主义者借用最多的还是伊斯兰文化。

13

---

1 Burke, "Jack Goody and comparative history".

2 Burke, "Renaissance Europe and the world".

3 Kristeller, "Italian Humanism and Byzantium"; Geanakoplos, *Interaction*; Gutas, *Greek Thought*.

4 Warburg, *Renewal of Pagan Antiquity*, pp. 563–592.

5 Bonfil, "Historian's perception" and *Rabbis and Jewish Communities*; Tirosh-Rothschild, "Jewish culture".

6 Heikamp, *Mexico and the Medici*.

威尼斯商人们住在开罗、大马士革和伊斯坦布尔，有些则到访波斯和印度。一些艺术家也向东旅行，其中包括真蒂莱·贝利尼。[1] 反过来说，穆斯林地理学家阿尔-哈桑·伊本·穆罕默德·阿尔-瓦赞，在西方以"非洲人利奥"著称，在罗马生活了一段时间并在那里撰写了他描绘非洲的书。[2] 就文学来说，彼特拉克及其追随者的抒情诗与阿拉伯伽扎尔（*ghazals*）[3] 有惊人的相似性，都让人联想到爱情甜蜜的痛苦以及被爱者的冷酷等，这一传统是通过西西里或那些与西班牙穆斯林有接触的普罗旺斯游吟诗人传播到彼特拉克那里的。[4]

在意大利人文主义者中，乔万尼·皮科·德拉·米兰多拉尤其乐于接受不同文化的思想。在他关于人的尊严的著名演说中，皮科引用了他称为"撒拉森人阿布达拉"（Abdala the Saracen）的一句话，大意是说"没有比人更奇妙的事物了"，这位学者当时以阿卜杜拉·伊本·古太白之名为人所知。[5] 穆斯林人文主义者伊本·鲁什德（亦即"阿维罗伊"）对亚里士多德《诗学》的评注的拉丁文版于1481年在威尼斯出版，而在文艺复兴时期意大利的大学，学生们也像中世纪时一样学习医学家伊本·西那（亦称"阿维森那"）的著作。[6] 最近有学者主张，菲利波·布鲁内莱斯基对透视法的著名发现归功于另一位中世纪穆斯林学

---

1 Raby, *Venice*; Brotton, *Renaissance Bazaar*; Howard, "Status of the oriental traveller".

2 Zhiri, *Afrique au miroir*; Davis, *Trickster Travels*.

3 ghazals 是流行于中古阿拉伯地区的一种抒情诗体，一般形式简短优美，通常以爱情为主题。——译者注

4 Gabrieli, *Testimonianze*, p. 47; Menocal, *Arabic Role*, pp. xi, 63, 117–118.

5 Makdisi, *Rise of Humanism*, p. 307.

6 Siraisi, *Avicenna in Renaissance*.

者，即伊本·海赛姆（别名"阿尔哈增"）的著作。[1]

就建筑来说，佛罗伦萨和米兰在 15 世纪修建的著名救济院显然沿用了大马士革和开罗的救济院设计。有人指出，圣马可教堂广场受到大马士革大清真寺庭院的启发，而总督宫则借用了马穆鲁克建筑。[2] 再者，建于 1533 年至 1553 年的威尼斯的增宫（Ca' Zen）包含东方式拱门的正立面，这无疑暗示了该家族对中东地区经济和政治事务的介入。[3]

收藏土耳其物品的时尚，如安纳托利亚的地毯和伊兹尼克的陶器，表明在这一时期奥斯曼世界既是焦虑也是魅力之源。事实上，有些威尼斯手艺人仿制土耳其产品，如皮革盾。[4] 伊斯兰文化对文艺复兴时期艺术家的最大贡献，可能是为其提供了装饰母题的宝库，我们今天仍将其描绘为"阿拉伯花饰"（arabesques），它们被用于印刷装饰、书籍装订和金属工艺品等处。这些阿拉伯花饰在 1500 年左右开始在威尼斯流行，但其设计很快就广泛传播开来。比如，切利尼曾试图模仿土耳其短刀上的装饰。[5] 可能西方文化在中世纪要比在文艺复兴时期——尤其是 16 世纪早期的"文艺复兴盛期"——更乐于接受外来影响，在 16 世纪早期，人文主义者和艺术家被古罗马人西塞罗和维特鲁威的优美文风和建筑风格规则打动。但在不太高贵的装饰艺术领域，对折衷主义的阻碍就不太强劲。

1　Belting, *Florence and Baghdad*.

2　Quadflieg, *Filaretes Ospedale maggiore in Mailand*; Howard, *Venice and the East*, pp. 104, 120, 178.

3　Concina, *Dell'arabico*.

4　Mack, *Bazaar to Piazza*; Contadini, "Middle East objects".

5　Morison, *Venice and the Arabesque*.

推出一个新版本的挑战是要考虑数百位学者的新研究并向读者提供一个综合，虽然对这个大题目的研究存在许多离心趋势。40多年来这本书已两度更名并作了大量修订，它开始像著名的阿尔戈（Argonauts）之舟，在漫长的航程中，船板一块接一块地被替换。无论《意大利文艺复兴》是否依旧是同一本书，我还是很高兴政治出版社（Polity）决定将其再版。

剑桥，2013年4月

第一部分
问 题

第 1 章

文艺复兴时期的意大利的艺术

在那场我们称为文艺复兴的文化运动的时代，也就是1350 年至1550 年的大约两百年间，虽有"意大利"（Italia）这个概念，但它既不是一个社会单位，也不是一个文化单位。正如梅特涅伯爵在1814 年（大约在半个世纪前，意大利变成一个统一国家）所言，它只是"一个地理名词"。然而，地理对文化和社会都有影响。比如，地理位置促使意大利人比他们的邻居更关注商业和手工业。地处欧洲中心和靠海的便利使意大利商人有机会成为东西方贸易的中间人，而五分之一山地、五分之三丘陵的地形也使得在这里发展农业比在（比如）英格兰或法国更困难。因此，毫不奇怪，热那亚、威尼斯和佛罗伦萨这样的意大利城市能在13 世纪商业革命中发挥领导作用，或者在1300 年意大利中部和北部约有23 个城市的人口达到或超过2 万。在这一时期，城市共和国是政治组织的主导形式。相对较多的城市人口和高度的城市自治增强了受过教育的城市平民的重要性。不谈论这些前提就很难理解15、16 世纪意大利的文化和社会发展。[1]

13世纪晚期和14世纪初，许多城市国家丧失了独立，14世纪40年代，意大利人与欧洲其他地区和中东地区的人们一样遭受了经济萧条和瘟疫的打击。但城市生活方式和有教养的城市平民的传统得以幸存，这对文艺复兴来说至关重要，因为它是一场少数人的运动，对大多数人来说意义不大或根本没有意义。多数意大利人（总共有900万或1000万）是农民且大多穷困潦倒。他们也有自己的文化，值得研究、能够并且已经得到研究，但这不是本书的主题，本书关注的是在艺术的社会语境下考察艺术的新发展。

本书的目标是将文艺复兴时期意大利的绘画、雕塑、建筑、音乐、文学和学术置于或重置于其最初的环境，这一时期的社会——它的"文化"（从这个灵活术语的广泛意义讲）中。为此，首先对这一时期艺术的主要特点作简要描述可谓明智之举。在描述中，我们的重点是后世的观点，而不是文艺复兴时期人们的看法（第5至第7章论述了他们的观点）。虽然文艺复兴时期的人有时也在写作中谈到"再生"，但他们没有将文艺复兴视为一个时期的清楚和明确的观念。他们对诗歌和修辞学感兴趣，但我们的"文学"观念对他们来说是陌生的，而我们所说的"艺术品"的概念只是到文艺复兴末期才开始出现。

这个描述将侧重几门艺术所共有而并非某种艺术独有的特点，并努力将文艺复兴时期作为一个整体呈现（这一时期的各种趋势留待第10章讨论）。我们不假定该时期存在文化统一性

1　Waley, *Italian City-Republics*；Martines, *Power and Imagination*，尤其是第1—4章；Larner, *Italy in the Age of Dante and Petrarch*。

（比如布克哈特就是如此），而是将文化统一性作为一个要验证的假说。[1]

19世纪有关文艺复兴时期意大利艺术的传统观点（虽然艺术史家为纠正这种观点作出了不懈努力，但它至今仍有大量支持者）可概括如下：艺术繁荣发展，新的现实主义、世俗主义和个人主义都表明了中世纪的终结和现代世界的开始。然而，所有这些设想均已遭到批评家和史学家的质疑。即便这些观点还能挽救，它们也必须进行重大修改。

要说艺术在一个社会"繁荣昌盛"，无疑是说那里出产了比其他许多社会更好的作品，这直接将我们带出了经验可证实的领域。如今，中世纪艺术已经不像以往那样看起来明显次于文艺复兴艺术。拉斐尔和阿里奥斯托从他们生活的时代迄今一直都被视为伟大的艺术家和作家，但对米开朗基罗、马萨乔或乔斯昆·德·普雷斯——尽管他们如今声名赫赫——却没有这样的共识。尽管如此，很少有人会质疑这样的主张：文艺复兴时期的意大利是一个艺术成就"簇集"（clustered）的社会。[2] 这些"簇"最突出地表现在从马萨乔（或事实上从乔托）到提香的绘画，从多纳泰罗（或从13世纪的尼科拉·皮萨诺）到米开朗基罗的雕塑，以及从布鲁内莱斯基到帕拉迪奥的建筑。经济史家理查德·戈德斯韦特问道："为什么意大利在文艺复兴时期出产

19

1　赫伊津哈（Huizinga）的文章《文化史的任务》（"Task of Cultural History"）和贡布里希（Gombrich）的论著《探索文化史》（In Search of Cultural History）简明和优雅地呈现了赞同和反对一个时期文化统一性的例子。其他相关论述，参见 Burke, Varieties of Cultural History, pp. 183–212。

2　这个词来自 Kroeber, Configurations of Culture Growth。按照他的论述，"文化发展"仿佛可以像经济发展一样度量，尽管如此，他的许多比较和对照仍富有启发性。

了这么多艺术？"不仅"更多艺术"，而且"更丰富多样"。[1]

方言（或白话）文学的情况较为复杂。但丁和彼特拉克之后是所谓"没有诗歌的世纪"（1375—1475），随后是波利齐亚诺、阿里奥斯托和其他许多诗人的成就。14 世纪和 16 世纪是意大利散文的伟大时代，但 15 世纪却不然（部分因为学者们更喜欢用拉丁语写作）。[2] 思想领域出现了许多杰出人物——阿尔贝蒂、莱奥纳尔多·达·芬奇和马基雅维利——以及一场重要的运动，即"人文主义者"（更准确地说教授"人文学"的教师）的运动。[3]

在这一对意大利成就的描述中最突出的缺口出现在音乐和数学领域。虽然在文艺复兴时期意大利的许多美妙的乐曲被谱写出来，但它们大多是尼德兰人的作品，直到 16 世纪才出现了像加布里埃利叔侄和科斯坦佐·费斯塔这样高水准的作曲家。在数学领域，著名的博洛尼亚学派也属于后来的 16 世纪。[4]

考察艺术中的创新而不是"繁荣发展"更有益，因为这个概念更确切。在意大利，15、16 世纪无疑是艺术创新的时代，是一个新的艺术类型、风格和技法兴起的时代。这个时期充满了"第一"。这是第一幅油画、第一幅木刻画、第一幅铜版画和第一本印刷书的时代（尽管所有这些创新都是从德国或低地国家传入意大利的）。在这一时期，直线透视法规则被发现并

1 Goldthwaite, *Wealth and Demand for Art in Italy*, *1300–1600*, p. 1.

2 Asor Rosa, *Letteratura italiana*.

3 这个定义（可能太窄，但很准确）是克瑞斯泰勒提出的，参见 Kristeller, *Renaissance Thought*.

4 关于数学，参见 Rose, *Italian Renaissance*；关于音乐，参见 Palisca, *Humanism*；Owens, "Was there a Renaissance in music?"; Fenlon, *Music and Culture*; Grove, *New Dictionary of Music*, vol. 21, pp. 178–186。

被艺术家用于艺术创作。[1]

　　艺术类型中新与旧的界限不像技法那样容易划定，不过变化仍非常明显。在雕塑中，我们看到了独立塑像，特别是骑马纪念像和半身像的兴起。[2] 在绘画中，肖像画作为一种独立的艺术类型也出现了。[3] 随后，风景画和静物画非常缓慢地发展起来。[4] 在建筑领域，虽然有些中世纪城市已经采用网格平面设计，有一位学者仍将 15 世纪描绘成有意识的城市规划"发明"的时代。[5] 在文学领域，喜剧、悲剧和田园文学（戏剧或传奇故事）兴起。[6] 在音乐中，四声部歌曲（*frottola*）和牧歌（madrigal）出现，两者都是多声部合唱歌曲。[7] 艺术理论、文学理论、音乐理论和政治理论也在这一时期日益独立。[8] 在教育方面，我们看到了现在所说的"人文主义"的兴起，即当时

20

1　Panofsky, *Perspective as Symbolic Form*; Edgerton, *Renaissance Discovery of Linear Perspective*.

2　Pope-Hennessy, *Italian Renaissance Sculpture*; Seymour, *Sculpture in Italy*; Avery, *Florentine Renaissance Sculpture*; Janson, "Equestrian monument".

3　相关的许多研究包括 Pope-Hennessy, *Portrait in the Renaissance*; Campbell, *Renaissance Portraits*; Partridge and Starn, *Renaissance Likeness*; Simons, "Women in frames"; Mann and Syson, *Image of the Individual*; Granston, *Poetics of Portraiture*; Christiansen and Weppelmann, *Renaissance Portraiture*.

4　关于风景画，参见 Gombrich, *Norm and Form*, pp. 107–121; Turner, *Vision of Landscape*。关于静物画，参见 Sterling, *Still Life Painting*; Gombrich, *Meditations*, pp. 95–105。

5　Westfall, *In this Most Perfect Paradise*. 关于总体趋势，参见 Heydenreich and Lotz, *Architecture in Italy*; Millon, *Italian Renaissance Architecture*。

6　Herrick, *Italian Comedy and Italian Tragedy*.

7　Einstein, *Italian Madrigal*; Bridgman, *Vie musicale*, ch. 10.
　　frottola, 15 世纪流行于意大利民间; *madrigal*, 14 和 16 世纪流行于意大利, 16 和 17 世纪在英国盛行, 常以爱情或田园为主题。——译者注

8　Panofsky, *Idea*; Blunt, *Art Theory in Italy*, *1450–1600*; Weinberg, *History of Literary Criticism*; Skinner, *Foundations of Modern Political Thought*.

人说的"人文学"（*studia humanitatis*）的兴起，这是一套教育纲领，特别强调五门与语言或道德有关的学科，即语法、修辞、诗歌、历史和伦理学。[1]

　　创新是有意识的，虽然它们有时被看成和表现成复兴。16世纪中期艺术家和艺术史家乔尔乔·瓦萨里对视觉艺术中的创新作了经典论断，提出了自"蛮族时代"以来艺术进步的三阶段理论。我们在他对自己在那不勒斯的作品的描述中注意到同样的对创新的自豪感，他形容它们是第一批"用现代风格绘制"的湿壁画。瓦萨里常常轻蔑地提到他说的"希腊风格"和"德国风格"，即拜占庭艺术和哥特艺术。[2] 音乐家也认为15世纪取得了一些重大创新。15世纪70年代，生活在意大利的尼德兰人约翰内斯·德·丁克托里斯在其著述中将现代作曲家的兴起追溯至15世纪30年代，并补充说："虽然这似乎难以置信，但有教养的人认为值得一听的音乐作品确实无不创作于过去40年。"[3]

　　这种对过去的不敬态度表明，意大利位于文艺复兴中心的一个原因可能是意大利艺术家与哥特风格的联系不如他们在法国、德意志或英国的同行那样密切。创新常常发生在先前占主导地位的传统渗透较浅的地区。例如，德国比法国较少受启蒙运动影响，这促进了德国向浪漫主义的过渡。类似地，在15

1　Kristeller, *Renaissance Thought*, ch. 1.

2　关于瓦萨里的"进步观"，参见 Panofsky, *Meaning in the Visual Arts*, pp. 147–235；Gombrich, "Vasari's *Lives*"。

3　这段话出自约翰内斯·德·丁克托里斯的《论对位法》的前言（Johannes de Tinctoris, *De arte contrapuncti*），转引自 Lowinsky, "Music of the Renaissance as viewed by Renaissance musicians"。

世纪，佛罗伦萨可能比巴黎或米兰更容易发展出一种新的建筑风格。

不过，文艺复兴时期的意大利人并未完全失去对传统的尊重。他们只是用一种更古老的传统的名义否定最近的传统。对古典古代的仰慕使他们批评中世纪传统背离（古典）传统。例如，当15世纪建筑师安东尼奥·菲拉雷特提到"现代"建筑，他指的是他正在抛弃的哥特式风格。[1]他的立场很像中世纪晚期和近代早期欧洲的反叛者和改革家，后者总是声称要回到某些坏习俗还未确立的"美好的往昔"。无论如何，对古典时代的热情是文艺复兴运动的一个主要特点——文化史们必须弄清这一点——无论是依据两种文化的亲缘性并以之作为在一个传统社会中使创新合法化的手段，还是把它视为古罗马政治荣耀在艺术中的延伸。

在建筑中，这种模仿古希腊人和古罗马人的倾向格外明显。人们学习古罗马作家维特鲁维的论著，测量古代建筑以学习其古典"语言"，不只是词汇（三角墙、卵锚饰以及多里克式、爱奥尼亚式和科林斯式柱子等），还有"语法"，即将不同要素结合在一起的规则。就雕塑而言，类似半身像和骑马像之类的创新都是古代类型的复兴。[2]文学领域也很容易看到喜剧作家模仿古罗马作家泰伦斯和普劳图斯，悲剧家模仿塞涅卡以及史诗作家模仿维吉尔的情况。

绘画和音乐的情况更让人感兴趣，因为古典范例已失而不得（现在学者们讨论的那些古罗马绘画是18世纪或更晚才被

22

1　Filarete, *Architettura.*

2　参见 Dacos, "Italian art"。

发现的）。缺乏具体榜样并没有排除依据文献资料模仿古代的可能性。比如，波提切利的《诽谤》和《维纳斯的诞生》都是重现古希腊画家阿佩利斯遗失作品的尝试。[1] 古代作家，如亚里士多德和贺拉斯的文学批评被强制作为标准，按照"诗如画"（as is poetry, so is painting）的原则评判绘画的高下。[2] 有关古希腊音乐必定如何的讨论，则基于柏拉图的有关论述或托勒密的《论和谐》（Harmonika）之类的古典论著。[3] 不过，对古希腊音乐的兴趣萌发较晚，直到 16 世纪才出现。因此，15世纪有一场音乐的"文艺复兴"的观念已受到挑战。[4]

当时对艺术中的变化的描述，是我们了解发生之事不可或缺的资料，但如同其他史料一样，也不能太过当真。当时的人通常声称他们在模仿古人并与最近的历史决裂，但事实上，他们对两种传统都有所取舍。正如常常发生的，新事物加到旧事物上，而不是取代后者。古代的男女诸神并未将中世纪的圣徒赶出意大利艺术，而是与之共存并互相影响。波提切利画中的维纳斯很难与他的圣母区分开，而米开朗基罗则比照一尊古代阿波罗像塑造了《末日审判》中的基督。在 16 世纪的威尼斯，室内陈设清单显示，人们仍然展示"希腊风格"的宗教画（即圣像）。[5] 建筑尤其发展出了一种杂交形式，即部分古典、部分哥特风格的建筑。[6] 正如我们已经看到的，文化杂交和文化翻

---

1 Cast, *Calmuny of Appelles*; Massing, *Du text a l'image*.

2 Lee, "Utpictura poesis".

3 Palisca, *Humanism*.

4 参见 Owens, "Was there a Renaissance in music?"。

5 参见 Morse, "Creating sacred space", p. 159。

6 Schmarsow, *Gotik*.

译比我们自己时代的全球化古老得多。

就文学来说，诗人雅各布·桑纳扎罗和马科·吉罗拉莫·维达模仿维吉尔的《埃涅阿斯纪》风格创作了讲述耶稣诞生和生平的史诗，由此将基督教素材与古典形式结合在一起。[1] 一位文艺复兴时期的君主既可能阅读或聆听关于特里斯坦的中世纪传奇，也可能阅读或聆听埃涅阿斯的古典史诗，阿里奥斯托的《疯狂的奥兰多》(Orland Furioso) 就是一部以罗兰和查理大帝时代为背景的史诗—传奇混合体。事实上，骑士精神与人文主义态度的相互渗透如此之多，以至于有位学者还谈到"骑士人文主义"。[2] 波利齐亚诺的田园剧《奥菲欧》(Orfeo) 以墨丘利的出场开始，其中，墨丘利充当了意大利神秘剧常见的向观众介绍剧情的天使的角色和功能。

再者，虽然人文主义者贬斥"经院学者"(scholastici)，但人文主义的兴起也没有驱逐中世纪的经院哲学。事实上，文艺复兴运动的领袖，如新柏拉图主义者马尔西利奥·菲奇诺，都大量阅读中世纪哲学以及古典哲学。我们看到佛罗伦萨统治者洛伦佐·德·美第奇致信博洛尼亚统治者乔万尼·本提沃利奥让他在当地书店寻找一本亚里士多德《伦理学》的评论，作者是中世纪晚期哲学家让·布里丹，而莱奥纳尔多·达·芬奇则研究萨克森的阿尔伯特和大阿尔伯特的著作。[3]

现实主义、世俗主义和个人主义是通常被归于文艺复兴时期意大利艺术的三个特征。这三点都有问题。"现实主义"这个词就牵涉几个不同的问题。首先，虽然许多文化的艺术家都

1　Wind, *Pagan Mysteries in the Renaissance*, p. 29.

2　参见 Folena, "Cultura volgare"。

3　Ady, *The Bentivoglio of Bologna*.

声称要抛弃常规并模仿"自然"或"现实",但他们仍使用了某种惯例体系。[1]第二,由于"现实主义"是在19世纪的法国被杜撰出来指称司汤达的小说和库尔贝的绘画的,因此用于有关文艺复兴的讨论助长了将两个时期进行时代倒错的类比。第三,这个词有太多需要加以区分的含义。区分三种现实主义或许是有益的:即日常生活现实主义、欺骗性现实主义和表现性现实主义。

"日常生活"现实主义是指选择日常事物、普通人或下层民众作为艺术主题,而不是表现特权人物的特定时刻。库尔贝的采石工和彼得·德·霍赫表现荷兰日常生活的绘画都是这种"描绘性艺术"的典范。[2]另一方面,"欺骗性"现实主义指的是风格,比如那些制造或试图制造错觉让人觉得它们不是画的绘画。"表现性"现实主义也是指风格,但它指利用外部现实以便更好地表现内心世界,比如在一幅肖像画中改变脸的轮廓以揭示画中人的性格,或者用一种更意味深长的姿势取代自然姿势。

这些概念对理解文艺复兴时期的意大利艺术有多大用处?在达·芬奇的《最后的晚餐》或拉斐尔和米开朗基罗的绘画中都不难发现表现性现实主义;唯一的困难是,我们很难找到一个艺术品不具备这一特点的时期。在意大利文艺复兴时期的绘画中(比如这一时期的弗莱芒绘画),主要的创新就是背景的日常生活现实主义风格。如卡罗·克里维利的《天使报

---

1 就绘画来说,关于这个问题的经典论述参见 Gombrich, *Art and Illusion*。其他关于现实主义的重要研究包括 Huizinga, "Renaissance and realism"; Auerbach, *Mimesis* 和 Welleck, *Concepts of Criticism*, pp. 222–255。

2 Alpers, *Art of Describing*,特别是前言。

喜与圣埃米地乌斯》(*Annunciation*, 插图 1.1)就津津有味地描绘了圣母房间内的地毯、刺绣靠垫、盘子、书以及其他内室内装饰。多梅尼科·吉兰达约的《牧人来拜》(*Adoration of the Shepherds*, 插图 1.2)中出现了艺术史家海因里希·沃尔夫林所说的"家用杂什——地上放着一个破旧的马鞍，旁边有个小酒桶"。[1] 看到画中有这些细节固然重要，但也要记住它们只出现在背景中。现在，我们常常将这些细节视为微型的风俗画(genre painting)并如此复制它们。但另一方面，当时并没有风俗画的概念，且很可能这些细节被看作象征，或是填充空白的装饰。

在那时的文学（例如神秘剧）中可能发现类似的日常生活细节。在一部作者不详的关于基督诞生的戏剧中，牧人能乔、波比、兰代罗等带着食物前往朝拜救世主并在舞台上吃掉。[2] 不过，与绘画不同的是，在有些文学体裁中，日常生活现实主义甚至充斥前景。比如表现普通人生活的小故事(*novella*)就是如此，这是从 14 世纪的薄伽丘到 16 世纪的班戴洛的时期内意大利人喜爱的一种体裁。喜剧可能描绘农民的生活，如用帕多瓦方言写成并由"弄臣"(*il Ruzzante*)安杰罗·贝奥尔科表演的戏剧。音乐也可能试图重现狩猎或市集的场景。日常生活现实主义的观念可以扩展至那些被称为"目击风格"的叙事画，如维托雷·卡尔帕乔的绘画（参见插图 5.7），因为这些画可能被用来证明某些事件真的发生过。[3]

欺骗性现实主义的问题更为复杂。从瓦萨里到拉斯金以及

---

1 Wölfflin, *Renaissance and Baroque*, p. 218.

2 D'Ancona, *Sacre rappresentationi*, pp. 197–198；参见 Phillips-Court, *Perfect Genre*。

3 Brown, *Venetian Narrative Painting*；还可参见 Hope, "Eyewitness Style"。

图 1.1 卡罗·克里维利:《天使报喜与圣埃米迪乌斯》, 1486 年

图 1.2 多梅尼科·吉兰达约:《牧人来拜》,佛罗伦萨圣三一教堂

26　之后，文艺复兴通常被看作日益精确地再现现实的发展的重要
一步。然而，在本世纪初，就在抽象艺术发展起来的同时（绝
非巧合）这种观点受到了挑战。比如海因里希·沃尔夫林认
为："对艺术史来说，固守模仿自然这一拙劣观念是一个错误，
仿佛艺术史只是一个日趋完美的同质过程。"另一位杰出的艺
术史家阿罗伊斯·李格尔更激烈地写道："每一种风格都以忠
实表现自然为唯一目标，但每一种风格都有自己的自然观。"[1]

27　　　在这里，读者很可能会想文艺复兴时期直线透视法的发现
是个反证，但即使这个主张也遭到艺术史家欧文·潘诺夫斯基
和皮埃尔·弗朗卡斯特尔的挑战，他们认为，透视法是依赖单
眼视觉的一种"象征形式"，"一套和其他惯例一样的惯例"。
这正是布鲁内莱斯基那个带有窥视孔的著名盒子的要旨：观众
可以将一只眼睛凑到盒子上并看到反射在一面镜子中的佛罗伦
萨洗礼堂的景象。[2]

　　　倘若这些论点成立，那么讨论"文艺复兴现实主义"就毫
无意义。不过，李格尔令人印象深刻的提法有无法证伪、循环
论证的危险：有关一个艺术家的自然观的证据来自他的画，但
这些画又是按照同一种自然观被解释的。看来，还是从经验性
事实着手更有用，即有些社会（就像有些人）似乎对可见世界

1　Wölfflin, *Principles of Art History*, p. 13；Riegl，转引自 Gombrich, *Art and Illusion*,
　　p. 16。

2　关于"象征样式"，参见 Panofsky, *Perspective as Symbolic Form*，这种阐释是对
　　他的朋友卡西尔（Cassirer）的象征形式的哲学的回应，参见 Holly, *Panofsky and
　　the Foundation of Art History*, ch. 5。关于"惯例"（conventions），参见 Francastel,
　　Peinture et société, pp. 7, 79。马内蒂在其《布鲁内莱斯基传》（Manetti, *Vita di
　　Brunelleschi*）第 9 页里描绘了这个盒子描述了布鲁内莱斯基的盒子，埃格尔顿对
　　此做了讨论。Edgerton, *Renaissance Discovery*, ch. 10.

特别感兴趣，文艺复兴时期的意大利就是其中之一。人们在教堂里常常摆放与真人等大并穿着所表现之人的衣服的蜡像，还常常制作活人和死人面具，有些艺术家还解剖尸体以便了解人体构造。[1] 要点不是欺骗现实主义是当时艺术家的唯一目标，这个主张很容易证明是错误的。比如，保罗·乌切罗就按照完全不同的标准为其画中的马着色。不过，瓦萨里批评乌切罗恰恰就是因为他的画不逼真，第 6 章讨论的文献资料也表明许多观众都期望这种欺骗性现实主义并按照忠实于外观的程度评判绘画。

与中世纪相较，文艺复兴时期意大利文化的另一个特点是其世俗性。[2] 不应夸大这个对比。一项抽样研究表明，世俗题材的意大利绘画的比例从 15 世纪 20 年代的 5% 上升到 16 世纪 20 年代的 20% 左右。在这里，"世俗化"只是指占少数的世俗绘画的数量有所增加。[3] 雕塑、文学和音乐更难使用计量方法，我们只能指出一个明显的事实：有几种新类型都是世俗的，如骑马像、喜剧和牧歌。

如果试图再进一步，概念问题就变得尖锐起来，所谓"隐蔽的世俗化"（crypto-secularization）就表明了这一点。那些表面表现（比如）圣乔治或圣哲罗姆的画似乎越来越少关注圣徒而日益关注背景：比如圣徒的尺寸越来越小。这一趋势表

28

1　关于蜡像，参见 Warburg, *Renewal of Pagan Antiquity*, pp. 185–222。

2　Fubini, *Humanism and Secularization.*

3　这里的取样是埃雷拉的《日期确定的绘画目录》（Errera, *Répertoire des peintuesdatées*）中列举的那些有确定日期的绘画。第 7 章讨论了这个取样可能存在的不均衡性，第 10 章以十年为单位逐期分析了这一模式的细节。可参见 Rowland, *Heaven to Arcadia*。

明，赞助人真正想要的与他们认为正当的之间可能有矛盾。问题在于，当时的人并没有把神圣的与世俗的截然区分开，而这到 16 世纪晚期特伦特宗教大会之后成为必须。从后来的标准来看，它们不断将世俗事物神圣化，并将神圣事物世俗化。弥撒依照流行歌曲的曲调颂唱；哲学家马尔西利奥·菲奇诺喜欢自称"缪斯的传教士"；乌尔比诺宫廷有一座"缪斯礼拜堂"；上帝及其代理教皇可能被称呼为"朱庇特"或"阿波罗"。一些人，如在 1509 年造访罗马的伊拉斯谟对此类现象极为愤慨，但正如第 9 章将表明的，它们贯穿于整个文艺复兴时期。如果我们要从"世俗化"的角度讨论文艺复兴，我们至少应意识到我们正把后来的范畴强加于文艺复兴时期。

　　第三个通常被归于文艺复兴时期意大利文化的特点是"个人主义"，布克哈特在其关于这个主题的名著（《意大利文艺复兴时期的文化》）中详细讨论了这个问题。与"现实主义"一样，"个人主义"这个概念也逐渐具有了太多含义。在这里，它指这样一个事实：文艺复兴时期的艺术品（与中世纪不同）都是用一种个人风格创作的。但这真的是一个"事实"吗？在 21 世纪的人们看来，文艺复兴时期的绘画相较于中世纪的绘画更像是不同的人的作品，但这可能是一个类似"所有中国人看起来都一样"的错觉（对非中国人来说）。无论如何，当时人的证据表明，15、16 世纪的艺术家和公众都对个人风格感兴趣。[1] 在琴尼诺·琴尼尼写的手艺人手册中，他建

1　Ames-Lewis, *Drawing in Early Renaissance Italy*, pp. 274–276.

议画家"找到一种适合你自己的好风格"。巴尔达萨雷·卡斯提利奥内在讨论完美廷臣及其对艺术的理解时指出，曼泰尼亚、达·芬奇、拉斐尔、米开朗基罗和乔尔乔内都以"各自的风格"（*nel suo stilo*）臻于完美。旅居意大利的葡萄牙人弗朗西斯科·德·霍兰达对达·芬奇、拉斐尔和提香表达了类似观点："每个人都以自己的风格作画"（*cada um pinta por sua maneira*）。[1] 在文学领域，模仿古代范例引起争论，其中，一些反对者，尤其是波利齐亚诺批评了模仿西塞罗写作的理想并主张个人自我表达的价值。[2] 当然，仍有大量模仿古典和当代艺术家、作家的例子。事实上，这可能是常态。与世俗主义一样，个人主义的重要性也不是因它占主导地位，而在于它是一种较新的发展并将文艺复兴与中世纪区别开来。

对意大利文艺复兴时期文化显而易见的特点以及谨慎描述它们的必要性，我们就说这么多。其他一些不限于一门艺术的特点也需要简要提一下。比如艺术日益自主的趋势，即各门艺术逐渐脱离实际功用（第 5 章对此有讨论）并互相独立，如音乐不再依赖语言。器乐曲，如安德烈亚·加布里埃利和马可·安东尼奥·卡瓦佐尼创作的管风琴曲越来越长并越来越重要。雕塑日益独立于建筑，塑像逐渐独立于神龛。有些雕塑甚至没有主题，因为它们没有说明一个故事，如贝托尔多为洛伦佐·德·美第奇制作的战争浮雕；另外，至少有些绘画似乎也

---

1 Cennini, *Il libro dell'arte*, p. 15; Castiglione, *Cortegiano*, bk 1, ch. 37, 他的这句话改编自西塞罗的话，参见 Cicero, *De oratore*, bk 2, ch. 36; Hollanda, *Da pintura Antigua*, p. 23。还可参见 Wittkower, "Individualism in art and artists"。

2 关于这场争论，参见 Fumaroli, *L'âge de l'éloquence*, pt 1; Greene, *Light in Troy*。

摆脱了宗教、哲学或文学含义（第 7 章将讨论这个问题）。[1] 在这一时期，"幻想"（*fantasia*）这个词被用于描绘绘画和音乐作品很可能意义重大，它指一件画家或作曲家纯粹想象出来的而不是说明或衬托一个文学主题的作品。

这一时期意大利文化的另一个总体特点是各学科打破隔阂，相互促进。彼时，在许多艺术和科学中理论与实践的鸿沟都缩小了，这是出现许多著名创新的一个原因或结果。例如，布鲁内莱斯基的盒子（它使布氏发现直线透视法规则充满戏剧性）对光学（他那个时代叫透视法）以及绘画业都是一个贡献。人文主义者莱昂·巴蒂斯塔·阿尔贝蒂是一个理论家和数学家，也是一个实践家，一个建筑师，并且他的各项研究相互促进。他设计的教堂和宫邸是按照一个数学比例体系建造的，他还告诉学者们说他们能够通过观察手艺人工作学到知识。再者，达·芬奇的光学和人体解剖研究也被用于其绘画。一些论述音乐的作家，如皮埃特罗·阿伦——教皇利奥十世时代教皇礼拜堂的一名教士写了一系列被称为《托斯卡纳文集》（*Toscanella*）的论著——成了连接音乐理论家与演奏者—作曲家之间传统鸿沟的桥梁。在政治思想史领域，曾是职业公务员的马基雅维利在学院政治思想模式（典型表现为那些论述理想君主道德修养的"君王之鉴"传统）与（委员会会议记录和派遣大使所表现的）实用政治思想模式间架起了桥梁。[2]

---

1 参见 C. Gilbert, "On Subject and not-subject"; Gombrich, *Norm and Form*, pp. 122–128; Hope, "Artists, patrons and advisers"; Hope and McGrath, "Artists and Humanists"。

2 有关"打破隔阂"（decompartmentalization），参见 Panofsky, "Artist, scientist, genius", p. 128; 参见沙斯特尔对"消除隔膜"（décloisonnement）的讨论（Chastel, "Art et humanisme au quattrocento"）。关于马基雅维利，参见 Albertini, *Das florentinisch Staatsbewusstein* 和 Gilbert, "Florentine Political Assumption"。

图 1.3　伦巴底地区贝加莫的科莱奥尼礼拜堂

　　此外，随着托斯卡纳地区的成就成为其他地区的典范，意大利半岛不同地区文化之间的鸿沟也不断缩小。在意大利以外的地区之前，意大利其他地区先接受了托斯卡纳文艺复兴。佛罗伦萨艺术家将该城的创新带到其他地区，如马索利诺在奥洛纳堡（伦巴底地区），多纳泰罗在帕多瓦和那不勒斯，达·芬奇在米兰等，同时托斯卡纳方言也成为整个意大利半岛的文学语言。不过，在整个文艺复兴时期，显著的地区差异继续存在。如威尼斯绘画注重色彩，而托斯卡纳绘画强调形式（*disegno*），伦巴底建筑注重装饰（插图 1.3），托斯卡纳建筑则崇尚简朴。

不过，像锡耶那或埃米利亚这样的小艺术中心逐渐被吸引到大艺术中心的轨道。罗马没有自己的强大艺术传统，但在16世纪早期成了主要的赞助中心，它的兴起促进了一种跨地区艺术的发展。与文学一样，视觉艺术在1550年也比一两百年前更具有意大利特色。[1]

1　在《世界艺术百科全书》(*Encyclopedia of World Art*) 中的"意大利艺术"(Italian art) 条目下可看到对意大利不同地区风格的一个简明概览。

第 2 章

历史学家发现社会史和文化史

　　为何如此多创造性个体在文艺复兴时期集中涌现——就像古希腊和古罗马时期一样——自文艺复兴时期开始，这个问题就吸引了史学家的关注。人文主义者莱奥纳尔多·布鲁尼相信问题的关键在于政治。与塔西佗一样，布鲁尼也认为罗马共和国的灭亡意味着罗马文化的衰落。"正如塔西佗所说，当罗马共和国屈从于一人的独裁统治后，那些杰出的头脑便消失了。"反过来，布鲁尼认为（或至少暗示），佛罗伦萨人的文学成就源于其政治自由。[1]100 年后马基雅维利评论说，一个社会文化的繁荣晚于军事；先出现军事将领，然后才是哲学家。[2]

　　不过，最先对这个问题进行详细分析的是乔尔乔·瓦萨里。瓦萨里无疑是研究意大利文艺复兴艺术史最不可或缺的资料。他既是一位作家，也是一位艺术家（不过他生活在文艺复兴晚期，他与马萨乔的距离就像我们和"前拉斐尔派"一

1　Bruni, *Panegyric to the City of Florence*, pp. 154, 157.

2　Machiavelli, *Istoriefiorentine*, bk 5, 前言。

样远，因而他掌握的都是二手或三手信息）。我们把瓦萨里当作原材料，就像文艺复兴时期的建筑师将古罗马遗迹当作采石场那样。但我们要记住，瓦萨里本人也是一位与佛罗伦萨学者唐·温琴佐·波尔吉尼合作的严肃历史学家。[1] 虽说瓦萨里最关注的是个人成就，但他也在他的画家、雕塑家和建筑师的传记中为我们所说的社会因素留出一席之地。布鲁内莱斯基、多纳泰罗和马萨乔级别的天才的集中涌现给瓦萨里留下了深刻印象，他评论说："当大自然在某个行业创造了一个真正出类拔萃的人，她照例不只会创造他一个，而是常常同时在不远处创造另一个人与他竞争。"[2]

瓦萨里也在《佩鲁吉诺传》中解释了佛罗伦萨对三门艺术（即绘画、雕塑和建筑）作出突出贡献的原因，他借佩鲁吉诺的老师之口指出，佛罗伦萨拥有其他地方通常缺乏的刺激艺术发展的三个因素：

> 首先是很多人都极为挑剔（因为这里的空气利于自由思考），而且人们不满足于平庸之作……其次，为生存就必须勤奋工作，这意味着要常常运用智慧和判断力……因为佛罗伦萨城周围没有大面积的或肥沃的乡下土地，所以人们不可能像其他地方的人那样轻松过活。第三……就是那种空气在各行各业的人们中所引发的对名望和荣誉的渴求。

---

1 Hope, "Vite vasariane". 参见 Frangenberg, "Bartoli"。
2 Vasari, *Life of Masaccio*. 有关瓦萨里作为历史学家的贡献，参见 Gombrich, "Vasari's Lives"；Boase, *Giorgio Vasari*；Rubin, *Giorgio Vasari*。

现代读者可能很难严肃对待将空气强调为终极原因的做法，但这不应阻碍他们看到这样一个事实，即瓦萨里已经依据挑战和回应以及对成就的渴望提出了一种我们可称为经济的、社会的和心理学的解释。

不过，只有到 18 世纪，当时人所说的"风俗史"（与我们所称的文化史和社会史大致吻合）才成为系统研究的对象。比如，伏尔泰试图将历史学家的注意力从战争引向艺术。他在《风俗论》中用类似瓦萨里的措辞指出，16 世纪是这样一个时代，彼时"大自然几乎在所有领域都创造出了卓越人物，尤其是在意大利"。[1]

启蒙作家们本质上对这一现象提出了两种解释：自由和富庶。沙夫茨伯里勋爵用"市民自由，威尼斯、热那亚和佛罗伦萨这样的自由城市国家"来解释"绘画的复兴"。[2] 假如爱德华·吉本撰写他曾计划的佛罗伦萨史，其主题很可能是自由与艺术的关系，就像他著名的《罗马帝国衰亡史》那样。不管怎样，没过几年，吉本没有写的书，或类似的书，由利物浦银行家威廉·罗斯科完成了。[3] 罗斯科的《洛伦佐·德·美第奇传》（*Life of Lorenzo de' Medici*，1795）开头写道：

> 在近代史上，佛罗伦萨因其频繁和暴烈的内部冲突及其居民对一切科学知识和所有艺术品的热爱而一直倍受瞩目。不管这些特点看起来可能多么不和谐，它们并非难以调和……我们发现对自由的捍卫总是扩展并磨砺了

34

---

1 Voltaire, *Essai sur les moeurs*, ch. 118.

2 Lord Shaftesbury, *Second Characters*, p. 129.

3 Hale, *England and the Italian Renaissance*, ch. 4.

思想。

瑞士史学家西斯蒙第在其《意大利诸共和国史》中进一步阐发了这一自由的主题。

启蒙时代的一个普遍观点是自由促进了商业，而商业又促进了文化。正如音乐史家查尔斯·伯尼所言："艺术即便不是成功商业的产物，似乎也总是伴随后者出现；我们发现它们通常都沿着同样的路线传播……也就是说，经过考察我们会发现它们像商业一样首先兴起于意大利，然后是汉萨同盟诸城市，接着是尼德兰地区。"[1] 苏格兰社会理论家也赞同这一点。亚当·弗格森指出："美术的进步通常构成了富裕国家历史的一部分"；格拉斯哥的约翰·米勒认为，佛罗伦萨在"制造业"以及艺术领域都起了领导作用；亚当·斯密打算写一本书讨论艺术、科学和整个社会的关系，如同其《国富论》，其中意大利城市国家很可能占有突出地位。[2]

这些苏格兰社会理论家梦想一种牛顿式的社会科学，我们可恰当地将其描绘为一种"机械的"文化发展模式。大约同时，另一种不同的有机的文化发展模式也在德国诞生。J. J. 温克尔曼迈出了重要一步，他以其《古代艺术史》取代了艺术家传记。他在书中讨论了艺术与气候和政治制度等的关系，以便人们"系统地理解"艺术史。[3] J. G. 赫尔德则对文学史的发展作出了重大贡献，他将文学视为特定地区环境的自然产物。苏格兰理论家依据商业影响讨论文化变迁，而赫尔德则将艺术与社会看

---

1 Burney, *General History*, vol. 2, p. 584.

2 Weisinger, "English Origins of the Sociological Interpretation of the Renaissance".

3 Winckelmann, *Geschichter der kunst des Altertums*, vol. 1, 第 285 页起; Teata, *Winckelmann*。

作同一整体的不同组成部分："正如人们生活和思考，他们也建造和居住。"就意大利来说，他强调商业的、工业的和竞争的"精神"。[1] 在哲学家 G. W. F. 黑格尔的《历史哲学》中我们能看到类似的对特定文化有机统一性的强调。黑格尔把艺术（如同政治、法律和宗教）描绘为精神，即"时代精神"的多种"客观表现"。黑格尔在讨论文艺复兴时指出，艺术的繁荣、学术的复兴和美洲的发现是精神扩张的三个相互关联的例子。[2]

卡尔·马克思也对文艺复兴在世界历史上的地位感兴趣。他摒弃了黑格尔对意识的强调（"存在不是决定于意识，而是决定了意识"），而是回到 18 世纪学者对艺术与经济的关系的关注。不过，与弗格森甚至亚当·斯密相比，他对"物质生产"和他所说的"文化生产"的确切关系更感兴趣。马克思和恩格斯指出，文化"上层建筑"是由经济"基础"决定的，就意大利文艺复兴而言，"像拉斐尔那样的人能否成功地发展其天赋完全取决于需求，而需求又取决于劳动分工及其导致的人类文化的发展状态"。[3] 俄国马克思主义者普列汉诺夫提出了一个关于"供给"而非"需求"以及个人在文艺复兴历史上的作用的补充观点。他写道："如果……拉斐尔、米开朗基罗和莱奥纳尔多·达·芬奇早夭，意大利艺术将不那么完美，但艺术在文艺复兴时期的总体发展趋势不会改变。拉斐尔、莱奥纳尔多·达·芬奇和米开朗基罗并未创造这一趋势；他们仅仅是这

1　Herder, *Ideen*, bk 20. 参见 Berlin, *Vico and Herder*。

2　Hegel, *Philosophy*, pt 4, section 2. 对黑格尔理论的一个激烈（虽说有点夸大的）批评，可参见 Gombrich, *In Search of Cultural History* 和 Podro, *Critical Historians*, ch. 2。

3　Marx and Engels, *German Ideology*, p. 430.

一趋势的最佳代表。"[1]

有一点现在应该是很清楚了：雅各布·布克哈特的名著《意大利文艺复兴时期的文化》（1860 年首版，至今仍影响深远）属于一个将文化与社会联系在一起的悠久传统。与温克尔曼一样，布克哈特对意大利的发现也是他人生中的一个重要经历。布克哈特 1818 年出生在巴塞尔一个热爱艺术的贵族家庭，在他出生时，巴塞尔还是一个像佛罗伦萨一样的准城市国家。在 18 世纪中期，一个美第奇家族敌对家族的成员曾表达这样的希望："上帝会把我们从这些美第奇人手里解救出来！"[2] 布克哈特本人就是他描绘的那种"通才"（universal man）：他能画画、弹钢琴、谱曲和写诗。

对布克哈特来说，文艺复兴时期的意大利就像他青年时代世界的一个理想版本，也是一个逃离他憎恶的现代集权化工业社会的避难所。本身就是一个"优秀个体"（good private individual）的他也把文艺复兴看成一个个人主义的时代。[3] 从这个意义上说，他对文艺复兴的解释促进了 19 世纪所谓"文艺复兴神话"的诞生。[4] 布克哈特的"尝试"（essay，他自己的说法）也在很多方面归功于他的前辈。他与伏尔泰和西斯蒙第一样强调意大利北部城市的财富和自由对文艺复兴文化的重要性。虽然布克哈特声称不提出任何历史哲学，更喜欢通过一个文化的特定时刻研究他所说的"横断面"（cross-sections），但

1　Plekhanov, *Role of the Individual*, p. 53.

2　Gossman, *Basel in the Age of Burckhardt*, p. 203.

3　Kaeig, *Jacob Burckhardt*, 尤其是第 3 卷。参见 Baron, "Burckhardt's *Civilization*"; Ghelardi, *Scoperta del Rinascimento*; Gossman, *Basel in the Age of Burckhardt*, p. 203。

4　Bullen、*Myth of the Renaissance*.

他的方法仍在某些方面借鉴了赫尔德、黑格尔以及可能还有叔本华。他与这些哲学家一样关注内部与外部、主观与客观、有意识与无意识等两极对立。他对文艺复兴时期意大利的研究与黑格尔关于古希腊的探讨一样强调个人主义的发展以及把国家当作一件"艺术品"的意识。像赫尔德和黑格尔一样，布克哈特也相信至少有些时期应被看成整体，他在《世界史反思》中就根据三种"力量"，即国家、文化和宗教的交互影响分析了许多社会。[1] 如此，他清楚地阐明了他在《意大利文艺复兴时期的文化》中的方法。

哪怕不是马克思主义者你也会为布克哈特的两项研究都缺失第四个"力量"而感到惊讶，即经济。布氏本人也承认这一点。《意大利文艺复兴时期的文化》出版 14 年后，他在给一位年轻朋友的信中坦言："您关于意大利早期经济发展是文艺复兴的基础（*Grundlage*）的观点是极重要和富有成果的，那是我的研究一直欠缺的。"[2]

布克哈特的研究也没有关于文艺复兴艺术的认真讨论，他也承认这一点。他一直在搜集有关绘画的价格和赞助的资料，这些及其他论文在他去世后被发现，上面指明不得出版。他的遗嘱执行人出版了他较晚完成的三篇关于艺术收藏家、祭坛画和肖像画的论文。尽管这些论文也很吸引人，但未能填补这个缺口。[3] 他讨论文艺复兴时期意大利建筑的著作虽然偶尔也谈到建筑的功能，但也未能填补这一空缺。他可能是有意留下了

1　Burckhardt, *Reflections on World History*, ch. 3.

2　布克哈特致伯恩哈德·库格勒（Bernhard Kugler）的信，1874 年 8 月 21 日。

3　Burckhardt, *Beiträge zur Kunstgeschichte von Italien*，该书引言中讨论了那些未出版的手稿。

37   这个缺口。虽然布克哈特对三种"力量"的关系感兴趣，认
为每一种力量都塑造并进而被其他两种力量塑造，但他也相信
"艺术与整个文化的联系只能被理解为松散的和不重要的。艺
术有自己的生命和历史"。

　　最后这句话是布克哈特在和他的学生海因里希·沃尔夫林
的谈话中说的，后者某种意义上说是布克哈特思想的继承者。
沃尔夫林常常被形容成一种自主的艺术史的支持者（甚或是一
个孤立主义者），但他的方法比这更复杂，并有点模棱两可。
他区分了两种研究艺术创新的方法：一是通常与他本人联系在
一起的"内部主义"方法，即依据内部发展来说明变化；二是
"外部主义"方法，按照这种方法，"要解释一种风格……仅仅
指将其置于总的历史语境中，并证实它与该时代的其他器官发
出和谐之音"。[1] 沃尔夫林对历史语境偶尔表达的富有启发性的
评论（例如他关于姿势社会史的评论），足以让人对他那自我
否定的成规感到遗憾，他总是让自己局限于内部的风格解释。
结果，布克哈特的思想遗产不是传给了沃尔夫林，而是传给了
阿比·瓦尔堡。

　　阿比·瓦尔堡的一生让人联想到其同时代作家托马斯·曼
的小说中的多个人物。他是一位汉堡银行家的长子，但他拒绝
了商界选择了学术界。他被美第奇家族吸引一点也不奇怪。瓦
尔堡并非布克哈特的学生，但在 1892 年他曾将一篇关于波提
切利的论文寄给这位长者，布克哈特对这篇"不错的作品"的
慷慨评价表明，他认为这项有关一位画家与诗人和人文主义者

1　Wölfflin, *Renaissance and Baroque*, p. 79. 参见 Antoni, *From History to Sociology*,
　　ch. 5; Podro, *Critical Historians*, ch. 6; Holly, *Panofsky and the Foundations of Art
　　History*。

的联系的研究本质上并未偏离他自己的研究。布克哈特写道，这篇论文证明文艺复兴研究已经达到"总体深化和多方位"发展的阶段。[1] 瓦尔堡确实是多方位发展的。他把艺术史作为整个文化史的一部分，并讨厌任何他所说的学术"边界控制"。另一方面，他也坚信这样一个普遍真理，即上帝只能在大量细节中被发现。例如，为了解释波提切利的绘画，他借助了波利齐亚诺的诗和菲奇诺的哲学。瓦尔堡的兴趣还扩展到社会史和经济史。在他的著作中，佛罗伦萨"市民阶级"（bourgeoisie）这个概念占有相当重要的位置，而他的朋友，经济史家阿尔弗雷德·道伦将一项有关佛罗伦萨布匹制造业的研究献给了他。[2]

但瓦尔堡最关注的还是古典传统的延续和变革。而一部深入细致的文艺复兴艺术社会史要到马丁·瓦克纳格尔时才出现。瓦克纳格尔是一位来自巴塞尔的艺术史家，他对1420—1540年间佛罗伦萨的艺术组织作了一项集中研究：作坊、赞助人和艺术市场。换句话说，他集中于艺术家的"生活环境"，即他所说的"生活空间"（Lebensraum，他为自己的著作选了一个很别扭的词），他将该词定义为"整个经济—物质的和社会文化的复杂环境和状况"。尽管本书关注学术、文学、音乐及视觉艺术，并关注整个意大利而不仅仅是佛罗伦萨，但它仍深受瓦克纳格尔的影响。[3]

---

1 转引自 Kaegi, "Das Werk Aby Warburg", p. 285。关于瓦尔堡，参见 Bing, *A. M. Warburg*；Gombrich, *Aby Warburg*；Podro, *Critical Historians*, ch. 7；Maikuma, *Begriff der Kultur*；Bredekamp et al., *Aby Warburg*；Galitzand Reimers, *Aby M. Warburg*；Roeck, *Jung Aby Warburg*；Forster, "Introduction"。

2 Doren, "Aby Warburg".

3 关于瓦克纳格尔，参见阿里森·卢克斯（Alison Luchs）为其《文艺复兴时期佛罗伦萨艺术家的世界》（*World of the Florentine Renaissance Artist*）的英译本写的导言。

20 世纪 30 年代还出现了另一项填补文艺复兴社会史与文化史的缺口的尝试。如果说瓦克纳格尔提供的是一个详细的社会史或"社会志"（sociography），那么阿尔弗雷德·冯·马丁（匈牙利理论家卡尔·曼海姆的学生）提供的则是一种社会学。他那精练优美的论文读起来仿佛是马克思和布克哈特的结合，还带有曼海姆和德国社会学家格奥尔格·西美尔的大胆。与布克哈特一样，冯·马丁也关注个人主义和现代性的起源，但他比布克哈特更强调文艺复兴的经济基础及其随着时间呈现的"发展曲线"。阿尔弗雷德·冯·马丁的文艺复兴是一场"市民阶级革命"。在论文的第一部分，他描绘了资本家的兴起，他们取代贵族和教士成为社会的领导者。这一社会变革为一种理性和精打细算的思维（rational calculating mentality）的出现奠定了基础。但在第二和第三部分，我们看到市民阶级变得胆怯和保守，企业家的个人主义理想被廷臣的循规蹈矩理想所取代。[1]

要批评该书使用诸如"文艺复兴人"（或实际上指"市民阶级"）之类的一般术语过于自信，或者批评它有关"金钱与理智主义（可被用于任何目的的两个强大力量）的类比"或对民主政治与艺术中的裸体的类比（认为赤身裸体是平等主义的体现）的推测，都是很容易的。这些不足部分是因为它是一部先驱著作，缺乏一般结论所要依据的足够个案研究。但《文艺复兴的社会学解释》（*The Sociology of the Renaissance*，1932）仍是对布克哈特的一个有价值的矫正和补充。

39

1　弗格森（W. K. Ferguson）在为 1963 年版《文艺复兴的社会学解释》（*Sociology of the Renaissance*）写的导言中对该书进行了公允的评价。

另一项马克思和曼海姆传统的文艺复兴研究是弗里德里克·安塔尔（曾是沃尔夫林的学生）的《佛罗伦萨的绘画及其社会背景》(*Florentine Painting and Its Social Background*，1947)。该书开头对两幅并排挂在伦敦国家美术馆的圣母像进行了生动对比，两幅画都创作于 1425 年至 1426 年间，一幅是马萨乔的作品，另一幅为真蒂莱·达·法布里亚诺所作。马萨乔的圣母像被形容为"实际、严肃和轮廓分明"，而真蒂莱的则是"华丽的""装饰性的"和"神圣的"（插图 2.1）。接着安塔尔用如下事实解释这种差异，即它们是为拥有不同世界观的"不同公众群体"，或更准确地说是为不同社会阶级创作的。偏爱马萨乔作品的是"中产阶级上层"，他们的世界观是严肃的、理性的和"进步的"，而真蒂莱的作品则受到保守的"封建"贵族的欢迎。安塔尔得出结论说，马萨乔在佛罗伦萨艺坛的出现反映了中产阶级上层的兴起，他后来缺乏追随者是因为这个阶层被贵族同化了。[1]

很难不佩服这一将马克思主义理论用于艺术史的出色成果。马克思的一些核心思想被极俭省地用于解释在一个具体环境和一般层面艺术和社会的关系。不过，安塔尔也受到两种严厉的指责。首先是时代倒错，即把"进步"甚至"阶级"这样一些现代概念用于 15 世纪的佛罗伦萨，而没有意识到由此引起的问题（其中有些问题将在第 9 章讨论）。另一指责——也是冯·马丁必须承认的错误——是循环论证。安塔尔也知道，真蒂莱的一位赞助人帕拉·斯特罗齐是马萨乔的赞助人菲利切·布兰卡齐的岳父。难道这两个人属于不同的阶级？安塔尔

---

1 Meiss, "Review of Antal"; Renouard, "L'artiste ou le client?".

图 2.1 真蒂莱·达·法布里亚诺:《牧人来拜》,佛罗伦萨乌菲齐美术馆

修正了他的论点，说中产阶级上层内有一个不太进步的群体，他们借用了一种贵族的封建意识形态。那我们怎样把这个不太进步的阶层与其他人区分开呢？看他们订制的画？

对马克思主义方法的最强大批评来自恩斯特·贡布里希爵士最初为阿诺德·豪泽尔的一部艺术社会史（1951）撰写的书评。豪泽尔与安塔尔一样是匈牙利难民，曾参加批评家乔治·卢卡奇在布达佩斯家中的"星期天小组"。贡布里希区分了两种意义的"艺术社会史"。第一种他定义为将艺术"作为一种制度"（institution）研究，或作为"一个关于艺术品被订制和创作的物质条件的变化的说明"。第二种是他摒弃的，他描绘为艺术中反映的社会史。[1]

假定艺术直接"反映"社会确实很危险，但"作为一种制度的艺术"也有些模棱两可。它可能指瓦克纳格尔的"生活环境"，换句话说是指作坊和赞助人的世界，指社会学家说的一种"微观—社会"方法。大量有关文艺复兴艺术社会史的重要研究就是沿着这些路线进行的，从瓦克纳格尔到贡布里希本人对美第奇家族赞助以及马格特·维特科维尔和鲁道夫·维特科维尔对艺术家的研究都是如此。在卡罗·狄奥尼索蒂有关文艺复兴作家的开拓性研究后，意大利文学社会史也沿着类似路线发展起来。[2]

但仍有一个问题，即对"艺术品被订制和创作的物质条件的变化"的研究应限于艺术的切近环境还是扩展至整个社会。

41

1 Gombrich, "Social History of art". 后来用马克思主义方法研究文艺复兴的著作包括 Batkin, *Italienische Renaissance* 和 Heller, *Renaissance Man*。

2 Gombrich, *Norm and Form*, pp. 35–57; Wittkower, *Born under Saturn*; Dionisotti, *Geografia e storia della letteratura italiana*.

考虑当时绘画与艺术赞助的关系显然有启发性，但许多历史学家想走得更远并提出一些社会学家说的"宏观—社会"问题，即关于艺术赞助与其他社会制度以及与经济状况的关系。事实上，一些历史学家已经对意大利文艺复兴提出了这种问题并得出了一些非常不同的答案，有些人，如罗贝尔托·洛佩兹强调经济因素，其他人，如汉斯·巴伦则强调政治。

　　洛佩兹对热那亚（他出生的城市）的经济史特别感兴趣，该城以对文艺复兴的贡献比佛罗伦萨、威尼斯或米兰小得多"著称"。[1]他认为，14世纪和15世纪是整个欧洲，特别是意大利经济衰退的时期。他很清楚这种经济衰退论给传统的有关文艺复兴的经济前提的观点造成的困难："上层建筑"似乎与"基础"脱节了。但他坚决拒绝用文化滞后于经济的观念来简单解释这种不一致。"众所周知，文化滞后是把许多用其他方式无法联系在一起的事件连在一起的巧妙和灵活的手段……我个人怀疑那些父亲去世200年后才出生的孩子的血统……文艺复兴……是由它自己的而不是过去的经济条件决定的。"洛佩兹颠覆了传统观点并提出了一种"艰难时期和文化投资"的理论。中世纪的意大利经济繁荣却只有一些小教堂，而同时期的法国经济不那么发达却拥有宏伟的大教堂，这使洛佩兹感到震惊。他提出一种假说，即大教堂吞噬了本应用于经济增长的资本和劳动力。反过来，文艺复兴时期的商人可能有更多时间用于文化活动，因为他们不太忙于办公。文化的价值"恰在土地贬值时上升。当商业利率下降，文化投资的回报就增加"。不清楚要在多大程度上严肃或切实理解这里的"投

42

1　关于文艺复兴时期的热那亚，参见 Doria, G. "Una citta senza corte"。

资"概念，在第 4 章我们将不得不回到这个问题。但有一点很清楚，依据经济繁荣解释文化的理论现在遇到了一个厉害的对手。[1]

汉斯·巴伦，一个成长于魏玛共和国时期并一直忠实于共和价值的学者提出了一个更具政治性的文艺复兴解释。在其关于佛罗伦萨和意大利文艺复兴早期"危机"的研究（1955）中，巴伦注意到 1400 年前后思想领域变化的重要性。"到那时为止，意大利诸城市国家的市民社会已历经数代，可能早已辉煌不再"，这就排除了对思想变化的任何单一社会解释。相反，巴伦提出了一种政治解释，他回到沙夫茨伯里、罗斯科和西斯蒙第等极为重视的自由这一传统主题，但他更强调自我意识，并对一些重要政治事件作了细致分析。他认为，1400 年前后，佛罗伦萨人突然意识到他们的集体身份及其社会独一无二的特点。这种意识使他们自我认同于古代的伟大共和国，即雅典和罗马共和国，与古代的这一认同进而促进了其文化的重大变化。巴伦将佛罗伦萨人这种自我意识以及他所说的"市民人文主义"的兴起解释为一种对威胁的反应，即米兰统治者吉安加莱佐·维斯孔蒂对佛罗伦萨自由的威胁，此人企图将佛罗伦萨并入他的帝国但未得逞。没有什么比为理想战斗更能让你意识到你的理想。[2]

1　Lopez, "Economie et architecture" and "Hard Times and inventment". 对这一理论的批评，参见 Cipolla, "Economic deoression"; Burke, "Investment and culture"; Goldthwaite, *Wealth and the Demand for Art* 和 *Economy of Renaissance Florence*; Esch and Frommel, *Arte, committenza ed economia*。

2　Baron, *Crisis of the Early Italian Renaissance*; 参见 Fubini, "Renaissance Historian"; Hankins, "Baron thesis" 和 *Renaissance Civic Humanism*; Witt et al., "Baron's humanism"; Molho, "Hans Baron's crisis"; Molho, "Italian Renaissance: Made in USA"。

与洛佩兹的方法一样，巴伦方法的价值也在于为人们共同的知识库增添了新内容，而不是将以往对文艺复兴的解释一扫而空。例如，若不考虑深层结构就不能充分理解巴伦对政治事件的强调。例如，为什么当其他城市国家都缴械投降时佛罗伦萨却抵抗米兰？

在更广泛的层面上，微观社会学方法与宏观社会学方法应被看作互补而不是互相冲突的。每种方法都有其危险和不足。宏观社会学方法有被称为"宏大理论"的危险——解释太多，信息太少，理论框架过于僵硬。这种方法往往让人感觉"社会力量"（有了自己的生命）粗鲁和直接地影响了文化。另一方面，微观社会学方法则有与此相反的经验至上主义的危险——描述而不是分析，事实太多，解释太少。[1]

似乎需要采用一种多元研究方法，它试图检验那些新的和旧的宏大理论，并将经验性研究进行综合。事实上，本书的目标正是要这样做，特别是要将微观的和宏观的社会学方法结合起来。与艺术社会学不同，本书并不关注跨文化的概括（除了最后几页进行的那些比较和对比）。它也不像史学专著那样严格集中于特例。它主要涉及一个特定社会历经几代——即 15 世纪和 16 世纪早期的意大利——的典型风格、态度、习惯和结构。

下一章讨论的地区差异也很重要——今天的意大利依然如此。例如，部分因为一些偶然原因，这一时期威尼斯的文化成就长期受到不应有的严重忽视。在 16 世纪，有个威尼斯人

---

1 Mills, *Sociological Imagination*, ch. 1–3.

（可能是贵族马坎托尼奥·米基尔）曾收集有关画家生平的资料，但这位威尼斯的瓦萨里没有完成他的事业，更不用说将其出版，使后世子孙失去了抗衡真正的瓦萨里的托斯卡纳偏见所需要的资料。20世纪早期筹划的一项与瓦克纳格尔有关佛罗伦萨的著作对等的威尼斯研究也一直没有完成和出版。直到最近，对这一时期威尼斯艺术的社会史研究才开始大量出版，使我们能将威尼斯与佛罗伦萨进行严肃比较和对照。[1] 有关那不勒斯和米兰地区文化的研究也开始出现。[2]

　　我努力避免给佛罗伦萨人过多关注；事实上，下一章讨论的艺术家和作家只有四分之一来自托斯卡纳。[3] 不过，本书的首要目标不是矫正地区不平衡，或是探究意大利不同地区的文化差异，而是描绘一幅意大利文艺复兴全景图并在此背景下衡量地区变化。同样，对这一时期变化的讨论（在每一部分以及第 10 章）也比较简单，以便留出最大篇幅描述和分析结构，解释所谓"艺术体制"是怎样运作的以及它在哪些方面与其他

44

1　Logan, *Culture and Society in Venice, 1470–1790*；Howard, *Jacob Sansovino*；Rosand, *Painting in Cinquecento Venice*；Foscari and Tafuri, *L'armonica e iconflitte*；Tafuri, *Venice and the Renaissance*；Goffen, *Piety and Patronage*；Humfrey and MacKenney, "Venetian trade guilds"；King, *Venetian Humanism*；Huse and Wolters, *Art of Renaissance Venice*；Feldman, *City and Culture*；Fenlon, *Ceremonial City*；Humfrey, *Venice and Veneto*.

2　关于米兰，参见 Welch, *Art and Authority in Renaissance Milan*；Pyle, *Milan and Lombardy*；Schofield, "Avoiding Rome"。关于那不勒斯，参见 Hersey, *Alfonso II*；Bologna, *Napoli e le rotte mediterranee*；Atlas, *Music at the Aragonese Court*；Bentley, *Politics and Culture in Renaissance Naples*；Bock, "Patronage Standards"。

3　要讨论的艺术家选自《世界艺术百科全书》(*Encyclopedia of World Art*) 对文艺复兴时期意大利每个地区的逐一描述。

社会活动联系在一起。换句话说，虽然这项研究是多元化的，但它并不宣称要提供关于文艺复兴的所有可能的社会解释。无论如何，社会路径只是众多通往艺术研究的可能道路之一。

第二部分
艺术及其环境

第3章

艺术家与作家

招　募

我们先假定艺术及其他创造才能在人群中随意分配。在最好的情况下，一个文化精英群体——即那些靠创造性才能得到社会认可的人——在所有其他方面可作为人口的一个随意抽样。事实上这种情况从未发生。所有社会都会对一些群体的创造性表达设立障碍，文艺复兴时期的意大利也不例外。本章将要研究 600 多位画家、雕塑家、建筑师、人文主义者、"作曲家"和"科学家"（为简单起见我们将其描述为"艺术家"和"作家"或"创造性精英"）。我们将从他们的集体传记或"群体传记"中得出结论。[1] 选择这 600 位文化精英必定有些武断，虽然这并不比其他有关意大利文艺复兴的研究选择的精英更武断。[2]

1　关于"群体传记法"引发的问题，参见 Burke, "Prosopografie van der Renaissance"。

2　关于这个群体的构成，参见索引中带 * 的人名。出自塞姆–贝克尔（Thieme-Becker）的《传记字典》（*Allgemeines Lexicon*）的艺术家以及出自科森扎（Cosenza）的《传记和文献字典》（*Biographical and Bibliographical Dictionary*）的人文主义者或出自格罗夫（Groves）的《新音乐字典》（*New Dictionary of Music*）的音乐家我们将不再多谈。对瓦萨里的《名人传》我们也不再赘言，因为他写的传记很短且有很多版本。

在这个语境中，"建筑师""作曲家"和"科学家"都是省事但有问题的术语。与大石匠（master mason）相比，"建筑师"（architect）一词是在文艺复兴时期才出现的。[1] 另外，尽管文艺复兴时期存在 compositore 这个词，但我们称为"作曲家"（composer）的那些人一般被描述为"乐师"（musician）。"科学家"也是个省事的时代倒错概念，我们用它是为了避免"撰写物理、医学等著作的作家"这种罗嗦的表述。至于 artista，虽然米开朗基罗在现代意义上使用这个词，但在 15 世纪早期，它指的是在大学学习七门自由学科的学生（边码第 60 页）。

在当时的意大利人口中，此处考察的艺术家和作家在很多方面并不具有典型性。首先看一个最突出的非典型情况。这项对艺术家和作家的调查中有一个似乎永远不变的"变量"：性别。600 位精英中只有 3 位女性：维托里亚·科隆纳、维罗尼卡·甘巴拉和图利亚·达拉格那，她们都是诗人并且都出现在文艺复兴末期。当然，无论从心理学角度（男性的创造性是其无生育能力的替代物）还是社会学角度解释（女性的能力在男性主宰的社会中受到压制），这种性别分布的不平衡都非意大利特有，或仅限于文艺复兴时期。在一个"老大师"的时代没有多少"女性老大师"，因为女艺术家进行的是一项"障碍赛跑"。[2]

有一点无疑很重要，即一旦社会阻力稍减，女艺术家和作家就会出现。例如，艺术家的女儿有时就画画。据称丁托雷托的女儿玛丽埃塔曾创作肖像画，但没有任何可确定归于她的作

1　Ettlinger，"Emergence of the Italian architect". 参见 Pevsner，"The term 'architect'"；Ackerman，"Ars sine scientia nibil est"；Murray，"Italian Renaissance Architect"。

2　Nochlin，"Why Have Been No Great Women Artist?"；Greer，*Obstacle Race*；Parker and Pollock，*Old Mistress*.

品传世。[1] 瓦萨里告诉我们，乌切罗有个女儿叫安东尼娅，"懂得怎么画画"并成为加尔默罗会（Carmelite）的一名修女。修女有时是微型画画家（miniaturist），如卡特里娜·达·博洛尼亚，不过她作为圣徒的名气更大。在博洛尼亚还活跃着一个叫普罗佩尔齐亚·德·罗西的女雕塑家，瓦萨里为她写了传记，并恰当地将她与卡米拉和萨福这样才华出众的古代女性相提并论。[2] 直到 16 世纪晚期，随着女画家，特别是索芙尼斯巴·安圭斯乔拉和拉维尼亚·丰塔纳日益独立，她们才日益引人瞩目。

就女作家来说，已有人指出，虽然早在 15 世纪 80、90 年代业已能够发现"女性文学天才的惊人汇聚"，但直到 16 世纪30、40 年代，第一批在世的世俗女作家的著作才开始较多出版。[3] 人们可以在维托里亚·科罗纳、维罗尼卡·甘巴拉和图利亚·达拉格那的名字外加上女诗人加斯帕拉·斯坦姆帕、劳拉·泰拉奇纳和劳拉·巴提费里，这 6 位女性都活跃在文艺复兴晚期。她们的出现很可能是意大利方言文学重要性不断增强（与拉丁文学相反）和文坛日益开放的结果。

最近的研究还发现了一小群对人文主义感兴趣的妇女。这 [49] 些知识女性中最重要的是劳拉·切雷塔、卡桑德拉·费德莱、伊索塔·诺加罗拉和阿莱桑德拉·德拉·斯卡拉。她们在当时曾引起一定关注，但她们也必须面对男性的嘲讽，而且不管她们结婚还是当修女，其学术研究皆半途而废。[4] 修女们值得特

---

1 提尔茨-康拉特（Tietze-Conrat）在《玛丽埃塔：丁托雷托的女儿》（"Marietta, fill du Tintoret"）中曾尝试辨认玛丽埃塔的一些作品。

2 Niccoli, *Rinascimento al femminile*; Jacobs, *Defining the Renaissance Virtuosa*.

3 Cox, *Women's Writing in Italy*, 引言，p. xiii。

4 Pesenti, "Alessandra Scala"; King, "Thwarted ambitions"; Jardine, "Isotta Nogarola" 和 "Myth of the learned lady"; Cox, *Women's Writing in Italy*, pp. 2–17。

别关注，因为佛罗伦萨、罗马和威尼斯等城市的"修院文化"提供了撰写编年史、表演戏剧、演奏音乐、发表拉丁文演说以及做针线活儿和抄写手稿的机会。[1]

不过即便在成年男性中，这个创造性精英群体也绝不是一个随机样本。例如，这个样本的地理分布是不平衡的。如果将意大利划分为 7 个地区，我们会发现，约 26% 的精英来自托斯卡纳，23% 来自威内托，18% 来自教皇国，11% 来自伦巴底，7% 来自南意大利，1.5% 来自皮埃蒙特，还有 1% 来自利古里亚。另外 7% 完全来自意大利以外（剩下的 5.5% 情况不明）。如果我们把这些数字与各地区的人口比较会发现，其中有 4 个地区（托斯卡纳、威内托、教皇国和伦巴底）产生了大部分艺术家和作家，而从皮埃蒙特到西西里的另外 3 个地区在文化上很落后。[2] 而且，按照这些标准看，托斯卡纳远远领先于其他地区。

另一个惊人的地区差异涉及从事视觉艺术的精英的比例。在托斯卡纳、威内托和伦巴底，视觉艺术家占主导，而在热那亚和意大利南部地区，作家更为重要。换言之，出生地不仅影响他（或有时她）进入这个创造性精英群体的几率，也影响了他进入的行业。[3]

成为一名成功的艺术家或作家（或至少成为选出来的这

---

1 Lowe, *Nuns' Chronicles*.
2 托斯卡纳的人口占意大利总人口 10%，而其精英却占总数的 26%；威内托是 20% 和 23%；教皇国是 15% 和 18%；伦巴底是 10% 和 11%；南意大利是 30% 和 7%；皮埃蒙特是 10% 和 1.5%；利古里亚是 5% 和 1%。关于作家的统计，参见 Bec, "Lo statuto socio-professionale degli scrittori", p. 247。
3 在托斯卡纳 60% 的精英是视觉艺术家（人文主义者和艺术家的比例为 95：62）；威内托是 55%（比例 75：62）；伦巴底是 70%（比例为 45：19）；南意大利 58% 的精英从事非视觉艺术（比例为 24：17）；热那亚则有 4 位人文主义者和 1 位艺术家。

600 人中的一个）还受到一个人出生社区规模的影响。约有 50
13% 的意大利人生活在达到或超过 1 万人的城镇，我所选择的
精英中至少有 60% 属于这部分人。

　　罗马少得可怜的贡献需要特别说明。在选出的艺术家和作
家中只有 4 人出生在罗马：人文主义者洛伦佐·瓦拉、建筑师
和画家朱利奥·皮皮（即朱利奥·罗马诺，插图 3.7）、雕塑家
吉安·克利斯托弗罗·罗马诺和画家安东尼亚佐·罗马诺。从
人口来看，罗马确实只是意大利第八大城市，但比罗马小的费
拉拉也产生了 15 位精英，甚至更小的乌尔比诺都出产了 7 位
精英。[1] 正如我们将要看到的，在文艺复兴时期，罗马的重要
性主要是作为一个赞助中心，吸引意大利其他地区的创造性
个体。[2]

　　可以预料，雕塑家和建筑师往往来自那些富产适于雕刻和
建筑的石材的地区。在托斯卡纳，伊萨亚·达·比萨就来自出
产白色大理石的比萨西海岸，而 4 位主要雕塑家（德西德里
奥·达·塞蒂尼亚诺、安东尼奥·罗塞利诺、贝尔纳多·罗塞
利诺和巴托罗米奥·阿玛纳蒂）都出生在佛罗伦萨附近拥有重
要采石场的小村庄塞蒂尼亚诺。米开朗基罗就是被交给那里的
一位石匠的妻子哺育，他后来开玩笑说他在奶娘的乳汁中吮吸
了对雕塑艺术的爱。在产生了 10% 的精英的伦巴底地区，其
雕塑家和建筑师分别占同类精英总数的 22% 和 25%，这里也
出产了大部分最好的石材。雕塑家和建筑师世家（dynasty）

1　乌尔比诺的人口不超过 5000 人，但其中包括历史学家波利多雷·维吉尔，数学家
　孔曼迪诺，作曲家 M. A. 卡瓦佐尼及其子吉罗拉莫，还有画家真加、桑蒂和拉斐
　尔。建筑师布拉曼泰也出生在该城附近。

2　Hall, *Rome*.

的创建者多梅尼科·加吉尼和皮埃特罗·伦巴尔多都来自卢加诺湖附近。富产雕塑家、建筑师以及石材的第三个地区是达尔马提亚，此处已在意大利境外，但离边境不远，而且与意大利，尤其是威尼斯有密切的经济联系。建筑师鲁恰诺·劳拉纳和雕塑家弗朗切斯科·劳拉纳很可能都来自达尔马提亚的弗拉纳镇，而著名雕塑家伊万·杜克诺维奇来自特罗吉尔，建筑师尤拉伊·达尔马提纳克来自希贝尼克。

这些达尔马提亚人让人想到那些在意大利工作的外国艺术家和作家的重要性，他们总共有41位。其中有21位乐师——主要是弗莱芒人，如纪尧姆·迪费、乔斯昆·德·普雷斯、海因里希·伊萨克和阿德里安·维拉尔特。[1]其中还有一些希腊人文主义者，特别是雅诺斯·阿吉罗普罗斯、乔治奥斯·热米斯托斯·普莱顿及枢机主教贝萨里昂；他们中还有一些西班牙人，如巴塞罗那诗人贝内代托·加雷斯、瓦伦西亚画家雅科马特·巴索及作曲家拉莫斯·德·帕雷亚。

一些最杰出的意大利艺术家和作家是另一种意义上的"外国人"——他们的大部分作品都不在其出生地创作。以《佛罗伦萨颂》闻名的人文主义者莱奥纳尔多·布鲁尼出生在阿雷佐；哲学家菲奇诺出生在瓦尔达诺的费利内；莱奥纳尔多·达·芬奇来自托斯卡纳地区一个叫芬奇的小村；人文主义者波利齐亚诺来自蒙特普尔恰诺。人文主义者乔尔乔·梅鲁拉、乔尔乔·瓦拉和马坎托尼奥·萨贝利科是在威尼斯度过了大部分时光的非威尼斯人。最著名的威尼斯画家事实上并不生于威尼斯，乔尔乔内出生在小镇卡斯特尔弗朗科，提香来自皮

1　Bridgman, *Viemusicale*, ch. 7.

耶韦迪卡多雷。作为外来者，他们可能较少受当地文化传统的束缚，因而更易于创新。

创造性精英不仅地理分布不均，社会分布也不均衡。需要提醒大家注意的是，有57%的精英父辈职业不详。不过，剩余47%的精英确实往往出自一个非常有限的社会环境。在这一时期，虽然绝大多数意大利人都是农民或农业劳动者，但只有7位精英来自这一阶层：包括2位人文主义者巴托罗米奥·德拉·斯卡拉和乔万尼·康帕诺；工程师—雕塑家马里亚诺·塔科拉；还有4位画家，即安杰利科修士、安德烈亚·德尔·卡斯塔尼奥、安德烈亚·桑索维诺和多梅尼科·贝卡福米。其余艺术家和作家中有114人来自手艺人和小店主家庭，84位来自贵族家庭，48位是商人和职业人士之子。事实上，艺术家常常来自手艺人和小店主家庭，而作家则主要是贵族和职业人士之子，这个对比非常明显。[1]

由于至少有96位艺术家来自手艺人或小店主家庭，对这个群体作进一步划分或许是有价值的。结果证明，一个手工行业越接近绘画或雕塑，手艺人的儿子成为艺术家的机会就越大。有26个例子与艺术没有任何联系，比如父亲是裁缝或家禽贩卖者。与艺术有间接联系的情况有34例，如父亲是木匠、石匠、采石工等。父亲是艺术家的有36例，如拉斐尔。显然，艺术是家族经营的。威尼斯的贝利尼家族就包括父亲雅各布，他更有名的儿子真蒂莱和乔万尼以及他的女婿曼泰尼亚。前面

52

---

1 已知的画家、雕塑家和建筑师的父亲中，有96人是手艺人和小店主，只有40人是商人、贵族和职业人士。而已知的人文主义者、作家和科学家的父亲中有7位手艺人和小店主，而有95位是商人、贵族和职业人士。参见 Bec, "Lo statuto socio-professionale degli scrittori", pp. 248–249。

提到的伦巴尔多家族包括创建者皮埃特罗、其子图利奥一世和安东尼奥一世以及他们的后嗣。在米兰及其他地方工作的索拉里斯雕塑家族至少经历了 5 代，其中有 4 位是创造性精英群体的成员。

　　仅这些艺术家族的数量就值得重视。设想一下，一位文艺复兴时期的艺术家很可能有 50% 的亲属都从事艺术（创造性精英群体中有 48% 的艺术家有艺术家亲属）。比如马萨乔的兄弟乔万尼是画家，乔万尼的两个儿子、一个孙子和一个曾孙也都是画家。提香有一个兄弟和儿子是艺术家。[1] 丁托雷托的两个儿子和女儿玛丽埃塔也是艺术家。

　　这些艺术世家的重要性何在？维多利亚时代的科学家弗朗西斯·加尔顿援引了其中一些例子以支持他关于"遗传天赋"的重要性的观点。[2] 然而，有一种社会学解释至少与这种生物学解释一样有合理性。在文艺复兴时期的意大利，绘画和雕塑与杂货店和纺织一样都是家族经营。有证据表明，有些艺术家父亲希望儿子继承他们的事业；其中至少有两位还为儿子取了古代著名艺术家的名字。画家索多马为其子取名阿佩利斯，但这个男孩夭折了。建筑师温琴佐·塞雷尼同样满怀期望地为儿子取名维特鲁威奥，这个男孩活了下来，像父亲一样成为一名建筑师。行会规章也通过降低师傅亲属的入会费鼓励家族事业。如帕多瓦画家行会规定学徒要交纳 2 里拉入会费，但如果他是某位大师的儿子、兄弟、侄子或孙子则费用减半。行会还允许一个师傅免费收一个亲属当学徒。[3] 视觉艺术与文学和学

1　Tagliaferro and Aikema, *Le bottage di Tiziano*.

2　Galton, *Hereditary Genius*.

3　Gaye, *Carteggio inedito d'artisti*, vol. 2, 第 43 页起。

术的对比表明，艺术家族的社会学解释比生物学解释更可靠。创造性精英群体中已知有近一半的艺术家有从事艺术的亲属。然而在不靠家族组织在一起的文学和学术领域，这个比例降至四分之一（具体数字分别是 48% 和 27%）。两个群体的差异显示了社会力量的影响力。

　　这个关于艺术家和作家的地理和社会来源的信息的重要性在于，它有助于解释为什么艺术在意大利繁荣发展。社会力量不可能造就伟大的艺术家，但认为社会障碍能阻挠他们却是合情合理的。如果是这样，则我们可以推断艺术和文学只能在杰出男性和女性受阻碍最少的地方和时期繁荣发展。在现代早期的欧洲（包括意大利），拥有天赋的男性面临两个主要障碍，它们位于社会天平的两端，因其受阻的群体分别是有才能的贵族子弟和农民子弟。

　　首先，一个天赋出众但出身良好的孩子可能因为父母认为这些体力的或"技工性"职业有辱身份而无法成为画家或雕塑家。瓦萨里在他的《意大利艺苑名人传》中讲述了好几个父母反对（儿子从事艺术）的事例。例如他说当菲利波·布鲁内莱斯基（插图 3.1）的父亲发现小菲利波倾向艺术时"大为不悦"，因为他原本想让孩子要么像他那样当一个公证人，要么像其曾祖父那样当个医生。[1]

　　瓦萨里还告诉我们，阿莱索·巴尔多维内蒂出身一个商人世家，小阿莱索对艺术产生兴趣"多少违背了其父的意愿，因为他更希望他经商"。米开朗基罗是一个贵族之子，瓦萨里评

---

[1] 不过，根据被归于马内蒂的《布鲁内莱斯基传》（比瓦萨里的传记早大约 60 年），布鲁内莱斯基的父亲并未反对，因为他是个"有见识的人"。

53

图 3.1 《布鲁内莱斯基半身像》，佛罗伦萨主教堂

论说，他的父亲"可能"认为米开朗基罗对艺术的兴趣辱没了他们古老的家族；但米开朗基罗的另一个弟子则声称米开朗基罗的父亲和叔叔们憎恨艺术，认为他们家族的男孩干这个营生是可耻的。[1]

在社会天平的另一端，农民家庭的男孩要成为艺术家或作家也很难，因为即便他们确实知道有这些行业，也很难获得必

---

1 Condivi，*Vita di Michelangelo Buonarroti*，p. 24.

要的训练。人文主义者巴托罗米奥·德拉·斯卡拉是一个磨房主之子，但磨房主都比较富有。画家安杰利科修士和人文主义者乔万尼·安托尼奥·康帕诺则登上了穷人的孩子往上爬的传统阶梯：他们加入了教会。[1]

　　关于那4位成了艺术家的农民之子有很多充满传奇色彩的故事。14世纪的伟大画家乔托被派去放羊，但碰巧路过的艺术家齐马布埃发现他用一块石头在岩石上画画。[2]关于安德烈亚·德尔·卡斯塔尼奥，"一位佛罗伦萨公民发现他一边放羊一边在一块岩石上画羊，于是将他带到佛罗伦萨"。[3]可能是为了奉承他的美第奇赞助人，瓦萨里补充说这位公民是美第奇家的一个人。关于多梅尼科·贝卡福米，瓦萨里讲了一个类似的故事：他被一位地主发现"在一个小溪边放羊时用一根尖木棍在沙地上画画"并被带到锡耶那。另一个关于安德烈亚·桑索维诺的故事说，他在被发现并带到佛罗伦萨接受训练前也"像乔托一样一边放牛一边在沙地上画牛"。这些关于英雄的出身和童年时代的老调重弹的神话故事我们不必太当真。它们反映了当时对有天赋的穷孩子的一般看法。[4]然而，这些成为艺术家的男孩必定有过几乎同样富有戏剧性的经历，就建筑师帕拉迪奥来说，他的一生似乎是艺术的翻版。有文献证据表明，他的穷光蛋父亲送他到帕多瓦的一个石雕师傅门下学艺。小帕拉迪奥逃到维琴察，在那里，当他在人文主义者和贵族吉安·乔

54

1　关于康帕诺，参见 D'Amico, *Renaissance Humanism in Papal Rome*, pp. 14–15。

2　讲这个故事的是吉贝尔蒂，参见 Ghiberti, *Commentari*, p. 32。瓦萨里后来重述了这个故事。

3　Frey, *Il libro Antonio Bill*, pp. 21–22.

4　Kris and Kurz, *Legand, Myth and Magic*, ch. 2. 参考 Barolsky, *Why Mona Lisa Smiles*。

尔乔·特里西诺家工作时，他的天赋被后者发现。[1]

与贵族和农民的儿子不同，手艺人的儿子并没有遇到这么大的阻碍和挫折的危险。他们中许多人可能从童年起就通过观看父亲工作而习惯于灵活思考问题。由此必然得出的结论是：在这一时期，视觉艺术要繁荣就必须有一个手艺人集中的地方，即一个城市环境。在 15、16 世纪，欧洲城市化最高的地区就在意大利和尼德兰，而大多数重要艺术家也确实来自这两个地区（关于尼德兰，参见第 10 章）。

艺术家成长的最理想环境似乎是像佛罗伦萨这样以手工业生产为主（而不是那不勒斯或罗马那种以商业或服务业为主）的城市。而像威尼斯，要到 15 世纪晚期该城从商业转向工业后，威尼斯的艺术才赶上了佛罗伦萨。

在文学、人文主义和科学领域，则是贵族和职业人士之子占主导，这一点不难解释。大学教育比学徒训练昂贵得多，手艺人的儿子要成为作家、人文主义者或科学家，就像农民的儿子要成为艺术家一样难。有 5 个已知的例子。人文主义者瓜里诺·达·维罗纳是铁匠之子，医生米凯莱·萨沃纳罗拉（著名修士吉罗拉莫·萨沃纳罗拉的父亲）的父亲是个纺织工，诗人布尔基埃罗的父亲是个木匠，职业作家皮埃特罗·阿雷蒂诺和安东弗朗切斯科·多尼的父亲分别是鞋匠和剪刀匠。换言之，从社会角度来看，创造性精英群体不是一个，而是两个：一个主要从手艺人中招募的视觉艺术家群体和一个主要从社会上层（作曲家主要是外国人，其社会来源往往不详）吸收的文学家群体。

然而，从社会出身来看，在视觉艺术中作出重大创新的人常常是群体中的特例。布鲁内莱斯基、马萨乔和达·芬奇都是

---

1 Puppi, *Andrea Palladio*, ch. 1.

公证人之子，米开朗基罗是贵族之子。无论从社会还是地理角度看，对新趋势作出最大贡献的都是那些最不可能认同当地手工业传统的外来者。

训 练

56

与招募的情况一样，艺术家和作家的职业训练也表明他们分属于两种不同的文化，即作坊和大学。[1]

画家卡罗·达·米拉诺在一份文献中被称为"艺术博士"，另一位画家朱利奥·康帕尼奥拉是费拉拉宫廷的侍从。不过，绝大多数画家和雕塑家都是像其他手艺人一样通过在作坊当学徒培养出来的，作坊是行会的一部分，行会可能还包括从事其他手工活动的手艺人。在文艺复兴之初，学徒制过程被描绘如下：

> 首先，作为学童在小木板上练习素描，为期一年；接着，在某位师傅指导下在作坊工作，学习与我们行业相关的各门手艺；学习如何保持颜色和调色；学习煮浆料；磨gessos（绘画中使用的白底料）；练习为anconas（有装饰线的木板）打石膏底，然后塑型并打磨；镀金和压印，为期六年整。然后再用六年获得绘画、用腐蚀剂修饰、制作金布和在墙上画画等的经验。其间，无论节日还是工作日都要不断练习素描，永不懈息。[2]

1　关于作坊训练，参见 Thomas, *Painter's Practice*; Welch, *Art and Society*, pp. 79–102; Ames-Lewis, *Drawing in Early Renaissance Italy*, pp. 35–46. 可比较阅读 Ames-Lewis, *Intellectual Life*。

2　Cennini, *Il libro dell'arte*, p. 65. 参见 Cole, *Renaissance Artist at Work*, ch. 2; 关于佛罗伦萨的情况，参见 Wackernagel, *World of Florentine Renaissance Artist*, ch. 12 和 A. Thomas, *Painter's Practice*; 关于威尼斯的情况参见 Tietze, "Master and Workshop"。

13 年的训练可谓漫长，这或许只是一个达到完美的建议。威尼斯画家行会规定的最短学徒期是 5 年，之后，再做 2 年帮工便可作为候选人呈交自己的"出师作品"（master-piece），并成为一个有资格开设自己作坊的画师。虽然如此，画家们被要求从事各种使用不同媒质（木板、帆布、羊皮纸、石膏，甚至布料、玻璃和铁）的工作，而且常常很小就入行了。安德烈亚·德尔·萨尔托入行当学徒时 7 岁，提香是 9 岁，曼泰尼亚和索多马是 10 岁。保罗·乌切罗 11 岁时已是吉贝尔蒂作坊的一名童工。米开朗基罗跟随多梅尼科·吉兰达约当学徒时是 13 岁，帕拉迪奥也是在这个年龄开始当石雕工的。在近代早期欧洲，童工很常见。从当时人们的角度来看，波提切利和达·芬奇起步都有点晚，因为波提切利 13 岁时还在学校读书，而达·芬奇到 14 岁或 15 岁才被送到维罗基奥的作坊当学徒。艺术家在学校的时间都不长，大多数人可能只掌握了基本的读写能力。在所谓"珠算"学校教授的算术，被视为一门通往商业生涯的高级课程。[1] 曾在此类学校读书的布鲁内莱斯基、卢卡·德拉·罗比亚、布拉曼泰和达·芬奇可能是艺术家中的特例。

学徒通常是师傅大家庭中的一员。有时，学徒要向师傅交纳食宿费和学费；索多马的父亲为儿子 7 年的学徒生涯交了 50 杜卡特的高额费用（关于杜卡特的购买力，参见边码第 230 页）。不过，有时是师傅付钱给学徒，而且随着学徒技艺的不断提高逐渐增加。米开朗基罗与吉兰达约的作坊签订的学艺合同规定，他第一年的薪水是 6 弗罗林，第二年为 8 弗罗林，第三年为 10 弗罗林。

---

1 Goldthwaite, "Schools and teacher".

学徒有时会用师傅的名字，就像在 18 世纪的日本，这提醒我们注意艺术家跟随学艺的师傅的重要性。雅各布·桑索维诺和多梅尼科·康帕尼奥拉不是安德烈亚·桑索维诺和朱利奥·康帕尼奥拉的儿子，而是他们的弟子。皮埃罗·迪·科西莫也以他的师傅科西莫·罗塞利取名。事实上，我们可从名字辨认出一长串有师承关系的艺术家。例如，比奇·迪·洛伦佐传艺给儿子内利·迪·比奇，内利是科西莫·罗塞利的师傅，罗塞利是皮埃罗·迪·科西莫的师傅，皮埃罗是安德烈亚·德尔·萨尔托的师傅，萨尔托是彭托尔莫的师傅，而彭托尔莫又是布龙齐诺的师傅。这些艺术家个人风格的不同表明，佛罗伦萨的文化传承体制并非只产生了一种艺术传统。另外，真蒂莱·达·法布里亚诺是雅各布·贝利尼的老师，后者又传艺给两个儿子：真蒂莱·贝利尼（以师祖命名）和乔万尼·贝利尼（他有一大群弟子，传统上认为其中包括提香和乔尔乔内）。

有几个作坊似乎对这一时期的艺术极为重要：比如洛伦佐·吉贝尔蒂的弟子包括多纳泰罗、米凯洛佐、乌切罗、安托尼奥·波拉约罗以及可能还有马索利诺；维罗基奥的弟子不仅有莱奥纳尔多·达·芬奇，还有波提奇尼、多梅尼科·吉兰达约、洛伦佐·迪·克雷迪和佩鲁吉诺。在整个文艺复兴时期，最重要的可能是拉斐尔的作坊，其学徒和助手包括朱利奥·罗马诺、吉安弗朗切斯科·彭尼、波利多罗·达·卡拉瓦乔、佩里诺·德尔·瓦加及洛伦佐·洛提（不是洛伦佐·洛托）。最近的一项研究谈到拉斐尔的"管理风格"。米开朗基罗也使用大量助手，仅西斯廷礼拜堂的艺术工程就已经有 13 个助手被确认。[1]

1　Talvacchia, "Raphael's workshop"; Wallace, "Michelangelo's assistants".

　　学习和临摹作坊收藏的素描是画家训练的重要内容，它有助于统一作坊的风格和保持作坊传统。15 世纪初，一位人文主义者描绘了这一学习过程："当学徒接受师傅的指导……画家们按惯例给他们一些漂亮的素描和绘画作为其艺术的典范。"[1] 这类素描是画家的重要资本，因而可能在遗嘱中被专门提及，如 1471 年费拉拉画家科西莫·图拉的遗嘱。设计可能用密码写下来，因为它们被看作商业机密，吉贝尔蒂工作室的一本笔记就是如此。[2]

　　随着有意识的个人风格日益受重视（边码第 28 页），作坊素描可能也失去了重要性。瓦萨里告诉我们，贝卡福米的师傅用"他自己使用的一些著名画家的素描教他学画，一些不擅长设计的师傅常常这么干"，这句评论说明这种做法正逐渐消亡。

　　与艺术家的学徒训练对应的是人文主义者和科学家（较低程度上也包括作家，因为"作家"都是业余人士）在拉丁语学校和大学的教育（插图 3.2）。[3] 在 15 世纪早期，意大利有 13 所大学：博洛尼亚大学、费拉拉大学、佛罗伦萨大学、那不勒斯大学、帕多瓦大学、帕维亚大学、佩鲁贾大学、皮亚琴查大学、比萨大学、罗马大学、萨莱尔诺大学、锡耶纳大学和都灵大学。其中，这一时期最重要的是帕多瓦大学，它培养了 600 位精英中的 52 位，其中有 17 位于 1500—1520 年间在此就读。

1　Gasparino Barzizza, 转引自 Baxandall, "Guarino, Pisanello and Manuel Chrysoloras", p. 183。关于素描，参见 Ames-Lewis, *Drawing in Early Renaissance Italy*, ch. 4; Ames-Lewis and wright, *Drawing in the Italian Renaissance Workshop*。

2　Prager and Scaglia, *Brunelleschi*, 第 65 页起。

3　Kagan, "Universities in Italy"; Black, "Italian Renaissance education"; Grendler, *Schooling in Renaissance Italy* 和 *Universities of the Italian Renaissance*; Belloni and Drusi, *Umanesimo ed educazione*。

图 3.2　一个人文主义者的大学教育，
出自 C. 兰迪诺的《白话书信和演说范文选》
（C. Landino, *Formulario di lettere e di orationi volgari
con la preposta*, Florence）

这所大学的发展得到威尼斯政府的鼓励，因为当时帕多瓦是威尼斯的属地。威尼斯政府提高教授的薪金，禁止威尼斯人到其他大学就读，并将在帕多瓦大学接受一定时间的教育作为在政府任职的一个前提条件。在首都以外有一所大学有很多便利之处。食宿便宜，学生带来的经济繁荣也有助于增强附属城市的忠诚。帕多瓦大学也吸引了其他地区的学生，在 52 位就读于帕多瓦大学的人文主义者和作家中，近一半出生在威内托以外的地区。这里尤其吸引学习科学科目（包括当时所说的"自然哲学"和医学）的学生。精英群体的 53 位科学家中，至少有18 位就读于此。[1]

　　另一所更受精英们欢迎的大学是博洛尼亚大学，有 26 位精英在此学习。作为意大利的古老大学，博洛尼亚大学一度衰落，但在 15 世纪复兴。其次是费拉拉大学，12 位精英曾就读于此。该大学以学费低廉享誉欧洲，一个 16 世纪的德国学生写道，费拉拉大学是公认的"穷人避难所"。[2]另外，帕维亚大学（附属于米兰，如同帕多瓦大学附属于威尼斯）、比萨大学（附属于佛罗伦萨）、锡耶那大学、佩鲁贾大学和罗马大学也分别培养了 6 到 7 位精英。很高兴地补充一点，有 2 位精英（约翰·霍斯比和威尼斯的保罗）来自牛津大学；在哪个学院就读则不得而知。

　　那时的学生往往比现在更早上大学；像历史学家弗朗切斯

1　自本书问世以来，有关意大利及其他地区大学的历史的研究出现某种繁荣，这归功于如下学者的研究：Verde, *Studio fiorentino*；Schmitt, "Philosophy and Science"；Denley, "Recent studies on Italian universities" 和 "Social function of Italian Renaissance universities"；Kagan, "Universities in Italy" 以及 Grendler, *Universities of the Italian Renaissance*. 本书关于帕多瓦大学的内容，参见 Giard, "Histoire de l'université"。

2　Rashdall, *Universities of Europe*, vol. 2, p. 54.

科·圭恰尔迪尼那样 16 岁到费拉拉大学读书的情况是非常典型的。他们首先学习"艺科"（arts），即七门自由学科（liberal arts）。自由学科分为基础性的语法、逻辑和修辞（即"三科"）和更高级的算术、几何、音乐和天文（即"四艺"）。之后，他们继续攻读神学、法律或医学这三个更高学位中的一个。课程表仍是中世纪的，在文艺复兴时期没有任何正式改动。但众所周知，大学中教授的内容——更不用说学的——并不总是与课程表一致。对 16、17 世纪英国大学的研究表明，根据学生的课堂笔记，包括历史学在内的许多新学科已被非正式地纳入大学教育。虽然目前尚未出现关于意大利大学的类似研究，但我们有理由相信，当时包含历史、诗歌和伦理学的所谓"人文学科"（*studia humanitatis*，"人文主义"就是从这个词派生出来的）逐渐取代了"四艺"。[1]

　　文艺复兴时期的大学生在某些方面类似作坊学徒。辩论——学士升为"艺科硕士"的途径——相当于手艺人的"代表作"。艺科硕士有权教授其所学科目，就像学徒独立开作坊。但在大学，无论口头还是书面的授课和学习都使用象征独立的精英文化的拉丁语。"间谍"（*lupi* 或"狼"）确保学生们甚至相互之间也说拉丁语，违者要罚款。学徒与大学生的另一明显区别是教育费用。据估计，在 15 世纪初的托斯卡纳，一个男孩离家到外地上大学每年约需花费 20 弗罗林，这笔钱可以雇用两个仆人。[2] 此外，一位新晋博士还要举办一次费用高昂的宴

61

1　Kearney, *Scholars and Gentleman*; Kristeller, *Renaissance Thought*, ch. 1; Denley, "Social function of Italian Renaissance universities"; Grendler, *Universities of the Italian Renaissance*, pp. 199–248.

2　Martines, *The Social World of the Florentine Humanists, 1390–1460*, p. 117.

会招待同行。1505 年，圭恰尔迪尼在比萨大学获得民法博士学位时花了 26 弗罗林宴请同行。甚至费拉拉大学这个"穷人避难所"也会让那些不怎么富有的人望而却步。

建筑师和作曲家需要与其他人区别看待。建筑并不被承认是一门独立的手艺，所以没有建筑师行会（与石匠相反），也没有训练建筑师的学徒体制。结果，文艺复兴时期从事建筑设计的人有一个奇怪的共同点，即他们最初都是被训练从事别的行业。如布鲁内莱斯基接受的是金匠训练，米凯洛佐和帕拉迪奥接受的雕塑或石雕训练，（老）安东尼奥·达·圣加罗接受的是木匠训练，而莱昂·巴蒂斯塔·阿尔贝蒂是一个大学毕业的人文主义者。不过，也有非正式的建筑师训练的机会。（小）安东尼奥·达·圣加罗、朱利奥·罗马诺、巴尔达萨雷·佩鲁齐和拉斐尔在罗马布拉曼泰的作坊学会了建筑设计，该作坊在建筑史上的重要性可媲美 100 年前佛罗伦萨的吉贝尔蒂作坊。一些著名建筑师，如图利奥·伦巴尔多和米凯莱·萨米凯利则从亲戚那里学艺。[1]

我们称为作曲家的那些人接受的是演奏者的训练。许多尼德兰作曲家在家乡的唱诗班学校学习。如乔斯昆·德·普雷斯是圣昆廷教堂的唱诗班男童。英国人约翰·霍特比在一个附属于卢卡主教座堂的学校（可能是专门为唱诗班学童开设的）教授音乐以及教语法和数学。音乐（指音乐理论）是大学艺科科目之一，我们的精英中有好几位都获得了学位。纪尧姆·迪费是民法学学士，约翰内斯·德·丁克托里斯是法学和神学双料博士。没有正规的作曲训练，但约翰内斯·奥克海姆在尼德兰

1　Ackerman, "Architecture Practice in the Italian Renaissance".

的圈子提供了可以媲美吉贝尔蒂和布拉曼泰的作坊的非正规训练。奥克海姆的弟子——只说那些在意大利工作的——有亚历山大·阿格里科拉、安托瓦内·布鲁梅尔、罗塞特·孔佩尔、加斯帕尔·凡·维尔贝克以及可能还有乔斯昆·德·普雷斯。从乔斯昆开始出现了某种使徒式的师徒继承关系，它将伟大的尼德兰作曲家与16世纪意大利作曲家、将意大利作曲家与17世纪德国的重要作曲家们联系在一起。乔斯昆是让·穆顿的老师，穆顿是尼德兰人阿德里安·维拉尔特的老师（插图3.3）。维拉尔特去了威尼斯并收安德烈亚·加布里埃利为徒，安德烈亚在文艺复兴晚期收自己的侄子乔万尼·加布里埃利为徒，后者是海因里希·舒茨的老师。[1]

总之，在这一时期的意大利有两种文化和两种教育体制：体力性的和知识性的，意大利语的和拉丁语的，基于作坊的和基于大学的。甚至在建筑和音乐领域，我们也不难发现个人攀登的阶梯。这种二元体制的存在给研究文艺复兴的史学家们提出了一些问题。如果说艺术家是这种"早离校者"，那他们是怎样熟悉其绘画、雕塑和建筑中表现的古典知识的呢？文艺复兴时期著名的"通才"是否只存在于19世纪史学家们生动的想象中？

当时论述艺术的作家都十分清楚高级教育的重要性。例如，吉贝尔蒂希望画家和雕塑家学习语法、几何、算术、天文、哲学、历史、医学、解剖学、透视法和"理论性设计"。[2]阿尔贝蒂希望画家学习自由学科，尤其是几何，以及人文学科，特别

---

1 Bridgman, *Vie musicale*, ch. 4.
2 Ghiberti, *Commentari*, p. 2.

图 3.3　《阿德里安·维拉尔特的木刻像》，
出自《新音乐》(*Musica Nova*, 1559)

是修辞、诗歌和历史。[1] 建筑师安东尼奥·阿韦利诺——他自己取了一个希腊名字菲拉雷特（"热爱美德者"）——希望建筑师学习音乐和占星术，"因为当他指挥并修造一座建筑时，应确保工作在一个有利的星体和星相下开始。他也要懂音乐，这样他才会知道如何使建筑各个部分与部件和谐一致"。[2] 曾撰文论述雕塑理论和实践的彭波尼奥·高里科认为，一个理想的雕塑家应"熟读"有关数学、音乐和几何学方面的书籍并精通这些知识。[3]

　　艺术家真的遵从这一理想了吗？人们过去认为，艺术家们因为"早离校"而缺失的教育由一些被称为"学院"（以人文主义者的学术圈子为范本而建，这种机构最终可追溯到柏拉图在雅典的学院）的机构作了弥补，特别是佛罗伦萨以雕塑家贝托尔多为中心的圈子、米兰围绕莱奥纳尔多·达·芬奇的圈子以及佛罗伦萨雕塑家巴乔·班迪内利在罗马的圈子，一幅铜版画描绘了班迪内利的弟子们在烛光下学习的情景（插图3.4）。但直到1563年佛罗伦萨"设计学院"（Accademia di Disegno，该学院是17世纪法国、18世纪英国及其他地方学院体系的典范）建立，也没有确凿的证据表明艺术家在这样的机构接受正规教育。[4]

　　不过，我们也不能认为文艺复兴时期的艺术作坊缺乏文学或人文主义文化。人们一直认为布鲁内莱斯基"精通《圣经》"

64

1　Alberti, *On Painting and Sculputre*, bk 3, 第 94 页起。

2　Filarete, *Treatise on Architecture*, bk 15, p. 198.

3　Gauricus, *De sculpture*, p. 52.

4　佩夫斯纳（Pevsner）在其《艺术学院》（*Academies of Art*）第 1 章中提出了这一传统观点。瓦萨里对贝托尔多的学院的著名叙述业已受到沙斯特尔的质疑，参见 Chastel, *Art et humanism à Florence au temps de Laurent le Magnifique*, p. 19. 参见 Alam, "Lorenzo de Medici's sculpture garden"。

图 3.4 阿格斯提诺·威内齐亚诺:《巴乔·班迪内利在罗马的"学院"》

并"熟读但丁的著作"。[1]据了解，有些艺术家还拥有书籍，如佛罗伦萨雕塑家贝内代托·达·马伊亚诺和朱利亚诺·达·马伊亚诺兄弟在 1498 年有 29 本书，其中多半是宗教书籍，包括一本《圣经》、一本圣哲罗姆传和一本讲述圣母奇迹的书。世俗性书籍包括最受佛罗伦萨人欢迎的但丁和薄伽丘的著作以及一本作者不详的佛罗伦萨史。古典作品则以一本亚历山大的传记和李维的《罗马史》为代表。这些藏书揭示了两兄弟的知识兴趣偏重传统，但也带有一丝新学术的气息，这与文艺复兴早期那些佛罗伦萨商人的兴趣不无相似之处。[2]拥有此类书籍的艺术家显然对古典时代感兴趣，而且不限于古代艺术，他们的财产清单也证实了这一点。锡耶那画家内罗乔·德·兰迪在 1500年去世时拥有多件古代大理石雕塑，还有 43 件残片的石膏模具。[3]

　　贝内代托·达·马伊亚诺和朱利亚诺·达·马伊亚诺的藏书中最引人注意的是缺少古典神话。没有奥维德的《变形记》，也没有薄伽丘的《诸神的谱系》。拥有此类书籍的艺术家可能更擅长处理宗教题材的绘画和雕塑，而不是一些赞助人要求的神话画。我们好奇的是，与马伊亚诺兄弟俩属于同一代人、同一座城市和同一个社会阶层的波提切利的藏书是否与他们俩的藏书很不一样。如果不是，那么在创作《维纳斯的诞生》或著名的《春》这样的绘画时，赞助人或其艺术顾问必定发挥了至关重要的作用，他们之间的谈话可能构成了艺术家教育的重要

65

1　Frey, *Il libro de Antonio Billi*, p. 31.

2　Cèndali, *Giuliano and Benedetto da Maiano*, p. 182; Bec, *Marchands écrivains*. 参见 Bec, *Livres des florentins*。

3　Coor, *Neroccio de' Landi*, p. 107.

一部分（参见边码第 116 页）。

马伊亚诺兄弟俩为数不多的藏书需要放在当时来理解。在 1498 年，印刷术在意大利已确立了一代人之久。在 15 世纪早期，一个艺术家要积累 20 本手抄书是不可能的。而到 16 世纪，艺术家拥有更多书籍的情况则很常见。被同代人耻笑为一个"没有学识的人"的莱奥纳尔多·达·芬奇结果被发现一度曾有 116 本书，其中有 3 本拉丁语文法书，一些基督教教父的著作（奥古斯丁和安布罗斯），一些现代意大利文学著作（布尔基埃罗和路易吉·浦尔契的滑稽诗以及马苏乔·萨勒尼塔诺的小故事），还有一些解剖学、占星术、宇宙志和数学论著。[1]

把达·芬奇视为典型当然是不妥当的，但确实有大量证据揭示 16 世纪艺术家的文学文化。对他们字体的研究就提供了一些线索。在 15 世纪，艺术家往往用一种商人风格书写，这种风格可能是在珠算学校教授的。但到 16 世纪，米开朗基罗、拉斐尔及其他艺术家开始用新式斜体字（italic style）书写。[2]其中一些人，如米开朗基罗、彭托尔莫和帕里斯·波尔多内，据称曾到语法学校读书。画家朱利奥·康帕尼奥拉和建筑师乔万尼·焦孔多修士既懂拉丁语，也懂希腊语。[3]一些艺术家还获得了作家之名。米开朗基罗的诗很有名，而布拉曼泰、布龙齐诺和拉斐尔也都曾写诗。琴尼尼、吉贝尔蒂、菲拉雷特、帕拉迪奥和博洛尼亚建筑师塞巴斯提亚诺·塞尔利奥都撰文论

---

1 Fumagalli, *Leonardo*；Reti, "Two unpublished manuscripts", p. 81.

2 Petrucci, *La scrittura*.

3 Rossi, *Dalle bottaghe alle accademie*；Dempsey, "Some observations"；Bolland, "From the workshop to academy".

述艺术。切利尼和班迪内利写了自传，而瓦萨里的名望更多来自他撰写的艺术家传记而不是他的绘画、雕塑和建筑。需要补充的是，瓦萨里凭借其幸运得到的强大赞助获得了双重教育——从皮埃里奥·瓦莱里亚诺处得到人文学训练和在安德烈亚·德尔·萨尔托的圈子中获得艺术训练——并藉此在两种文化之间建起桥梁。[1]

这些例子令人印象深刻，但需要强调的是，它们并不包括所有著名艺术家。例如，提香就不在这个名单内；他可能不懂拉丁语。无论怎样，这些例子加在一起并不等于文艺复兴时期的"通才"。那么"通才"是事实还是虚构？多才多艺确实是当时的一种理想。在15世纪佛罗伦萨人文主义者马泰奥·帕尔米埃里的对话《论市民生活》中，一个谈话者指出："一个人能学会很多东西并能使自己精通许多出色的艺术。"[2]另一位佛罗伦萨人文主义者安杰罗·波利齐亚诺写了一篇关于"无所不通"的小论文。其中，绘画、雕塑、建筑和音乐各有一席之地。[3]关于这一观念的最著名阐述来自巴尔达萨雷·卡斯提利奥内伯爵的《论廷臣》(Courtier, 1528)，书中，谈话者们希望完美的廷臣要能打斗、舞蹈、绘画、唱歌、写诗和为君主出谋划策。这一理论与现实是否有联系？阿尔贝蒂（人文主义者、建筑师、数学家可能还是运动员）、达·芬奇和米开朗基罗的生涯是存在这种文艺复兴人的最耀眼的证据，精英群体中还有另外15人从事三种或以上的艺术，其中包括布鲁内莱斯

67

1　Boase, *Giorgio Vasari*; Rubin, *Giorgio Vasari*, pp. 72–73.

2　Palmieri, *La vita civile*, bk 1, p. 43.

3　Poliziano, *Panepistemon*; Summers, *Michelangelo*, ch. 17.

基、吉贝尔蒂和瓦萨里。[1]人文主义者保罗·达尔·波佐·托斯卡内利（阿尔贝蒂和布鲁内莱斯基的朋友）也应列在这个群体中，因为他的兴趣包括数学、地理和天文。[2]

这18位约有一半是托斯卡纳人；约有一半人的父亲是贵族、职业人士或商人；其中，有不少于15人是建筑师。或许是建筑吸引多才多艺的人，也或许是建筑有助于促进多才多艺人的发展。两种可能性都不让人意外，因为建筑是沟通科学（因为建筑师要懂机械学规则）、雕塑（因为他用石头工作）和人文主义（因为他需要了解建筑的古典语言）的桥梁。不过，除阿尔贝蒂外，这些多面手都属于非专家型手艺人，而不是有天赋的业余爱好者。通才的理论和实践似乎并存但没有太多联系。其中，最伟大的多面手，即米开朗基罗根本就不相信多才多艺。绘制西斯廷礼拜堂的天顶壁画时，他写信给父亲抱怨说画画非他所长。他创作了许多绘画、建筑和诗歌杰作，却一直抗议说他只是一个雕塑家。

艺术的组织

画家和雕塑家们的基本单位是作坊（*bottega*）——一小群人合作生产各种不同的产品，与现代专业的、个人主义的艺术

---

1 这里只区分了从事七门学科的精英：画家、雕塑家、建筑师、作家、人文主义者、科学家和作曲家，这一分类常常是降低而不是夸大了精英们的多方面才能。从事三门或以上更多学科的18位精英是：阿尔贝蒂、塞维斯特罗·阿奎拉诺、布拉曼泰、布鲁内莱斯基、菲拉雷特、吉贝尔蒂、乔万尼·焦孔多、弗朗切斯科·迪·乔尔乔、莱奥纳尔多·达·芬奇、皮埃罗·李格里奥、圭多·马佐尼、米开朗基罗、阿莱桑德罗·皮科罗米尼、塞尔利奥、泰巴尔代奥、瓦萨里、维基埃塔和泽纳莱。

2 Santillana, "Paolo Toscanelli and his friends".

家形成鲜明对比。[1] 木板画家和湿壁画画家虽然有时被与家具装饰画画家区分开，但我们仍看到波提切利为"婚柜"和游行旗帜画装饰画；费拉拉的科西莫·图拉在马具和家具上画画；威尼斯画家温琴佐·卡泰纳为储物柜和床架画画。甚至在 16 世纪，布龙齐诺还为乌尔比诺公爵的一个大键琴的盖子画装饰画。为应付种类繁多的订单，作坊师傅常常雇助手和学徒，特别是当他们从事一项大型工程或生意繁忙时，如吉兰达约、佩鲁吉诺或拉斐尔。我们有理由确信，乔万尼·贝利尼在其漫长的职业生涯（1460—1516）中至少雇用了 16 个助手，他实际使用的助手可能更多。有些"学徒"（*garzoni*，不论年龄）被雇来完成某一个订件，赞助人可能会保障雇用他们的费用，比如 1460 年，乌尔比诺公爵委托科西莫·图拉在一座礼拜堂制作装饰画时就在合同中承诺这样做。[2] 有些助手则长期为师傅工作并可能各有所长。比如，在拉斐尔的作坊——说"拉斐尔企业（或拉斐尔公司）"可能更好——乔万尼·达·乌迪内专画动物和怪诞装饰（插图 3.5）。[3]

　　作坊常常是家族事业。一位父亲，如雅各布·贝利尼，会训练儿子从事家族手艺。雅各布去世后将作坊的素描册和未完成的订件留给长子真蒂莱·贝利尼，后者接手了作坊。真蒂莱去世后，乔万尼·贝利尼继承了哥哥的财产，他去世后又将作坊留给侄子维托雷·贝利尼亚诺。[4] 提香的作坊包括他的兄弟

1　Cole, *Renaissance Artist at work*; Thomas, *Painter's Practice* 和 "Workshop as the Space"; Welch, *Art and Society in Renaissance Italy*, pp. 79–101; Comanducci, "Il concetto di 'artista'" 和 "Organizazione produttiva"; Tagliaferro and Aikema, *Le bottaghe di Tiziano*。

2　Chambers, *Patrons and Artist*, 第 7、11、15 条目。

3　Marabottini, "Collaboratori"; Burke, "Italian artist".

4　关于威尼斯家庭作坊的延续，参见 Rosand, *Painting in Cinquecento Venice*, p. 7; Tagliaferro and Aikema, *Le bottaghe di Tiziano*, pp. 152–191。

图 3.5　乔万尼·达·乌迪内表现拉斐尔的作坊的灰泥浮雕，
梵蒂冈宫敞廊

弗朗切斯科、儿子奥拉齐奥、侄子马可和堂兄弟切萨雷。"学徒"通常被当作师傅家庭的一员，可能还会娶师傅的女儿，曼泰尼亚等艺术家就是如此。

　　在绘画上签名过去常被视为"文艺复兴个人主义"的一个标志。但有人主张，如果签名者是作坊师傅，这并不是说他亲手画了这幅画。它甚至可能有相反的含义，即旨在表明这件作品达到了作坊的标准。[1]

　　并非所有绘画大师都有足够的财力独立开作坊。与其他许多小师傅一样（如印染匠人），画家有时也分摊租房和设备的费用。通常（虽然并不总是如此），作坊的活动就像贸易公司，共同负担支出并共享收益。[2] 比如，乔尔乔内就与温琴佐·卡泰纳合伙经营。这种联合的好处在于，遇到艺术家生病或买主

69

---

1 Tietze, "Master and workshop"；参见 Fraenkel, *Signature, genèse d'un signe*；Matthew, "Painter's presence"。

2 Procacci, "Compagnie di pittori".

拖欠酬金时能提供某种保障。作坊内可能也有劳动分工。

这些合作的习惯使我们更容易理解著名艺术家们是怎样一起或先后绘制同一些画的。比如，在帕多瓦的奥维塔里礼拜堂，四位艺术家两人一组完成了这里的湿壁画：皮佐罗与曼泰尼亚、安东尼奥·穆拉诺与乔万尼·达莱马涅亚。皮萨内罗完成了真蒂莱·达·法布里亚诺开始的一幅施洗者圣约翰。这种做法一直持续到 16 世纪。彭托尔莫按照米开朗基罗的底图作了两幅画，而米开朗基罗也同意完成皮埃特罗·托里加尼开始的一件圣方济雕像。这种合作体制显然对有意识的个人主义风格的发展有不利影响，并有助于解释为什么这种个人主义出现得如此缓慢。

雕塑家作坊的组织方式与画家的类似。多纳泰罗与米凯洛佐合伙，而加吉尼家族与和索拉里家族则是家族经营的生动证明。就雕塑而言，助手更加必要，因为制作雕塑需要更长时间，并且作坊师傅可能还要负责开采订件需要的大理石，这导致了一个问题，即一旦事情进展不顺，就像米开朗基罗在信中抱怨的，就可能会白白浪费数百杜卡特的资金而且可能还很难向赞助人证明这笔花费是必须的或者这笔钱确实花掉了。贝尔纳多·罗塞利诺的作坊内就存在大量按照"显然主观性"的界限划分的劳动分工。[1]

建筑当然是以更大规模和更复杂的劳动分工组织起来的。甚至像"黄金宫"（*Ca'd'Oro*）这样的小宫邸（在威尼斯大水道上至今仍能看到它）在 1427 年也有 27 个工人作业。有木

[70]

1　Schulz, *Bernardo Rosellino's sculpture*, p. 11; Caplow, "Sculptors's partnerships"; Sheard and Paoletti, *Collaboration in Italian Renaissance Art.* 关于采石场，参见 Klapisch-Zuber, *Maîtres du marbre*; Chambers, *Patrons and Painters*，第 2 条目。

图 3.6 《建筑师菲拉雷特带领他的学徒》，出自罗马圣彼得大教堂的门

匠、两种主要的石匠（分别负责凿和砌）、搬运材料的非熟练工人，可能还有工头。因此，分工合作是个重要问题。正如菲拉雷特说的，一个建筑工程就像一场舞蹈，每个人必须按时一起工作（插图 3.6）。负责协调的那个人有时被叫做"建筑师"（*architetto*），有时是"首席大石匠"（*protomaestro*）或"首席师傅"。这两种名称可能反映了对这一角色的两种不同观念，即旧有的高级手艺人观念和新的设计师观念。无论如何，建筑涉及大量行政管理事务。除设计建筑外，你还得请工人，给他们发薪水，安排石灰、沙、砖、石料、木料、绳子等原料的供应。所有这些工作可能用许多不同的方式组织。在威尼斯，建筑企业很小，因为每个大石匠至多只能雇 3 个助手。当需要建造大型建筑时，"包工头"（*padrone*）通常先与买主签订合同承接整个工程，然后再将其分成许多部分转包给不同的作坊。[1]另一种极端情况是，在 16 世纪 20、30 年代，只有一个作坊从事罗马圣彼得大教堂的建造。这个作坊员工众多，包括一名会计（*computista*）、两名测量员（*mensuratori*）、一位首席秘书（*segretario*）以及许多石匠和其他工人。菲拉雷特举荐一位代

1　Wyrobisz, "Attività edilizia a Venezia".

理作为建筑师与手艺人的中间人。阿尔贝蒂似乎效法了这一制度，并至少雇了三位艺术家担任此职位：马泰奥·德·帕斯蒂作为他在里米尼的代理，贝尔纳多·罗塞利诺任他在罗马的代理，卢卡·方切利作为他在曼托瓦和佛罗伦萨的代理。

　　劳动分工给艺术史家造成了很多困扰，对代理人来说无疑也是如此。要评估每个人在特定绘画和雕塑中负责多少是非常难的，就建筑来说，要了解某个细节究竟是谁负责的，是赞助人、建筑师、代理人、大石匠还是石匠难上加难。如下事实进一步增加了这种难度：建筑师把按比例绘制的草图交给工人遵照执行的情况当时还不常见。许多指示都是"口头下达的"(*a bocca*)。[1]

　　如果说我们对阿尔贝蒂的意图有所了解，那是因为建造圣弗朗切斯科教堂时他不在里米尼，而是通过信件提供了建筑设计，其中一些信保存了下来。有一次，阿尔贝蒂的代理马泰奥·德·帕斯蒂显然在考虑更改一些柱子的比例，但阿尔贝蒂写信阻止了他。马泰奥在给赞助人西吉斯蒙多·马拉泰斯达的信中说，阿尔贝蒂寄来了正立面和一个柱头的素描，他已经让"所有师傅和工程师"看过了。问题是，这幅素描与阿尔贝蒂以前提供的该建筑的一个木模型并不完全一致。"我祈求上帝让大人您及时赶来，亲自处理这件事。"后来，另一个参与建造教堂的手艺人写信给西吉斯蒙多，请求允许他前往罗马和阿尔贝蒂谈谈拱顶的事。[2]

　　建筑作为这样一种合作性事业的事实必定阻碍了创新。因

72

1　Manetti, *Vita di Brunelleschi*, p. 77.

2　Ricci, *Tempio malatestiano*, 第 588 页起；Wittkower, *Architectural Principles in the Age of Humanism*, p. 29; Chambers, *Patrons and Artists*, pp. 181–183。

为手艺人都是由其他手艺人训练出来的，他们学会了忠于传统和技巧。在执行一个打破传统的设计时，如果不严格监督他们，他们很可能会使设计"正常化"，即将其吸收到设计者刻意要背离的传统中。米凯洛佐设计的米兰美第奇银行分部就是由伦巴底手艺人按照当地风格建成的（这座建筑的一部分保存在斯福尔扎城堡博物馆）。一个虽小但重要的细节是，佛罗伦萨手艺人在布鲁内莱斯基在场时建造的那些柱头与其1430年离开时建造的一个柱头的比例存在差异。[1]

　　一种新建筑风格的发展与一种新型设计师的兴起——像阿尔贝蒂这样没有受过石匠训练的建筑师——之间似乎存在某种关联。与造船业平行比较可能会有启发。在15世纪的威尼斯，船是由高级船只木匠设计的，他们类似建筑中的大石匠。在16世纪，他们受到一位业余人士的挑战。人文主义者维托尔·法乌斯托扮演了阿尔贝蒂的角色，他按照古代五排桨大木船设计了一艘船（1529年下海）。[2]

　　对画家、雕塑家和石匠（但不包括建筑师）来说，比作坊更大的组织单位是行会。行会有多种功能。它们规定产品的质量标准以及委托人、师傅、帮工和学徒的关系。他们从捐赠和遗赠中收取资金，将其中一些借贷或赠给有需要的会员。它们组织纪念行会保护神的节日，其中包括宗教活动和游行。在一些城市，如米兰，画家有自己的行会，保护神通常是圣路加（据说他曾为圣母画像）。其他城市的画家则隶属一个较大行会，如博洛尼亚画家隶属造纸行会，佛罗伦萨画家隶属医生和

1　Saalman, "Filippo Brunelleschi".
2　Lane, *Venetian Ships and Shipbuilders*；Concina, *Arsenale della Repubblica di Venezia*, p. 108.

药剂师行会（不过佛罗伦萨画家确有一个自己的社团，即圣路加兄弟会）。[1]

若想对一个行会的活动有更生动的印象，我们不妨看看其中一个行会，即帕多瓦画家们的"兄弟会"在 15 世纪的章程。[2] 该行会的官员包括一个财务主管、两个管事、一个公证人和一个总监。章程规定了几个必须参加的社会和宗教活动。在每年的某些日子，行会成员要举着"我们的旗"游行，不参加者将被罚款。轮流拜访生病的成员并鼓励他们忏悔和交流，不参加去世成员的葬礼要被罚款。向穷人和麻风病人布施。行会还有救济穷困会员的措施。穷困的师傅有权向行会出售一件作品，财务主管会"尽可能"把它卖出去。其他行会则借钱给会员，如波提切利就从佛罗伦萨圣路加行会获得过一笔贷款。帕多瓦画家行会的章程还规定师傅向学徒授艺的期限至少为 3 年，并禁止他们用"礼物或甜言蜜语"拉拢其他师傅的学徒。章程中还有保持质量标准的规定；要用惯常方式考查渴望成为师傅的候选人，他们的家会被检查以确保其工作不是"弄虚作假"。遇到艺术家和赞助人发生争执，行会还通常请艺术家评估其他艺术家的作品——同行的艺术判断——这种新颖但普遍的做法来保持产品的标准和公平价格。[3] 最后，行会的活动也有限制性的一面。帕多瓦画家行会的规章禁止会员向行会以外的人赠送或出售任何与本行业相关的产品。它们规定，禁止携带任何外地产品在帕多瓦出售，"外来"产品只能在行会辖地

1　MacKenney，"Arti e stato a Venezia"，"Guilds and guildsmen" 和 *Tradesmen and Traders*；Motta，"Università dei pittori"。

2　Gaye，*Carteggio inedito d'artisti*，vol. 2，第 43 页起。

3　Conti，"Evoluzione dell'artista"，p. 151.

内停留三天。

威尼斯的行会似乎也有严格的地区限制。1506 年，阿尔布雷希特·丢勒旅居威尼斯时就谈到那里的画家对竞争的怀疑和敏感："他们三次将我传唤到地方法官面前，我不得不向他们的行会交纳了 4 弗罗林。"[1] 有学者指出，15 世纪中期，当托斯卡纳画家安德烈亚·德尔·卡斯塔尼奥在威尼斯工作时，他也不得不接受一个叫加姆波诺的水平较差的艺术家的监督，只因为后者是威尼斯人。[2]

不过，在佛罗伦萨，行会没有这么大的权力。佛罗伦萨政府不会允许行会强迫所有手艺人加入。有些艺术家，如波提切利到晚年才加入行会。因此，"外国人"能前来佛罗伦萨生活和工作。这种更自由的政策使当地传统暴露在外来因素的刺激下，这或许有助于解释佛罗伦萨的文化领先地位。

作家、人文主义者、科学家和作曲家既没有行会，也没有作坊。在他们的世界，最接近行会的组织是大学（*university*，在这一时期，这个词仅指"联合会"，有时也指画家行会）。把大学生与学徒类比虽然在某些方面很诱人，却也有误导性。大多数学生上大学不是为了学习怎样成为教授，而是渴望在教会和政府中谋职。意大利大学的学生比行会中学徒的权力更大。例如，正是由于比萨大学学生的请愿，他们的一位老师，科学家贝尔纳多·托尔尼的薪水才被提高。大学与教师撰写书籍的活动也没有紧密联系。教师的工作是教书，他们的书只是某种副产品。

---

1 Dürer, *Schriftlicher Nachlass*, vol. 1, 第 41 页起。

2 Muraro, "Statues of the Venetian Arti".

如果说人文主义者和科学家还有大学，作家则没有任何形式的组织。除了少数被称为"高产作家"（*poligrafi*）的职业作家，写作通常是一个人业余时间的活动，而他的职业可以是士兵、外交官或主教。因此，妇女要成为作家比当画家或雕塑家相对容易些。

不过，也有以写诗为生的全职诗人。我在使用"职业的"这样的现代字眼是颇犹豫的，因为在文艺复兴时期的意大利，这些游走于各个宫廷的"说唱艺人"（*cantastorie*）和即兴创作的史诗诗人，如克里斯托弗罗·阿尔提西莫（约 1515 年去世）或贝纳尔多·阿科尔蒂（1458—1535）是一种口头文化的遗存，我们往往将这种文化与荷马描述的古希腊那样的英雄时代联系在一起。[1]

换句话说，在 15 世纪的意大利，文学生产还不是一种产业，虽然到 16 世纪中期它逐渐成了一种产业，就像在 18 世纪的法国和英国那样。而另一方面，文学复制活动却无疑产业化了。当然，有些需要某些书的人只是亲手抄写它们，有些人则请其他人代劳（如佛罗伦萨共和国秘书长科卢乔·萨鲁塔蒂就请年轻的人文主义者波吉奥·布拉乔利尼为他抄书），这些情况都不需要任何正式的生产组织。但在 15 世纪的意大利，手稿生产已经商业化和标准化了。它由一些"书商"（*stationarii*）控制——英文"出版商和书商"（stationer）就是从这个词派生而来，在当时它既指书商，也指生产手稿的作坊的组织者。"书商"一词有两个含义是因为同一个人往往身兼两职，即出版和

75

1　Lord, *Singers of Tales*; Bronzini, "Tradizione di stile aedico"; Burke, "Learned culture and popular culture" 和 "Oral culture and print culture"。

零售发行。

　　文艺复兴时期最著名的书商和出版商是佛罗伦萨人维斯帕西亚诺·达·比斯蒂奇，此人因撰写其客户的传记而获得了不朽声誉。这些传记给人一种印象，即当时存在一个高度组织化的手稿抄写体系，这让人联想起西塞罗时代的罗马和他的朋友，出版商阿提库斯。例如，维斯帕西亚诺曾谈及他怎样雇用45个抄写员在22个月内抄写了200卷手稿，从而为科西莫·德·美第奇建立了一个图书馆。在这个事例中，让人印象深刻的不是每个抄写员的速度（5个月完成一卷书似乎相当缓慢，除非每一本书都很长或者品质异常的高），而是一个人（或就是科西莫这个佛罗伦萨的无冕之王）竟会找一个书商，预订200卷手抄本并在两年内交货这一事实。我们好奇的是，实际写作究竟是怎样组织的：那些广受欢迎的著作是不是由10个或20个抄写员按照口述誊写的，还是整个产业是在"分派"基础上组织的，即每个抄写员每隔数月到书商处领取羊皮纸和要抄写的书，然后回家工作。考虑到抄写常常是一个按件计酬（按照一件5页）的业余工作，后一种方法似乎可能性更大。虽然维斯帕西亚诺的铺子雇用了一名或两名插图画家，但铺子太小，不能作为一个正式的誊写室（*scriptorium*）。他写给抄写员的书信表明，手稿都是在别处抄写的，抄写员常常是书记员或教士。[1]

　　从15世纪中期开始，这种抄写体制不得不与机器"书写"（早期的印刷书籍有时就这样描述自己）的批量书籍生产竞争。

1　Vespasianoda Bisticci, *Vite di uomini illustri*，特别是其中的《科西莫·德·美第奇传》; de la Mare, *Vespasiano da Bisticci*; Martini, *Bottage di un cartolaio fiorentino*; Petrucci, "Libro manoscritto"; Richardson: *Manuscript Culture*。

1465 年，德国教士斯文海姆和潘纳尔茨来到罗马以东几英里的苏比亚科的圣本尼迪克修道院，在那里建立了意大利的第一家印刷所。两年后，他们迁至罗马城。有人估计，他们在 5 年内印刷出版了 12000 册书，在同等时间内维斯帕西亚诺要雇 1000 名抄写员才能完成这个数目。显然，这种新机器是不可战胜的竞争对手。到 15 世纪末，意大利大约建立了 150 家印刷所。毫不奇怪，维斯帕西亚诺鄙视这种新方法就像一个技术精湛的车轮工鄙视一辆无须马拉的四轮汽车一样。他厌恶地放弃了书籍销售，退到他的乡间别墅去缅怀往昔的岁月。

其他抄写员更能与时俱进。有些人自己也成了印刷商，如多梅尼科·德·拉皮和塔代奥·克里维利，他们在 1477 年出版了著名的博洛尼亚版的托勒密著作。早期的印刷书常常看起来很像手抄书，甚至也有花体首字母。同样的，印刷商这一新职业取代了"书商"。如同其先驱，印刷商通常也兼营书籍印刷和销售，在 20 世纪的今天，我们往往把这两种工作区分开来。不仅如此，他们很快便增加了第三种角色或功能，即"出版商"，即发行带有其版本说明的书并对其负责，而这些书实际上是由别人刊印的。如 1497 年在威尼斯刊印的插图版的奥维德《变形记》在末页声称它是佐亚雷·罗索（或称乔万尼·鲁贝奥）应卢坎托尼奥·朱恩蒂的"请求"印刷的。有时，印刷商还扮演第四个角色，即经营非书籍类商品的商人。毕竟，谁能保证这种新商品不过时呢？[1]

印刷术的发明对文学组织的影响既广泛，又具有震撼性。

---

1 Lowry, *World of Aldus Manutius*, 特别是第 1 章; Zeidberg and Superbi, *Aldus Manutius and Renaissance Culture*; Tenenti, "'Luc' Antonio Giunti".

首先，它对那些没准备好与时俱进和开始新职业生涯的抄写员和"书商"来说都是一场灾难。其次，书籍生产的扩张促生了许多有助于供养创造性作家的新行业。随着图书馆规模日益扩大，对馆员的需求也增加了。我们的创造性精英中有好几位事实上就从事这一职业。语法学家乔万尼·托尔泰利是梵蒂冈图书馆的第一位馆员（他的客户是所谓人文主义教皇尼古拉五世）。后来，人文主义者巴托罗梅奥·普拉蒂纳接替了他的职位。诗人—学者安杰罗·波利齐亚诺是美第奇家族的图书馆馆员。威尼斯诗人—历史学家安德烈亚·纳瓦杰罗是圣马可图书馆馆员，而哲学家阿格斯提诺·斯图科是威尼斯枢机主教马里诺和多梅尼科·格里马尼的图书馆馆员。[1]

另一种依赖印刷业的兴起的新职业是校对员，它对作家或学者来说是一种有益的兼职。[2] 普拉蒂纳曾在罗马斯文海姆和潘纳茨的出版社做校对员，人文主义者乔尔乔·梅鲁拉也在约翰·斯佩耶和温德林·斯佩耶创建的第一个威尼斯出版所做校对。

到 16 世纪，印刷商和出版商开始要求作家编辑、翻译甚至撰写书籍，这种新的文化赞助促进了 16 世纪中期威尼斯"高产作家"或职业作家的兴起。其中最著名的是皮埃特罗·阿雷蒂诺，他甚至出售自己的"私人"信件。在阿雷蒂诺这个太阳四周围绕着许多小行星（不用说还有许多格拉布街[3]的潦倒文人），如阿雷蒂诺的秘书尼科罗·弗朗科，先是朋友

1　Branca, *Poliziano e l'umanesimo della parola*；Petrucci, "Biblioteche antiche".

2　Trovato, *Con ogni diligenza*；Grafton, *Culture of Correction*.

3　Grub Street，伦敦的一条旧街，以聚集大量穷困的作家、诗人及低级出版商而闻名。又称"寒士街"。——译者注

后来反目的安东·弗朗切斯科·多尼，此外还有朱塞佩·贝图西、卢多维科·多尔切、卢多维科·多梅尼基、吉罗拉莫·鲁斯切利和艺术家雅各布·桑索维诺之子弗朗切斯科·桑索维诺。[1]

威尼斯的焦利托出版社主要出版通俗读物而非学术书籍，这在当时是不同寻常的，该出版社似乎也是使用职业作家的先驱。贝图西和多尔切都为焦利托出版社工作，编辑、翻译、写作以及（正如那些充满敌意的批评家指出的）剽窃。[2] 不过，甚至到文艺复兴末期，职业作家也不过是刚出现。

音乐的情况与文学类似，因为音乐复制是有组织的，生产却不然。教堂有唱诗班，城镇有鼓手和管乐器演奏者，宫廷则两者都有，但作曲家这一角色几乎还没获得认可。虽然有时会出现"作曲家"（*compositore*）这个词，但更常见的是词义更模糊的"乐师"（*musico*），这个词并没有区分乐曲的创作者和表演者。[3] 创造性精英群体中的所有 49 位作曲家在他们那个时代都被视为音乐理论家、歌手或器乐演奏家，正如他们中一些人的名字提醒我们的，如"小提琴手阿方索"和"管风琴手安东尼奥"等。

在不同时期和地区艺术组织的一个重要特点是流动机会（或需要）的多少。据了解，创造性精英中有 25% 的人常常四处旅行。有些人流动是由于他们很成功，因而收到国外的邀请，如画家雅各布·德·巴尔巴里曾在纽伦堡、瑙姆堡、维腾

1　Bareggi，*Mestiere di scrivere*；Larivaille，*Pietro Aretino*；Grendler，*Critics of the Italian World* 和 "Francesco Sansovino"。

2　Quondam，"Mercanzia d'honore"．

3　Bridgman，*Vie musicale*，ch. 2.

78　堡、魏玛、奥得河畔的法兰克福和马里内斯等地工作。相反，
有些人似乎因为在某个地方不太成功而旅行，比如洛伦佐·洛
托，他曾辗转威尼斯、特雷维索、贝加莫、罗马、安科纳和罗
雷托等地。建筑师则几乎从没有安定的时候。人文主义者和作
曲家的流动往往比画家和雕塑家还要频繁，这可能是因为他们
的工作要求他们亲临现场，画家和雕塑家则总是能够自己待在
家而派人将作品送到国外。流动型人文主义者的一个典型例子
是彭波尼奥·莱托，因为工作需要，他的足迹不仅遍及萨莱尔
诺、罗马和威尼斯，还有德国甚至莫斯科公国。但弗朗切斯
科·菲莱尔佛轻而易举地超过了他。菲莱尔佛去过德国、匈牙
利、波兰和君士坦丁堡，在意大利，帕多瓦、威尼斯、维琴
察、博洛尼亚、锡耶纳、米兰、帕维亚、佛罗伦萨和罗马都
留下了他的身影。常常被强调的流浪学者这一主题已激起了怀
疑。一位历史学家指出："我们可能会证明每一位流浪的人文
主义者，如奥里斯帕、帕诺尔米塔或年轻的瓦拉，都有一位待
在家里的对应者，如安德烈亚·朱利亚诺、弗朗切斯科·巴尔
巴罗和卡罗·马尔苏皮尼。"[1] 不过，就我所列创造性精英来说，
天平朝流浪者一方倾斜：两者的比例为 58：43。[2]

印刷商也四处漂泊，例如西门·贝维拉夸在 1506—1515
年间到过威尼斯、萨鲁佐、库内奥、诺维利古雷、萨沃纳和里
昂。如果说人文主义者和印刷商年复一年常常在路上，那么演

1　Martines，*The Social World of the Florentine Humanists*，*1390–1460*.

2　在这个精英群体的 103 位人文主义者中，有 14 位属于极端稳定型，29 位比较
稳定，12 位比较流动，46 位流动性极高，还有 2 位不详。关于那些暂时寓居
威尼斯的外国人文主义者，参见 King，*Venetian Humanismin an Age of Patrician
Dominance*，p. 220。

员、说唱艺人和卖书的小贩（不用说度假的学生）则日复一日
都在旅行。这群人中可能还有一些艺术家，因为15世纪画家
达里奥·达·乌迪内在一份文献中被称为"流浪画家"。

艺术组织的另一个重要特征是它们多大程度上是全职的或
兼职的，业余的或职业的。已有学者指出，绘画、雕塑和音乐
通常是职业性的和全职的工作，较早的和较新的研究都强调
"意大利文艺复兴时期职业艺术家的兴起"的重要性。[1]另一方
面，写作一般是业余的和兼职的工作，而建筑师除了从事建筑
通常还从事其他艺术。这里所说的"科学家"依其所从事的职
业通常是指教师或医生（53位科学家中有22位，其中包括乔
万尼·马尔利亚尼，他们实际上更精通物理学而不是医学）。
学者一般是职业教师，在精英群体的178位作家和人文主义
者中，至少有45人在大学或其他学校任教，或担任家庭教师
（波利齐亚诺是皮埃罗·德·美第奇的家庭教师，马泰奥·班
戴洛是贡扎加家族的家庭教师）。不过，我们还是能指出一些
业余学者（或至少是非学院学者），如公务员莱奥纳尔多·布
鲁尼，安科纳商人齐里亚科，印刷商阿尔多·马努齐奥，政治
家洛伦佐·德·美第奇，贵族乔万尼·皮科·德拉·米兰多拉
和皮埃特罗·本博。这样的例外数量很多，其重要性足以让人
对保罗·克瑞斯泰勒有关人文主义者就是教授人文学科的教师
的定义感到些许不安。[2]要补充的一点是，如果说有些人文主
义者，如维托里诺·达·费尔特雷和瓜里诺·达·维罗纳将教

79

---

1 Wittkower, "Individualism in art and artist"; Wittkowerand Wittkower, *Born under Saturn*; Kempers, *Painting, Power and Patronage*.

2 Kristeller, *Renaissance Thought*，第1章，这个定义是对一些有关人文主义者的极其含糊的定义的一个礼貌回应。

书看成一种职业，那么也有人将其视为一种被诅咒的命运。一位人文主义者在 1480 年写道："直到不久前我还享有许多君主的友谊，但现在由于煞星的影响，我开办了一座学校。"[1]

教会是作家（22 位）、人文主义者（超过 22 位）、作曲家（20 位）以及 7 位科学家（如威尼斯的保罗）、6 位画家（其中最著名的是安杰利科修士和巴托罗梅奥修士）和 1 位建筑师（即维罗纳的修士乔万尼·焦孔多）兼职工作的重要来源。[2]

作家和人文主义者的另一种常见工作是秘书，他们的修辞技巧大受欢迎。莱奥纳尔多·布鲁尼、波吉奥·布拉乔利尼和巴托罗梅奥·德拉·斯卡拉因擅长写雄辩的书信被任命为佛罗伦萨共和国秘书长；人文主义者安东尼奥·罗斯基和皮埃尔·坎迪多·德切姆布里奥为米兰的维斯孔蒂家族做类似工作；诗人贝内代托·查理泰奥和乔万尼·彭塔诺是那不勒斯的国家秘。有些作家更像私人秘书。以其散文体小说闻名的马苏乔·萨勒尼塔诺是罗贝尔托·桑塞维里诺的秘书，诗人阿尼巴莱·卡罗曾担任法尔内塞家族多位成员的私人秘书。[3]

有些时候，艺术家和作家也从事与艺术或文学关系不大或完全无关的行当。画家马里奥托·阿尔贝提内利开过小酒馆（就像 17 世纪画家莱顿的简·斯提恩），画家尼科罗·德尔·阿巴特以及人文主义者普拉蒂纳和卡尔卡尼当过兵。画家乔尔乔·斯基亚沃内卖盐和奶酪。威尼斯画家乔尔乔内的合

1　阿恰里尼（Acciarini）写给波利齐亚诺的信中的一段话，Usmiani, "Marko Marulić"，第 19 页。

2　Dionisotti, *Geografia e storia della letteratura italiana*.

3　关于在威尼斯从事秘书工作的人文主义者，参见 King, *Venetian Humanism in an Age of Patrician Dominance*, p. 294.

80

作伙伴卡泰纳·维罗纳似乎曾卖过药和香料，而维罗纳的乔万尼·卡罗托有一家药铺；艺术与药物的结合可能是因为有些药品商同时也出售艺术家用的颜料。在特伦特工作的福戈利诺兄弟既是画家也是威尼斯间谍。安东尼奥·斯夸尔恰鲁皮是管风琴手和作曲家，同时兼营一间肉铺。多梅尼科·布尔基埃罗是理发师和滑稽诗人。马里亚诺·塔科拉是公证人、雕塑家和工程师。剧作家乔万尼·马里亚·切基和安东·弗朗切斯科·格拉齐尼分别是毛布商和药剂师。[1]这些行业提醒我们不要把文艺复兴时期的艺术家和作家的地位想得太高。

艺术的地位

　　与艺术家和作家的角色相关的地位是有问题的。这个问题是随着社会分工出现的更普遍的社会难题的一个具体事例，即在中世纪官方认可的"三个阶层"——祈祷的教士、战斗的骑士和耕作的农民——之外出现的其他社会角色如何在社会结构中找到其位置。[2]如果说艺术家的地位模棱两可，那么商人也是如此。正如意大利在对商人的社会接受方面比其他欧洲人走得远（至少在一些地区），似乎也是在意大利艺术家的社会地位最高。下文先讨论艺术家地位较高的证据，然后谈论鄙视艺术家的证据，最后尝试得出一个公允的结论。

　　艺术家通常声称他们享有或应该享有较高地位。文艺复兴初期的琴尼尼和晚期的达·芬奇都把画家与诗人相提并论，理由是画家与诗人都要运用"想象力"（*fantasia*）。支持绘画享

1　格拉齐尼究竟有没有做过药剂师已经受到普莱桑斯的质疑。参见 Plaisance,
　　"Culture et politique", p. 82。

2　Duby, *Three Orders*; Niccoli, *Sacerdoti*.

有较高地位的另一个论据揭示了文艺复兴时期的某些观念或思维，即画家可以穿着漂亮的衣服工作。正如琴尼尼指出的："要知道在木板上画画是一种绅士的工作，因为你可以披着天鹅绒斗篷做任何事。"达·芬奇说："画家轻松自在地坐在作品前，穿着他喜欢的衣服，挥动蘸着漂亮颜料的轻轻的画刷……常常有乐师或美妙著作的朗读者陪伴。"[1] 阿尔贝蒂在其《论绘画》中提出了更多在这一时期反复出现的主张，比如画家要学习修辞和数学等自由学科以及如下来自古代的观点——古罗马时期艺术品卖价很高，而显赫的罗马公民会让自己的儿子学画，亚历山大大帝也仰慕画家阿佩利斯。

　　艺术家以外的一些人似乎已接受了这一主张，即画家不是普通的手艺人。人文主义者瓜里诺·达·维罗纳写诗赞美雕塑家皮萨内罗。费拉拉宫廷诗人为画家科西莫·图拉献上一首拉丁文颂，阿里奥斯托在其《疯狂的奥兰多》中赞美画家提香（确切地说他把对提香的赞美插在了他 1532 年版的诗集中）。佛罗伦萨大主教圣安东尼指出，虽然就大多数行业而言产品的价格主要取决于时间和材料，但"画家们不无道理地声称，付给他们的酬金不仅要依据工作量，更要与他们的勤奋和更高专业技能相称"。[2] 当曼托瓦统治者赐给朱利奥·罗马诺一处房屋，赠予证书的开头明确肯定了绘画应享有的荣誉："在世间所有著名的艺术中，我们一向认为绘画是最光荣的（*praeclarissimus*）……我们注意到马其顿的亚历山大也有同感，因为他希望一个叫阿佩利斯的人给他画像。"[3]

1　Cennini, *Il libro dell'arte*, vol. 2; Leonardo da Vinci, *Literary Works*, p. 91.

2　Gilbert, "The archbishop on the painters".

3　Hartt, *Giulio Romano*，第 69 条文献。

一些画家获得了按照当时标准来说很高的地位，特别是被赞助人封为骑士或提升为贵族。真蒂莱·达·法布里亚诺被神圣罗马帝国皇帝腓特烈三世封为伯爵，曼泰尼亚和提香也分别从教皇英诺森八世和神圣罗马帝国皇帝查理五世处获得这一殊荣。威尼斯画家卡罗·克里维利被卡普亚君主费迪南封为骑士，索多马和乔万尼·达·波尔德诺内也分别由教皇利奥十世和匈牙利国王封为骑士。对赞助人来说，赐予贵族头衔是一种廉价的付酬方式，但这对艺术家来说却是一种实实在在的荣誉。有些艺术家还担任名利双收的公职。朱利奥·罗马诺曾在曼托瓦宫廷任职，画家乔万尼·达·乌迪内和塞巴斯提亚诺·德尔·皮翁博在教廷任职（塞巴斯提亚诺的绰号"铅印"就是从他担任教廷的掌玺官来的）。也有些画家担任高级公职，如卢卡·西尼奥雷利是科尔托纳执政团的成员；佩鲁吉诺是佩鲁贾执政团的成员；雅各布·巴萨诺是巴萨诺的执政官；皮埃罗·德拉·弗朗切斯卡是圣墓镇政府的委员。

一些画家据说还变得富有了。皮萨内罗通过继承财产致富，但曼泰尼亚、佩鲁吉诺、科西莫·图拉、拉斐尔、提香、威尼斯的温琴佐·卡泰纳和特雷维索的贝尔纳迪诺·泽纳莱，似乎都是凭借绘画致富的。财富给他们带来了地位，他们的要价表明绘画并不便宜。

阿尔布雷希特·丢勒的证言非常重要。他在旅居威尼斯期间发现，艺术家的地位高于其家乡纽伦堡的同行，这给他留下深刻印象。他在写给家乡的友人人文主义者维利巴尔德·皮克海默的信中说："我在这里是一位绅士，在家乡却是一个寄生虫。"[1]

82

1　丢勒致皮克海默的信，1506 年 10 月 13 日，参见 Dürer, *Schriftlicher Nachlass*, vol. 1, 第 44 页起。

在卡斯提利奥内的著名对话（即《论廷臣》）中，一位谈话者，
即卢多维科·达·卡诺萨伯爵声言，理想的廷臣应能素描和绘
画。一些 16 世纪的威尼斯贵族，如达涅埃罗·巴尔巴罗事实上
就这样做了。[1]

雕塑家和建筑师的地位有类似的证据。吉贝尔蒂为雕塑家
和阿尔贝蒂为建筑师设定的学习方案都暗示这些职业与自由学
科平等。吉贝尔蒂建议雕塑家应该学习十种他称为"自由学科"
的科目：语法、几何、哲学、医学、占星学、透视法、历史、
解剖学、设计和算术。阿尔贝蒂建议建筑师只为品德高尚的人
工作，"因为为卑贱的人工作贬低了你的作品"。[2]1468 年，乌
尔比诺统治者费德里哥·达·蒙特菲尔特罗为鲁恰诺·劳拉纳
颁发的特许状宣称建筑是"一门伟大的科学和才智的艺术"以
及它"建立在七门自由学科中最重要的两门，即算术和几何的
基础上"。[3]1540 年，教皇颁布法令使雕塑家不必加入"技工性
手艺人"的行会，并指出雕塑家"受到古人的高度尊重"，他们
称雕塑家是"有学养和有知识的人"（ viri studiosi et scientifici ）。[4]
有些雕塑家，如帕多瓦的安德烈亚·伊尔·里乔赢得了诗人的
歌颂。有些获得了贵族头衔。匈牙利国王马蒂亚斯·科维努斯
不仅册封乔万尼·达尔马塔为贵族，还赐给他一座城堡。查理
五世册封莱奥内·莱奥尼和巴乔·班迪内利为圣地亚哥骑士团
骑士。吉贝尔蒂用他丰厚的工作报酬购买了一处有住宅、护城

---

1 Castiglione, *Cortegiano*, bk 1, ch. 49；关于巴尔巴罗，参见 Dolce, *Aretino*，第 106
　页起。

2 Ghiberti, *Commentari*, p. 2.

3 Chambers, *Patrons and Artists*，第 104 条目。

4 Steinmann, *Sixtinische Kapelle*, vol. 2, p. 754.

河和吊桥的地产。其他致富的雕塑家和建筑师包括布鲁内莱斯基、马伊亚诺兄弟俩、贝尔纳多·罗塞利诺、佛罗伦萨的西莫内·伊尔·克罗纳卡、帕维亚的乔万尼·阿马代奥。其中最富的艺术家是提香。艺术家的宅邸是其不断上升的地位的标志，特别是曼泰尼亚和朱利奥·罗马诺（插图3.7）在曼托瓦的宅

83

图 3.7　提香：《朱利奥·罗马诺画像》

邸，以及拉斐尔在罗马的豪宅。[1]

这一时期的作曲家有时会把自己与诗人作比较。约翰内斯·德·丁克托里斯，一位拥有无懈可击的资质的学院派音乐理论家，将他关于调式的论文献给演奏家奥克海姆和布斯诺瓦。这在当时实属罕见，因为传统观念认为理论是主人，实践（谱曲以及演奏）只是奴仆。在同一时期的意大利，许多作曲家已获得礼遇，虽然很难确定这种歌颂的对象是他们谱的曲子还是他们的演奏（如果当时真有这一严肃区分的话）。人文主义者瓜里诺·达·维罗纳和菲利波·贝罗亚尔多都曾写过赞美鲁特琴手皮埃罗·波诺的警句，波诺的像章也被铸造以彪炳其成就。风琴手斯夸尔恰鲁皮去世时，菲奇诺和波利齐亚诺都写了挽诗，洛伦佐·德·美第奇为他写了墓志铭并让人在佛罗伦萨主教堂里为他修了墓。洛伦佐之子，教皇利奥十世赐予鲁特琴手吉安·马利亚·朱代奥伯爵头衔，勃艮第公爵"美男子"菲利普也册封意大利歌手—作曲家马姆布里亚诺·达·奥尔托为伯爵。费拉拉为迎接雅各布·奥布雷希特到来所作的精心准备表明了埃尔科莱·德·埃斯特公爵何等重视这位客人。在埃尔科莱之女伊莎贝拉时代的曼托瓦宫廷，马尔凯托·卡拉和巴托罗梅奥·特罗姆本奇诺是一个音乐圈子里倍受尊敬的成员。在威尼斯，圣马可小教堂唱诗班的大师威拉尔特去世时非常富有。小教堂的另一位大师乔塞福·扎里诺获得威尼斯共和国政府为其铸造纪念像章的荣耀，而且去世时已经是一位主教。[2]

许多人文主义者也获得了很高地位。就佛罗伦萨来说，已

---

1 Conti, "Evoluzione dell'artista"，第 206 页起。

2 Anthon, "Social status of Italian musicians"; Bridgman, *Vie musicale*, ch. 2; Lowinsky, "Music of the Renaissance as viewed by Renaissance musicians".

有学者指出，人文主义者属于该城地位排在前 10% 的家族，比如，莱奥纳尔多·布鲁尼、波吉奥·布拉乔利尼、卡罗·马尔苏皮尼、詹诺佐·马内蒂和马泰奥·帕尔米埃里都很富有。布鲁尼、波吉奥和马尔苏皮尼都曾担任佛罗伦萨秘书长这一高级官职，而帕尔米埃里至少曾 63 次担任公职，马内蒂也曾是一个出色的外交官和地方行政官。这 5 人中有 3 人出身社会上层，而布鲁尼（一个谷物商之子）和波吉奥（一个穷药剂师之子）则是凭借个人奋斗跻身上层社会。5 位人文主义者都缔结了一门不错的亲事。最后，布鲁尼、马尔苏皮尼和帕尔米埃里死后都享受到国葬的殊荣。[1]

　　如果说佛罗伦萨不具有典型性，那么简要考察一下出生在托斯卡纳以外并活跃在 15 世纪和 16 世纪早期的 25 位人文主义者或许有帮助。[2] 这 25 人中至少有 14 人出身社会上层，只有 3 位出身确实卑微（瓜里诺、维托里诺和普拉蒂纳）。2 人被封为贵族：菲莱尔佛被那不勒斯国王阿拉贡的阿方索封为贵族，

85

1　Martines，*The Social World of the Florentine Humanists*，*1390–1460*，书中研究了 1390—1460 年的 45 位人文主义者。

2　这 25 人分别是：阿尔扎泰（位于伦巴底地区）的安德烈亚·阿尔恰托；威尼斯的埃尔莫拉奥·巴尔巴罗；博洛尼亚的菲利波·贝罗亚尔多；教皇国属地弗利的弗拉维奥·比昂多；来自伦巴底的安杰罗·德切姆布里奥；来自卡塞尔塔的马里奥·埃奎科拉；拉斯佩齐亚（位于利古里亚地区）的巴托罗梅奥·法齐奥；安科纳附近托伦蒂诺的弗朗切斯科·菲莱尔佛；瓜里诺·达·维罗纳；卢卡尼亚的彭波尼奥·莱托；维琴察的安东尼奥·罗斯基；伦巴底的皮埃特罗·马尔蒂雷·丹吉埃拉；威尼斯的安德烈亚·纳瓦杰罗；卡拉布里亚的阿格斯提诺·尼佛；帕勒莫的安东尼奥·帕诺尔米塔；米兰多拉的乔万尼·皮科；克雷莫纳的巴托罗梅奥·普拉蒂纳；曼托瓦的皮埃特罗·彭波纳齐；彭特（在翁布里亚）的乔万尼·彭塔诺；帕多瓦的斯佩罗内·斯佩罗齐；皮亚琴查的乔尔乔·瓦拉；罗马的洛伦佐·瓦拉；洛迪的马菲奥·维焦；卡波迪斯特里亚的老皮埃特罗·保罗·维吉里奥；威内托的维托里诺·达·费尔特雷。

尼佛由教皇利奥十世及皇帝查理五世封为贵族。3 位是著名的大学教师：律师安德烈亚·阿尔恰托、哲学家皮埃特罗·彭波纳齐和文学批评家斯佩罗内·斯佩罗齐。威尼斯人埃尔莫拉奥·巴尔巴罗和安德烈亚·纳瓦杰罗有过辉煌的政治生涯，前者当过议员，后者做过大使。安杰罗·德切姆布里奥、安东尼奥·罗斯基、马里奥·埃奎科拉和乔万尼·彭塔诺都曾在米兰、曼托瓦和那不勒斯宫廷担任高级行政或外交职务。以世俗标准来看，他们几乎都有成功的职业生涯。

然后，这种场景还有另一面。并非人人都尊敬艺术家和作家。精英中的一些人尽管成就得到后世认可，但在自己的时代却生活得很艰辛。在这一时期有三种对艺术家的社会偏见依然盛行。艺术家被认为是卑贱的，因为他们的工作需要体力劳动和零售买卖；也因为他们缺乏文化知识。

按照一种在文艺复兴时期依然盛行的 12 世纪的分类体系，绘画、雕塑和建筑不是"自由"学科而是"技工"艺术。它们还肮脏；一个贵族不会愿意用颜料弄脏双手。阿尔贝蒂用来为艺术家辩护的古代主张事实上是把双刃剑——亚里士多德曾将手艺人排除在公民之外，因为他们的工作是机械性的，而普鲁塔克也在其《伯里克利传》中声称没有一个正派家庭出身的人想做菲迪亚斯那样的雕塑家。[1] 针对这类偏见，达·芬奇做了著名的有力反击："你们竟然将绘画列为技工学科！……如果你们因为画家要用双手的体力工作来表现想象的东西就说绘画是机械的，那你们作家不也是用笔和体力活动将头脑中萌发的思想写下来吗？"他还可以加上用手击剑的例子。然而甚至莱奥纳

---

1 Mondolfo, "Greek attitude".

尔多也对雕塑家持有偏见："雕塑家通过……一种机械劳动创作作品，这种工作常常汗流浃背，汗水混合尘土变成泥污，因此他的脸变得苍白，看起来就像一个面包师。"[1]

对艺术家的第二种普遍偏见是说他们靠零售买卖为生，因而他们的地位应与鞋匠和杂货商一样卑微。贵族则耻于收取工作报酬。伦巴底贵族和人文主义者乔万尼·波尔特拉菲奥也绘画，通常是小画，可能是因为他想将画作为礼物赠送给朋友。他的墓志铭强调他只是一个业余画家。达·芬奇也用这一指控反击人文主义者："如果因为绘画是为了赚钱就说它是机械的……这种错误有谁比你们自己陷得更深？假如去学校教书，你们难道不是去那些酬金最高的学校吗？"[2] 在现实生活中，那些从君主那里领薪水的艺术家（往往是最优秀者）常常被与开店铺的艺术家区分开。米开朗基罗就强烈坚持这一区分："我从来不是那种开店铺赚钱的画家或雕塑家。出于对父兄们的尊敬，我总是克制自己不这么做。"[3] 类似地，瓦萨里也在佩里诺·德尔·瓦加的传记中鄙薄地谈到一位次要画家是"那种开铺子并在大庭广众之下承接各种体力活的人"。那时瓦萨里已经为美第奇家族工作了数年。

对视觉艺术的第三种偏见是认为艺术家"无知"；换言之，认为他们缺乏某种比他们已获得的（而他们的批评家没有）训练更受尊重的训练（如神学和古典文化）。当枢机主教索德里尼试图为米开朗基罗逃离罗马一事开脱（参见边码第114页）时，他对教皇说这位艺术家"由于无知而犯错。无论在他们的

1　Leonardo da Vinci, *Literary Works*, p. 91.

2　同上。

3　Michelangelo, *Carteggio*.

艺术中还是其他方面，画家们都是这样"。让人高兴的是，据记载教皇尤利乌斯二世并无这种偏见。他严厉地对索德里尼说："无知的是你，不是他！"[1]

虽然前面谈到的一些艺术家凭借其艺术致富，但许多人依然穷困潦倒。其贫困可能既是艺术的偏见的原因，也是其结果。1488年，锡耶那画家本维努托·迪·乔万尼声称："我们这个行业收益微薄且有限，因为出产不多，赚得更少。"[2] 瓦萨里表达了类似观点："如今，艺术家拼命工作是为了吃饱肚子而不是赢得名望，这摧毁和埋没了他们的天才并使其湮没无闻。"我们可以将瓦萨里的评论看作某种请求而不予理会，这跟他在其他地方说的不一致（况且他自己很富有）。而本维努托的话来自他的财产税申报记录，他知道这是要被核查的。维罗基奥也是如此，他在1457年的财产税申报单上声称，他赚的钱不足以维持作坊运营。[3] 波提切利和内罗乔·德·兰迪则负债累累。洛伦佐·洛托曾沦落到用有奖销售的方式出售30幅画，结果只卖出了7幅。

同样，人文主义者也并不总是能致富，也并不总是受尊敬。据说希腊学者雅诺斯·阿吉罗普罗斯曾一度穷到被迫卖掉他的书。巴托罗梅奥·法齐奥的一生也起起伏伏，他曾在威尼斯和热那亚教书，在卢卡当过公证人，最后谋得为阿拉贡的阿方索担任秘书这个稳定且薪金不菲的工作。巴托罗梅奥·普拉蒂纳在成为梵蒂冈图书馆馆员前也从事过许多工作——从军，担任家庭教师、校对员、秘书。安杰罗·德切姆布里

1　Condivi, *Vita di Michelangelo Buonarroti*, p. 65.

2　Coor, *Neroccio de' Landi*, p. 10.

3　Mather, "Documents".

奥和彭波尼奥·莱托曾分别在米兰和威尼斯的学校当教师（schoolmaster），弗朗切斯科·菲莱尔佛也曾在几个不同城镇做过同样的工作。雅各布·阿孔乔做过公证人和米兰统治者的秘书，他还去英国碰过运气。

这些都是知名的人文主义学者。要评估整个人文主义者群体的地位，还需要把那些不太重要的人考虑进来。理想地说，如果证据允许，应对所有人文学科学者的职业生涯进行一项研究。在这样的研究出版前，我们只能对人文主义者的地位作些猜测。根据我的猜测，在少数明星人物和大多数不太成功的人之间必定有一个很大的鸿沟，甚至一个小城镇的教师或穷困潦倒的印刷所校对员都比一个成功但"无知"的艺术家地位高。音乐家似乎处于类似的地位，阿尔贝蒂就曾哀叹音乐家的卑微地位。每一个获得慷慨如利奥十世这样的赞助人的奖赏的鲁特琴手，必定对应着很多穷困潦倒的同行，因为意大利的宫廷不多，在宫廷以外体面的职位更少。

总之，走捷径并用"一方面……另一方面……"下总结是很诱人的。不过，我们还是可以更准确地指出几点。与职业训练一样，创造性精英的地位也形成了两种文化，其中，文学、人文主义和科学比视觉艺术和音乐更受尊敬。虽然如此，选择以人文学科为业也要冒很大风险。接受人文学学科训练的人很多，被选中的却寥寥无几。其次，文艺复兴时期的艺术家是社会学家所说的"地位失调"的例子。有些人获得了较高的地位，有些人没有。依照某些标准艺术家应受礼遇，按照另一些标准他们只是手艺人。

事实上，艺术家既得到某些贵族和权势人物的尊敬，也遭到另一些人的鄙视。由此自然导致的艺术家地位的不稳定或许可以很好地解释为什么一些人敏感易怒，如米开朗基罗和切利尼。第三，艺术家和作家的社会地位可能在意大利高于欧洲其他地方，在佛罗伦萨高于意大利其他地区，在 16 世纪高于 15 世纪。他们可能被刻画为忧郁的天才（插图 3.8）。[1] 到 16 世纪中期，艺术家具有某些人文学知识已不再是什么新鲜事，两种文化之间的区隔正被打破。[2] 类似现代意义的"艺术家"一词的出现如果不是证实至少也标志着画家和雕塑家的社会流动。

作为社会异流的艺术家

如果艺术家不是普通手艺人，那他是什么？如果他乐意，他可以模仿贵族的生活方式，这种模式适合那些拥有财富、自信和能像卡斯提利奥内《论廷臣》中的人物那样举止文雅的人。在瓦萨里的《意大利艺苑名人传》中，许多艺术家，主要是 16 世纪艺术家，就是用这些术语被描绘的。一个明显的例子是拉斐尔，他事实上是卡斯提利奥内的朋友。其他被描绘成绅士的艺术家还有：乔尔乔内、提香、瓦萨里的亲戚西尼奥雷利、菲利皮诺·利皮（被形容为"随和、彬彬有礼和一位绅士"）、雕塑家吉安·克里斯托弗罗·罗马诺（此人在《论廷臣》中出现）等，当然还有瓦萨里自己。尽管如此，选择这一角色的艺术家仍要面对刚刚提到的对体力劳动的社会偏见。在这一时期，那些不再满足于普通工匠，但又缺乏被视为绅士的必要教育和仪态者发展出了第三种模式（很难说这在多大程度上是有意识的）：即怪人或社会异流。

---

1 Zilsel, *Entstechung des Geniebegriffes*.

2 Rossi, *Dalle botteghe alle accademie*；Dempsey, "Some observations".

图 3.8　老帕尔马:《一位诗人的肖像》

在这一点上有必要做些区分。瓦萨里等人记载了许多有关这一时期艺术家的极富戏剧性的故事：在打斗中杀人或伤人（切利尼、莱奥内·莱奥尼和威尼斯"捣蛋鬼"弗朗切斯科），或者自杀（罗索和托里加尼）。有些人被当代人形容为"鸡奸者"（达·芬奇和索多马）。这些故事的重要性很难估量。证据不足以确定这些艺术家是不是真的像描述的那样，即便他们果真如此，我们也不能仅从几个例子就得出结论说艺术家比其他社会群体更可能杀人、自杀或是同性恋。[1]

与艺术家联系在一起的一种更重要的怪癖，当时的人留下了更丰富的记载：不规律的工作习惯。马泰奥·班戴洛的一个故事（他有知道这件事的有利条件）生动描绘了莱奥纳尔多·达·芬奇的工作习惯，这个故事强调了莱奥纳尔多的"反复无常"（*capriccio*, *ghiribizzo*）。[2] 瓦萨里对莱奥纳尔多有类似评论，他讲了一个故事，其中这位艺术家向米兰公爵论证了他长期停工的合理性："有时，天才干活最少的时候取得的成就最大，因为他们在思考创意（*invenzioni*）。"这里的核心概念"天才"（*genio*）是一个比较新颖的概念，它将艺术家的怪癖从缺点变成了优点。[3] 赞助人不得不学会容忍它。有一次，曼托瓦侯爵在向米兰公爵夫人解释曼泰尼亚为何没有按时完成一件作品时无可奈何地说："这些画家通常都有点异想天开（*hanno del fantasticho*）。"[4]

89

---

1 Wittkower and Wittkower, *Born under Saturn*；Zanrè, *Cultural Non-Conformity in Early Modern Florence*.

2 Bandello, *Novelle*，第 58 个故事和献词。

3 Zilsel, *Entstechung des Geniebegriffes*；Klibansky et al., *Saturn and Melancholy*.

4 Chambers, *Patrons and Artists*，第 61 条目。

有些赞助人没有这么宽容。瓦萨里评价画家雅各布·彭托尔莫说："最让其他人恼怒的是，他只在自己高兴的时候为自己喜欢的人按照自己的想象工作。"作曲家或他们的赞助人提出了类似难题。有一次，费拉拉公爵想请一个乐师，他派一位代理去拜见和聆听海因里希·伊萨克和乔斯昆·德·普雷斯的演奏。代理人汇报说："乔斯昆谱的曲子确实更好，但他总是在自己愿意而不是被要求的时候作曲。"结果伊萨克得到了这份工作（参见边码第 120 页）。[1]

有些艺术家的怪癖则表现为工作过多而不是过少，并忽视一切而专注于艺术。瓦萨里讲了很多这样的故事。比如马萨乔"心不在焉"（*persona astratissma*）："由于他将全部思想和意志集中于艺术……在任何情况下他都不会关心或关注这个世上的任何事，甚至也不关心自己的穿着，而且他借给别人的钱也总是忘记收回。"再有，保罗·乌切罗对"甜美的"透视法极其痴迷，竟然"数周甚至数月闭门不出，几乎就像一个隐士，不知道外面世界发生的事，也不出门"。[2]瓦萨里还生动描绘了皮埃罗·迪·科西莫的"怪异"：他心不在焉，喜欢独处，从不让人打扫他的房间，他受不了小孩啼哭声、咳嗽、钟鸣甚至是修士们唱诗（他试图避免外界干扰的做法真有那么"怪"吗？）。

生活在 15 世纪早期佛罗伦萨的马萨乔被刻画为蔑视金钱，这一特点需要强调说明。一个更有意识地蔑视财富的例子是多

90

1　Straeten, *Musique aux Pays-Bas*, p. 87.

2　马萨乔死于 1428 年，乌切罗死于 1475 年。瓦萨里可能是从佛罗伦萨艺术家的口头文学传统中了解他们的事迹，但瓦萨里的记载距离马萨乔去世已经 100 多年了。读者可自己判断时间跨度如此大的口头传播的信息的可信度。

纳泰罗，关于他，"据那些认识他的人讲，他把所有钱都装在一个篮子里，挂在作坊的天花板上，这样，任何人在任何需要的时候都可以取用"。[1] 这看起来很像是有意摒弃佛罗伦萨社会的重要价值观。瓦萨里在另一个故事中解释了多纳泰罗拒绝接受这些价值观的缘由，这个故事是关于多纳泰罗为一个热那亚商人制作的一件半身像，商人声称作品要价过高，因为它是按照每天半个多弗罗林来算的。

> 多纳泰罗认为这句话极大侮辱了他。他勃然大怒，告诉那个商人说他就是那种能在几秒钟内毁掉一年辛勤工作成果的人；说完，他突然把半身像扔到大街上，摔成碎片，并补充说，这个商人已经表明他更适合为豆子讨价还价而不是青铜雕塑。

无论这个看法是多纳泰罗的还是瓦萨里的，其道德意义很清楚：艺术品不是普通商品，艺术家也不是按日计酬的手艺人。这让人想起那位首席检察官对惠斯勒的《夜》(*Nocturne*)所说的话，以及艺术家的回答："200 基尼就是你为两天劳动要求的报酬？""不，这是我一生知识的要价。"直到 1878 年艺术家仍要强调这一点。但在文艺复兴时期的意大利，这是个活生生的现实问题。正如前文（边码第 81 页）所示，佛罗伦萨大主教认识到，艺术家声称将他们与普通工匠区别开不无道理。在米开朗基罗的圈子，一个叫弗朗西斯科·德·霍兰达的

---

1 瓦萨里对这个故事的记载最出名，但我引用的是高里科（Gauricus）的《论雕塑》(*De sculpture*，第 53 页)，他的记载距离多纳泰罗的时代比瓦萨里近约 50 年。

图 3.9　朱利奥·罗马诺:《泰宫》

葡萄牙人更雄辩有力地指出:"不能以花在艺术品上的无用的体力劳动量来评判它,而应以艺术家表现在其中的知识和技能的价值为标准。"[1]

　　彭托尔莫的行为背后可能也暗含着同一个观念,即艺术家不是普通手艺人(也是根据瓦萨里记载)。他拒绝了一个不错的订单,然后又以一个"可怜的价格"做了一个东西。他向顾客表明他是个自由人。艺术家的怪癖传达了一个社会信息。

91

93

第 4 章

赞助人和客户

若非有君主的礼遇与荣宠，古代何以有如此多俊杰？
——菲拉雷特：《论建筑》
在赞助人的压力下我无法生存，何谈作画。
——米开朗基罗：《通信集》

赞助体制各不相同。区分五种主要的赞助类型或许有用。第一种是家庭赞助体制：一个有钱人将艺术家或作家请到家中工作数年，提供食宿并赠与礼物，期望他满足其艺术或文学需要。第二种是量身定做式（made-to-measure）体制：这也是艺术家或作家与赞助人（在这种情况下最好用"客户"这个词）的一种私人关系，但它是暂时的，到绘画或诗交货之日就结束了。第三种是市场体制，其中，艺术家或作家生产"现成品"，然后直接或通过中间商努力将其卖给公众。在这一时期的意大利，虽然前两种体制占主导，但市场体制也开始出现。第四种和第五种体制此时尚未产生：学院体制（政府通过一个由可靠的艺术家和作家组成的组织控制）和资助金制度（其中，一个基金会资助有创造力的人但并不要求拥有他们的作品）。[1]

　　本章关注两个问题：首先是发现是什么人给艺术家订单，以及他们为什么这样做；其次是评估在多大程度上是赞助人或客户，而不是艺术家或作家决定了作品的形式和内容。这两个问题背后隐藏着篇首的两段话暗示的一个更难解答的问题：赞助体制对艺术家和作家是鼓励性的还是阻碍性的？或者说，文艺复兴发生在意大利是因为这种体制，还是与它无关？[2]

谁是赞助人？

　　我们可以用多种方式对赞助人进行分类。将赞助人分为宗教的和世俗的至少看起来既有效，又简单，比如将佩鲁贾的圣皮埃特罗教堂的修士们（佩鲁吉诺为他们画了一幅祭坛画《基督升天》）与洛伦佐·德·皮埃尔弗朗切斯科·德·美第奇（不是著名的"伟大的洛伦佐"而是他的堂兄，波提切利为他画了《春》）对比。教会一直是艺术的大赞助人，这是宗教画在欧洲长期独占鳌头（从大约 4 世纪一直到 17 世纪）的最明显原因。但在文艺复兴时期的意大利，大多数宗教画可能都是

1　Edwards, "Creativity". 他区分了四种赞助体制，我将他的"个人化的"赞助体制分成了两类。

2　关于艺术赞助的大量研究包括 Burckhardt, *Beiträge zur Kunstgeschichte von Italien*；Wackernagel, *World of the Florentine Renaissance Artist*, 第 2 部分；Renouard, "L'artiste ou le client?"；Chambers, *Patrons and Artists*；Baxandall, *Paintingand Experience*, pp. 3–14；Logan, *Culture and Society*, ch. 8；Settis, "Artisti e committenti"；Gundersheimer, "Patronage in Renaissance"；Goffen, *Piety and Patronage*；Kent and Simons, *Patronage, Art and Society*；Hollingsworth, *Patronage in Renaissance Italy*；Welch, *Art and Society*, pp. 103–129；Marchant and Wright, *With and Without the Medici*；Christian and Drogin, *Patronage*。关于音乐赞助，参见 Bridgman, *Vie musicale*, ch. 1；Fenlon, *Music and Patronage*；Feldman, *City Culture*, pp. 3–82。

平信徒订制的。他们可能为某个教堂（比如家族礼拜堂）订制绘画；帕拉·斯特罗齐让真蒂莱·达·法布里亚诺绘制了《三王来拜》挂在佛罗伦萨圣三一教堂（*Santa Trinità*）的斯特罗齐家族礼拜堂。平信徒也会订制宗教画挂在家中。例如，我们从美第奇宫的财产清单得知该家族就曾这么做。[1] 正如平信徒订制宗教画，教士也订制世俗题材的绘画，比如拉斐尔在梵蒂冈宫为教皇尤利乌斯二世绘制的《帕纳塞斯山》（*Parnassus*）。是否平信徒更倾向于订制世俗作品，或者绘画的日益世俗化是否反映了赞助的世俗化，了解这一点很有趣，但证据太零散不足以回答这些问题。

对赞助人的第二种分类方式是区分公共赞助人和私人赞助人。15 世纪早期佛罗伦萨的行会赞助特别出名。毛织业行会（*Arte della Lana*）负责维修佛罗伦萨主教堂（Duomo），这包括许多新订单；交给多纳泰罗的订单是一尊先知耶利米塑像，另一个给米开朗基罗的订单是其《大卫》。舶来羊毛加工行会（*Calimala*）负责佛罗伦萨洗礼堂，正是这个行会委派吉贝尔蒂为洗礼堂铸造了著名的青铜门。小行会以及大行会订制了安放在奥尔圣米凯莱教堂（Or San Michele）正立面的雕像，如多纳泰罗的《圣乔治》是武器行会订制的。[2] 行会对绘画和雕塑都有兴趣。1433 年，亚麻布行会为其会所大厅向安杰利科修士订制了一幅圣母像。[3]

1　Müntz，*Collections des Médicis*.

2　Baron，"Historical background of the Florentine Renaissance"；Haines，"Brunelleschi and bureaucracy" 和 "Market for public sculpture"。

3　Chambers，*Patrons and Artists*，第 20—30 条目。关于威尼斯的情况，参见 Humfrey and Mackenney，"Venetian trade guilds"。

　　另一种团体赞助人是宗教兄弟会，若考虑整个文艺复兴时期和全意大利的情况，兄弟会比行会还重要。[1] 兄弟会事实上是一种社会和宗教俱乐部，通常附属于某个教堂，可能从事慈善活动，也可能充当银行的角色。威尼斯的兄弟会（被称为 scuole）赞助艺术尤其奢侈。15 世纪 90 年代，维托雷·卡尔帕乔绘制的那些巨幅圣乌尔苏拉像就是为圣乌尔苏拉兄弟会的会所大厅设计的。这是个小兄弟会，成员混杂，有男有女，有贵族，也有普通人。[2] 更重要的是六大"兄弟会"，其中包括"福音布道者圣乔万尼兄弟会"，它曾向真蒂莱·贝利尼订制了许多大型绘画；还有圣罗科兄弟会，丁托雷托为该兄弟会会所大厅绘制的画可能至今还可以见到。事实上，它们在建筑和庆典仪式上花费的巨额资金遭到时人批评，他们认为这种宏伟是以牺牲穷人的利益为代价的，而救助穷人本是这些组织的初衷。[3]

　　维基埃塔和巴蒂斯塔·多西的绘画提醒我们，兄弟会赞助不仅在威尼斯而且在整个意大利都很重要（插图 4.1 和插图 4.2）。莱奥纳尔多·达·芬奇的《岩洞圣母》是米兰的圣弗朗切斯科教堂的圣母受胎兄弟会订制的。根特的朱斯图斯的《圣餐礼的创设》(Institution of the Eucharist) 和保罗·乌切罗的《亵渎圣灵》(Profanation of the Host) 是乌尔比诺的基督圣体兄弟会订制的。此类组织在艺术史上的重要性在于，它们使那些缺乏足够资金订制艺术品的个人也能加入艺术赞助。人

1　Pignatti, *Scuola di Venezia* Eisenbichler, *Crossing the Boundaries*；Esposito, "Confraternite romane"；Wisch and Ahl, *Confraternities and the Visual Arts*.

2　Molmenti and Ludwig, *Vittore Carpaccio*.

3　Pullan, *Rich and Poor*, 第 119 页起；Brown, *Venetian Narrative Painting*。

图 4.1　洛伦佐·维基埃塔：《锡耶那的圣贝尔纳迪诺》，锡耶那国立画廊

图 4.2 巴蒂斯塔·多西:《圣母与圣徒及兄弟会成员》,
墨德纳的埃斯坦斯画廊

们可能想知道，在赞助人选定某个艺术家或主题前双方讨论了些什么。我们发现，1433 年佛罗伦萨主教堂的工程委员会（*Operai del Duomo*）授权一个人为多纳泰罗的一项委托制订细节，这个事例很有意思。委员会这样做是因为其成员无法达成一致？群体的趣味会比个体的趣味更保守吗，如同过去几百年那样，还是这个观念是时代倒错的？

另一种团体赞助人是国家、共和国或君主国。达·芬奇的《安吉里之战》及其配套的米开朗基罗的《卡西纳之战》，是元老会（*Signoria*），即佛罗伦萨政府订制的。威尼斯共和国设有"首席建筑师"（*Protho*）或共和国建筑师一职（雅各布·桑索维诺曾任此职）和一种半官方的共和国画家职位（丢勒有一次被邀请担任此职，乔万尼·贝利尼和提香曾担任此职）。[1]

然而，仅一个画家根本无法应付所有的国家订单。1495 年，包括乔万尼·贝利尼和阿尔维塞·维瓦里尼在内的 9 位画家绘制了总督宫大议会厅那些战争题材装饰画。委员会赞助艺术会有许多问题，一些涉及提香为此处绘制的一幅战争画的文件清楚地表明了这一点。1513 年，提香请求十人委员会允许他与两位助手一起绘制这幅画。十人委员表决通过了这一请求（10 票赞成，6 票反对）；贝利尼提出抗议。1514 年 3 月，该法令被撤销（14 票赞成，1 票反对），助手的名字从工资单上删除；提香提出抗议。到 11 月，新决议再被废除（9 票对 4 票），助手们的名字重新出现在工资单上。然后，据记载，这项工程总共花费了超过实际需要三倍的资金，而且所有安排均被取消。提香同意只带一名助手，他的请求在 1516 年被接受，但该画在 1537 年仍未完成。[2]

1　Logan, *Cultureand Society*, 第 181 页起; Howard, *Jacobo Sansovino*; Hope, *Titian*, p. 98。
2　Lorenzi, *Monumenti*, pp. 157–165; Chambers, *Patrons and Artists*, 第 42—43 条目。

个体赞助人广泛来自各个社会阶层，而不只是社会和政治精英。建筑和雕塑通常很贵，但遗嘱表明一些店主和手艺人也赞助礼拜堂。[1] 也有证据显示，一些收入不高的人也订制绘画。保存下来的文献主要涉及社会上层的赞助，他们恰恰也最可能把证据保存下来。无论如何，还有些记载表明商人、店主手艺人甚至农民都订制艺术作品。

就拿肖像画来说。商人的肖像画并不少见。其中保存下来的包括莱安德罗·巴萨诺的《奥拉齐奥·拉戈像》(*Orazio Lago*)和乔万尼·巴蒂斯塔·莫罗尼的《保罗·维多尼·切德雷里像》(*Paolo Vidoni Cedrelli*)。洛伦佐·洛托在其账本中提到了 5 位请他画肖像的商人的名字——"一位拉古萨商人""一位卢卡商人"和"一名酒商"等。洛托还画了一位特雷维索的外科医生（在这一时期与理发师联系在一起的外科医生地位是很低的）和"鞋匠埃尔科莱大师"的肖像，后者用实物而不是现金付的酬金。[2] 因此，莫罗尼描绘一名裁缝的名画可能是一幅肖像画，而不是人们曾认为的那样是一幅风俗画。

再者，就宗教画来说。瓦萨里的《意大利艺苑名人传》中有手艺人订制艺术作品的不经意记载，比如一个绸缎商和细木工向安德烈亚·德尔·萨托订制了几幅圣母像以及一个裁缝向彭托尔莫订制了一幅画，这是他第一件有记载的作品。再有，一个住在佩鲁贾附近的农民在遗嘱中留出 10 里拉购买一幅庄严的基督像（*Maestà*）以挂在他的墓上方。[3] 普通人也订制还愿品（参见边码第 136 页）。我们不知道的是，大众艺术赞助

1　Cohn, "Renaissance attachment to things", pp. 988–989.

2　Lotto, *Libro*.

3　Cohn, "Renaissance attachment to things", p. 989. 参见 Wackernagel, *World of the Florentine Renaissance Artist*, p. 10。

是否像在 17 世纪的荷兰共和国那样常见。

正如我们已经看到的（边码第 9—10 页），最近的研究表明女赞助人是一个重要群体。现在学者们的研究已经远远不限于文献记载极其丰富的伊莎贝拉·德·埃斯特（插图 4.3）。[1]

图 4.3　莱奥纳尔多·达·芬奇:《伊莎贝拉·德·埃斯特》

1　Braghirolli, "Carteggio di Isabella d'Este"; Fletcher, "Isabella d'Este"; Brown, "Ferrarese lady"; Reiss and Wilkins, *Beyond Isabella*; Campell, *Cabinet of Eros*; Ames-Lewis, *Isabella and Leonardo*.

他们区分了修女的赞助（如多米尼克修会的修女）和世俗妇女的赞助，以及妻子的赞助和寡妇的赞助（寡妇有更多自由去做自己喜欢的事）。一些贵族妇女修建宫邸，比如伊波利托·帕拉维奇诺-圣塞维利诺在皮亚琴察修建的宫邸。[1] 有些妇女，比如维罗纳的马格丽塔·佩莱格里尼赞助了一个礼拜堂，而乔瓦娜·德·皮亚琴察委托科勒乔在帕尔马一个修道院的圣保罗厅绘制了那些如今非常有名的壁画。有些妇女，如罗马寡妇卢克蕾西亚·安德烈奥蒂赞助了一座墓。但也有些人订制祭坛画，其中可能包含她们作为捐赠人的肖像，比如在卡罗·克里维利画的一幅小木板画中就有捐赠人法布里亚诺的奥拉迪亚·贝凯蒂的小画像：她跪倒在圣方济脚下。[2]

赞助人和艺术家如何相遇

102

艺术家怎样赢得赞助人或客户，或赞助人如何获得艺术家？当艺术家得知艺术工程正在酝酿中，他们可能直接或通过中间人接近赞助人。比如 1438 年，画家多梅尼科·威尼齐亚诺写信给皮埃罗·德·美第奇："我听说科西莫（皮埃罗的父亲）打算让人画一幅祭坛画并且是一件宏伟的作品。这让我非常高兴，如果能通过您的斡旋让我来画这幅画，我会更加高兴。"[3] 在 1474 年的米兰，传闻米兰公爵想找人为他在帕维亚的一个礼拜堂制作装饰画。米兰公爵的代理人抱怨"米兰的所有画家，不分良莠，都要求来画它，这让我不胜其烦"。再有，

1　Roberts, *Dominican Women*; McIver, *Women, Art and Architecture*, pp. 63–106.

2　King, *Renaissance Women Patrons*.

3　Gaye, *Carteggio inedito d'artisti*, vol. 1, p. 136; Chambers, *Patrons and Artists*，第 46 条目。

1488 年，阿尔维塞·维瓦里尼请求威尼斯总督让他在威尼斯大议会厅绘制一些装饰画，就像贝利尼兄弟（即真蒂莱·贝利尼与乔万尼·贝利尼）当时正在做的。正如前面讲到的，1515年，提香也提出了同样的请求。[1]

如同在其他许多事情中一样，在这些事例中平等或不平等的友谊非常重要。艺术赞助是第 9 章将讨论的一种更广泛的恩主—门客（patron-client）体系的一部分。16 世纪的两位托斯卡纳艺术家，即乔尔乔·瓦萨里和巴乔·班迪内利的职业生涯充分说明了朋友和关系的重要性。瓦萨里为伊波利托·德·美第奇和阿莱桑德罗·德·美第奇工作，因为他是这二人的监护人枢机主教西尔维奥·帕塞里尼的远亲。正如我们看到的，当阿莱桑德罗公爵去世使其希望"破灭"，他又设法得到为阿莱桑德罗公爵的继承人科西莫·德·美第奇长期工作的机会。班迪内利也与美第奇家族有联系，其父曾在 1494 年美第奇家族被逐出佛罗伦萨前为该家族效力。美第奇家族在 1513 年复辟后，巴乔向乔万尼·德·美第奇（不久成为教皇利奥十世；插图 4.7）和朱利亚诺·德·美第奇兄弟毛遂自荐，并献上一件礼物，作为回报，他得到了许多订单。班迪内利还曾为后来的教皇克雷芒七世，即朱利奥·德·美第奇效力。瓦萨里在巴乔·班迪内利的传记中告诉我们，巴乔希望得到为两位美第奇教皇修建陵墓的任务并为此频频拜访枢机主教萨尔维亚蒂，结果由于造访次数过于频繁而被怀疑为间谍，并险遭刺杀。

要发现赞助人是如何选择某个艺术家的则不那么容易。对艺术不太在行的人常常咨询比如科西莫·德·美第奇（正如我

---

1 ffoulkes and Maiocchi, *Vincenzo Foppa*, 第 300 页起；Chambers, *Patrons and Artists*, 第 41—42 条目。

们已看到的）或他的孙子"伟大的"洛伦佐这样的人。比如，正是洛伦佐将雕塑家朱利亚诺·达·马伊亚诺推荐给卡拉布里亚的阿方索王子。君主也会通过中间人，如宫廷官员，赞助艺术家，统治米兰的斯福尔扎家族即是如此。[1]有些赞助人似乎根据竞争者的报价进行选择，有些则依据风格遴选。正如前面提到的，当米兰公爵打算装饰帕维亚的那座礼拜堂，其代理人选择了索价 150 杜卡特而不是 200 杜卡特的艺术家。但 20 年后，我们从米兰新公爵卢多维科·斯福尔扎的一份备忘录得知，他试图依据风格区分波提切利、菲利皮诺·利皮、佩鲁吉诺和吉兰达约（参见边码第 152 页）。[2]

有时也会通过正式比赛获取艺术订单，不出所料，这主要出现在佛罗伦萨和威尼斯这样的商人共和国。其中最著名的无疑是 1400 年争夺佛罗伦萨洗礼堂青铜门的比赛（其中吉贝尔蒂击败了布鲁内莱斯基）和争夺佛罗伦萨主教堂大穹顶的比赛（这次是布鲁内莱斯基击败了吉贝尔蒂）。但还有其他许多例子。比如 1477 年，维罗基奥击败皮埃罗·波拉约罗赢得为枢机主教佛尔特古埃里建造陵墓的订单。[3]1491 年，一场争夺佛罗伦萨大教堂正立面（façade）设计的比赛在佛罗伦萨举行。1508 年，贝内代托·狄亚纳击败维托雷·卡尔帕乔赢得威尼斯博爱兄弟会（Scuola della Carità）的一项订单。在威尼斯，有时甚至圣马可大教堂的风琴师都是通过比赛任命的。

---

1 Welch, *Art and Authority in Renaissance Milan*.

2 Chambers, *Patrons and Artists*, 第 95 条目。

3 Gaye, *Carteggio inedito d'artisti*, vol. 1, p. 256；Chambers, *Patrons and Artists*，第 51 条目。

赞助的动机

区分三种主要的艺术赞助动机是有益的：虔诚、名望和快乐（也可参见第 5 章）。有学者提出了第四种动机，但它可能是时代倒错的：投资。[1] 如果说投资艺术品是指购买时认为它们将来会更值钱，那么在 18 世纪之前很难找到相关证据。[2] 而在赞助人和艺术家的合同中"对上帝的爱"则常常被提及；如果说宗教虔诚不是赞助人的一个重要和可被社会接受的动机，我们就很难解释这一时期宗教绘画和雕塑的主导地位（边码第 27—28 页）。名望，或者社会学家皮埃尔·布尔迪厄所说的"区隔"于其他人的渴望也是一个被接受的社会性动机，尤其是在佛罗伦萨。它常常在合同中被提到。当佛罗伦萨大教堂的工程委员会（*Operai del Duomo*）委托米开朗基罗制作十二使徒像时就提到"全城的名望"以及佛罗伦萨的"名望和荣耀"。当乔万尼·托尔纳波尼为其位于新圣马利亚教堂的家族礼拜堂委托绘制湿壁画时，也公开提到"他家庭和家族的荣光"，并确保家族标记在醒目的位置展示出来。[3]

不过，渴求名望的最突出事例无疑是皮埃罗·德·美第奇为佛罗伦萨的圣母领报堂订制的那个神龛，上面的铭文写道："仅大理石就花费了 4000 弗罗林。"[4] 这个炫耀财富的经典事例使人想知道，那些崛起的家族是否把艺术赞助视为向世人展

1　Lopez, "Hard times and investment". 参见 Goldthwaite, *Building of Renaissance Florence*, 第 397 页起。

2　Burke, "Investment and culture".

3　Chambers, *Patrons and Artists*, 第 107 条目。

4　Wackernagel, *World of the Florentine Renaissance Artist*, p. 239.

示它们已经到达顶层的手段——18世纪的威尼斯似乎就是如此——以及作为赞助人他们是否比那些社会地位业已确立的家族更积极。[1]

对一位统治者来说，通过赞助艺术获得的名望可能有政治价值。菲拉雷特就主张这一点（他当然别有企图，或者说是为了建造一座宫邸），并试图驳斥认为建筑太昂贵的经济主张：

> 慷慨和伟大的君主和共和国，都不应因为费用问题而在修建宏大、漂亮的建筑方面裹足不前。没有一个国家因为从事建设而陷入贫困，也没有任何人因为建筑工程而死去……最后，当一处大型建筑完工时，国家的钱财不会因此增多或减少，但建筑却的确能与该国或该城及其声誉和荣耀并存。[2]

马基雅维利也看到了艺术赞助的政治功用，他建议“君主应当将自己表现成一个爱才的人，任用贤士俊杰，荣宠各个领域的佼佼者”。[3]

艺术赞助的第三种动机是“快乐”，即对绘画、雕塑等物品本身或作为一种室内装饰的有鉴别力的快乐。学者们常常指出，在1000年的时间内，这一动机在文艺复兴时期的意大利比在欧洲其他地方表现得更为重要，也更为自觉。[4]这是很有可能的，虽然我们无法精确测量“更多”是多少，我们只能引

1　Haskell, *Patrons and Painters*, 第249页起。

2　Filarete, *Treatise on Architecture*, p. 106.

3　Machiavelli, *Prince*, ch. 21.

4　Alsop, *Rare Art Traditions*.

用一些例子说明这一趋势。

比如，菲拉雷特强调建筑本身的快乐，"就像一个人坠入爱河时的狂喜"。赞助人看到建筑的次数愈多，就愈想看到它，愈渴望和所有人谈论它——恋爱者的典型行为。这一时期一些乡间别墅的名称也表明它们是供人消遣的：如费拉拉的"无忧宫"和曼托瓦的"快乐宫"（Casa Zoiosa）。据书商维斯帕西亚诺·达·比斯蒂奇（他没有特意赞美视觉艺术），他的两位重要客户，乌尔比诺的费德里哥和科西莫·德·美第奇都对建筑和雕塑有强烈的个人爱好。当你听到费德里哥和一位雕塑家谈话，"你会认为他就是干这一行的"，而科西莫也对建筑兴趣盎然，许多打算修建的人都征询他的意见。[1] 伊莎贝拉·德·埃斯特（见插图 4.3）的信让人觉得她订制绘画只是想拥有它们。她不是唯一这样想的赞助人。伊莎贝拉没能得到两件乔尔乔内的画，因为它们是两位威尼斯贵族"为了自己欣赏"而订制的。[2] 此时，威尼斯似乎有一个贵族收藏家圈子，其中包括塔代奥·孔塔里尼和著名艺术爱好者加布里埃莱·文德拉明，1530 年时，人们可以在他家里见到（乔尔乔内画的）那幅著名的《暴风雨》（Tempesta）。[3]

那些单纯因为喜好艺术品而渴望获得它们的人有一个共同点：受过人文主义教育。当曼托瓦侯爵吉安弗朗切斯科·贡扎加聘请维托里诺·达·费尔特雷担任其子女的家庭教师，他们长大后都成为艺术赞助人。乌尔比诺的费德里哥也是如此，他也曾师从维托里诺学习。同样，费拉拉的埃斯特家族的孩子们

1　Carboni Baiardi, *Federico di Montefeltro*；Kent, *Cosimo de Medici*.

2　Chambers, *Patrons and Artists*，第 91 条目。

3　Settis, *Giorgione's Tempest*，第 129 页起。

图 4.4　阿尼奥罗·布龙齐诺:《乌格利诺·马尔泰利》

也跟随瓜里诺·达·维罗纳接受人文主义教育，后来成为艺术赞助人。洛伦佐·德·美第奇童年时的家庭教师是人文主义者真蒂莱·贝基。加布里埃莱·文德拉明活动的社交圈中有埃尔莫拉奥·巴尔巴罗和贝尔纳多·本博这样杰出的人文主义者。[1] 虽然人文主义者并不总是尊重艺术家，但学习人文学科似乎促进了对绘画和雕塑，包括小型雕像的趣味（插图 4.4）。[2]

赞助人与艺术家

107

既然赞助人和艺术家相互认识了，我们就可以考虑他们对完成品的相对影响了。一项关于科西莫·德·美第奇的研究带有"赞助人的功业"（patron's oeuvre）的副标题，以此强调科西莫的主导性以及主张"在 15 世纪的大部分时间，艺术家不被看作独立的创造性能动者，而且也不这样行为处事"。[3] 当时人的证词确实表明赞助人有很大影响。正如在中世纪，"制作"（fecit）一词仍被用来指赞助人。菲拉雷特将赞助人形容为建筑的父亲，而将建筑师形容为建筑的母亲。提香告诉费拉拉公爵阿方索，他"确信，古人艺术之伟大皆由于伟大君主的襄助，在订制绘画时，他们乐于将源于他们自己才智的荣誉和名望留给画家……毕竟，我做的只是将从阁下那里得到精神的东西——最本质的部分——赋予形状而已"。[4]

当然，提香是在奉承公爵，但不同时期逢迎采取的不同形式为社会史家们提供了宝贵证据。

---

1 Logan, *Culture and Society*, p. 157.

2 Baxandall, "Guarino, Pisanello and Manuel Chrysoloras".

3 Kent, *Cosimo de' Medici*, pp. 5, 331–332.

4 Crowe and Cavalcaselle, *Life and Times of Titian*, p. 181.

　　关于赞助人与艺术家的相对重要性以及他们对彼此的期望，更确切的证据是保存下来的大量合同。[1]这些合同讨论了很多主题，包括装画框、安放和维护，但它们集中于六个问题。第一是原料，这是个重要问题，因为绘画使用的金粉和天青蓝（lapis lazuli），或雕塑用的青铜和大理石都很贵。有时赞助人提供原料，有时是艺术家。合同常常明确规定要用优质原料。安德烈亚·德尔·萨托承诺在一幅圣母像上至少用价值 5 弗罗林的天青蓝，而米开朗基罗也承诺他那件 1501 年开始雕刻的著名的《圣母怜子》(Pietà) 使用的大理石是"新的、纯净和洁白的，里面没有矿脉"。[2]对原料的重视是个线索，我们可以由此了解赞助人认为自己买的是什么。莱奥纳尔多·达·芬奇在其《岩间圣母》的订制合同中承诺了十年保修期；其间，若有需要重绘的地方，费用由艺术家承担。我们好奇的是，莱奥纳尔多在画他那幅容易剥落的《最后的晚餐》时是否作了同样的承诺。

　　第二是价格问题，包括货币（如大杜卡特、教廷杜卡特等）。有时，赞助人在作品完成时付钱，有时是在工作进行期间分期付款。作品的价格也可能并非事先确定；要么是艺术家声称愿意接受赞助人认为合理的价格，要么是作品由其他艺术家估价，当赞助人和艺术家发生争执时就是这样。[3]有时，酬金还包括实物。西尼奥雷利为奥尔维耶托主教堂绘制湿壁画的合同规定给他一笔钱、金粉和天青、食宿和一张床。经过谈

108

109

1　Kemp, *Behind the Picture*, pp. 33–46；Welch, *Art and Authority in Renaissance Milan*, pp. 103–114；Gilbert, "What did the Renaissance patron buy?", pp. 393–398；O'Malley, *Business of Art*.

2　Shearman, *Andrea del Sarto*, 第 30 篇文献。

3　Chambers, *Patrons and Artists*, 第 123—127 条目。

判，他将出价提高到两张床。

第三是交货日期问题，相关条款有的有违约处罚，有的没有，有的日期模糊，有的精确。威尼斯政府在将一项艺术订单交给乔万尼·贝利尼时，要求他"尽快"完成绘画。1529年，贝卡福米被要求用"一年或至多18个月"完成一幅画。其他顾客对时间的要求更精确，或更苛刻。1460年，菲利波·利皮修士答应在当年9月份前完成一幅画，如果他没完成，委托人有权让别人来完成。1483年4月25日，莱奥纳尔多·达·芬奇答应到12月8日交画，即他的《岩间圣母》。米开朗基罗在1501年签订的制作15件雕塑的合同规定他不得再签其他可能耽搁这项工作的合同（可能让人意外的是，如今学术出版社并没有这种规定）。拉斐尔被要求用2年时间完成一件祭坛画，若到期没有完成，他就要缴纳一大笔罚金（40杜卡特，超过该作品价格的一半）。1515年，安德烈亚·德尔·萨托签订的一份一年内完成一幅祭坛画的合同中有这样一条："如果他未能在规定时间内完成该画，修女们有权将其委托给其他人。"

君主们尤其没有耐心。米兰公爵在给伦巴底画家温琴佐·福帕的信中写道："本尊希望你制作一些本尊想要的画，而且本尊希望你接到信立即放下所有事，跳上马背赶到我们这里。"这位公爵还命令所有画家日夜赶工装饰"斯福尔扎城堡"（Castello Sforzesco），当时的一部编年史记载了一个"一夜之间"画好一个房间的故事。他的继任者同样苛刻，有一次他决定（照他的说法）"以最快的速度立刻把本尊在米兰的舞厅画满故事"。[1]

---

1 Malaguzzi-Valeri, *Pittori Lombardi*; Chambers, *Patrons and Artists*, 第96—100条目。

费拉拉的阿方索·德·埃斯特也是这样的人。有一次拉斐尔让他等一等，他派人捎口信给拉斐尔："让他小心别惹恼本尊。"当提香没能在 1519 年按时完成一幅画，阿方索命令代理"立刻告诉他，本尊对他竟没有完成我们的画大为意外；不管发生什么都必须完成这幅画，否则本尊会大为不悦；要让他知道，他正在冒犯一个憎恨被冒犯的人"。[1]

110

另一个没耐心的赞助人是曼托瓦侯爵费德里科二世。例如，他在 1531 年写信给提香要他画一幅抹大拉的圣马利亚，"首先得让我快点得到它"（不到一个月提香就派人把画送去了）。[2] 当朱利奥·罗马诺及其助手未能足够迅速地完成"泰宫"（*Palazzo del Tè*）的装饰时，侯爵写信给他说："你竟然又拖延了这许多时日而未能完成，这让本尊很不高兴。"朱利奥卑躬屈膝地回复："阁下的愤怒是我最大的痛苦……如果您高兴就让人把我关在那个房间直到完成。"此处的这个费德里科与前面（参见边码第 81 页）那个将自己的画家赞誉为阿佩利斯的费德里科似乎有天壤之别，除非亚历山大大帝也这么对待他的画家。[3]

第四是尺寸问题。让人意外的是，合同对这个问题常常没有具体说明，这可能是因为很多时候湿壁画是画在一面特定的墙上，或者雕塑是用赞助人提供的大理石雕刻或放在特定神龛中，因而没有必要精确说明尺寸，但这也可能暗示了16 世纪的人模糊的尺寸概念。不过也有例外。1514 年，米开

1　Crowe and Cavalcaselle, *Life and Times of Titian*, pp. 183–184. 我对译文作了修改。

2　Bodart, *Tiziano e Federico II Gonzaga*.

3　Hartt, *Giulio Romano*, vol. 1, pp. 74–75；原文参见 D'Arco, *Giulio Pippi Romano*, 附录。

朗基罗承诺他的《背负十字架的耶稣》"与真人等大"。安德烈亚·德尔·萨尔托答应他在 1515 年制作的那幅祭坛画至少为 3 布拉恰（约 1.8 米）宽，3.5 布拉恰（约 2.4 米）高。伊莎贝拉·德·埃斯特想要一套与书房匹配的装饰画，她在给画家佩鲁吉诺的信中寄去一根线，以便他掌握准确尺寸。

  第五是助手问题。有些合同是赞助人与一群而非一个艺术家签的。有些合同提到了助手，通常是为了明确由谁负责付给他们薪水。有些合同规定签合同的艺术家"亲手"（*sua mano*）完成全部作品或某些部分，虽然我们也不必总是当真。[1] 不过，在这一时期，赞助人开始要求签名人亲自参与制作。事实上，早在 1451 年，有一个佩鲁贾商人就拒绝付钱给菲利波·利皮，因为他向后者订制的那幅祭坛画"是别人做的"（*fatta ad altri*），而"他本应该亲手制作"（*egli la dovea fare esso medesimo*）。[2] 拉斐尔承诺亲手画祭坛画《圣母加冕》中的人像。不过，佩鲁吉诺和西尼奥雷利在绘制奥尔维耶托主教堂的湿壁画时只承诺画"腰以上的部分"。

  最后一个问题对后世来说至关重要，即真正入画的是什么，我们把这个问题留在最后是因为它在合同中并不重要。有时，作品的主题会用文字写下来，有时很详细，有时非常简略。乔万尼·托尔纳波尼委托多梅尼科·吉兰达约绘制新圣马利亚教堂的湿壁画（这在前面已经提到）时，合同规定了许多细节。多梅尼科和其他画家要在该礼拜堂右侧墙上画 7 幅表现圣母生平的画。画家们还承诺："在材料价格允许的范围内，

---

1 O'Malley, *Business of Art*, pp. 90–96.

2 Ruda, *Fra Filippo Lippi*, pp. 525–526.

他们要在上述所有历史画中……画人物、建筑、城堡、城市、山脉、丘陵、平原、岩石、衣服、动物、鸟和野兽……正如赞助人希望的。"[1]

合同中一个更常见的程序是对圣像的基本内容作简要描述。但有时甚至用法定拉丁文描述这些基本内容对书记员来说都太难了，因此文件会突然转为意大利文。吉兰达约的湿壁画要"像俗语描述的那样画"。一份 1429 年的合同（涉及洛雷托城一座教堂的一幅圣母像）要求"按惯例（*secondo l'usanza*）让圣子坐在圣母腿上"。这是明确要求一个画家遵从传统的有趣例子。更简单的做法常常是参照一幅单色或彩色素描，或一个范本。[2]1474 年，当米兰公爵打算请人装饰他的礼拜堂时，他的代理送给他两幅设计图供他选择，"有天使或没有天使"（有天使的费用要高些），并请求公爵看完后返还，以便"作品完成时看看使用的天青是不是不像承诺的那样好"。[3]有时，赞助人会派人送素描给艺术家（伊莎贝拉·德·埃斯特雇用佩鲁吉诺时就是这么做的），或让其他能理解他或她的想法的人绘制素描。一个叫巴尔巴杰拉塔的画家与热那亚的圣布里吉特兄弟会签订的制作一幅《基督被钉上十字架》的合同（1485）要求人像的风格和质量要像"圣多米尼克教堂祭坛画的那些人像一样，这是米兰大师温森特（温琴佐·福帕）在为已故的巴蒂斯塔·斯皮诺拉制作和绘制的"。[4]

除这些文字描述和素描，合同还可能比较明确地提到艺术

1　Chambers, *Patrons and Artists*，第 107 条目。

2　同上书，第 5、68、86、101、113、137 等条目。

3　同上书，第 99 条目。

4　ffoulkes and Maiocchi, *Vincenzo Foppa*.

112 家的或者（更常常是）赞助人的倡议。图拉与费拉拉公爵签订的合同答应"用这位大人最喜欢的故事"装饰贝尔里瓜尔多礼拜堂。当佩鲁贾的圣皮埃特罗修道院的修士向佩鲁吉诺订制一幅祭坛画时，合同规定附饰画（*predella*）"要按照院长希望的历史故事绘制和装饰"。伊莎贝拉·德·埃斯特只给了佩鲁吉诺有限的自由："如果你愿望，你可以删掉一些东西，但你不能添加任何自己喜欢的内容。"[1] 一项对 238 份合同的研究表明，从 15 世纪晚期开始，画家们较之以前被给予了更多自由。[2] 在 15 世纪晚期，米开朗基罗似乎通常是自行其是的。《背负十字架的基督》的订制合同只是说人像应"采用米开朗基罗认为好的任何姿势"；而一个永远没能完成的订单——有时是《赫拉克勒斯和卡库斯》（*Hercules and Cacus*），有时是《参孙与一个非利士人》（*Samson and a Philistine*）——说将一块大理石移

113 交给这位雕塑家，"他将按照自己的心意用它制作两个在一起或连在一起的人物雕像"。[3]

　　不过，无论这些合同作为艺术家与客户关系的证据多么有价值，它们也没有透露全部事实。它们提供了意图的证据，然而无论历史学家发现这些意图多么有趣，他们还是想了解事情是否照计划进行了。在有些例子中，我们可以肯定地说没有。就拿安德烈亚·德尔·萨托的《哈尔皮圣母》（*Madonna of the Harpies*）来说，合同和绘画都保存了下来，但两者存在严重出入。合同提到两个天使，但它们并没有出现在完成的画中。合同提到福音布道者圣约翰，在画中他变成了圣方济。这些改

1　Chambers，*Patrons and Artists*，第 76 条目。

2　O'Malley，*Business of Art*, p. 180.

3　Tolnay，*Michelangelo*.

动很可能与客户协商过，但实情如何不得而知。不管怎样，它们都是一个警告：不要过于看重一种证据。[1] 要发现该时期艺术家与赞助人力量对比的真实情况，最有效的途径无疑是研究他们的公开冲突，即那些揭示了他们关系中固有矛盾的冲突。虽然有关这些冲突的证据很零散，但至少一个前后一致的画面开始出现。

这一时期，艺术家和赞助人发生冲突的原因主要有两个。首先是钱（我们不需要耽误时间说明这一点）。这是如何让地位显赫的客户付钱这一普遍问题的一个具体事例。曼泰尼亚、波利齐亚诺和乔斯昆·德·普雷斯都分别被迫用绘画、文字和音乐途径提醒他们的赞助人莫忘其义务（付账）。

冲突的第二个原因涉及作品本身，它揭示了更多有关这一时期文化与社会的关系的信息。当艺术家不喜欢赞助人的计划或赞助人对结果不满意时会发生什么事？这里有些事例。1436年，佛罗伦萨主教堂工程委员会委托保罗·乌切罗在教堂墙壁上绘制约翰·霍克伍德爵士的骑马像，但一个月后他们下令毁了它，"因为它没有画成应有的样子"（*quia non est pictus ut decet*）。我们好奇的是，保罗·乌切罗做了什么样的透视法实验。再有，皮埃罗·德·美第奇反对贝诺佐·哥佐利一幅湿壁画中的一些小天使时，画家写信说："我会遵照您的吩咐；用两小块云朵就遮掉他们了。"[2]

有时，冲突似乎陷入僵局。瓦萨里讲了一个关于皮埃罗·迪·科西莫为佛罗伦萨孤儿院绘制一幅画的故事。客户，

114

1　Shearman, *Andrea del Sarto*，第 30 篇文献，第 47—51 页。

2　Poggi, *Duomo di Firenze*；Gaye, *Carteggio inedito d'artisti*, vol. 1, p. 191；Chambers, *Patrons and Artists*，第 49 条目。

即院长在画完成前要求看看，皮埃罗拒绝了。客户威胁说不付钱，艺术家则扬言要毁画。还有一次，不可抗拒的教皇尤利乌斯二世与倔强顽固的米开朗基罗就西斯廷礼拜堂的天顶画发生冲突。画未完成米开朗基罗就偷偷离开罗马，返回佛罗伦萨。瓦萨里这样解释米开朗基罗的出逃："教皇对他发怒了，因为他不愿让教皇看他的任何一幅画；米开朗基罗不信任他的助手，并怀疑教皇……乔装进入教堂看他的画。"皮埃罗和米开朗基罗为何拒绝在绘画完成前让人看呢？如今也有些艺术家对别人偷看他们作画很敏感，但这些事例可能隐含着其他更多信息。比如说一个艺术家不想用客户要求的方式处理一个主题，一种可能的策略就是将画藏起来不让他看直到作品完成，并希望客户会接受一件"成品"（*fait accompli*）而不是等着再做一件。如果想要另一件天顶画，教皇可能要等上好一阵子。

乔万尼·贝利尼是另一个不轻易屈从他人意愿的画家。人文主义者皮埃特罗·本博如此描绘他："他不喜欢自己的风格被施加严格限制，正如他所说，他喜欢随心所欲作画（*vagare a sua voglia nelle pitture*）。"伊莎贝拉·德·埃斯特要求他画一幅神话画。他似乎既不想画这样的一幅画，又不想丢掉这个订单，于是他采用拖延战术，同时通过伊莎贝拉的代理（代表她与艺术家们打交道）暗示另一个题材可能不会花这么长时间。正如一位代理对伊莎贝拉说的："如果您愿意给他自由让他做想做的，我确信他会给您提供好得多的服务。"伊莎贝拉知道什么时候体面地让步，回复说："如果乔万尼·贝利尼真像你说的那样不情愿画这个故事，我们愿意让他自己决定题材，只要画个故事或古代传说就行了。"事实上，贝利尼迫使她做了更多让步，最后她接受的是一幅《基督的诞生》。对伊莎贝拉的传统学术研究都强调她"不讲情面和苛刻的性格"，最近的一项研究批评了这一点并主张"她作为一个赞助人的活动是复杂和灵活的"。这个例子就是一个证据。[1]

　　在这个例子中，事件的历史将我们引向结构的历史。贝利尼经营着一个作坊并且住在威尼斯，而伊莎贝拉在曼托瓦，这都可能有助于他自行其是。如果他依附宫廷，冲突的结果很可能截然不同。伊莎贝拉似乎吸取了教训，不久她就把洛伦佐·科斯塔招进宫廷长期为她工作。

115

　　就目前能够重构的艺术家的角度看，两种体系——在宫廷工作和经营店铺——各有优缺点。在宫廷的稳定工作给予艺术家较高的地位，且没有经营店铺的社会污点（参见边码第86页）。它也意味着经济相对安全：食宿，作为礼物的衣服、钱和土地。然而，君主一死艺术家可能失去一切。1537年，当阿莱桑德罗·德·美第奇公爵被谋杀，为他工作的乔尔乔·瓦萨里发现自己的希望"被一阵风吹散"。这一体系的另一缺点是其奴役性。身处曼托瓦宫廷的曼泰尼亚要旅行或接受外面的订单都必须征得君主允许。艺术家也不能像拒绝临时客户那样轻易拒绝宫廷赞助人的要求。

　　赞助人常常要求一个艺术家或手艺人能够从事各种不同的任务。在科西莫·图拉为费拉拉的波尔索·德·埃斯特工作期间，他的固定薪水不仅来自绘画，也来自画家具装饰画，为小箱子和马具镀金，设计椅子靠背、门帘、床单、餐具、马上比武大会的服装等工作。保存下来的一幅安德烈亚·卡斯塔尼奥

1　Chambers, *Patrons and Artists*, 第 64—72 条目; Braghirolli, "Carteggio di Isabella d'Este"; Fletcher, "Isabella d'Este"; Ames-Lewis, *Isabella and Leonardo*, pp. viii, 34.

的画是一个盾牌的装饰画，可能是用于马上比武大会的（插图 4.5）。在米兰公爵卢多维科·斯福尔扎的宫廷，莱奥纳尔多·达·芬奇同样从事五花八门的工作。他画了米兰公爵的情妇切奇利亚·加莱拉尼的肖像；他绘制了斯福尔扎城堡的室内装饰画；他制作公爵父亲的骑马纪念像；他为宫廷庆典设计服装和舞台；他还受雇担任军事工程师。人们可以说，至少莱奥纳尔多去米兰时对此是心知肚明的，因为他写给米兰公爵寻求工作机会的信函草稿保存下来了，信中罗列了他能胜任的各种工作的一个清单，其中包括设计桥梁、迫击炮和战车，单子上的最后一项，即"第十项"说他还能绘画和雕刻。不过讽刺的是，从后世的角度来看，莱奥纳尔多在米兰的作品，我们记住的只有两件，它们都不是为米兰公爵而作（虽然第一项委托可能是米兰公爵安排的）:《最后的晚餐》是为一个修道院画的，《岩间圣母》是为一个兄弟会画的。[1]

宫廷作为艺术家的一个工作环境，其缺点不应被夸大。共和国也订制节庆期间用的临时装饰，对此感到遗憾可能只是表现了我们这个博物馆时代对永久性作品的偏爱。不过，我们仍有一种感觉，即宫廷艺术家比其他人更可能被迫在一些短暂和琐碎的事情上消耗精力，就像 17 世纪凡尔赛宫那些关注喷泉水力学或预测皇家纸牌游戏结果的数学家们。

另一方面，经营店铺的艺术家的经济稳定性和社会地位都较低，但他更容易拒绝不想接的订单，乔万尼·贝利尼有一次就拒绝了伊莎贝拉·德·埃斯特的一个要求（边码第 114 页）。客户也可能交给艺术家各种奇奇怪怪的工作，但在一些高度组

[1] Kemp, *Leonardo da Vinci*, 第 78 页起。

图 4.5　安德烈亚·卡斯塔尼奥:《青年大卫》,
木板皮革面蛋彩, 1450 年左右

织化的作坊，不同的成员可以术业有专攻。很难说这种工作自由对艺术家有多重要，但有一件事可能意义重大，当 1459 年曼泰尼亚被任命为曼托瓦宫廷的画家时，他一直在帕多瓦逗留，似乎离开是个很难的决定。[1] 不管一个艺术家是否在乎自己的自由，艺术家们的作品似乎反映了其工作环境的差异。这一时期的重大创新发生在佛罗伦萨和威尼斯，也就是在作坊主们所在的共和国，而不是在宫廷。

　　这些冲突的例子只是艺术家与赞助人的冲突中最广为流传和文献记载最丰富的，它们不足以作为概括的基础。赞助人的差异是非常大的，甚至同一个赞助人，比如伊莎贝拉·德·埃斯特，也会给予一些艺术家比其他人更多的自由。[2] 不过，有其他证据表明这一时期艺术家与赞助人的力量对比朝着有利于艺术家的方向变化，从而使更大程度的风格个人主义发展起来。随着艺术家地位的提高，赞助人的要求越来越多。伊莎贝拉对达·芬奇一开始就做了让步："题材和时间我们交给你决定。"[3] 再有，诗人阿尼巴莱·卡罗在给瓦萨里的一封著名信函里也承认艺术家的自由，他比较了两种角色："至于题材（invenzione）我听你的，我记得……诗人和画家在执行自己的思想和方案时倾注的爱和勤奋都比执行其他人的方案时多。"遗憾的是，他在这番恭维后紧接着就列出了有关一个身穿紫袍并被维纳斯拥在怀中的阿多尼斯的精确指示。

　　阿尼巴莱·卡罗还为法尔内塞家族在卡普拉罗拉的宫邸

1　Chambers，*Patrons and Artists*，第 59—60 条目。

2　Gilbert，"What did the Renaissance patron buy?"，pp. 416–423.

3　Chambers，*Patrons and Artists*，第 85—90 条目。

拟订了一份详细的装饰方案。[1] 换句话说，他是一个人文主义
顾问，赞助人和客户之间的一个学者中间人。存在人文主义
顾问的猜想是阿比·瓦尔堡在讨论波提切利的神话画时提出
的——这次是波利齐亚诺。[2] 正如我们已看到的，艺术家一般
都缺乏古典文化教育，因此当被要求画古代历史或神话题材的
画时他们必定需要建议。事实上，有证据表明有些时候人文主
义者的确给出了此类建议。

　　在已知最早的例子中，主题不是古代的而是出自《圣经》。
1424 年，佛罗伦萨的舶来羊毛加工行会请人文主义者莱奥纳
尔多·布鲁尼为佛罗伦萨洗礼堂的第三个青铜门，即"天堂之
门"拟定一份方案。布鲁尼从《圣经·旧约》中选了 20 个故
事。但青铜门的雕塑师吉贝尔蒂在其回忆录中声称他被允许自
行其是，布鲁尼的方案没有被遵从，因为青铜门只表现了 10
个故事。[3]

　　在 15 世纪中期的费拉拉，人文主义者瓜里诺·达·维罗
纳就一幅表现诸缪斯女神的画向莱奥内罗·德·埃斯特侯爵提
出了一个可能的方案。[4]15 世纪末，宫廷图书馆馆员佩莱格里
诺·普里斯恰尼也曾关注费拉拉"无忧宫"占星学主题的著名
湿壁画的方案，它们是弗朗切斯科·德尔·科萨绘制的。[5] 在
15 世纪晚期美第奇家族的圈子，有更多间接证据证明两位人

117

1　Gombrich, *Symbolic Images*, pp. 9–11, 23–25；参见 Robertson, "Annibal Carlo"。

2　Warburg, *Renewal of Pagan Antiquity*.

3　Krautheimer & Krautheimer-Hess，第 169 页起；Chambers, *Patrons and Artists*，第 24
　　条目。

4　Baxandall, "Guarino, Pisanello and Manuel Chrysoloras".

5　Warburg, *Renewal of Pagan Antiquity*, pp. 249–269. 参见 Gombrich, *Symbolic Images*；
　　Dempsy, *Portrayal of Love*；Snow-Smith, *Primavera of Sandro Botticelli*。

文主义者，即诗人—语文学家安杰罗·波利齐亚诺和哲学家马尔西利奥·菲奇诺曾为波提切利的《春》提供建议，学者们对该画的含义至今仍莫衷一是。据米开朗基罗的弟子孔迪维记载，米开朗基罗年轻时创作的浮雕《马人之战》(*The Battle of the Centaurs*)是按照波利齐亚诺的建议创作的："他从头至尾向他解释了整个神话故事。"[1]

另一个有确凿证据证明存在人文主义顾问的环境是 16 世纪初的曼托瓦宫廷。伊莎贝拉·德·埃斯特为其书房和洞室设计一系列异教"故事"时，她征求了人文主义者皮埃特罗·本博和帕里德·达·切雷萨拉的意见。伊莎贝拉·德·埃斯特委托佩鲁吉诺绘制的那幅《爱与贞洁之战》(插图 4.6)的方案就是帕里德提供的。[2]

再补充一些例子并不难，特别就 16 世纪来说。人们会想到人文主义主教保罗·乔维奥为卡伊亚诺山的美第奇别墅设计的装饰，或前面提到的诗人阿尼巴莱·卡罗为法尔内塞家族的卡普拉罗拉宫设计的装饰。[3] 不管这些人是艺术家还是赞助人请来的，不管他们的建议有没有被严肃对待，古典学者以及偶尔还有神学家，都介入了绘画和雕塑方案的设计。他们帮助艺术家处理有关古代神话和历史的突发需求，这是传统的作坊训练没有为艺术家提供的内容。[4]

118

1　Condivi, *Vita di Michelangelo Buonarroti*, pp. 28–29.

2　Chambers, *Patrons and Artists*, 第 76、80 条目。

3　Zimmermann, *Paolo Giovio*.

4　关于人文主义顾问的重要性的一种更具怀疑性的观点，参见 Hope, "Artist, patrons and advisers"；Robertson, "Annibal Carlo"；Hope and McGrath, "Artists and humanists"。

图 4.6 皮埃特罗·佩鲁吉诺:《爱与贞洁之战》,巴黎卢浮宫

建筑、音乐和文学

建筑的情况需要单独考虑，因为建筑师不用手工作。他们只提供方案，因此遇到有积极参与兴趣的赞助人，他们的作用将会降低。菲拉雷特的论著描绘了一幅君主热情接纳建筑师设计方案的画面，这无疑只是一种良好愿望。事实上，赞助人常常想要干涉或至少介入建造过程。他们有选择特定设计的政治和社会理由，从渴望展示其地位、好客的义务，到满足其追随者和依附者的需要不等。[1]有一些赞助人研究建筑论著。比如，当那不勒斯讨论修建一座凯旋门的计划，阿拉贡的阿方索（参见第五章的插图 5.2）向人索要了一本维特鲁威的书。乌尔比诺的费德里哥有一本弗朗切斯科·迪·乔尔乔的建筑论著，这是作者献给他的。[2]埃尔科莱·德·埃斯特在决定如何重建他的宫邸前，向洛伦佐·德·美第奇借了阿尔贝蒂论建筑的书。一篇歌颂老科西莫·德·美第奇的文章描绘他想用自己的方式（*more suo*）建造一座教堂和一座府邸。[3]科西莫的孙子洛伦佐甚至作为一位业余建筑师参加了 1491 年佛罗伦萨主教堂正立面的设计比赛并提交了一个设计方案。评委们无法决定是选择佛罗伦萨实际统治者的设计还是其他参赛者的设计，结果正立面一直未建。

就音乐来说，接受赞助的是演奏者并且是长期的，这恰恰

1　Kent, "Palaces, politics and society"；Frommel, *Architecttura e committenza*.

2　Hersey, *Alfonso II*；Serra-Desfilis, "Classical language"；Heydenrich, "Federico da Montefeltre"；Clough, "Federigo da Montefeltre's patronage of the arts".

3　Brown, "Humanist Portrait of Cosimo de Medici". 参见 Gombrich, *Norm and Form*, pp. 35–57；Jenkins, "Cosimo de Medici's patronage"；Kent, *Cosimo de Medici*。

因为其表演是转瞬即逝的。音乐赞助人主要有三种：教会、城市和宫廷。[1]

教会是歌手的大客户，虽然不一定特别慷慨。弥撒和其他宗教仪式无时无刻不需要歌手，正如风琴手一样。唱诗班指挥中有许多我们现在认为的作曲家，如乔万尼·斯帕塔罗，此人在 1512—1541 年是博洛尼亚圣彼特罗尼奥教堂（San Petronio）的唱诗班指挥。

城市也长期雇用乐师。比如，外国统治者来访或主要的宗教节日等公共活动都需要鼓手。最好的公共职位出现在威尼斯。圣马可教堂是威尼斯总督的礼拜堂，因此教堂的唱诗班指挥是个公共（换言之政治）职位。该职位是 1491 年为法国人皮埃尔·德·福西斯设立的。他去世后，习惯于自行其是的威尼斯总督安德烈亚·格里蒂力排众议，迫使元老会任命一个外国人，即尼德兰人阿德里安·维拉尔特继任此职。16 世纪威尼斯音乐的重要性或许某种程度上归功于比较慷慨的公共赞助。

在三种主要赞助人中，宫廷赞助是最不稳定的，但它有可能提供最丰厚的回报。有些君主对其礼拜堂兴趣盎然：比如米兰的加莱亚佐·马里亚·斯福尔扎、费拉拉的埃尔科莱·德·埃斯特或教皇利奥十世。1472 年，米兰公爵决定建立一个唱诗班，他不遗余力地使之成为一个优秀的唱诗班。他写信给他在那不勒斯的大使，指示他劝说那里的一些歌手前来米兰。要他跟他们谈话并许以"好的圣职和优厚的薪金"，但要以大使自己而不是公爵的名义："首先，要注意莫让国王陛

1　Bridgman, *Vie musicale*, ch. 2.

下或其他人想到这些歌手是我们带走的。"此事若暴露可能会引起一场外交纠纷。到 1474 年，公爵已经得到一个叫"乔斯昆诺"的人，可能就是乔斯昆·德·普雷斯。之后，米兰公爵对礼拜堂唱诗班的兴趣未尝消减，唱诗班跟随他辗转帕维亚、维杰瓦诺，甚至远涉公爵属地以外。阿拉贡的阿方索甚至狩猎时都带着他的唱诗班！[1]

伊莎贝拉·德·埃斯特对绘画和音乐兴趣浓厚，她的宫廷活跃着两位重要的 *frottole*（多声部歌曲）作曲家，即马尔凯托·卡拉和巴托罗梅奥·特罗姆本奇诺。[2] 教皇利奥十世（插图 4.7）对音乐的兴趣更强烈，他本人也演奏和作曲（他创作的一首卡农曲流传至今）。他对音乐的热情尽人皆知，当利奥当选教皇的消息传来，许多为曼托瓦侯爵效力的歌手纷纷前往罗马。利奥手下最杰出的作曲家包括负责教皇礼拜堂音乐的埃泽亚尔·热内特、以牧歌著称的科斯坦佐·费斯塔和管风琴手马可·安东尼奥·卡瓦佐尼。当时有关利奥慷慨赞助乐师的趣闻趣事都被教皇账簿证实了。1520 年，利奥十世的私人乐师超过了 15 人。他付给著名长笛手吉安·马利亚·朱代奥每月 23 杜卡特并加封一个伯爵头衔。

不要忘记还有第四种赞助人：乐师们也可能在某些人手下工作。例如，维拉尔特曾为威尼斯贵妇波利塞娜·佩科里纳和贵族马可·特里维萨诺举组织音乐会。[3] 管风琴手卡瓦佐尼曾为人文主义者皮埃特罗·本博服务。

在所有这些例子中，很难说雇用乐师是因为他们演唱或演

---

1 Motta, "Musici alla corte degli Sforza".
2 Fenlon, *Music and Patronage*, 第 15 页起。
3 Einstein, *Essays on Music*, pp. 39–49.

图 4.7　拉斐尔:《利奥十世》, 佛罗伦萨皮蒂宫美术馆

奏得出色，还是因为他们能谱写或创作曲子。对音乐创作活动的兴趣，我们这里有一些证据。有些曲子是献给个人或为他们而谱写的。比如，当弗朗切斯科·福斯卡里在 1423 年当选威尼斯总督时，一个叫克里斯托弗罗·达·费尔特雷的人谱了一首圣歌献给他。1484—1494 年生活在佛罗伦萨的海因里希·伊萨克谱写了一首名为《圆球，圆球》[1] 的器乐曲，这可能是为美第奇家族而作，因为乐曲涉及该家族的口号和徽标；当伟大的洛伦佐去世时，伊萨克还为波利齐亚诺写的挽歌配了曲。宫廷庆典需要新曲目，例如，科斯坦佐·费斯塔在 1539 年为托斯卡纳公爵科西莫·德·美第奇和托莱多的埃莱奥诺拉的婚礼谱曲。

关于赞助人想从乐师那里得到什么，费拉拉公爵埃尔科莱·德·埃斯特的一个代理写给他的一封信中有生动体现。此信写于 1500 年前后，那时公爵正试图在两位候选乐师海因里希·伊萨克和乔斯昆·德·普雷斯中作出取舍：

> 歌手伊萨克……谱曲的速度极快，此外他……能被随意摆布……我认为他比乔斯昆更适合为您效劳，因为他与同事们相处得更融洽，能更常创作新东西；乔斯昆谱的曲子更好这不假，但他只在高兴时而不是有要求的时候谱曲，而且他要 200 杜卡特，而伊萨克会乐于接受 120 杜卡特。[2]

换句话说，乔斯昆"谱的曲子更好"这一事实虽被肯定，

1　圆球是美第奇家族的家徽。——译者注
2　Straeten, *Musique aux Pays-Bas*, p. 87.

但这并非最重要的考虑。社会史学家很难再找到比这更富有启发性的有关赞助运作的文献了。

就文学和学术而言，赞助并非必不可少，因为许多作家都是各有生计的业余人士，而且很多学者是学院成员。只有当一个作家穷困潦倒、初出茅庐、默默无闻并希望从事研究时赞助才最重要，但这种情况出现的几率最低。有时候赞助是即刻得到的，比如洛伦佐资助波利齐亚诺从事研究，而兰迪诺和瓜里诺则分别得到一位书记员和一个威尼斯贵族的资助。慷慨而有眼光的希腊枢机主教贝萨里昂是弗拉维奥·比昂多、波吉奥·布拉乔利尼和巴托罗梅奥·普拉蒂纳等学者的赞助人，他还资助了他的同胞雅诺斯·拉斯卡里斯的研究。阿拉贡的阿方索如果听说有穷困但却有才能的男孩（他的官方传记作家人文主义者安东尼奥·帕诺尔米塔这样告诉我们），他就会出资让他们受教育。在费拉拉，波尔索·德·埃斯特公爵为费拉拉大学的穷困大学生提供食物和衣服。但这样的例子并不多，而且我们好奇有多少远大前途因缺乏这种赞助而最终一无所成。

对人文主义者来说，为教会或国家服务都是可能的。这部分是因为一些教皇（如尼古拉五世或利奥十世）和君主（如阿方索一世）欣赏他们的成就，部分是因为行政管理需要他们的技能，尤其是撰写优雅和雄辩的拉丁文信函的技能。罗马和佛罗伦萨的秘书厅尤其充满了这样的人文主义者，前者包括弗拉维奥·比昂多、波吉奥·布拉乔利尼和洛伦佐·瓦拉，后者包括科卢乔·萨鲁塔蒂和莱奥纳尔多·布鲁尼。[1]

1　关于罗马的情况，参见 D'Amico, *Renaissance Humanism*，第 29 页起；关于佛罗伦萨的情况，参见 Garin, "Cancellieri umanisti"。

对功成名就的作家来说，宫廷赞助常常唾手可得，因为君主们对名声感兴趣并相信诗人有这方面的天赋。但要击败对手得到某个职位，可能既要有文学才能，也要有玩弄阴谋的本领。正如贺拉斯和维吉尔知道只有通过马塞纳斯（*Maecenas*）才能见到奥古斯都，同样，在文艺复兴时期的意大利，只有通过中间人——帕诺尔米塔轻蔑地称之为"小马塞纳斯"（*Mecennatuli*）——才能接近马塞纳斯。帕诺尔米塔自己在最终成功找到赞助之前也走了很多弯路。[1]他曾在佛罗伦萨碰运气，早在 1425 年就写了一首诗献给科西莫·德·美第奇；他到过曼托瓦，结果发现维托里诺·达·费尔特雷早已在那里，他们不再需要其他人文主义者；他还通过瓜里诺在维罗纳寻找机会，得到的是同样的结果。最后，在大主教的帮助下他才在米兰得到宫廷诗人一职。另一种策略是吸引一位所谓"门槛赞助人"（threshold patron）的注意，常常是一位妇女（比如在阿里奥斯托的例子中是伊莎贝拉·德·埃斯特），她可以帮助诗人接近她的丈夫或其他男性亲属。[2]

123　　　对于一位真正的或渴望成为宫廷诗人的人来说，一个明显的举措是——效仿维吉尔——写一部描写君主的史诗。人文主义者弗朗切斯科·菲莱尔佛写了《斯福尔扎颂》（*Sforziad*）歌颂米兰的统治家族。乌尔比诺的费德里哥有他的《费尔特里亚颂》（*Feltria*）；波尔索·德·埃斯特则有《波尔索颂》（*Borsias*），这是为埃斯特家族写的一系列史诗中的第一部，该家族是波亚尔多、阿里奥斯托和塔索的赞助人。阿里奥斯托

1　Sabbadini, "Come il Panormita diventò poeta aulico"；参见 Ryder, "Antonio Beccadelli".
2　Regan, "Ariosto's threshold patron".

让他的男女主人公鲁吉埃罗和布拉达曼特成了埃斯特家族的祖先。其中，在模仿维吉尔的《埃涅阿斯纪》第六卷写的第三章，梅尔利诺预言在阿里奥斯托的赞助人阿方索一世治下将迎来黄金时代的回归。

在 15 世纪，君主，尤其是新君主也需要宫廷史家。阿拉贡的阿方索委托人文主义者洛伦佐·瓦拉及其竞争对手巴托罗梅奥·法齐奥撰写历史著作。卢多维科·斯福尔扎委托一位贵族，即贝尔纳迪诺·科里奥写了一部米兰史。[1] 马基雅维利的《佛罗伦萨史》是美第奇教皇克雷芒七世委托的，并由教皇"卑微的奴仆"献给他。共和国也意识到官方历史的价值。比如威尼斯政府委托人文主义者马坎托尼奥·萨贝利科和两位贵族，即安德烈亚·纳瓦杰罗和皮埃特罗·本博写了该城的历史。[2]

统治者也可能因为实际原因赞助自然科学。正如我们看到，莱奥纳尔多·达·芬奇是以军事工程师而不是艺术家的身份到米兰宫廷的。锡耶那统治者潘道夫·佩特鲁奇是工程师万诺乔·比林古乔的赞助人。曾论述数学的卢卡·帕乔利修士则吸引了米兰和乌尔比诺的公爵们。[3] 但作为一名修士他并不依靠客户为生。由于大多数"科学家"都通过在大学任教或行医为生，他们也不依赖客户。

爱好文学或喜爱某些作家的赞助人也会订制一些不太有

1　Soria, *Humanistas de la corte*；Ianziti, *Humanistic Historiography*, p. 53；Burke, "L'art del la propogande".

2　Cozzi, "Cultura, politica e religione"；Gilbert, "Biondo, Sabellico and the beginning of Venetian official historiography".

3　Rose, *Italian Renaissance*.

直接用途的作品。科西莫·德·美第奇赐给哲学家马尔西利奥·菲奇诺一处位于卡雷吉的托斯卡纳乡村农场，并鼓励他翻译柏拉图及其他古代作家的著作。波利齐亚诺写了一首诗歌颂一场著名的马上比武大会，"伟大的"洛伦佐的弟弟朱利亚诺·德·美第奇参加了这场比赛。如同画家和乐师，诗人可能也得为庆典助兴。波利齐亚诺在曼托瓦工作时创作的著名戏剧《奥菲欧》就是为一场婚礼定做的。他还写了一些献给洛伦佐·德·美第奇的乞怜诗（begging poems），描绘自己如何衣衫褴褛。乞怜诗是一种传统的文学体裁，但这种诗的存在提醒我们赞助对当时的文化以及在作家生活中的重要性。

　　与画家的情况一样，宫廷赞助也给作家们带来地位。它还提供了可能非常必要的保护。比如，诗人阿奎利亚的塞拉菲诺离开枢机主教阿斯卡尼奥·斯福尔扎去罗马过一种没有保护人的生活。但他的讽刺诗激发了一次暗杀他的企图。身体康复之后，"考虑到没有保护人危险又可耻"，塞拉菲诺又回到枢机主教麾下。[1]

　　虽然有威尼斯官方历史学家的例子，但事实上没有对作家的公共赞助。作家的选择局限于教会和宫廷，或者他们偶尔也为某个私人效力，如帕多瓦贵族阿尔维塞·科尔纳罗，他鼓励剧作家绰号"弄臣"（il Ruzzante）的安杰罗·贝奥尔科创作戏剧，并让人将其收集和出版。[2] 有些威尼斯贵族，如弗朗切斯科·巴尔巴罗和贝尔纳多·本博（皮埃特罗·本博之父，也是

---

1 参见卡尔美塔（V. Calmeta）写的作者生平，附在 1505 年出版的塞拉菲诺·德尔·阿奎拉的诗集前（Serafino dell'Aqiula, *Opere*）。

2 Mortier, *Etudes italiennes*, pp. 5–19.

一位杰出的作家）将赞助学者视为一种责任。[1] 教会提供了最
大安全保障，因此，我们看到像阿尔贝蒂、波利齐亚诺、阿里
奥斯托这样一些很难被看作职业教士的作家都试图得到圣职。[2]
完美的廷臣卡斯提利奥内最终成了一名主教，他的朋友皮埃特
罗·本博则当上了枢机主教。

鞋匠之子皮埃特罗·阿雷蒂诺（插图 4.8）的职业生涯则
表现了依靠赞助为生的艰难。他先是引起了富有和有学识的银
行家阿格斯提诺·凯基的注意，之后又先后赢得枢机主教朱利
奥·德·美第奇、曼托瓦侯爵费德里科·贡扎加和佣兵队长乔
万尼·德·美第奇的眷顾。客户的增多使阿雷蒂诺赢得了更
多自由，但也增加了失宠的危险。于是他改变策略。1527 年，
他去了威尼斯，在那里，虽接受了总督安德烈亚·格里蒂的保
护以及许多贵族的礼物，但他基本上仍是自己的主人。[3] 他之
所以能做到这一点，不仅是凭借其杰出的写作和自我推销天
赋，而且也仰赖市场的兴起。

市场的兴起

从长远来看，印刷术的发明导致了文化赞助人的式微，他
们被出版商和不知名的读者公众所取代。但在这一时期，新体
制与旧体制并存并与之互动。要找到赞助商业化（献上一本书
以期立即得到现金报酬）以及甚至一书多献的例子都是可能
的。马泰奥·班戴洛将他小说集中的每篇小说分别献给不同的
人，虽然其中一些人是他的朋友，但大多数都是贵族家族的成

125

126

1　King, *Venetian Humanism*，第 54 页起。

2　Dionisotti, *Geografia e storia della letteratura italiana*, pp. 47–73.

3　Larivaille, *Pietro Aretino*.

图 4.8 提香:《皮埃特罗·阿雷蒂诺》

员，如法尔内塞家族、贡扎加家族和斯福尔扎家族，他无疑是想从这些人那里得到回报。印刷商也到处寻找赞助人。阿尔多·马努齐奥在1501年出版著名的八开本版维吉尔著作时，他将其中许多册印在羊皮纸上，好像它们是手抄书一样，分别将其送给许多重要人物，如（又是）伊莎贝拉·德·埃斯特。

随着文学市场的兴起，我们已经能发现一些成功的印刷商—商人，如焦利托家族和朱恩蒂家族。[1] 最初被视为由机器"写"的手稿的印刷书，逐渐被看作一种规格和价格统一的商品。威尼斯印刷商阿尔多·马努齐奥在1498年发行的书目首次标明了定价，阿尔多出版社在1541年的书目则首次使用了诸如"对开本""四开本"和"八开本"等字眼。[2] 印刷商通过一本书最后的散文或诗歌广告劝说读者到他的书店买另一本书，通过这种方式促进新商品的销售。比如，阿里奥斯托的《疯狂的奥兰多》就有如下广告语："想购买《疯狂的奥兰多》或同一作者的其他著作，请前往宾多尼孪生兄弟贝内代托和阿格斯提诺的出版社。"[3] 人们发现像加布里埃尔·焦利托这样的出版商开始雇用职业作家，如卢多维科·多尔切从事写作、翻译和编辑。16世纪中期，大水道河畔的威尼斯"格拉布街"由此诞生。[4] 大约同时，即16世纪中期，商业性的"简讯"（avviso）开始兴起，在罗马尤其兴盛。"专业剧院"（著名的commedia dell'art，即"即兴喜剧"一词的直译）也发展起来。

---

1 Quondam, "Mercanzia d'honore"; Tenenti, "Giunti".

2 Mosher, "Fourth catalogue".

3 Venezian, *Olimpo da Sassoferrato*, p. 212.

4 Quondam, "Mercanzia d'honore"; Bareggi, *Mestiere di scrivere*; Richardson, *Print Culture in Renaissance Italy* 和 *Printing, Writers and Readers*。

　　在视觉艺术中我们也看到了市场体制的兴起，其中，消费者直接或有时通过中间人购买"现成品"。[1] 这个艺术市场的重要性日益得到学者们的认可，它与更重要和更有名的赞助人和客户的个人化体制并存。一些画家，如波拉约罗兄弟游弋于两者之间。[2] 出售非订制艺术品的例子至少可追溯到 14 世纪。那时，对圣母、基督受难或施洗约翰像的大量需求足以让作坊在不考虑特定客户的情况下制作它们，尽管为了迎合具体要求它们可能并未最终完成。有些商人销售艺术品的方式就像经营其他日用品，比如"普拉托商人"弗朗切斯科·达提尼。[3] 而佛罗伦萨早在 14 世纪就已开始生产著名雕塑的廉价复制品。

　　到 15 世纪，有迹象表明现成品变得更普遍了。有些商人，如佛罗伦萨的巴托罗梅奥·塞拉利专营这些商品。塞拉利在罗马为美第奇家族搜寻古代大理石雕塑；他还在佛罗伦萨为阿拉贡的阿方索订购材料；他雇用多纳泰罗、利波·利皮修士和德西德里奥·达·塞蒂尼亚诺；他经营插图手稿和赤陶圣母像、棋具和镜子生意。[4] 维斯帕西亚诺·达·比斯蒂奇作为书商的活动前面已经讨论过了，但他也是个中间人，曾安排像阿塔万特·代利·阿塔万提这样的插图画家为许多不认识的客户工作，如乌尔比诺公爵费德里哥和匈牙利国王马蒂亚斯一世。

　　这一时期，复制品市场也日益重要。[5] 在印刷术发明之前

1　Lerner-Lehmkul, *Zur Struktur und Geschichte*；Fantoni et al., *Art Market*；Neher and Shepherd, *Revaluing Renaissance Art*.

2　Wright, "Between the patron and the market".

3　参见 Origo, *Merchant of Prato*，第 41 页起。

4　Corti and Hartt, "New documents".

5　Emison, "Replicated Images in Florence".

不久，宗教图像的木刻版画已经出现，到 15 世纪晚期又出现了表现时事的木刻版画，如 1468 年教皇与皇帝的会晤。印刷术发明后，书籍插图变得重要起来。阿尔多·马努齐奥出版了但丁、彼特拉克、薄伽丘等作家著作的著名插图本。达·芬奇的《最后的晚餐》的版画在 1500 年已经流行，朱利奥·康帕尼奥拉制作了曼泰尼亚、乔万尼·贝利尼和乔尔乔内绘画作品的版画，而马坎托尼奥·雷蒙迪则以对拉斐尔绘画的自由"翻制"（translation）闻名。[1]

　　复制也扩展到雕塑。1470 年左右，佛罗伦萨的德拉·罗比亚家族作坊生产彩陶雕塑，如《英普内塔圣母》（*Madonna of Impruneta*）的微型复制品，这些产品价格低廉且规格统一，因此很可能不是订制的。大约大同，佛罗伦萨出现了用曾被一位学者形容为"流水线"（assembly-line）方法生产的像章，它们样式重复，并使用了劳动分工。[2] 小雕像有时是著名古典雕塑的微型复制品：一位人称"老古董"（Antico）的雕塑家就是凭借制作《观景楼的阿波罗》或《狄俄斯库里》这样的古代雕像的小型青铜复制品而得此绰号的。[3]

　　15 世纪的另一项发展是锡釉陶器（*majolica*）的兴起，即博洛尼亚、乌尔比诺、法恩查等地出产的彩绘锡釉陶罐和陶盘。其中一些尺寸大、华丽、昂贵，受到洛伦佐·德·美第奇这样的鉴赏家的喜爱，但有些价格低廉，一般的手艺人也买得起。[4] 有些乌尔比诺生产的彩绘锡釉盘表现了拉斐尔绘画作品

128

1　Oberhuber, "Raffaello e l'incisione"; Landau and Parshall, *Renaissance Print*.

2　Flaten, "Portrait medals"; Comanducci, "Produzione seriale".

3　Syson and Thornton, *Objects of Virtue*, pp. 128–129.

4　Goldthwaite, *Building of Renaissance Florence*, p. 402; Ajmar, "Talking pots".

中的场景，其中包括伊莎贝拉·德·埃斯特订制的一个盘子。

在 16 世纪，艺术市场变得比 15 世纪更重要。比如，伊莎贝拉·德·埃斯特就准备购买二手绘画和雕塑。1510 年，当乔尔乔内去世时，她写信给一位威尼斯商人：

> 我们得知在画家卡斯特尔弗朗科的佐尔佐的财产中有一幅《夜景》(*una nocte*) 极为漂亮和独特；果真如此的话，我们非常希望拥有它，因此我们要求你与洛伦佐·达·帕维亚及其他有判断力和理解力的人一起去看看它是否真是件漂亮东西，如果你发现情况属实就设法……为我搞到这幅画，谈定价格并通知我。[1]

但这个商人回复说，在乔尔乔内的工作室发现的两幅这样的画都是订制的，而且买主并不打算卖掉它们。在这一点上，如同在其他方面，伊莎贝拉也有点超越时代。

一年后，1511 年，这次是一位艺术家主动将一幅非订制作品卖给了贡扎加家族。维托雷·卡尔帕乔写信给伊莎贝拉的丈夫曼托瓦侯爵吉安弗朗切斯科二世，说他有一幅描绘耶路撒冷的水彩画，一位不知名人士，可能来自曼托瓦宫廷，已提出要购买。"因此我才写信给阁下，以便您注意到我的名字和我的作品。"带有歉意的开场白表明，以这种方式卖画还不是很恰当。[2] 然而到 1535 年，吉安弗朗切斯科之子费德里科购买了 120 幅二手弗莱芒绘画。

1　Chambers, *Patrons and Artists*，第 149—150 条目。

2　同上书，第 63 条目。

129

伊莎贝拉的代理——她雇来安排订制艺术品和购买绘画成品的人——还不是全职艺术商。其中一位代理是个制造古钢琴（clavichords）的手艺人。但在佛罗伦萨，贵族乔万尼·巴蒂斯塔·德拉·帕拉已被描绘成"一位充分和真正意义上的艺术商，即一个系统购买当代和古代艺术品的人"。[1] 他担任法国国王弗朗西斯一世的代理期间的活动最有名，他为国王购买的艺术品包括米开朗基罗的《赫拉克勒斯》、班迪内利的《墨丘利》、巴托罗梅奥修士的《圣塞巴斯蒂安》和彭托尔莫的《拉撒路的复活》。根据瓦萨里在彭托尔莫的传记中的记载，帕拉为了搜寻彭托尔莫的其他作品来到一个叫波尔格里尼的人家中，后者的妻子把他轰出家门并骂他是"一个卑贱的二手货贩子，一个贪婪成性的商人"。但冒被咒骂的风险无疑是值得的，因为与法国国王做买卖有巨大利润。瓦萨里告诉我们说，"商人们"从弗朗西斯一世那里获得的报酬是他们支付给画家安德烈亚·德尔·萨托的 4 倍。[2]

关于 16 世纪佛罗伦萨销售非订制艺术品的情况还有其他一些例子。奥塔维亚诺·德·美第奇是个热情的艺术收藏家，他购买了别人向安德烈亚·德尔·萨托订制的两幅画。瓦萨里也提到公开展览绘画，一种可能与艺术市场的兴起有关联的广告形式。比如，班迪内利画了一幅《基督被放下十字架》并在一个金匠铺"展示它"（lo messe a mostra）。[3] 也有证据表明威尼斯存在一个艺术市场。回到贝利尼的《基督的诞生》：有一次，当与伊莎贝拉·德·埃斯特的谈判似乎要破裂时，贝

1　Wackernagel, *World of the Florentine Renaissance Artist*, p. 238.

2　La-Coste-Messelière, "Giovanni Battista della Palla"; Elam, "Battista della Palla".

3　关于这个情况的总体讨论，参见 Koch, *Kunstaustellung*。

利尼告诉她说他已经找到一个想买这幅画的人。乌尔比诺公爵 1536 年购买的提香的一幅肖像画，是已知提香的作品中第一幅非由像主本人购买的肖像画。16 世纪早期，一个旅居威尼斯的叫祖安或乔万尼·拉姆的卡塔兰人似乎是个艺术商。在威尼斯，绘画在"基督升天周"的市集上展出——参展者包括洛托和巴萨诺家族（the Bassanos），此外，帕多瓦的圣安东尼市集也有画展。[1] 最近的研究表明，在文艺复兴时期的威尼斯，面向市场的艺术品数量比过去认为的要多。[2]

在 16 世纪，面向不知名公众的木刻版画和铜版画变得更为普遍。有些艺术家开始专攻这种新的介质的创作，如专门画风景画的朱利奥·康帕尼奥拉和多梅尼科·康帕尼奥拉，或马坎托尼奥·雷蒙迪，此人把达·芬奇和拉斐尔的绘画制成版画，使其更广为人知。沃尔特·本雅明等批评家哀叹的机械复制艺术品的时代比通常认为的还要早。[3]

在 16 世纪中期，市场体制仍远远没有赶上（更不用说取代）个人化赞助体制。我们得等到 17 世纪威尼斯商业歌剧院和荷兰共和国的艺术市场出现，才能举出这种新体制占主导的例子。

在文艺复兴时期的意大利，艺术的繁荣究竟是像菲拉雷特在本章开头的题词中所说是由于赞助人，还是像米开朗基罗暗示的那样与赞助人无关，要直接回答这个问题是不可能的。不过，我们可以讨论艺术赞助与艺术成就地区分布的不平衡之间的复杂关系。

1　Francastel, "De Giorgione à Titien".

2　Matthew, "Were there open markets?".

3　Benjamin, "Work of art"; Hind, *Early Italian Engraving*; Alberici, *Leonardo e l'incisione*.

上一章指出，艺术的繁荣，特别是在佛罗伦萨和威尼斯，是由于这些城市产生了许多自己的艺术家。但这并非故事的全部。除了"产出者的城市"外，还有"消费者的城市"，后者就像磁铁一样吸引其他地方的艺术家和作家。[1] 最明显的例子是罗马，在这里，教皇（特别是尼古拉五世和利奥十世）和枢机主教们的赞助是艺术繁荣的最明显原因。[2] 乌尔比诺、曼托瓦和费拉拉也是著名的例子，它们没有多少本土艺术家，但仍然成了重要的文化中心。[3] 在这三个小宫廷，刺激来自赞助人，即统治者或其妻子。在乌尔比诺，正是由于费德里哥·达·蒙特费尔特罗引来达尔马提亚的鲁恰诺·劳拉纳、圣墓镇的皮埃罗·德拉·弗朗切斯卡、根特的朱斯图斯和锡耶那的弗朗切斯科·迪·乔尔乔，艺术才变得重要起来。在曼托瓦，正如我们已经看到的，伊莎贝拉·德·埃斯特及其丈夫向艺术家贝利尼、卡尔帕乔、莱奥纳尔多、曼泰尼亚、佩鲁吉诺、提香和其他曼托瓦以外的艺术家订购艺术品。他们雇用的唯一一位曼托瓦画家洛伦佐·莱奥姆布鲁诺只是个小人物。[4]

在这些"宫廷城市"，赞助人似乎是在艺术的不毛之地召唤了艺术的诞生。不过，我们需要记住这一论点的两个限定条件。第一，这种赞助是寄生于像佛罗伦萨和威尼斯这样重要的艺术中心的，因为没有后者它便不可能存在。第二个限定

---

1 Hall, *Cities in Civilization*.

2 Shearman, *Mecenatismo di Giulio II e Leo X*. 格诺利削减了利奥十世常常被夸大的赞助规模。Gnoli, *Roma di Leon X*.

3 Clough, "Federigo da Montefeltre's patronage of the arts"; Ciammitti et al., *Dosso's Fate*.

4 Rosenberg, *Court Cities*.

条件是，君主的赞助很少延续到他们去世后。比如，阿拉贡的阿方索是许多领域的积极赞助人。他雇用了5位人文主义者长期为他工作（帕诺尔米塔、法齐奥、瓦拉和德切姆布里奥兄弟）。他修建了一座有22位歌手的礼拜堂并付给管风琴手120杜卡特的罕见高薪。他邀请画家皮萨内罗到他在那不勒斯的宫廷，并向米诺·达·费埃索莱和弗朗切斯科·劳拉纳这样的重要雕塑家订购作品。他还购买弗莱芒挂毯和威尼斯玻璃。[1] 阿方索的去世"结束了那不勒斯人文主义的黄金时代"，因为国王的儿子和继承者"不再如此大规模地支持学术和文化"，而那不勒斯贵族也没有效仿阿方索继续赞助文化艺术。[2]

与阿方索相比，洛伦佐·德·美第奇拥有作为赞助人的所有便利条件。[3] 由于住在佛罗伦萨，他很容易得到重要艺术家，而无须费事将他们从远处吸引来。他不是唯一的赞助人，而是许多大大小小的赞助人中的一位。过去他的赞助一度被夸大了。不过在这里，问题不是赞助的规模，而是其便利性。赞助是结构化的——在意大利一些地区比较容易，在另一些地区更为困难。

市场的兴起可能给艺术家和作家带来了更多自由，但代价是其地位更不稳定。它引发了复制，甚至是批量生产的兴起。但它很可能也促进了题材的日益分化以及第一章提到的个人主义风格的发展：利用艺术家独一无二品质吸引买主的眼球。

1　Serra Desfilis, "Classical language".

2　Bentley, *Politics and Culture in Renaissance Naples*, pp. 63, 95.

3　Roscoe, *Life of Lorenzo de Medici*; Chastel, *Art et humanisme*; Elam, "Lorenzo de'Meidici"; Alsop, *Rare Art Traditions*, ch. 12; Kent, *Lorenzo de Medici*.

第5章

艺术品的用途

> 想要雅致的小雕像把玩?
>
> 你可以把它放在床头上方或者一个底座上。
>
> 我们的雕像能让任何房间变得赏心悦目。
>
> ——佛罗伦萨雕塑家的狂欢节歌谣,
>
> 引自辛格尔顿:《狂欢歌》

虽然画廊和博物馆鼓励我们将"艺术品"(*work of art*)的观念投射到过去,但它其实是个现代观念。在1500年前,说"图像"更准确。[1] 甚至"文学"也是一个现代观念。不过,本章的重点是绘画、雕塑、诗歌、戏剧等对当时的拥有者、观众或听众的不同用途。他们对这些物品的看法与我们并不一样。例如,绘画就可能被看作消耗品。1537年,佛罗伦萨贵族(小)菲利波·斯特罗齐在遗嘱中要求在新圣马利亚教堂的斯特罗齐家族礼拜堂修建他的墓,那里有一幅菲利皮诺·利皮绘制的湿壁画。他命令道:"不用担心那里的那幅画,必须毁

1　Belting, *Likeness and Presence*; Perino Pagden, "From cult images to the cult of images".

掉它"，"因为它的特性不是很耐久"。[1] 如果我们想要理解艺术对当时人们的意义，我们首先得看看艺术的用途。

巫术和宗教

在文艺复兴时期的意大利，绘画和雕塑最明显的用途是宗教性的。在我们这样的世俗文化中，我们很可能得提醒自己，我们认为的"艺术品"在文艺复兴时期主要被看作神圣图像。"宗教性"用途的观念不是很确切，因此区分巫术的、虔诚的和说教的功用可能有帮助，虽然这些划分并非泾渭分明，而且"巫术"一词对我们和对一位 16 世纪神学家来说含义也并不完全一样。因此，谈论被归于一些圣像的魔力和其他神奇力量更确切，也更有用，如某些著名的拜占庭圣像。

一些旌旗或游行旗帜似乎被认为能抵御黑死病，如贝内代托·本菲利在佩鲁贾装饰的那些旗帜。图案显示圣母正用斗篷阻挡黑死病之箭，保护她的子民；其中一面旗上的铭文乞求她"要求并帮助您的儿子平息愤怒"。[2] 圣塞巴斯蒂安也被与抵御黑死病联系在一起（参见边码 215—220 页），其图像在 15、16 世纪的流行表明发挥魔力仍是艺术品的一个重要功能。15 世纪 20、30 年代在意大利工作的尼德兰人纪尧姆·迪费谱写了两首献给圣塞巴斯蒂安的圣歌，以此抵御黑死病。音乐通常被认为能治病，当时流传着许多为病人奏演音乐治病的故事。[3]

一个在意大利广为流传的例子显示了图像的另一种神奇力量，即佛罗伦萨附近英普鲁内塔教堂的圣母像，在干旱或发生

1　引自（但译法不同）Goldthwaite, *Private Wealth in Renaissance Florence*, p. 102。

2　Bombe, "Tafelbilder, Gonfaloni und Fresken"。

3　Tomlinson, *Music in Renaissance Magic*.

洪涝时人们举着它游行求雨或止雨，也用它解决佛罗伦萨的政治问题。例如，佛罗伦萨药剂师卢卡·兰杜齐在日记中写道，1438 年，这个圣像被带到佛罗伦萨"以获得好天气，因为已经下了一个多月的雨。天立刻晴了"。[1]

　　一些文艺复兴时期的绘画似乎属于基督教架构之外的巫术体系。正如阿比·瓦尔堡指出的，弗朗切斯科·德尔·科萨在费拉拉"无忧宫"的湿壁画涉及占星术主题，画它们很可能是为了保证费拉拉公爵的好运。[2] 也有人认为（沿用瓦尔堡的一个观点），波提切利的名画《春》可能是件吉祥物——换句话说，是一幅为了从水星吸引有利"影响"而制作的图像。[3] 我们知道，哲学家菲奇诺使用此类图像，比如他曾演奏战争曲吸引火星的影响：一种文艺复兴时期的《行星组曲》。[4] 再有，（瓦萨里告诉我们）在莱奥纳尔多·达·芬奇画千眼巨人阿耳戈斯（*Argus*）守卫米兰公爵的宝库时，很难说他只是打算画一个恰当的古代暗示，还是也试图制作一件辟邪物。同样，当瓦萨里把一个改编自拜占庭圣像传说的故事插入拉斐尔的传记，我们也很难说他到底有多认真。他告诉我们，拉斐尔的一幅画在送往巴勒莫途中遭遇风暴，船只沉没，但画"却完好无损……因为甚至连咆哮的风浪也折服于这件作品的美"。类似地，我们至少也要想到一种可能性，即那些画在佛罗伦萨等地公共建筑

134

1　Casotti, *Memorie istoriche*; Landucci, *Florentine Diary*; Trexler, "Florentine religious experience".

2　Warburg, *Renewal of Pagan Antiquity*, pp. 563–592.

3　Yates, *Giordano Bruno*, 第 76 页起。

4　Walker, *Spiritual and Demonic Magic*; Tomlinson, *Music in Renaissance Magic*. *Planets Suite*, 指英国作曲家古斯塔夫·霍尔斯特在 1914—1916 年间创作的乐曲。它带有浓郁的占星学色彩，是天体音乐的经典作品。——译者注

墙上的叛国者和叛乱分子肖像，可能也是对那些逍遥于传统惩罚之外的罪犯的一种巫术摧毁——等同于刺穿一个人敌人的蜡像。

有些图像是为神圣场所和宗教目的制作和购买的。[1]"虔诚画"（*quadri di devotione*）一词在这一时期很流行，此时图像与宗教热情不同寻常地密切联系在一起，无论是基督受难像（当时重要的布道士，如锡耶那的贝尔纳迪诺或佛罗伦萨的萨沃纳罗拉都推荐此类图像）、新介质木刻版画还是一种适合家用的小型和私密的新型宗教画（这种绘画与其说是圣像，不如说是激发人们思考《圣经》和圣徒生平的叙事画）都是如此。[2]

关于图像的虔诚功能，一个生动的例子来自罗马的被斩首的圣约翰（或圣乔万尼）兄弟会，该兄弟会用 *tavolette*——表现圣徒殉道的小画——安慰那些即将受刑的死囚，用最近一位研究该兄弟会的历史学家的话说，这些画被当作"视觉的尼古丁，麻痹那些被判死刑的罪犯走向可怕绞刑架时的恐惧和痛苦"。[3]我们今天在这一时期的一些神圣图像上看到的磨损和眼泪，为一位学者所说的圣像主人"触摸性虔诚"提供了生动证据。[4]

虔敬图像的日益重要，似乎与 14、15 世纪所特有的平信徒

1 Goffen, *Piety and Patronage*; Hills, "Piety and Patroange"; Verdon and Henderson, *Christianity and the Renaissance*; Eisenbichler, *Crossing the Boundaries*; Welch, *Art and Society*, pp. 131–207; Ladis and Zuraw, *Visions of Holiness*; Kubersky-Piredda, "Immagini devozionali"; Kasl, *Giovanni Bellini*; Niccoli, *Vedere con gli occhi del cuore*.

2 Wackernagel, *World of the Florentine Renaissance Artist*，第 180 页起；Ringbom, *Icon to Narrative*; Baxandall, *Painting and Experience in Fifteenth Century Italy*，第 45 页起。

3 Edgerton, *Pictures and Punishment*, p. 172.

4 Niccoli, *Vedere con gli occhi del cuore*, p. 59.

在宗教事务上的主动性联系在一起，这表现为创建宗教兄弟会、唱赞美诗或在家中阅读宗教书籍。比如在威尼斯，保存下来的富有家庭的财产目录显示，从待客室（portego）到卧室，几乎所有房间都有圣母像。佛罗伦萨显贵家族乌扎诺家族的城堡有两幅"擦脸巾"画（基督的脸印在维罗尼卡的毛巾上），其中一幅画前面有一个"跪凳"（predella）或"祈祷凳"（prie-dieu），好像城堡里的人通常在这幅神圣图像前跪拜祈祷。[1]

正如15世纪修士乔万尼·多米尼奇指出的，父母应在家里摆放神圣图像，因为它们对孩子有道德影响。小耶稣和小圣约翰在一起的画对男孩们好，表现屠杀婴孩的画也是如此，"以便让他们害怕武器和士兵"。另一方面，女孩们应注视圣阿涅斯、圣切西莉亚、圣伊丽莎白、圣凯瑟琳及圣乌尔苏拉（及传说中追随她的1.1万名童贞女）等的画像，以便让她们"热爱贞洁、渴望基督、憎恶罪恶和蔑视虚荣"。[2] 同样，佛罗伦萨的姑娘们，无论是年轻修女还是新娘都要有一些小基督像或确切地说玩偶，以促进她们对基督母亲的认同。[3]

图像虔敬功能的一个有趣例子是一种可称为宗教破坏主义的现象，它也是观众反应的一个客观标志——涂掉乌切罗一幅画中的魔鬼，或刮掉曼泰尼亚一幅表现圣詹姆斯被斩首的湿壁画中刽子手的眼睛——[4] 你可以说，这与观众对传奇剧（melodrama）中的恶棍发嘘声（以示蔑视或憎恨）是一样的。事实上，这一时期的宗教剧有类似目的。当时称为"神圣

1　Morse, "Creating sacred space"; Bombe, *Nachlass-Inventare*.

2　Dominici, *Regola del governo*, 第131页起。

3　Klapisch-Zuber, *Women*, *Family and Ritual*, ch. 14.

4　Edgerton, *Pintures and Punishment*, p. 91.

再现"（*rappresentazioni sacre*）的宗教剧在 14、15 和 16 世纪
被创作和表演，它们很像中世纪晚期英格兰的奇迹剧和神秘剧
（这是对区分"文艺复兴"与"中世纪"之困难的一个提醒，特
别就大众文化来说）。剧终通常都有一个天使规劝人们将刚刚看
到的铭记在心。比如，在一出表现亚伯拉罕和以撒的宗教剧剧
终，天使指出了"神圣服从"（*santa ubidienzia*）的重要性。[1]

　　"还愿像"（*Ex votos*）是一种虔诚图像，意大利的例子从
15 世纪开始出现，它记录了在疾病或事故等危险时刻向一位
圣徒许下的一个誓愿。留存下来的还愿像，如切塞纳的山中圣
母教堂的 246 件 1600 年以前制作的还愿像，可能只是此类作
品中极小的一部分。[2] 可能这种危险时刻常常最能说服普通民
众订制绘画。大多数"还愿像"的艺术水准并不高，但其中确
实包括一些著名的文艺复兴绘画，尤其是曼泰尼亚的《凯旋的
圣母》（*Madonna della Vittoria*）。这是曼托瓦侯爵吉安弗朗切
斯科二世在福尔诺沃之战后订制的，在这次战役中侯爵（至少
在他本人看来）击败了法国军队。绘画的酬金实际上是曼托瓦
的犹太人支付的，虽然并非出于自愿。卡尔帕乔的《万名基督
徒的殉道》和提香的《宝座上的圣马可》都是为兑现瘟疫时期
的誓愿订制的，而历史学家西吉斯蒙多·德·孔提向拉斐尔订
制的《佛里尼奥圣母》显然也是为了表达感激：他在一颗陨石
砸中房子时躲过一劫。

　　宗教画的另一用途是说教。正如教皇格列高利一世早在 6
世纪指出的："绘画被放在教堂里，这样不识字的人就能在墙上

1　D'Ancona, *Sacre rappresentazioni*.

2　Novelli and Massaccesi, *Ex voto*.

读到他们无法在书中读到的东西了"，这句话在文艺复兴时期被广泛引用。[1]14 世纪意大利教堂的湿壁画阐释了大量基督教教义：如基督的生平、《旧约》和《新约》的关系、末日审判及其后果等。这一时期的宗教剧也思考了许多同样的主题，就这样，每一种媒介都强化其他媒介传达的信息，使其更易于理解。[2]

说教功能的一个具体事例是一边倒的表现——换言之宣传——有争议的话题。与修辞学一样，绘画也是一种劝说。比如，文艺复兴时期的教皇订制的绘画就呈现了教皇高于宗教大会的论点，有时是通过援引历史上的类似事例。比如，教皇西克斯特四世委托波提切利绘制的《惩罚可拉》(*The Punishment of Korah*)，这幅画表现了《旧约·民数记》(第 16 章) 中的一个场景：在可拉胆敢挑战摩西和亚伦后，大地裂开将可拉及其追随者吞没 (插图 5.1)。

在他之前的另一位 15 世纪教皇，即尤金四世谴责巴塞尔宗教会议时也提到了可拉。[3]同样，当尤利乌斯二世与博洛尼亚的本提沃利奥家族发生冲突时，他委托拉斐尔绘制了赫利奥多鲁斯 (*Heliodorus*) 的故事，赫利奥多鲁斯曾试图抢劫耶路撒冷的圣殿，但被天使们赶了出去。[4]再有，宗教改革后，意大利和其他地区天主教教堂中的绘画往往表现曾遭到新教徒挑战的教义。[5]

1　比如被米凯莱·达·卡尔卡诺修士引用，引自 Baxandall, *Painting and Experience*, p. 41。多尔切也引用过，参见 Dolce, *Aretino*, p. 112。

2　Kernodle, *From Art to Theatre*.

3　Ettlinger, *Sistine Chapel*；参见《圣经·民数记》, 16：1—34。

4　Jones and Penny, *Raphael*, ch. 5；参见《圣经后典·马加比传》, 3：7—40。

5　Mâle, *L'art religieux après le concile de Trente*；Ostrow, *Art and Spirituality*.

图 5.1　桑德罗·波提切利：《惩罚可拉、大坍和亚比兰》，
梵蒂冈宫的西斯廷礼拜堂

　　宗教改革后，天主教教会比以往更注重对文学和（较低程度上）绘画的控制。"禁书目录"被拟订出来（并在 15 世纪 60 年代的特伦特宗教大会上正式批准），在意大利的文学作品中，薄伽丘的《十日谈》先被禁，随后又被大量删减。[1] 特伦特宗教会议讨论了米开朗基罗的《末日审判》并下令用无花果树叶遮盖画中的裸体。[2] 大会还考虑颁布一份"禁像目录"，维罗内塞有一次被传唤至威尼斯宗教法庭，解释为什么他要在一幅《最后的晚餐》中画法官们说的"小丑、酒鬼、日耳曼人、侏儒和其他类似的庸俗之物"。[3]

1　关于薄伽丘，参见 Sorrentino, *Letteratura italiana*；关于意大利文学审查的整体情况，参见 Guidi, *Le pouvoir et la plume*；Grendler, "Printing and Censorship"；Fragnito, *Church, Censorship and Culture*；Frajese, *Nascita dell'Indice*。

2　Blunt, *Artistic Theory*, ch. 9；De Maio, *Michelangelo e la Controriforma*.

3　Schaffran, "Inquisitionsprozesse".

政 治

用视觉艺术维护教皇权力引出了用图像和文本进行政治宣传的主题，即便不是明确的宣扬某一政策，至少也含糊地歌颂某一政体或证明其合法性。[1] 这一时期歌功颂德的图像多到让人不知从何处着手：考察共和国还是君主国，湿壁画这样的大型绘画还是纪念章之类的小艺术品。与古罗马钱币一样，文艺复兴时期意大利的纪念章也常常承载着政治信息。如阿拉贡的阿方索（插图 5.2）让皮萨内罗（1449 年）为自己制作了一枚像章并在上面刻下："胜利与和平的缔造者"（*Triumphator et Pacificus*）。[2] 他的凯旋门上有类似的铭文："虔诚、仁慈、不可战胜（*Pius*，*Clemens*，*Invictus*）。"这位刚刚以武力征服那不勒斯的国王似乎在告诉他的新臣民，如果臣服就不会受到伤害，但若发生冲突他必定会赢。

在佛罗伦萨，老科西莫·德·美第奇统治末期铸造了一枚表现佛罗伦萨的像章，其中佛罗伦萨像以往一样被表现成一位年轻女子，上面有"和平与公共自由"（*Pax Libertasque Publica*）的铭文。[3] "伟大的"洛伦佐统治时期铸造了纪念某些事件的纪念章，如粉碎帕齐阴谋，或 1480 年洛伦佐从那不勒斯胜利返回佛罗伦萨。雕塑家吉安·克里斯托弗罗·罗马诺铸造了一枚阿拉贡的费迪南和路易十二达成和平的纪念章，纪念章将荣誉归于教皇尤利乌斯二世，形容他是"正义、和平与信仰的恢复者"（*Iustitiae pacis fideique recuperator*）。由于纪念

139

---

1 Welch, *Art and Society*, pp. 209–273.

2 Hill, *Corpus of Italian Medals*，第 12 页和插图 9。

3 同上书，p. 236。

图 5.2 皮埃罗·德拉·弗朗切斯卡画派:《阿拉贡的阿方索像》,
巴黎雅克马–昂德雷博物馆

章可以机械复制且比较便宜，它们成了传播政治信息和塑造政权美好形象的有用媒介。

　　在公共场所展示雕塑是歌颂武士、君主和共和国的另一种方式。多纳泰罗在帕多瓦制作的巨大骑马雕像歌颂了为威尼斯效命的佣兵队长伊拉斯谟·达·纳尔尼，绰号"加塔梅拉塔"。此人死于 1443 年，这尊雕塑是威尼斯政府订制的（相反，威尼斯的巴托罗梅奥·科莱奥尼纪念像实际上是这位佣兵队长本人支付的）。佛罗伦萨的许多雕塑都包含现在已不再一目了然的政治含义。在与更强大的国家（尤其是米兰）发生战争期间，佛罗伦萨人开始认同击败歌利亚的大卫、砍掉亚述首领何乐佛尼头颅的犹迪（插图 5.3）或是屠龙的圣乔治（让米兰扮演了恶龙的角色）。多纳泰罗创作的这三个人物的令人难忘的雕像都成了共和国的宣言。当 1494 年佛罗伦萨恢复共和政体，这种政治象征再次出现，特别是米开朗基罗伟大的《大卫》，这尊雕像再次提及多纳泰罗的《大卫》，并由此延伸到共和国在 15 世纪早期成功渡过的

图 5.3　多纳泰罗：《犹迪与何乐佛尼》，佛罗伦萨市政厅广场

那些危机。因此，这件雕塑"要求人们在将它理解为一件艺术品前先了解当时的政治事件"。[1]

140   绘画也承载着政治含义。在威尼斯，政府通过订制和展示总督的官方肖像以及总督宫大议会厅表现威尼斯胜利的战争画歌颂威尼斯共和国。1494 年，佛罗伦萨共和国重建之后仿照威尼斯大议会建立了一个大委员会并在"元老会宫"（Palazzo

141   della Signoria）建了一个大会议厅，还委托莱奥纳尔多和米开朗基罗为大厅墙壁绘制表现佛罗伦萨胜利的绘画，即安吉里之战和卡西纳之战。1513 年美第奇家族复辟后，这些仍未完成的画被毁。摧毁重要艺术家的作品表明当时的人极为看重艺术品的政治功用。[2] 托斯卡纳大公科西莫·德·美第奇（插图 5.4）委托瓦萨里、布龙齐诺等画家用表现新政权成就的湿壁画重新装饰"旧宫"（Palazzo Vecchio）并画上其家族成员的官方肖像也是如此。[3] 由于时间距离，如今要确定某些画是否传达了更确切的信息则更难，比如它们是不是在宣传某些政策。一个引起广泛关注的例子是马萨乔在佛罗伦萨的圣马利亚·德尔·卡尔米内教堂的布拉卡奇礼拜堂绘制的巨幅湿壁画《纳税钱》（插图 5.5）。这个主题并不常见；它清楚地传达了一个道德说教："给恺撒"（*Render unto Caesar*），此画作于 1425 年，那时佛罗伦萨政府正讨论征收一项新税的建议，即著名的"财产税"（catasto）。这幅画是在为征收该税辩护吗？还是说它像波

---

1 Seymour, *Michelangelo's David*, p. 56；Hartt, "Art and freedom"；Ames-Lewis, "Donatello's bronze David"；Kemp, *Behind the Picture*, pp. 202–207.

2 Wilde, "Hall of the Great Council".

3 Pope-Hennessy, *Portrait in the Renaissance*, pp. 180–185；Levy, *Painting at Court*；Cox-Rearick, *Dynasty and Destiny*；Veen, *Cosimo de Medici*.

图 5.4　本维努托·切利尼：
　　　　《科西莫一世》

图 5.5　马萨乔:《纳税钱》

提切利的《惩罚可拉》一样表达了与教皇至高无上权力有关的信息？[1]

　　有些情况下，一幅画的政治指向很清楚，但其政治意图则非常可疑：比如叛国者和叛乱分子的图像。比如，1440 年，据说安德烈亚·德尔·卡斯塔尼奥曾在佛罗伦萨监狱的正立面画了许多叛乱分子的画像，他们被绳子捆着脚倒吊着。结果，他得到了"绳子安德烈亚"（*Andrea degli impiccati*）的绰号。1478 年，这次轮到波提切利在同一个地方画了参与帕齐阴谋的叛乱者的肖像。1529—1530 年佛罗伦萨被围困期间，安德烈亚·德尔·萨托在同一座建筑上画了那些逃跑的将领的画像（插图 5.6）。我们好奇的是为什么要这么做。这是前面提到的巫术摧毁？还是画这些画主要是为了发布信息，就像一幅"通缉"告示？这至少是米兰公共场所展示的那些破产者画像的一种合理解释。不过，考虑到荣誉和羞耻在文艺复兴时期社会价值体系中的重要性（参见边码第 204 页），这些画最可能的解释是：制作它们主要是为了羞辱受害者及其家人，对其进行社会摧毁，让他们身败名裂。[2] 一种具有同等功能的文学体裁的存在使这种解释变得更加合理。在佛罗伦萨，政府传令官的一项职责是撰写所谓"羞辱诗"（*cartelli d'infamia*），即侮辱共和国敌人的诗。

　　人文主义也有其用途，培养品德高尚的统治者（如人文主义者所宣称）或（如现在一些学者所主张）培养温顺和服从的

1　Meiss, "Masaccio and the early Renaissance"; Molho, "Brancacci Chapel".

2　Ortalli, *Pittura infamante nei secoli xiii-xvi*; Edgerton, *Pictures and Punishment*，特别是第 76 页。

图 5.6　安德烈亚·德尔·萨托:《两个倒吊的男人》
（局部），红粉笔绘于乳色纸上

习惯。[1]这里没有必要详述文学的情况，因为文学用于政治劝
说的潜能太明显了。我们只需提到上一章讨论的拉丁文和意大
利文史诗就够了（参见边码第 123—124 页），它们通过统治
者真实的或虚构的祖先来赞美他们，证明其统治的合法性，其
政治性丝毫不亚于它们的榜样：维吉尔的《埃涅阿斯纪》，该

146

1　Grafton and Jardine，"Humanism and the School of Guarino".

史诗是为塑造奥古斯都的美好公共形象以及——根据一些古典学家的说法——甚至是为他的某些政策辩护写的。历史著作（按照文艺复兴时期的文学理论指与史诗对应的散文）也常被用于类似目的；这正是政府为人文主义史学家提供津贴的原因所在，如洛伦佐·瓦拉在那不勒斯，马坎托尼奥·萨贝利科在威尼斯，贝内代托·瓦尔基在科西莫·德·美第奇大公统治的佛罗伦萨。正如他们歌颂的国家是新时代的罗马，他们也被期望成为新时代的李维。有些诗表达了更确切的和与时事联系更密切的信息，如借倒台的统治者（如切萨雷·波吉亚，其父教皇亚历山大四世死后他落得一无所有；还有被教皇尤利乌斯二世逐出博洛尼亚的乔万尼·本提沃利奥）或陷入危机的城市（1509 年在阿尼亚德洛之战中遭到重创的威尼斯和 1527 年被皇帝军队洗劫的罗马）之口发出的"哀叹"。[1] 其中，路易吉·浦尔契的著名史诗《摩尔甘特》(*Morgante*, 1478) 似乎恳求发起一场对土耳其人的圣战，据了解这位诗人支持这一目标。阿里奥斯托在《疯狂的奥兰多》(1516) 中表达了类似观点，他敦促法国人和西班牙人与穆斯林而不是与基督徒同伴作战（换言之，停止他们在意大利的战争）。

试图动用艺术进行说服的情况在宫廷和公共庆典上表现得最充分，但这方面留给后世观察和判断的资料也最少。在这里，艺术常常表达了相当确切和极具时事性的政治信息，促进了为某一政权歌功颂德或证明其合法性的总任务（插图 5.7）。就威尼斯盛大的总督游行仪式和一年一度的海神婚礼庆典来说，最近一位历史学家不无道理地谈到"借助仪式统治"

---

1 Medin and Frati, *Lamenti*.

图 5.7　维托雷·卡尔帕乔：《接待英国大使和圣乌尔苏拉与
其父交谈》，威尼斯美术学院

（"government by ritual"），强调了这些准戏剧形式投射的一个
和谐的等级社会的形象。至于时事指向，一个好的例子来自
1511 年著名的康布雷同盟战争期间，那时威尼斯（或至少威
尼斯帝国）正处于存亡关头。圣罗科兄弟会（参见边码第 96
页）展出了一幅"栩栩如生"（*tableau vivant*）的寓意画，画
中有威尼斯（化身为成一位女子）、法国国王（威尼斯共和国
的头号敌人），教皇站在一旁，标语牌质问法国为何拒绝真信
仰。[1] 在佛罗伦萨，1513 年美第奇家复辟后的节日庆典政治功
能最为明显。一个突出的例子是 1515 年美第奇教皇利奥十世

1　Muir, *Civic Ritual in Renaissance Venice*，第 185 页起，以及第 238 页起。

147 穿过一系列装饰精美的凯旋门（都强调了黄金时代的回归这一主题）进入佛罗伦萨的盛大入城仪式。[1] 在这个领域，第二位科西莫，即托斯卡纳大公表明出对艺术之政治价值的意识。不仅他在 1539 年与托莱多的埃莱奥诺拉的婚礼成了一场盛大炫耀，而且一年一度的狂欢节和施洗者圣约翰（佛罗伦萨的保城圣徒）节庆祝活动也不同程度地被科西莫公爵及其追随者控制，并被用另一个作家说的——在这个语境特别恰当——"有意识的马基雅维利主义"加以利用。[2]

这让人感觉——很难更准确表述——媒介的政治用途在 16 世纪比 15 世纪更重要且更有意识。面对印刷术的发明造成的各种非正统观念的广泛传播，政府，如教会，开始求助于审查。1561 年，当圭恰尔迪尼的伟大著作《意大利史》出版（其时他已去世多年），许多反教士的语句被剔除。但负责净化的并非教会而是托斯卡纳大公科西莫·德·美第奇，他这样做是为了保持托斯卡纳公国与教皇国的良好关系。从积极的方面说，科西莫·德·美第奇通过先后创建"佛罗伦萨学院"和"设计学院"（*Academy of Design*）表明了其对文化之政治功能的意识。换言之，他试图将托斯卡纳"文化资本"（即托斯卡纳语言、文学和艺术的首要地位）变成其政权的政治资本。[3]

我们到目前为止讨论的都是代表当权者表达的政治信息。但各种政权的反对者远未保持沉默。比如，他们可以借助一种世俗的"圣像破坏运动"表达其主张。1509 年，当威尼斯军队在阿尼亚德洛被击败，其附属城市如贝加莫和克雷莫纳的反叛

---

1 Shearman，"Florentine entrata of Leo X".

2 Plaisance，"Politique culturelle" 和 *Florence*。

3 Plaisance，"Une première affirmation"；Bertelli，"Egemonia linguistica".

突出表现为毁坏圣马可之狮雕像，这是威尼斯在各个城市统治的象征。教皇尤利乌斯二世死后，他在博洛尼亚的雕像——统治权的另一种标志——也被摧毁。"反动言论"（*Graffiti*）在意大利城市国家的政治中早已据有一席之地，它们有时被记录在编年史或私人书信中。从这些"反动言论"中逐渐发展出的一种文学体裁，即所谓的"政治讽刺诗"（*pasquinades*），它们从 15 世纪晚期开始被贴在古代塑像残片基座上讽刺教皇和枢机主教。这些贴在雕像上的诗有时出自名家之手，如皮埃特罗·阿雷蒂诺，教皇利奥十世去世时，他那些抨击枢机主教团的辛辣诗句使他名声大噪。[1]

148

私人领域

还有些艺术用途不符合我们划分的"宗教"和"政治"类，至少严格来说是这样。或许人们可以拓宽后者的范围，将君主们或事实上中产阶级在婚姻谈判时用的待嫁女儿的画像包括在内。[2] 甚至个人画像也可以被看作一种宣传：艺术家与画中人合作，共同呈现一个人或其家族的美好形象，或是给敌对家族，或是给后代子孙留下深刻印象。[3] 不过，我们需要停下来想想，意大利文艺复兴时期的物质文化有多少是为日常环境制造的（参见边码第 10—12 页）。[4] 它们的用途或荣耀与其说是属于个人，不如说属于家族，尤其是那些贵族或自称贵族的家族。

最重要和最昂贵的物品当然是城市住宅，或者意大利人喜

1　Larivaille, *Pietro Aretino*, 第 47 页起。

2　Fahy, "Marriage portrait".

3　Burke, *Historical Anthropology*, pp. 150–167.

4　Welch, *Art and Society*, pp. 275–331.

欢说的"宫邸",它是家族的象征和成员的庇护所,其设计是为了打动外面的人,而不是为住在里面的人提供舒适的环境。舒适是个晚近出现的理想,可追溯到 18 世纪或之后。更古老的理想是简朴和防御。另一方面,在意大利,15、16 和 17 世纪是人们常说的"炫耀性消费"的黄金时代,那时贵族从事建造是为了保持家族的荣誉和让竞争者嫉妒。[1] 住宅(尤其是正立面)和里面的物品构成了一个家族的"前台",表演其社会地位这部漫长戏剧的背景和舞台。戈夫曼对"前台"的分析似乎特别适合 16、17 世纪意大利贵族的行为。[2]

用当时的语言来说,宫邸展示了其所属家族的"富华"(magnificence),虽然"展示的适度性"或展示的规模是一个有争论的问题。[3] 乡村别墅或住宅按照类似方向发展。在文艺复兴早期,它们本质上是农舍,主任可以在这里监督在其地产生干活的工人。然而侧重点逐渐从利润转向欢娱。[4]

其他物品则与家族历史上一些重大和高度仪式化的时刻密切相关,特别是生育、结婚和死亡。盛放产妇的点心的"庆生盘"(desca di parto)上常有主题与此相关的图案,如爱的胜利。婚柜与婚姻有关,因为它是用来装新娘的嫁妆的,这种箱子的外面——有时箱盖内侧——绘有图案。[5] 人们也常

149

---

1 Burke, *Historical Anthropology*, pp. 132–149; Goldthwaite, "Empire of things", 第 77 页起。

2 Goffman, *Presentation of Self in Everyday Life*, 第 22 页起。

3 Jenkins, "Cosimo de Medici's patronage"; Kent, *Lorenzo de Medici*; Lindow, *Renaissance Palaces*; Shepherd, "Republican anxiety".

4 Lillie, *Florentine Villas*; Rupprecht, "Villa".

5 Callmann, *Apollonio di Giovanni*; Tinagli, *Women in Italian Renaissance Art*, pp. 21–46; Baskins, *Cassone Painting*; Musacchio, *Ritual of Childbirth*; Randolph, "Gendering the period eye"; Musaccio, *Art, Marriage and Family*.

送绘画作为结婚礼物，新婚夫妇也常请人为他们画像，新娘穿着婆家送的新衣，有时还带有婆家的家族徽标，从而表明她属于他们。[1] 婚礼上允许公开提到性似乎影响了婚嫁艺术传统，其中包括许多文艺复兴时期的杰作，如曼泰尼亚在曼托瓦的"彩绘厅"（*Camera degli Sposi*）、拉斐尔的《伽拉忒亚》（*Galatea*）和索多马的《亚历山大与鲁克萨娜的婚礼》（*Marriage of Alexander and Roxanne*）。后两幅画是锡耶那银行家阿格斯提诺·凯基订制的。[2] 诗歌和戏剧也可能与这种快乐时刻联系在一起。波利齐亚诺的田园剧《奥菲欧》是为庆祝曼托瓦宫廷的两场订婚仪式而作的。为了纪念家族成员的去世出现了葬礼纪念碑，其中有些极其宏大。由于我们讨论的这个时期涵盖了米开朗基罗的美第奇礼拜堂以及他总是关切的象征德拉·罗维雷家族荣耀的教皇尤利乌斯二世修建的陵墓，所以无需再多说什么。如果说国家雇用艺术家和作家诋毁敌人，贵族家族有时也这么做。有一次，维罗纳画家弗朗切斯科·贝纳利奥被委托在深夜举着火把在一个贵族（其客户的敌人）宫邸的墙上画下流的画，可能是为了让他当众丢脸。[3]

快乐的艺术

我们终于来到（逐渐看起来）艺术的天然"用途"：带来快乐。我们不能忘记艺术快乐的一面，虽然学者很少研究它。[4]

1　Klapisch-Zuber, *Women, Family and Ritual*, 第 225 页起；Tinagli, *Women in the Italian Renaissance Art*, pp. 47–83.

2　Barolsky, *Infinit Jest*, 第 28、89 及 93 页起。

3　Simeoni, "Una vendetta signorile".

4　巴罗斯基（Barolsky）的《无穷嘲弄》（*Infinit Jest*）是少有的例外之一。

艺术娱乐功能日益重要是这一时期最重要的变化之一。到 16世纪中期，作家卢多维科·多尔切甚至提出绘画的目的"主要是带给人欢乐"。佛罗伦萨雕塑家的狂欢节歌（本章开头引用的那首）就捕捉到了这种新气息。不过，我们应当注意的是，正如这首歌清楚地表明，雕塑带来的"快乐"（deletto）被看作室内装饰的贡献。我们距离"为艺术而艺术"的现代观念还很远。甚至非常关注绘画的贡扎加家族成员似乎也主要是以这种方式看待绘画的。伊莎贝拉要求乔万尼·贝利尼画一幅画"装饰我们的一个书房"，她的儿子费德里科在 1537 年致信提香说，城堡里的新房间都建成了，唯缺"装饰这些房间的画"。萨巴·迪·卡斯提利奥内，一个罗德骑士团的骑士，建议贵族们用古代雕像或者——或者如果找不到这类艺术品——多纳泰罗或米开朗基罗的作品装饰住宅。[1]

在建筑中，我们看到娱乐性住宅乡间别墅日益重要，正如此类房屋最伟大的设计师帕拉迪奥指出的，在这里一个"厌倦了喧嚣城市的人可恢复精神和获得慰藉"。[2] 在文学领域也出现日益强调（尤其是在书的序言中）快乐——作者的，以及特别是读者的——趋势，这一变化很可能与文学和艺术逐渐商业化有关。但在文艺复兴时期给观众、读者或听众带来快乐的究竟是什么？下一章我们将尝试回答这一问题。

---

1 Sabba di Castiglione, *Recordi*，第 109 条目；英译本参见 Klein and Zerner, *Italian Art*, p. 23。

2 Palladio, *I Quattro libri dell'architettura*, bk 2, ch. 12.

第6章

趣　味

> "每个人天生都有一定……辨别美和丑的趣味"。
>
> （ *un certo gusto del bello e del brutto* ）
>
> ——多尔切：《阿雷蒂诺》（ Dolce, *Aretino* ），第 102 页

　　无论艺术家还是赞助人都不能完全自由地作出审美选择。不管他们意识到与否，他们的自由都是有限的，因为他们都要考虑他们时代的趣味标准。我们需要将这些标准描述出来，这样才能用当时人的眼睛——哪怕暂时的——观看艺术和文学作品。[1] 要重构当时的趣味，历史学家可以使用两种主要的文学资料。在这一时期，像阿尔贝蒂和本博这样的著名人文主义者以及其他许多不太有名的学者写了很多论述艺术和美的论文。这些论文（常常被研究）的优点是简明，但它们常常很抽象。我们需要通过分析一种更实际的批评所暗示的趣味标准作为它们的补充，即我们在合同、私人信件、诗

1　关于"时代之眼"（ *the period eye* ），参见 Baxandall, *Painting and Experience in Fifteenth Century Italy*, ch. 2。

歌、传记和故事中看到的对某一件艺术品和文学作品等的评价。[1]

比如，虽然"崇高的"一词到 18 世纪才在艺术理论中变得重要起来，但有趣的是，文艺复兴时期的诗人维罗尼卡·甘巴拉已经使用了这个词。维罗尼卡·甘巴拉在给贝亚特丽丝·德·埃斯特（伊莎贝拉·德·埃斯特的妹妹）的一封信中赞美科勒乔画的抹大拉的圣马利亚表现了"崇高"的美（il sublime）。另一个珍贵的证据是第四章（参见边码第 103 页）引用的那份给卢多维科·斯福尔扎的备忘录，其中，斯福尔扎的代理人试图找一些词汇区别四位主要画家的风格以便帮助公爵对他们进行取舍，他对比了波提切利的"阳刚气"（virile air），菲利皮·诺利皮的"甜美"，佩鲁吉诺的"圣洁"和吉兰达约的"优雅"。[2]

当然，这些材料既有用拉丁文写的，也有用意大利文写的。我们不会忽视拉丁文资料，但在这里重点将是意大利语文本，因为它们更接近当时的普通用语和思想。

视觉艺术

要列出当时意大利人在赞美绘画、雕塑和建筑时常说的和在写作中常用的大约 50 个术语并不难。有些术语是笼统的，几乎是空洞的，比如"美"（bellezza, pulchritudine），但有些术语更确切，因而更能说明问题。区分五组术语或许有帮助，它们分别集中于自然、秩序、华丽、表现力和技艺。

1　Land, *Viewer as Poet*.

2　Chambers, *Patrons and Artists*, 第 95 条目。参见 Baxandall, *Painting and Experiencein Fifteenth Century Italy*, 第 26 页及 109 页起。

自然主义对理想主义

"回归自然"是现代文艺复兴史学家们喜欢的一个程式，它事实上的确与该时期的一种常见现象一致。比如，人文主义者巴托罗梅奥·法齐奥赞美扬·凡·艾克的一幅肖像画"你会认为它唯缺声音而已"以及"一束你会信以为真的阳光"，而形容多纳泰罗的成就是"创造栩栩如生的表情"。[1]另一位人文主义者克里斯托弗罗·兰迪诺说多纳泰罗的雕像具有"巨大的活力"，因此所有的人像似乎都在运动。[2]人们向往的另一种绘画品质是三维性或"浮雕感"（relievo）。比如佛罗伦萨作家詹巴蒂斯塔·格利嘲笑拜占庭艺术"没有任何浮雕感（或立体感）"，因此人像看起来不像真人，倒像是铺在墙上的衣服或"剥下的皮"。[3]伟大的布道士吉罗拉莫·萨沃纳罗拉评论说："他们越密切地模仿自然，给人的快乐就愈多，所以人们赞美画时都说：看，这些动物像活的一样，这些花看起来像真的一样。"[4]

在瓦萨里的《意大利艺苑名人传》中会发现对自然主义的类似关注。[5]比如布拉曼提诺在一个马厩画的马栩栩如生到有一匹马误以为真并去踢它。瓦萨里在这里改变了那些讲述葡萄和帷幕给人和动物造成视错觉的著名希腊故事，其重要性在于错觉主义（或"以假乱真"）被描述为一种胜利。再有，瓦萨

154

1　Baxandall, "Bartholomaeus Facius on painting".

2　Morisani, "Cristoforo Landino".

3　Gelli, *"Vite d'artisti"*, p. 37.

4　Savonarola, *Prediche e scritti*, pp. 2, 47.

5　Blunt, *Artistic Theory in Italy*, ch. 8.

里发现《蒙娜丽莎》的出色之处是这位女士的嘴"似乎是鲜活的血肉而不是画的",而她的眉毛"完全是自然的,有的地方密,有的地方疏,并与皮肤上的毛孔一致"。类似地,莱奥纳尔多·达·芬奇的《最后的晚餐》让瓦萨里印象深刻的是"桌布的纹理模仿得如此精妙,与真正的亚麻布毫厘不爽"。如今,瓦萨里对这些画的自然主义而非其他品质的赞美看起来有点幼稚,因此我们需要强调指出,他只是表达了当时的一种普通观念。事实上,莱奥纳尔多本人也有同样的观念,他曾宣称一幅画越接近模仿对象越好。

不过,并非所有人都有这种观念。有些作家现在看来好像有这种观念,但实则不然,"模仿自然"这句话的含义比看起来要模糊。在文艺复兴时期有两种不同的自然观,即物质世界(哲学家称为"被生的自然"[*natura naturata*])和创造力("能生的自然"[*natura naturans*])。现代意义的自然主义包括对第一种自然的模仿,但一些文艺复兴时期的作家倡导的却是模仿第二种自然。正如阿尔贝蒂在其《论绘画》中说的,自然很少能达到完美,艺术家应像自然一样以美而不是"现实主义"(*similitudine*)为目标。阿尔贝蒂事实上是说艺术家不应画其所见,但他是用模仿的语言说的。米开朗基罗更强烈地表达了自己的观点。他反对弗莱芒绘画,就是因为它仅仅是为"欺骗外部的眼睛"而画的。再有,当他设计洛伦佐·德·美第奇和朱利亚诺·德·美第奇的墓时,他并没有把它们表现成"自然雕塑和创造的那样",而是创造了它们理想化的外貌。[1]

---

1 Clements, *Michelangelo*; Summers, *Michelangelo and the Language of Art*, ch. 20.

秩序对优雅

第二组艺术评价术语涉及秩序或和谐。当阿尔贝蒂让建筑师们去模仿作为造物主的自然时，他解释说，自然的目标是"一个整体所有部分的一种理性的和谐，因此没有什么能添加、减少或改变得改好"。[1]同样，吉贝尔蒂也写道："唯有比例产生美。""有比例"是人们赞美艺术品喜欢用的一个字眼。这组术语中的另一个词是"秩序"（ordine）。[2]还有一个是"对称"，这个词不像我们可能认为的只用于建筑，也用来评价绘画。兰迪诺宣称"对称"已由 13 世纪画家齐马布埃恢复。"尺寸"（misura）也是一个常用术语，还有一个是"规则"（regola）。人们常常把建筑比例与人体比例、视觉和谐与音乐和谐类比。使用这些术语和类比暗示了一种基本态度：即美遵从规则，规则不是主观的而是理性的并事实上是数学的规则。人们甚至认为花园也要井然有序：阿尔贝蒂说："树木应按行种植，整整齐齐，不多不少，并沿直线一一对应。"[3]据我们对这一时期花园的零星了解，阿尔贝蒂表达的是一种传统观念。比如，15 世纪，意大利恢复了林木剪修。[4]"植物的优雅排列"，正如托马斯·布朗尼爵士在其《居鲁士的花园》（Garden of Cyrus）中说的，生动地反映了文艺复兴时期与我们时代价值观的巨大差异。

但无论在自然界还是艺术领域，对秩序的趣味并不适用于所有人。15 世纪 80 年代，新柏拉图主义者雅各布·桑纳扎罗

155

---

1 Alberti, *De re aedificatoria*, bk 6, ch. 2.

2 Summers, *Michelangelo and the Language of Art*, 第 197 页起。

3 Alberti, *De re aedificatoria*, bk 9, ch. 4.

4 Coffin, *Italian Garden*；Lazzaro, *Italian Renaissance Garden*.

在田园传奇《阿卡迪亚》（*Arcadia*, 1504）——西德尼摹仿的样本之一——中表达了对原始美的偏爱：

> 观看大自然在巍峨的群山中创造的高大和延展的树木通常比观赏雅致花园中精心修剪和培养的植物更能使人快乐……谁会怀疑，从绿树掩映的山岩中自然喷涌的泉水比那些用最洁白的大理石雕刻并装饰着大量黄金的艺术品更让我们喜悦呢？

毫无疑问，正是这种态度促进了文艺复兴时期风景画的兴起。

16 世纪 20 年代前后，对称和艺术规则遭到了更广泛的拒斥。米开朗基罗的理论和实践就是这种反应的重要例子，虽然我们不应夸大其激烈程度。被归于米开朗基罗的两句著名评论概括了他的态度：他对丢勒论比例的书不屑一顾，评论说"你不可能制订固定规则，把人做得像柱子一样规整"，并声称"所有的几何和数学推理以及所有透视法证据，对一个缺乏眼光的人都毫无用处"。[1] 至于他的实践，瓦萨里描绘米开朗基罗的美第奇礼拜堂是对"其他人遵照常用的比例、秩序和规则（*misura, ordine e regola*）制作的艺术品"的颠覆。

如果这些价值观被摒弃，要用什么代替它们？对于那种不能简化为程式和规则的美，16 世纪的人喜欢用的一个词是"优雅"（*grazia*）。佛罗伦萨人阿尼奥罗·菲伦佐拉在他轻松愉快的

---

1 Clements, *Michelangelo*, 第 21 条目；Summers, *Michelangelo and the Language of Art*, 第 352 页起，以及第 380 页（需要提醒读者，切勿认为米开朗基罗"对比例理论完全没兴趣"）。

对话《女性美》中指出，这种优雅并不仅仅关乎重要的数字统计，而是某种更神秘的东西，"（它）来自一种看不见的比例和我们书本中没有的规则"。[1] 就这样，规则的语言被用来论证不存在规则。16 世纪中期的另一位佛罗伦萨学者贝内代托·瓦尔基将美和优雅做了对比。美是物质的、客观的和基于比例的，而优雅是精神的、主观的和难以界定的。[2] 但怎样在艺术中表现精神？随着"优雅"在 16 世纪日益流行，它被用以指某种类似"甜美"（*dolcezza*）、"优雅"（*leggiadria*）或"可爱"（*venusta*）的含义。它尤其被与拉斐尔和帕米加尼诺的绘画联系起来。[3] 如果我们得出结论说，优美的"奥秘"就在于给姑娘们画上甜美的表情和高挑的个头是不厚道的，但有些艺术家——与我们现在说的"矫饰主义"（Mannerism）运动联系在一起的艺术家——无疑相信。甚至"优雅"也可以被简化为一个程式。[4]

华丽对简朴

第三组评价术语围绕广义上的"华丽"（richness），包括"多样"（*varietà*）、"丰富"（*copiosità*）、"华美"（*splendore*）和"宏大"（*grandezza*）。其他反复出现的形容词很难区分——可能也没什么用，包括"华美"（*illustre*）、"宏伟"（*magnifico*）、"富丽"（*pomposo*，没有英语中 pompous 一词的贬义意味）、"华丽"（*sontuoso*）和"壮丽"（*superbo*）。正如我们已经看到

1　Firenzuola, *Prose*, 第 108 页起。

2　Varchi, *Due lezioni.*

3　关于乔维奥将拉斐尔与"甜美"（*venustas*）联系在一起的讨论，参见 Zimmermann, "Paolo Giovio", p. 416。

4　Smyth, *Mannerism and Maniera*；Shearman, *Mannersim.*

的，人文主义者莱奥纳尔多·布鲁尼曾被请来为佛罗伦萨洗
礼堂的第三座大门提建议，他认为它们应该（按照他的说法）
"华美"（*illustri*），换句话说它们应"以丰富的设计让人大饱眼
福"。大门的实际设计者吉贝尔蒂告诉我们，他的目标是"丰
富"。再有，阿尔贝蒂反对"叙事画"（*istoria*，指讲述了一个
故事的画）中的"单调"（"solitude"），认为快乐主要"来自丰
富和多样的事物……我是说这样的叙事画是最丰富的，其中有
老人、年轻人、少女、妇女、青年、男孩、小狗、鸟儿、马、
羊、建筑、风景等以及其他类似的东西"。[1]

对建筑的评论尤其频繁地使用这组术语。比如菲拉雷特就
过于频繁地使用"气势恢弘"（*dignissimo*）这个词。瓦萨里往
往用"最庄严"（*onoratissimo*）、"最壮观"（*sontuosissimo*）或
"最壮丽"（*superbissimo*）等丰富效果的最高级形式描绘房屋。
就绘画而言，瓦萨里把"宏大风格"（*maniera grande*）视为其
最仰慕的艺术品的特点，如米开朗基罗的作品。

但也有人欣赏与简朴联系在一起的价值。比如阿尔贝蒂，
虽然他赞美丰富，但却憎恶装饰，称之为一种"二流的"美。
他批评建筑中的"混杂"，这个词听起来像与丰富和多样有关
的一种缺点。他赞成将教堂粉刷得雪白，理由是"神必定喜悦
纯净和简朴的色彩，正如他们喜欢简朴的生活"。[2] 他还认为，
雕塑家会喜欢纯白的大理石，画家应使用白色而不是金色。他
赞美艺术品的其中一个词就是"朴素"（*verecundia*）。

阿尔贝蒂对简朴的辩护非常符合他的朋友布鲁内莱斯基和

1　Alberti, *On Painting*, p. 75.

2　Alberti, *De re aedificatoria*, bk 7, ch. 10; *On Painting*, pp. 84–85. 参见 Gombrich,
　　Meditations, 第 16 页起。

图 6.1 佛罗伦萨帕齐家族礼拜堂的内部

马萨乔的作品。布鲁内莱斯基将湿壁画赶出其建筑的内部，如圣洛伦佐教堂或圣十字教堂（Santa Croce）的帕齐礼拜堂（插图 6.1）。兰迪诺赞美马萨乔的作品，因为它们"朴素无华"（*puro senza ornato*）。[1]

表现力

在人文主义者巴托罗梅奥·法齐奥看来，表现力（expressiveness）是画家最重要的天赋之一。他写道，皮萨内罗"在表现情感方面"无与伦比。比如他的一幅《圣哲罗姆》对圣徒"庄严面容"的表现极为出色。法齐奥接着说，罗杰·凡·德尔·韦登的《基督被放下十字架》对围观者悲伤之情的表现引人瞩目，其《基督受难》对"各种不同的情感"描绘也是如此。[2] 再有，阿尔贝蒂建议画家"触动观众的灵魂"，他解释说，"灵魂的活动通过身体的运动表现出来"——运动是情感的标志——并暗示表现一种情感就是引起观众的共鸣，让他们与画中人"一起哭、一起笑和一起悲伤"。[3] 达·芬奇也强调画家要表现愤怒、恐惧和悲伤等情感，他自己在笔记中评论《最后的晚餐》的主题时谈到的不是让瓦萨里印象深刻的桌布，而是人物的姿势和情感，比如那个"惊愕地张大嘴"的使徒。[4] 公正地说，瓦萨里也注意到画的表现力，他评论说："莱奥纳尔多出色和成功地想象并表现了使徒们急欲了解谁出卖主时那种煎熬的焦虑；因此，人们在他们的脸上可以读到爱、沮丧、愤

1　Morisani, "Cristoforo Landino", 第 267 页起。

2　Baxandall, "Bartholomaeus Facius on painting".

3　Alberti, *On Painting*, p. 77.

4　Leonardo da Vinci, *Literary Works*, p. 341.

怒，或者说因不理解基督这句话的意思的悲伤。"他对米开朗
基罗做了类似赞誉，说他的人像"揭示了只有他自己知道怎样
去表现的思想和情感"。

技　艺

最后一组术语围绕技艺的观念，我们可以用法齐奥对
扬·艾克这一品质（*artificium*）的赞美说明这一点。阿尔贝
蒂赞美艺术家从可见世界选取元素以创造一件美的作品背后
的"磨炼"（*istudio, industria*）。一件艺术品也可能因为克服困
难赢得赞誉。比如瓦萨里赞美拉斐尔的《圣母的婚礼》（插图
6.2），因为，看到他在用透视法表现那座神庙时"刻意寻找困
难真是太妙了"。

有学者指出，"在文艺复兴晚期作家使用的所有赞美词中，
可能没有哪个词比'困难'（*difficultà*）出现得更频繁或更重
要"。[1] 成功克服困难有时被称为"轻松自如"（*facility*）。问题
是，"轻松自如"的艺术家可能看起来并不具有这一品质，因
为观众可能不会意识到有一个难题需要攻克。因此，年轻画家
被建议"至少引入一个完全人为的、神秘的和困难的人像向
那些懂艺术的人表明你的技艺多么出色"。[2] 以下事实证明这个
建议确实被认真对待，即"新奇"（*peregrino*）这个时髦的词
兼有"怪异"和"优雅"两个含义。[3] 再有，"怪诞"在这一时
期似乎也不是一个贬义词。不管怎样瓦萨里曾用它评价自己的

1　Summers, *Michelangelo and the Language of Art*, 第 177 页，试比较第 11 章。

2　Pino, *Dialoghi di pittura*, p. 45.

3　Weise, "Maniera and Pellegrino".

图 6.2　拉斐尔:《圣母的婚礼》, 米兰布雷拉美术馆

作品。[1]

　　日益频繁地提到"流利"和"困难"表明，公众——可能
还有艺术家——正日益意识到风格并对它越来越有兴趣。贬义
词的情况表现了同样的趋势。瓦萨里这样的艺术家和格利（前
面引用过他的话）这样的门外汉在描绘中世纪艺术时都大量使
用了"巨大"（*grosso*）、"粗拙"（*rozzo*）和"笨拙"（*goffo*）等
字眼。最后一个例子是"风格"（*maniera*）一词本身出现得越
来越频繁。[2]随着对个人风格兴趣的增长，人们也越来越敏锐
地意识到我们后浪漫主义时代所说的创造性、灵感或天赋，当
时人们对它们的描述略有不同，称之为"创意"（*invenzione*）、
"想象力"（*fantasia*）或"才智"（*ingegno*）。[3]

　　总之，对 15、16 世纪评价绘画、雕塑和建筑使用的词汇
的分析——就像对物品本身的考察一样——表现了一种趣味的
变化，即从自然的到想象的，从简单的和朴素的到复杂的、困
难的和华丽的。

音　乐

　　把音乐跟其他艺术，尤其是建筑类比是文艺复兴时期的一
个常见现象。听觉的和视觉的比例被认为具有可比性。这正是
阿尔贝蒂给他的助手马泰奥·德·帕斯蒂（参见边码第 71 页）
的那句警告的要旨，即如果他改变柱子的比例，"整首乐曲就
变成了不和谐音"。1535 年，圣方济会的学者弗朗切斯科·佐
尔齐（或乔尔吉）在报告中用"八度音程""五度音程"等音

1　Vasari, *Literarische Nachlass*，第 17 页起。

2　Weise, "Maniera and Pellegrino"；Smyth, *Mannerism and Maniera.*

3　Kemp, "From 'mimesis' to 'fantasia' ".

图 6.3 威尼斯圣弗朗切斯科·德拉·维尼亚教堂的内部

乐术语描绘威尼斯圣弗朗切斯科·德拉·维尼亚教堂（San Francesco della Vigna）的比例（插图 6.3）。[1]

    这些类比不仅仅被看作比喻。至少有时它们产生了实际后果，如米兰主教堂的音乐指挥弗朗基诺·加弗里奥就被邀请担任建筑顾问。音乐和其他艺术的相似虽没有这么确切，但也经常被类比，前面已经引述的米开朗基罗和乔斯昆·德·普雷斯作品的类比就是一例。

    这一时期的音乐趣味比视觉艺术或文学的趣味更难重构。音乐领域没有可与瓦萨里的《意大利艺苑名人传》对等的著作，况且就像现在一样，对当时的人们来说解释为什么喜欢某

---

1 Wittkower，*Architectural Principles*，第 90 页起，以及第 117 页起；Foscari and Tafuri，*L'armonia e i conflitti*。

一首曲子，要比解释为什么喜欢某一首诗或一幅画更难。因此，下面的论述主要依据这一时期的三篇论文，作者分别是约翰内斯·德·丁克托里斯、皮埃特罗·阿伦和尼科罗·维琴蒂诺。

　　用得最多的赞美词是"甜美"（*soave*，*dolce*），但它就音乐趣味提供的信息就像视觉艺术中的"美"一样少。对我们更有帮助的是一组围绕"和谐"的词汇，它们与视觉艺术中围绕"秩序"的词有许多相似之处。人们的基本观念也是成功取决于遵从规则。比如丁克托里斯常常批评他那个时代的作曲家——按照他的话来说——犯了"不可原谅的错误"。他写了一篇论音乐比例的论文。皮埃特罗·阿伦也使用类似的赞美词，如"秩序"（*ordinato*）。

　　对这一时期的音乐理论家来说，一个尖锐的问题是不和谐。这个问题源于音乐与视觉艺术的一个根本差异，这个差异由于它们使用同一些表达秩序与和谐的词汇被掩盖了。我们可以将这一时期音乐出现中的不和谐音与视觉艺术中的装饰或不对称进行比较。前一种情况（即装饰）是人们渴望的，而后一种（即不对称）则是要规避的。丁克托里斯发现自己在这一点上很难抉择。他在一篇文章中将不和谐音比作语言中的修辞，而在另一篇文章中又把不和谐音定义为"两种声音的混合，这自然是刺耳的"。他的结论是种折衷：可以允许小的不和谐。大约 50 年后，阿伦打算在接受不和谐方面走得更远。对丁克托里斯来说，一首曲子的开始和结尾都必须是完美的和声；但对阿伦来说只要结尾这样就行了。

　　另一组词汇的核心是"表现力"。在这里，音乐与视觉艺术的类比是显而易见的，但似乎有个时间差：表现力直到

1500年甚至更晚才在音乐理论和实践中变得重要。因此，在卡斯提利奥内的《论廷臣》中，一个谈话者对比了两种演唱风格对听众的效果，即罗马的阿斯蒂的比顿和曼托瓦的马尔凯托·卡拉的演唱风格：

> 比顿的演唱技巧高超、快速、有力、有感染力且曲调多变，听者无不被打动并激情澎湃……我们马尔凯托·卡拉的演唱并不如此饱含情感，但曲调更柔和；他让灵魂变得温柔，并平静地和用一种充满伤感的甜美浸透灵魂深处。[1]

这一时期的一些乐曲显然是为表达情感创作的，比如强化一个文本表达的感情。乔斯昆为维吉尔的《埃涅阿斯纪》中狄多的哀叹配的伤感乐曲就是一个著名的例子。在16世纪20年代和16世纪40年代，科斯坦佐·费斯塔、阿德里安·维拉尔特、雅克·阿卡代尔特等谱写的牧歌也是这样的例子。不过，有关这些富有表现力的乐曲的音乐理论要到16世纪50年代才出现。正如尼科罗·维琴蒂诺（维拉尔特的学生）指出的："如果语言表达的是庄重，那么乐曲也要庄重而不是狂乱；如果语言表达的是快乐，你就不能写悲伤的曲子，如果语言表达的是忧伤，你就不能写欢快的曲子；当语言表达的痛苦，你就不能让乐曲甜美……"乔塞福·扎里诺重复了他的话：

> 人们不希望乐师用不恰当的方式将和声和文本结合在

1　Castiglione, *Cortegiano*, bk 1, ch. 37.

一起。因此，为一个欢快的文本配上忧伤的和声和缓慢的旋律，或者把一首欢快的和声和轻快的旋律加在一部充满眼泪的悲剧中都是不恰当的……作曲家应该使每个词与音乐匹配，凡是表达严酷、艰辛、残酷、痛苦等类似含义的词汇，音乐也要与之相似，即应是某种喑哑但不刺耳的曲调。[1]

音乐及其姊妹艺术还有其他类比，如丁克托里斯指出："每个对位声部都要不懈追求多样"。音乐甚至被期望模仿自然，特别是狩猎和战争场面，比如海因里希·伊萨克的乐曲《在战场上》（*A la battaglia*）。

文　学

巴托罗梅奥·法齐奥说"一幅画不过是一首无言的诗"。如果说这个观念在 15 世纪早期尚属罕见，那么它很快就变得平淡无奇了。这个类比——通常以贺拉斯的"诗如画"（*ut pictura poesis*）为依据——是当时人们不厌其烦地使用的类比之一。[2] 它还启发了实际的文学批评。当人文主义者波利齐亚诺说中世纪诗人齐诺·达·皮斯托亚是第一个"开始摒弃旧有的粗俗（*l'antico rozzore*）的人"，他实际上把齐诺描绘成一位齐马布埃或乔托。这一时期，文学批评中的五个核心概念在视觉艺术中都有对应词：得体、宏伟、优雅、多样性和逼真。[3]

1　Zarlino, *Istitutioni harmonichi*, bk 4, ch. 32. 这一段的英文翻译出自罗文斯基（Lowinsky）。

2　Lee, *"Ut picture poesis"*.

3　关于这个主题的一个指南，参见 Weinberg, *History of Literary Criticism*。

得体（*decoro*，*convenevolezza*）在文学批评中似乎扮演了比在艺术批评中更重要的角色。在视觉艺术中，得体只是指避免一些明显的失当，如把一个老人的头安在一个显然年轻的躯体上，或者（更有争议性的）给十字架上的基督画上一张农民的脸。而在文学中，得体是在讨论形式和内容的关系这一核心问题时引出的。

威尼斯人文主义者皮埃特罗·本博沿用古典传统在关于什么是，或可以成为传统智慧的权威论述中区分了三种风格（*maniere e stili*）——高级风格、中级风格和低级风格："假如是宏大主题，词汇应严肃、庄重、铿锵有力、壮观和华丽（*gravi*，*alte*，*soonanti*，*appareti*，*luminose*）；假如主题是低级和粗俗的，词汇应轻松、朴素、谦卑、普通和平静（*lievi*，*palne*，*dimesse*，*popolare*，*chete*）；如果主题是中级的，词语应在上述两者之间。"本博接着说，但丁在《神曲》中打破了这一规则，因为他选择了一个崇高的主题，但却使用了"最低级和最粗俗的词语"。[1]

正如这个例子表明的，批评家（若非广大读者）最喜欢的是用宏伟风格表现宏大主题。围绕宏伟的观念有一整套词汇：如"高贵"（*dignità*）、"严肃"（*gravità*）、"崇高"（*altezza*）、"庄严"（*maestà*）和"壮美"（*magnicenza*）。从"崇高"（*sublime*）一词的上下文来看，它有类似的含义，但尚未像在18世纪那样获得，或重新获得"可怕"的含义。要用宏伟风格写作，就要将许多主题——最明显的就是普通大众——和许多词语排除在外，如"猫头鹰"和"蝙蝠"。事实上，有些作家甚至建

1　Bembo, *Prose della vulgar lingua.*

议用"尼普顿"或"标示时光流逝的星体"这样拐弯抹角的词取代"大海"和"太阳"。虽然现在这些词看起来矫揉造作和累赘，但它们却给当时的读者留下了优雅和时髦的深刻印象。[1]

文学批评中的一个核心概念——大致对应于视觉艺术中的"华丽"——是形式或内容的多样。本博赞美薄伽丘为其《十日谈》中的一百个不同故事巧妙设计的形式多样的开场白。同样，阿里奥斯托也因《疯狂的奥兰多》的多种不同主题赢得广泛赞扬。甚至《圣经》也以其"大量不同的故事、奥妙无穷的含义、形形色色的人物"赢得萨沃纳罗拉的赞扬。

另一组词汇集中于给予快乐（*piacev-olezza*）的观念，它们被区分为"优雅"（*leggiadria*）、"可爱"（*vaghezza*）、"甜美"以及当然还有"优雅"。对于这组词汇，最重要的评价可能是指出，它们常常指我们说的中级风格的"二流的"美（即抒情诗而不是史诗的美），或甚至指一种低级风格，如薄伽丘的《十日谈》。我们好奇的是，当这些形容词被用于形容绘画时它们是否也含有"二流的"意味。

与在绘画领域一样，批评家在讨论文学时也大量谈论"模仿"。但不是像艺术批评和后来的文学批评指的模仿自然，而是模仿其他作家——如何变化或改造借来的东西，以及模仿多少才不致仅仅成为一个模仿维吉尔、贺拉斯或西塞罗的"猴子"。这是整个文艺复兴时期古典文化复兴事业的核心话题，也是个有争议的话题，牵涉其中的学者包括波利齐亚诺和本博。本博赞成模仿某位作家，如西塞罗，但他指的不是模仿细

166

1　Bembo, *Prose della vulgar lingua*; Vida, *De arte poetica*; Daniello, *Poetica*.

节，而是吸收精髓，即将作者的风格作为模仿的典范。另一方面，波利齐亚诺谴责他说的"猿猴""鹦鹉"和"喜鹊"们，并宣称他相信自己表现了他自己，而不是西塞罗。如今看来，他写给人文主义者同道保罗·科尔蒂斯的信很像一份文艺复兴时期的"个人主义"宣言，布克哈特就是这么认为的。但需要补充的是，波利齐亚诺不是拒绝一切文学模仿，而只是反对"只沉迷于复制西塞罗"。[1]

多样的趣味

到目前为止，我们强调的都是这一时期的一般观念，关于趣味的常见语言。我们可以将其粗略总结为一个程式：美＝自然＝理性＝古代。虽然这些不同的价值标准并不像方程式暗示的那样完全一致，但当时人们却常常这样看待它们。这并不是说这一时期没有审美分歧，比如我们提到过的关于模仿的争论和对简朴的不同评价。我们只是说，这些分歧是在一个共同的观念框架内发生的，因其是无意识的，因而更为强大。这个共同的框架，我们可称为"思维"（mentality），个人的思想很难超越某些界限，我们可称为"看不见的障碍"。在当时的大多数人看来，逾越那些障碍的思想不言而喻都是荒谬的。[2]

不过，现在是时候再对多样的趣味说些什么了。每个人的趣味都不一样。艺术存在差异。正如我们看到的，这一时期的

1 关于这个问题的最精彩讨论，参见 Fumaroli, *L'âge de l'éloquence*，第 91 页起；Greene, *Light in Troy*, ch. 8。波利齐亚诺写给保罗·科尔泰塞的信，参见 Greene, *Light in Troy*, p. 139。本博与吉安弗朗切斯科·皮科在 1512 年的争论，参见 Santagelo, *Epistole "De imitatione"*，特别是第 45 页起。

2 Burke, "Strengths and weaknesses".

趣味也经历了变化，即日益关注"华丽"和越来越不喜欢规则。本节将集中于三个主要对比：划分不同地区居民、不同社会群体的成员以及最后参与和反对我们所说的文艺复兴运动的人们的对比。

首先是地区差异。我们已经看到，意大利不同地区对不同艺术的贡献极不平衡。而且显然不同地区有各自的绘画和建筑风格——这可能对应于不同的趣味。在大多数情况下，我们都找不到关于这些地区差异的文献证据，但有一个著名例外。佛罗伦萨和威尼斯趣味传统的对比变成了一个争论的主题：威尼斯人强调色彩，而佛罗伦萨人看重素描（*disegno*）。在佛罗伦萨一方，瓦萨里虽然对提香有浓厚兴趣，但他从未打算承认提香能与米开朗基罗匹敌。而另一方面，保罗·皮诺在其《关于绘画的对话》（将这场争论戏剧化了）和卢多维科·多尔切在他的《阿雷蒂诺》中都坚持提香是最伟大的画家。[1] 再有，正如我们已经看到的（参见边码第 31 页），佛罗伦萨人对简朴的建筑风格的趣味，也与伦巴底地区喜好华丽装饰的趣味大相径庭。

其次是社会群体的差异。比如，弗里德里克·安塔尔（参见边码第 39 页）对 15 世纪早期佛罗伦萨贵族和中产阶级趣味的对比是否准确？或者，如果说他在这一点上错了，那么对整个文艺复兴时期意大利的类似对比是否还站得住脚？

与其他时期一样，在文艺复兴时期，趣味的语言也与评价

1　有关瓦萨里对整个威尼斯画派，尤其是对提香的态度的详细情况，参见罗斯基尔（Roskill）为多尔切的《阿雷蒂诺》（Dolce, *Aretino*）写的序言，第 45 页起；Rosand, *Painting in Cinquecento Venice*, pp. 20–21。关于米开朗基罗画中的"构图"，参见 Summers, *Michelangelo*，第 250 页起。

社会行为的语言密切相关。得体既是一种审美理想，也是一种社会理想。"优雅"一词被用来描绘艺术品之前被用于形容举止。甚至"风格"（*maniera*）一词最初也与良好的举止而不是艺术风格联系在一起。[1]这些术语的使用强调了这样一个事实，即我们通常所说的"这个时期"的趣味，事实上是一些社会群体创造出来的，有时还表达了他们的社会偏见。比如，用高级风格写作时使用技术性术语被认为有失体面，因为作者不应对手艺人这样的卑微阶层的技术知识表现出太多了解。使用新词也被认为不得体，因为"新人"不被社会接受。诗人维达清楚阐明了这一类比："但却不允许任何词汇进入歌曲 / 除非它们能证明其来源。"本博对文学词汇表的讨论表明，他已极为关注在 20 世纪 60 年代的英国我们所知道的"U"和"non-U"的问题[2]阿雷蒂诺（一个不是来自上层的作家）在他那个关于高级交际花的故事中出色地嘲讽了本博的想法，这位交际花声称窗子应叫 *balcony* 而非 *finestra*；门应叫 *porta* 而不是 *uscio*；脸应叫 *viso* 而不是 *faccia*。[3]

根据当时理论家的观点，不同的建筑或音乐风格适合不同的社会团体。比如，菲拉雷特宣称他能为"不同阶层的人"设计住宅，它们不仅规模不同且风格各异。尼科罗·维琴蒂诺区分了两种古典音乐，一种是为"普通人听"的公共音乐，另一

---

1 Blunt, *Artistic Theory*，第 92 页起；Weise, "Maniera and Peelegrino"；Baxandall, *Giotto and Orators*。

2 20 世纪 60 年代新社会史和大众文化史兴起后，英国的一些语言学家和学者开始分析语言的"阶级色彩"，把上流社会（Upper class）词汇和"非上流社会"（Non-Upper class）的词汇区分归类。——译者注

3 Aretino, *Sei giornate*, p. 82.

种是为"有教养"的人创作的私人音乐。[1] 在文学中，风格等级——高级、中级和低级——与不同的社会群体联系在一起。亚里士多德在《诗艺》中曾指出，悲剧关乎高尚之士，喜剧涉及普通人，但在文艺复兴时期，人们认为亚里士多德指的是贵族和平民。高级风格的文学是为了精英以及关于精英的。

要估量社会背景对艺术和文学趣味的影响即便是现在都很难，更不用说在 15、16 世纪了。要得出任何概括性的或未经证实的断言都是不明智的。我们当然不得不考虑这一事实，即人文主义者和贵族都参与了我们所说的"大众"文化。[2] 波利齐亚诺声称喜欢民间歌谣，洛伦佐·德·美第奇创作狂欢节歌，新柏拉图主义者和人文主义者乔万尼·彭塔诺站在广场上听一个"说唱艺人"（cantastorie）讲故事。[3] 阿里奥斯托也喜欢听"说唱艺人"吟唱骑士传奇，他的《疯狂的奥兰多》就借鉴了这种大众文化传统。另一方面，《疯狂的奥兰多》的一些篇章也通过廉价小册子进入了意大利大众文化。[4]

虽然必须牢记这一点，但这并不是说文学趣味不会随着读者或听众群体的不同而变化。阿里奥斯托并非简单模仿"说唱艺人"，他将传统的传奇故事作了改编以适应他自己的生活环境，即费拉拉宫廷。比如，其讽刺的语调就是其前辈作品所没

169

1　Filarete, *Treatise on Architecture*, bks 11–12；维琴蒂诺的观点，转引自 Einstein, Italian Madrigal, vol. 1, p. 228。

2　Burke, *Popular Culture*, pp. 8, 51–54.

3　Cocchiara, *Origini della poesia popolare*, 第 29 页起。

4　Guerri, *Corrente popolare*；Bronzini, *Tradizione di stile aedico*；Burke, "Learned culture and popular culture" 和 "Oral culture and print culture"。

有的。尽管他拒绝按照本博的建议采用维吉尔的风格，但他对古典史诗并非无动于衷。廉价小册子也不是简单复制阿里奥斯托的篇章；它们作了改动，最明显的就是改编得更简单了。我们有理由认为所有这些歌手、作家和出版商都知道他们各自的观众需要什么。图书馆的藏书清单（如前面讨论过的达·马伊亚诺兄弟的藏书）表明，薄伽丘"低级"风格的《十日谈》在商人及其妻子那里很受欢迎，特别是在托斯卡纳地区，而但丁（虽然遭到本博的批评）的著作也在这个群体中拥有大量读者。另一方面，彼特拉克的爱情诗虽然传遍全意大利，但读者只是贵族家庭的青年男女。[1]

此处要讨论的最后一组分歧也是本研究中最核心的，因为它涉及文艺复兴本身。很明显，文艺复兴是一场少数人的运动，因为这一时期意大利人口中占多数的农民即便想了解这些文化创新也没有多少机会这样做。不过，少数具备参与这场运动所需的闲暇和技能的人对文艺复兴的看法也不一致。借用16世纪牛津出现的一个有用的术语来说，文艺复兴时期的意大利既有"特洛伊人"也有"希腊人"。确切地说，这一时期有对创新的反感或强烈反对，特别是基于两点。

这一时期，人们对大多数艺术和文学的常见批评是它们是导致道德堕落的诱因。薄伽丘的《十日谈》在被下令删改的很久前就遭到攻击了，其中一位是锡耶那的圣贝尔那迪诺。教皇尤金四世谴责帕诺尔米塔的诗《赫马弗洛狄忒斯》[2]，1431年，该书在博洛尼亚、费拉拉和米兰被当众焚毁。萨沃纳罗拉谴

---

1 Graf, *Attraversa il' 500*; Bec, "Marchands écrivains".
2 *The Hermaphrodite*，希腊神话人物，赫耳墨斯与阿芙洛狄忒之子，沐浴时与仙女萨尔曼西斯结合为雌雄双性体。——译者注

责画家们"让圣母穿得像一个妓女"。据瓦萨里所说，画家巴乔·德拉·波尔塔（更有名的称呼是巴托罗梅奥修士）被萨沃纳罗拉的布道说服，即"不宜在家里摆放男女裸体画像，因为有孩子"，在 1497 年佛罗伦萨著名的"焚烧虚荣"期间，将自己的画付之一炬。[1] 为米开朗基罗《末日审判》中的裸体添加无花果树叶的情况前面已经讲过了。也不能忘记"特洛伊人"，但文艺复兴时期保存下来的裸体像的数量表明，至少到 1500 年，他们败局已定。对文学的反应的历史与此类似。1559 年标志着一个转折点，这一年，教皇保罗四世从道德立场谴责了许多名著，如波吉奥·布拉乔利尼的笑话、马苏乔·萨勒尼塔诺的小说、路易吉·浦尔契和弗朗切斯科·贝尔尼的诗以及阿雷蒂诺的全部作品。

对艺术的第二个反对意见是它们有偶像崇拜嫌疑，因为它们常常涉及异教诸神。据说教皇阿德里安六世——一个趣味刻板的尼德兰人——被请去观看梵蒂冈宫的著名古典雕塑《拉奥孔》（他的一位前任放在这里的），他冷冷地说："那些就是古人崇拜的偶像。"不过，这一时期与异教神话有关的绘画和诗歌的数量不能得出意大利人是异端的结论（这是一些北方人得出的结论，包括伊拉斯谟和阿德里安六世）。人们广泛认为神话是有寓意的（基于这些理由对古典神话的著名辩护是人文主义者科卢乔·萨鲁塔蒂的《赫拉克勒斯的功绩》[*The Labours of Hercules*]）。那种含义，什么人相信它，这些是下一章讨论的话题。

1　Steinberg, *Fra Girolamo Savonarola*.

第 7 章

图像学

> 创意指自己设计诗歌和历史，现代画家罕有具备这一美德者，我视之为某种极机巧和值得称赞的东西。
>
> ——皮诺：《关于绘画的对话》(Pino, *Dialoghi di Pittura*)，第 44 页

图像学 (*iconography*) 是对图像含义的研究，即研究一些文艺复兴时期的意大利人说的"创意"(*invenzioni*) 或"故事"(*istorie*) 的内容。图像学或图像志方法指将图像当作文本"阅读"（常常是通过将其与文本并置）并区分不同层次的含义。图像学是 20 世纪早期由埃米尔·马勒、阿比·瓦尔堡、欧文·潘诺夫斯基等人发展起来的，它是对一种单纯关注形式的艺术史方法的反动，但图像学进而也招致批评或被指责为圣像破坏主义，理由是它偏重图像的"离题"方面，换言之，那些表现了语言影响的特征而忽视了不受语言影响的"造型"方面。但即便图像学的重要性有争议，这种研究文艺复兴艺术的

路径仍是必要的。[1]

对一部艺术社会史来说，不同图像的相对受欢迎程度是个重要问题，但却不像看起来那样容易回答。例如，目前我们并没有一份意大利文艺复兴时期绘画的完整目录，因此我们只能研究一个取样。确实有一份日期确定的绘画作品目录，它包括从 1420 年到 1539 年 120 年内意大利的 2229 幅绘画。2033 件作品有对主题的描述，其中有 1796 件（约占 87%）可被描绘为宗教画，237 件为世俗画（约占 13%）。在世俗题材作品中，约有 67% 为肖像画。在宗教画中，约有一半表现圣母马利亚，约四分之一表现基督，而有近 23% 的作品表现圣徒（剩下为数不多的作品表现上帝、圣三位一体或《旧约》中的场景）。[2] 一份从 1336 年至 1536 年意大利有记载的圣母图像清单证实了其重要性。[3]

172

这个取样是否可靠？这里有两个问题。保存下来的画和日期确定的画不一定能代表全体。由于教会（从未消亡）订制的作品比为私人收藏订制的作品保存下来机会更大，因此世俗绘画所占的比例 13% 可能是一个被低估的数字。我们应把它看作最小数。日期确定的画可能也是一个不公允的取样，这特别是因为其数量从 1420 年的 31 幅稳步增长到 1510—1519 年十年间的 441 幅。如同其他方面，这里也存在一种危险，即依据文艺复兴后期的证据得出概括整个文艺复兴时期的结论。不

1　关于这场争论，参见 Panofsky, *Meaning in the Visual Arts*, ch. 11; Gilbert, "On subject and not-subject"; Gombrich, *Symbolic Images*, pp. 1–25; Settis, "Iconography of Italian art"; Hope, "Artists, patrons and advisers"; Bryson, *Word and Image*, ch. 1。

2　Errera, *Répertoire des peintures datées*.

3　Nicolli, *Vedere con gliocchi del cuore*, p. 116.

过，如果意识到了这种危险，这些统计数字还是有用的。剩下要做的就是总结出它们的意义。

下面的事实可能会让一位现代读者吃惊：在基督教文化中，表现基督的画数量只有圣母的一半，而且也几乎不比圣徒的多。应当补充说明的是，基督在 13 世纪的重要性更低（至少在法国），而且基督在 13 世纪前半期的出现频率比后期高。至少就这一点来说，宗教改革——天主教的和新教的——与其说是对中世纪晚期发展趋势的反动，倒不如说是它们的顶点。[1]基督的画一般表现基督诞生或受难、死亡、复活，但很少表现这些重大事件之间的事。这一模式最明显的解释是圣礼：古往今来，圣诞节和复活节一直是宗教纪年中的重大事件。三王来拜也是一个脱离基督诞生的独立场景，因为它有自己的节日，即主显节（Epiphany）。

这一时期意大利的绘画中出现了各种让人眼花缭乱的圣徒。有哪位现代艺术史家（或就此而言哪位文艺复兴时期的教士）能有把握地辨认出圣尤苏佩里奥、圣尤普罗、圣奎里科或者圣塞孔迪亚诺的标志？然而，在帕维亚这几位圣徒都有各自受到供奉的教堂。哪些圣徒最受欢迎呢？我们的取样中正好出现了 100 位圣徒。施洗者圣约翰（出现 51 次）名列首位。接下来依次是圣塞巴斯蒂安（34 次）、圣方济（30 次）、亚历山大里亚的圣凯瑟琳（22 次）、帕多瓦的圣安东尼（21 次）、圣

------

1 证据可归纳为下表：

	圣母马利亚	基督	圣徒
1420—1479	52%	18%	30%
1480—1539	53%	26%	20%

关于 13 世纪法国的情况，参见 Mâle, *L'art religieus du 13e siéle*。

罗歇（19次）、圣彼得（18次）和锡耶那的圣贝尔纳迪诺（17次）。圣伯纳德和圣米歇尔（各有15幅画）位居第10。

虽然我们不应太过认真地看待这些确切数字，但这些圣徒的相对地位却透露了某种有关意大利文化的重要信息。将这份名单与为孩子取名时首选圣徒的名单进行对照可能有价值。在本书特别关注的600位精英中，最常见的教名是乔万尼、安东尼奥、弗朗切斯科、安德烈亚、巴托罗梅奥、贝尔纳多和吉罗拉莫。要解释这一模式可能需要写一本或整整一书架专著，这里只能提出几个大胆猜想。圣彼得的较低地位，特别是与他在教会官方等级秩序中的地位相比需要作些说明。一种解释可能是罗马直到15世纪晚期前都不太重要以及教皇软弱无能。无论如何，这些揭示出官方宗教与非官方宗教的分离非常突出。

而施洗者圣约翰居首位则不足为奇，因为他在官方等级秩序中也很重要，有两个事实为证：他是基督的先驱和佛罗伦萨城——特别是该城舶来羊毛加工行会——的保护圣徒。圣塞巴斯蒂安和圣罗歇（圣罗科）分别位居第二和第七是因为他们是保护人们抵御瘟疫的圣徒。罗科是生活在14世纪的一个法国人，后来到意大利照顾瘟疫的受害者。他在威内托地区特别受欢迎，特别是他的遗骸在1485年运抵威尼斯后。但他从未被正式封为圣徒。到16世纪晚期，教皇西斯克特五世曾打算正式封他为圣徒或将他除名，却在解决这个模棱两可的问题前去世了。因此，对圣罗科的崇拜本质上是非官方性的。[1] 至于塞巴斯蒂安，人们相信他能保护人不受瘟疫之"箭"的伤害，

1　Burke, *Historical Anthoropology*.

似乎是因为他是被乱箭射死的，正如贝诺佐·哥佐利为纪念1464 年的瘟疫在圣吉米尼亚诺的一座教堂绘制的一幅湿壁画表现的那样。

圣方济受欢迎是情理之中的：他是一位意大利圣徒并拥有他所创立的修会的支持。对他的崇拜在他的家乡翁布里亚地区以及托斯卡纳地区最炽烈，但意大利其他地区的许多重要城镇也有供奉他的教堂。帕多瓦的圣安东尼可被视作威内托地区的圣方济；他也是一位圣方济会修士，来自葡萄牙，但在帕多瓦布道并于1231 年逝于此地。圣贝尔纳迪诺也是一位布道士和圣方济会修士。（值得注意的是，与圣方济修会对立的圣多米尼克修会并没有产生受欢迎程度可与这三位匹敌的圣徒）。圣哲罗姆与圣安东尼一样也是在威内托地区特别受欢迎，这里是他的家乡（他出生在阿奎雷亚附近）。画家们用两种不同的方式表现他，这表示他有两种不同"形象"并吸引了两类人。他或者是一位用石头击打自己胸膛的沙漠忏悔者，隐修士的保护神；或者是一位坐在书斋中翻译《圣经》的学者，人文主义者的恰当保护神。[1]

对亚历山大里亚的圣凯瑟琳（其光芒远胜过锡耶那的圣凯瑟琳）的崇拜要从她对年轻姑娘的庇佑来解释。与基督的"神秘婚礼"使她成为赠送新婚礼物的恰当绘画主题。如果说 11 位圣徒中只有 1 个女性的比例小得惊人，这很可能是由于她们的光芒被各种形式的圣母马利亚遮盖了，如慈悲圣母（信徒们躲在她的斗篷下）、玫瑰圣母或罗雷托圣母（意大利城镇，据说伯利恒的"神圣家庭"曾神奇地迁移至此）。

---

1 Rice, *St Jerome.*

由于写了很多文艺复兴意大利的世俗价值观，所以绝大多数日期确定的绘画都是**宗教画**这一点需要强调说明。这些圣母、基督和圣徒的图像无疑是因为虔诚的原因订制的，使我们窥见沉默的大多数的文化。虽然如此，有证据表明这一时期人们对世俗画的兴趣与日俱增，尤其是在那些卷入文艺复兴运动的圈子里。[1] 曾向塞巴斯提亚诺·德尔·皮翁博订制一幅画的费德里科·贡扎加在 1524 年的一封信中说，他不想要"圣徒之类的东西"，而要"一些看起来迷人和漂亮的画"。他似乎属于某种趋势。

正如我们已看到的，大多数世俗画都是**肖像画**。在 15 世纪中期前肖像画比较少见；只有圣徒才有画像。这正是威尼斯贵族莱奥纳尔多·朱斯提尼安的一首诗开头几句的意义所在。说话者告诉他的恋人说，他让人把她画在一张小纸片上，就像她是个圣徒一样："我把你画在一张卡片上 / 好像你是个圣人"（*io t'ho dipinta in su una carticella/Come se fussi un asanta di Dio*）。后来，给古代和当代名人（包括诗人、士兵和律师）画像变得司空见惯。下一步便合乎逻辑地（而非按时间顺序，因为我们无法确定具体日期）出现了统治者生前的肖像。然后是贵族以及他们的妻子和女儿的画像，最后是我们已经看到的商人和手艺人的画像（参见边码第 99 页）。到这一时期晚期，阿雷蒂诺——一个手艺人的儿子，提香曾为他画像——抨击他那个时代肖像的民主化："我们的时代甚至能容忍裁缝和屠夫的画像，真是可耻。"为了使自己区别于其他人，贵族们不得不

1　根据埃雷拉的样本，世俗绘画的比例从 1480 年代的 5% 上升到 1530 年代的 22%。参见 Errera, *Répertoire des peintures datée*。

在自己周围布置许多象征其地位的物品，从天鹅绒帷幕和古典圆柱到仆人和猎狗不等。[1]

不过，艺术史家最关注的是**叙事画**的图像学，无论这些"叙事画"（istorie）是表现古典神话、古代或当代历史插曲还是某种更难确定的内容。表现古典神话场景的绘画中有一些文艺复兴时期最著名的画作。它们常常与那本在古代——以及文艺复兴时期——受欢迎的神话纲要密切相关，即奥维德的《变形记》。比如提香的名画《巴库斯与阿里阿德涅》表现的就是奥维德《变形记》第 8 章的故事，而费拉拉的多索·多西画的女巫喀耳刻（Circe）则表现了《变形记》第 14 章的内容。有些画家则依据古典作家莱姆诺斯的菲罗斯特拉图斯对失传的古代神话画的描述。皮埃罗·迪·科西莫创作的许多表现巴库斯、伍尔坎等神话人物的画不仅取材于奥维德，还借鉴了古罗马诗人卢克莱修《物性论》中对人类早期历史的叙述。[2]

很难说确切的题材对当时的观众来说有多重要。选择圣塞巴斯蒂安或维纳斯主要是因为其本身，还是只是一个表现美丽裸体的借口？一位现代的历史学家如何回答这个问题？充满信心地回答肯定不对，但若要避免时代倒错的解释，我们至少可以看看当时人们描述绘画的方式。比如，有趣的是，我们发现提香把自己的**神话画**说成"诗"（poesie），虽然我们不知道他用"诗"这个词到底指什么：指他借用了奥维德的诗《变形记》，还是意在暗示他是按照自己的想象而不是一个文本画的。

1　Bottari, *Raccolta di lettere sulla pittura*, vol. 3, p. 1360. 参见 Castelnuovo, "Il significato del ritratto pittorio"；Burke, *Historical Anthropology*, ch. 11；"The Renaissance, individualism and the portrait"。

2　Panofsky, *Studies in Iconology*, pp. 33–67.

一些最有趣的文献证据涉及我们所说的"**风景画**"（*landscape*），因为它表明人们正日益意识到绘画背景的重要性，甚至逐渐认为这些内容才是真正的主题。正如我们已经看到的，乔万尼·托尔纳波尼在 15 世纪 80 年代委托吉兰达约绘制圣母的生平故事画时，要求他画上"城市、山川、丘陵、平原、岩石"。伊莎贝拉·德·埃斯特和她的丈夫吉安弗朗切斯科·贡扎加在信中多次提到"风景"（*vedute*），有一次还提到"一幅夜景"（*una nocte*）。后者可能是一幅《基督诞生》，但这样描绘一幅宗教画本身就意味深长。1521 年，一位不知名的威尼斯观察者（常被认为是贵族马坎托尼奥·米基尔）记录道，枢机主教格里马尼藏有"许多小风景画"。[1] 再有，16 世纪 20 年代，人文主义者和主教保罗·乔维奥形容多索·多西的一些画"零碎"（*parerga*），包括"陡峭的悬崖、幽深的沟壑、黑色的浅滩或河流、忙碌的乡村事务、农民忙碌和欢快的活动、广袤的大地和海洋、舰队、市场、狩猎等各种景观"。[2] 换言之，我们所说的这一时期"风景画的兴起"似乎与当时人们观画方式的变化一致。[3]

到目前为止，我们讨论的都是文艺复兴绘画比较明显的内容。但显而易见，至少其中有些画作像文学作品一样意在包含一些隐蔽的含义。这种情况的概率有多大，含义是什么以及当时有多少人理解它们，这些都是需要讨论的问题，但它们都非常隐晦。

明智的做法是从讨论文学入手，其中隐含的意思至少有时

1　Williamson, *Anonimo*.

2　引自 Gilbert, "On Subject and not-subject", p. 204。

3　Gombrich, *Norm and Form*, pp. 107–121；Turner, *Vision of Landscape*.

会在评注中阐明。由于祭坛上的牧师告诉人们说《圣经》有四种不同解释，不仅有字面意思，还有寓意、道德含义和比喻意义，当时人们也常常在文学中寻找隐藏的含义。[1] 有些人文主义者也在世俗文学中寻找隐藏的含义，虽然他们并不总是像神学家那样仔细区分寓意和道德意义等。14 世纪，彼特拉克、薄伽丘和科卢乔·萨鲁塔蒂都把古典神话解释为一种"诗歌神学"。[2] 15 世纪，克里斯托弗罗·兰迪诺写道，当诗歌"看起来最像是在讲述最卑微和微不足道的事或吟唱一个民间小故事以取悦无聊的耳朵时，它也在以极其隐秘的方式书写来自神灵之泉的最杰出的事"。[3] 评注阐释了维吉尔和奥维德这样的古代作家或彼特拉克和阿里奥斯托等现代作家著作中貌似世俗的，甚至是轻佻的言语背后隐藏的含义（通常是宗教的或哲学的）。

在讨论这一点时，奥维德是一个有用的例子，因为他的《变形记》启发了文艺复兴时期的艺术家和诗人。自 12 世纪以来，将奥维德"道德化"——换言之，赋予其诗歌寓意性解释——变得司空见惯。14 世纪的乔万尼·德·本西尼奥雷对奥维德诗歌的寓意解释，被刊印在文艺复兴时期出版的一些《变形记》中，因此，读者得知（比如说）达芙尼（逃离阿波罗时变成了一棵月桂树）代表谨慎，而月桂树象征贞洁。不过，在文艺复兴时期这些神话被赋予此类解释的概率仍不能确定。

多才多艺的作家卢多维科·多尔切也用类似方式解释阿里

---

1 Caplan, "Four senses"; Auerbach, "Figura".

2 Trinkaus, *In our Image*, pp. 689–721.

3 兰迪诺对贺拉斯的《诗艺》的评论，引自 Weinberg, *History of Literary Criticism*, p. 80。

奥斯托，在他1542年刊印的《疯狂的奥兰多》中，第1节安杰利卡的逃走被解释为"女人的忘恩负义"，第45节鲁吉埃罗与布拉达曼特的战斗则揭示了"一个完美骑士的品质"。这些解释被描绘为"寓言"，但依现代标准说它们是象征更为恰当。本西尼奥雷将奥维德诗中的人物视为抽象品质的拟人化，多尔切则只是通过安杰利卡和鲁吉埃罗的活动来概括人性。

这让人觉得好像有一套隐藏的含义，它们或者是作者的本意，或者是评论者的附会——当时的读者似乎非常喜欢它们。（比如多尔切从不写任何他认为不会畅销的东西。）当我们讨论绘画时需要牢记这一印象。至少有些人观看表现《旧约》主题的绘画可能就像阅读文本，留意着将要发生的事——换言之，《旧约》中的人物被看作《新约》人物的"原型"或"预像"。夏娃和犹滴都被看作圣母的预像。（犹滴砍下亚述将领何乐弗尼的头解放了以色列；圣母马利亚则诞下耶稣解放了人类。）

与《旧约》相比，《新约》的场景则是由于自身缘故而入画的，但有时它们也可能被赋予更复杂的神学意义（至少是附会的意义）。无论如何，看到下面这件事是很有趣的，一个名叫皮埃特罗·达·诺威拉拉的修士在写给伊莎贝拉·德·埃斯特的信中谈到达·芬奇的一幅草图（插图7.1），并（至少猜测性地）提出了如下神学解释（注意文中的"可能"）：

179

　　一件小耶稣的草图，一岁左右，他正要跳脱母亲的怀抱去抓一只小羊羔。圣母正欲从圣安妮腿上立起身阻止孩子抓小羊，一个象征耶稣受难的无辜生灵，而圣安妮正从座位上站起来似乎急于阻止她的女儿，这**可能**是一个教会

180

图 7.1 莱奥纳尔多·达·芬奇：
《圣母、圣婴与圣安妮》，巴黎卢浮宫

的象征，教会不会阻止耶稣受难。[1]

　　在这里，我们可能终于能够比较安全地回到文艺复兴时期的世俗绘画及其可能的道德或寓意这个棘手的问题上来了。在这一时期末，证据有时极为丰富和确切——比如瓦萨里就相当详细地解释了自己的意图。他写道，他要在已故的洛伦佐·德·美第奇的肖像（插图7.2）的背景中放置一个花瓶、一盏灯和其他物品，"以表明伟大的洛伦佐以其出色的统治之道……照亮了后辈和这座伟大的城市"。[2]

　　16世纪人文主义者保罗·乔维奥、维琴佐·波尔吉尼和阿尼巴莱·卡罗等设计的方案同样详细（参见边码第116页）。问题较大的是15世纪的绘画，尤其是波提切利的画，它们一直是学者们争论的主题。比如他的《春》表现了奥维德的另一首诗，即《节日》(Fasti)中的一个场景，描绘了花仙子(Flora)和五月。但画中有许多文本无法解释的内容。正如我们看到的，人文主义者有时把古代诸神解释为道德或物理特性的象征。马尔西利奥·菲奇诺曾一次指出："战神代表速度，萨杜恩代表迟缓，索尔代表上帝，朱庇特代表法律，墨丘利代表理性，维纳斯代表人性(humanitas)。"因为这段话是写给那位订制《春》的青年的，所以有学者指出，画中的维纳斯指"人性"。[3]再有，波提切利的《帕拉斯和马人》(Pallas and the

---

1　Cartwright, *Isabella d'Este*, vol. 1, p. 319; 参见 Chambers, *Patrons and Artists*，第86条目。

2　Vasari, *Der literarische Nachlass*，第17页起。

3　Gombrich, *Symbolic Images*, pp. 31–81; 参见 Dempesy, "Mercurius Ver" 和 *Portrayal of Love*。

图 7.2   瓦萨里:《洛伦佐·德·美第奇》,佛罗伦萨乌菲齐美术馆

Centaur)也可会被赋予一个道德解释,其中帕拉斯·雅典娜
(或罗马人说的密涅瓦)代表智慧,被驯服的马人代表激情。[1]
大多数情况下,我们只能猜测隐含的道德意义可能是什么。当
时的人(艺术家、客户及与其关系密切的人除外)也可能有类
似问题。重要的是,我们要记住当时许多人是怀着发现此类含

---

1 Ettlinger and Ettlinger, *Botticelli*, 第 130 页起;参见 Kemp, *Behind the Picture*, pp. 20–25。

义的期望观画的。

隐蔽的政治意义也在当时的"期望范围"内，不过它们 181
更难破解，因为时事很快会变成陈年旧事。比如波提切利的
帕拉斯——其长袍上饰有带着美第奇家族的标志的串在一起
的钻戒——是否象征"伟大的"洛伦佐，马人是否代表他的
敌人？[1]

要确保不把艺术家及其客户头脑中不存在的含义投射到绘
画和雕塑中，谨慎的做法是先从文学和关于隐含的政治含义的
明确讨论着手。出版商加布里埃尔·焦利托在为1542年出版
的阿里奥斯托的《疯狂的奥兰多》写的前言中指出，该诗包含
一个政治信息，将"一位伟大君主的谨慎和公正"与"一个无
知国王的鲁莽和玩忽职守"作了对比。当时的人们是不是真的
把这部史诗当作一种政治理论阅读，好像阿里奥斯托是另一个
马基雅维利那样？反过来，我们发现马基雅维利有一次——在
《君主论》第17章——将维吉尔作为政治学权威引用：用狄多
为其最初的怀疑向埃涅阿斯道歉作为证据，论证一位新君主必
须比地位牢固的君主手腕更硬。

在阅读这一时期的文学时这样做总是有益的，即认为叙
述的事件，真实的或是虚构的，最近的或遥远的，可能指向
或代表作者自己时代发生的事，当时的人们似乎就是这样的。
以文艺复兴时期佛罗伦萨的一部宗教剧《圣乔万尼和圣保罗》
（*Santi Giovanni e Paolo*）为例，这里特别有趣的是，它是由
一位统治者，即"伟大的"洛伦佐创作的。事实上该剧极为关

1　关于艺术中的美第奇象征，参见 Cox-Rearick, *Dynasty and Destiny in Medici Art*。
这部专著的一些书评提醒我们要谨慎对待这些象征。

注君士坦丁大帝的政治问题。剧中，达齐亚的叛乱以及君士坦丁下命令进行镇压都让人联想到沃尔泰拉城反抗洛伦佐的叛乱以及费德里哥·达·蒙特费尔特罗对叛乱的镇压。剧中，作者让君士坦丁强调一个事实，即他所做的一切都是为了公众的利益。这部戏剧看起来好像是洛伦佐为自己写的宣传。[1]

绘画和雕塑也可能传达政治含义。表现的人物可能是寓意，因为表面上的表现对象代表了另一个人。破解这些寓意必须深思熟虑，而且解释必定是有争议的，但解释的努力并不是时代倒错的。与中世纪一样，在这一时期，人们也常把在世的人称为一位"新的"或"第二个"凯撒、奥古斯都、查理大帝等。如伟大的布道士萨沃纳罗拉修士把法国国王查理八世称为"新居鲁士"（著名波斯国王），也说他是"新查理大帝"。[2] 这些类比是本章前面讨论的《旧约》预示了《新约》的世俗版。因此，认为某些大卫雕像象征佛罗伦萨或皮埃罗·德拉·弗朗切斯卡表现君士坦丁皇帝的绘画暗指拜占庭帝国巴列奥略王朝皇帝约翰七世并不是不可能的，后者曾前往意大利寻求帮助以抵御土耳其人和保卫都城君士坦丁堡。[3]

拉斐尔在梵蒂冈宫为尤利乌斯二世和利奥十世绘制的湿壁画中可以看到一个精心设计的政治寓言。[4] 一幅是我们已经讨论过的《驱逐赫里奥多鲁斯》（边码第 138 页），另一幅湿壁画表现的是《赶走阿提拉》（*Repulse of Attila*）。文艺复兴时期的意大利人，包括尤利乌斯本人常常把 1494 年后入侵意大利的外国

1　D'Ancona, *Sacre rappresentazione*，特别是第 257 页。

2　Weinstein, *Savonarola and Florence*, p. 145.

3　Ginzburg, *Enigma of Piero*, ch. 2.

4　Harprath, *Papst Paul III*.

人称为"蛮族"；这幅壁画详尽地把这两波蛮族入侵作了类比。接着，拉斐尔又画了教皇利奥三世在圣彼得大教堂为查理大帝加冕，以及教皇利奥四世为基督徒对撒拉逊人的一次胜利感谢上帝的场景。为了强调与自己所在时代的相似性，拉斐尔还把两位教皇画成与其同名的利奥十世的模样。[1] 不过，把这些壁画简化为对时事的评论并不对，因为即便它们表达了政治观点，比如波提切利的《惩罚可拉》(参见边码第 138 页)，本质上也是一个非常笼统的观点——一个教皇权威合法性的图画说明。不过，我们还是要记住它们的时事指向，以及更重要的利用时事指向和历史类比论证政治主张合法化的习惯。艺术与权力、意义体系与统治体系的关系在这样的例子中最清楚不过了。

如果说今天镌刻在这些湿壁画中的政治信息和历史类比对我们的冲击不像对当时人们那样强烈，一个原因是我们大多数人对中世纪早期的教皇史、马加比传或甚至是《旧约·民数记》不够熟悉。当时的人们是不是好得多？在这一时期，是谁能够破解图像内容并读出我们一直在思考的这些作品中的信息？

对于当时人们的阅读和反应我们了解得都太少了，但其变化范围却很清楚。拉斐尔的知识使他能引经据典；梵蒂冈宫并不向公众开放，他的画只供教廷成员观看。无独有偶，自艺术史家开始尝试揭开绘画的含义以来，一些最让他们头痛的画——从波提切利的《春》到乔尔乔内的《暴风雨》——也都是为了挂在私人住宅和供赞助人及其朋友欣赏而制作的。[2] 后

183

1　Jones and Penny, *Raphael*，第 117 页起，以及 150 页起。参见 Harprath, *Papst Paul III*。

2　Shearman, "Collections of the younger branch of the Medici"；Smith, "On original location". Settis, *Giorgione's Tempest*.

世的人们只能从钥匙孔里窥视它们。在当时，即便见多识广的人也可能无法解释它们。瓦萨里在乔尔乔内的传记中抱怨他无法理解乔尔乔内的一些绘画，"通过询问周围其他人，我也没有发现能理解它们的人"。

大多数世俗绘画可能被更多人（仍然是少数人）理解。在语法学校读过书的人可能都会毫不费力地理解选自古希腊和古罗马历史的画。在语法学校里也学习奥维德的著作，这可能为理解大多数表现古典神话的绘画提供了钥匙。15、16 世纪，随着人文主义教育的传播，能理解这些绘画的人可能更多了。至于宗教画，在今天解释起来比较困难，因为圣徒们的传说已不再是当今文化的一部分，但它们对当时所有定期聆听布道或观看宗教剧的人，即大多数城市居民而来说可能很容易破解。

发现哪些艺术和文学作品可能易于被哪些群体理解以及解释它们的思维习惯的努力引出了一个更普遍的问题，即文艺复兴时期意大利人的世界观。下一章将考察这一点。

第三部分
社会大环境

第 8 章

世界观：一些主导特征

社会团体，无论大小，往往有一些共同的看法——对上帝和宇宙、自然和人性、死亡和生命、空间和时间、善和美的观念。这些价值观可能有意识，也可能无意识。在一个充满争议的时代，人们可能对自身对宗教或国家的态度极其自觉，而对所持的特定时间、空间、理性或必要性的观念浑然不觉。

要撰写这些看法的历史并不容易。史学家从不同的方向昂首走进他们的采石场。其中一群人是关注"意识形态"的马克思主义者。他们意识到解释和描述思想的必要性，有时候最终将其简化为阶级斗争的武器。[1]另一组是法国"集体心态"（或集体思维）史学家，他们研究观念、情感以及有意识的思想，但发现很难确定一种心态（或思维）结束和另一心态（思维）开始的地方。[2]在本章，我将使用"世界观"这个更中性的术语，同时尝试将雷蒙·威廉斯所说的"感觉结构"囊括在内，

---

1 避免了化约主义的著名例子包括波尔克劳（Borkenau）的《穿越》（*übergang*）和曼海姆的《随笔》（*Essays*）。

2 Burke，"Strengths and weakness". Gilbert，"Florentine political assumptions"，他的方法接近法国风格。

并努力避免这第三种方法所固有的风险，即提供描述而没有分析或只停留在被有意识地系统阐述的思想层面。[1]

　　本章尝试从文艺复兴艺术和文学的直接环境转向研究周围的社会。这样做是基于这样的想法，即艺术和社会的关系不是直接的而是以世界观为媒介的。确切地说，本章背后隐藏着两个想法，两个需要证实的假说。首先，存在世界观——换言之，特定看法与特定时代、地域和社会团体联系在一起，因此若谈到诸如"文艺复兴价值观""佛罗伦萨价值观"或"教士价值观"并没有误导性；其次，这些世界观在艺术和文学中有详尽的表达。

　　要证实这些假说并不容易。16 世纪的资料（大都是文学资料）比 15 世纪丰富，托斯卡纳地区的资料比其他地区丰富得多，而且绝大多数情况下表达的都是我们所说的上层或中上层（关于这一时期的社会结构将在下面第 9 章讨论）的世界观。正如对审美趣味的研究，我们不仅要看看比较正式的文学作品，也要看看日常生活中产生的文献，如官方报告或私人信件。要揭示无意识的态度，历史学家必须阅读字里行间的意义，用某些关键词使用频率的变化作为价值观变化的证据。[2]

　　我的说明将从概述某些典型的宇宙观、社会观和人性观开始（不用说这将是极具选择性的）。最后，我将尝试考察信仰

1　Williams, *Long Revolution*, pp. 64–88. 本章参照的原初样本是提尔亚德的《伊丽莎白时代的世界图景》(Tillyard, *Elizabethan World Picture*) 和路易斯的《丢弃的图像》(Lewis, *Discarded Image*)，但作了修改，以便把关注心态和意识形态的史学家们的那种分析囊括进来。

2　维斯（Weise）的《风格与朝圣》(*Maniera und Pellegrino*) 和《文艺复兴的英勇观念》(*L'ideale eroico del Rinascimento*) 是研究他所说的"时髦词"(*Modewörter*) 的先驱。参见 Williams, *Keywords*。

体系的一般特征和变化的标志。引文通常来自该时期的知名作家，但选取的文字是为了说明他们与同代人共有的态度。

宇宙观

时间和空间的观念对于揭示特定文化的主导态度特别有启发性，而这恰恰是因为它们很少是有意识的并且更常常是通过实践而不是文本表达的。法国史学家吕西安·费弗尔在其关于拉伯雷宗教的著名研究中，强调了 16 世纪法国模糊的、任务指向的（task-oriented）时间和空间概念，如以"万福"（Aves）记时的习惯——即说一句"万福马利亚"（Hail Mary）花用的时间。费弗尔让法国人显得，至少在这些方面与大约同时英国人类学家埃文斯–普里查德在一部同样经典的著作中描绘的那些苏丹努埃尔人一样陌生。[1]

不管文艺复兴时期意大利农民的时间观念是怎样的，来自城镇的证据表明，比这准确得多的时间观念非常普遍，比如机械钟既表现又促进了这些新态度的发展。机械钟从 14 世纪晚期起投入使用，其中一座著名的机械钟是 1346 年在帕多瓦建成的，设计者是彼特拉克的朋友，天文学家和物理学家乔万尼·唐迪。约 1450 年，为博洛尼亚市政厅制作的一个机械钟完成；1478 年，米兰斯福尔扎城堡的时钟诞生；1499 年，威尼斯圣马可广场的时钟也出现了。到 15 世纪晚期，便携式时钟出现。在菲拉雷特的乌托邦[2]，在男孩和女孩的学校，每个宿舍都

189

1　Febvre, *Problem of Unbelief*; Evans-Pritchard, *Nuer*, ch. 3. 他们的研究是独立的，但两人都深受埃米尔·涂尔干思想的影响。

2　指菲拉雷特在其著作《论建筑》中构想的现实中并不存在的城市斯福尔琴达（Sforzinda）。参见本书边码第 210 页。——译者注

有一个闹钟（*svegliatoio*）。至少这个观念并非纯粹的空想，因为在 1463 年米兰占星学家加科莫·达·皮亚琴查的床头就有一个闹钟。[1]

新的时间观念和空间观念有一个明显的相似之处：两者都逐渐被认为是可以精确测量的。机械钟和图画中的透视法是在同一个文化中发展起来的，布鲁内莱斯基对两者都感兴趣。保罗·乌切罗和皮埃罗·德拉·弗朗切斯卡（著有一部论数学的书）的绘画是对精确尺寸感兴趣的人为怀有类似兴趣的公众创作的。与中世纪的叙事画相比，15 世纪叙事画所处的空间和时间更准确。[2]

变化中的时空观念似乎与一种传统的宇宙观并存。后者在但丁的《神曲》中有令人难忘的表达并为 16 世纪的评注家共有，后者借助了同一个古典传统，特别是两位古希腊作家的著作，即天文学—地理学家托勒密和哲学家亚里士多德。按照这一传统，最根本的差异是天地之别。

"天"应该真正是复数的。宇宙的中央是地球，地球四周环绕着 7 个"球体"或"诸天"，每一个里面都有一个运动的星体：月亮、水星、金星、太阳、火星、木星和土星。每个星体都由一个"智慧"，一个常常被与古代的男神或女神匹配的天体驱动者所驱动。这种星体和神祇的融合使古代的异教诸神一直保存到中世纪。[3]

---

1 Cipolla, *Clocks and Culture*; Wendorff, *Zeitund Kultur*, 第 151 页起; Landes, *Revolution in Time*, 第 53 页起。

2 关于皮埃罗对桶的计量，参见 Baxandall, *Painting and Experience in Fifteenth Century Italy*, 第 86 页起。关于叙事画中的时间和空间，参见 Francastel, "Valeurs socio-psychologiques de l'espace-temps"。

3 Seznec，*Survival of Pagan Gods*.

星体的重要性在于其"影响"。正如它们在洛伦佐·德·美第奇写的一首狂欢节歌中唱的："好事和坏事都出自我们。"不同职业、心理类型、身体的各个部分以及甚至一周的每一天都受到不同星体的影响（星期日受太阳影响，星期一受月亮影响等）。瓦萨里在达·芬奇的传记中对其艺术创造性提出了一种占星学解释："可以看到，最伟大的天赋像雨一样自星体的影响处降落到人们身上。"为解释过去的或发现未来的事，人们通常会咨询那些计算某个时刻天体组态的专家。人文主义者和医生吉罗拉莫·弗拉卡斯托罗依据土星、木星和火星组合成巨蟹座解释欧洲梅毒的爆发。哲学家马尔西利奥·菲奇诺相信，借助适当的音乐或声音（比如针对火星的"战争的"声音）和制作一个适当的"吉祥物"（一个在吉祥的星象下雕刻在一块宝石上的图像）就可以捕捉每个星体的"精神"。[1]

这些观念对艺术产生了重要"影响"。阿比·瓦尔堡对费拉拉"无忧宫"湿壁画的图像学分析表明，它们表现了黄道标志及其 36 个"分度"。[2] 佛罗伦萨贵族菲利波·斯特罗齐在 1489 年 8 月 6 日斯特罗齐宫奠基前，曾咨询"一个精通占星学的人"，以确保吉祥的星象，阿尔贝蒂和菲拉雷特在其建筑论著中就是如此建议的。[3] 当一个佛罗伦萨委员会商讨在哪里安放米开朗基罗的《大卫》，有个人建议应该用它取代多纳泰罗的那尊"在一个邪恶星体下树立"的《犹滴》。[4] 拉斐尔的赞

1　Walker, *Spiritual and Demonic Magic*, p. 17.

2　Warburg, *Renewal of Pagan Antiquity*, pp. 563–592.

3　Goldthwaite, *Building of Renaissance Florence*, pp. 84–85.

4　Gaye, *Carteggio inedito d'artisti*, vol. 2, p. 456；Klein and Zerner, *Italian Art*, p. 41。

助人，教廷银行家阿格斯提诺·凯基也对占星术感兴趣，他订制的一些绘画参照了他的个人星座。[1]

占星术得到教会的许可；它并不被认为与基督教相悖。正如洛伦佐·德·美第奇指出的："木星是一个只能驱动自己领域的星体，但有一个更高的力量驱动木星。"[2] 黄道十二标志被与十二使徒联系起来。许多教皇都对星体感兴趣。比如，保罗三世把那个曾预言他当选教皇的占星家召到罗马（即卢卡·高里科，前面曾引用他的弟弟彭波尼奥·高里科论雕塑的话）并授予他主教职位。但在某种意义上说，神学和占星学形成了两个事实上互相竞争的体系。圣徒们掌管某些日期；星体也是如此。人们遇到问题会找牧师，也会找占星家。这一时期，一些领袖人物主要基于宗教原因拒绝接受占星术，如米兰拉的皮科（他声称"占星术对一个人发现什么该做和什么不该做毫无帮助"）和吉罗拉莫·萨沃纳罗拉修士。[3]

在七个天体和"固定星体"的领域之外是上帝。在这一时期的著作中，上帝事实上无处不在。甚至商业文件也会以缩写 YHS 开头，代表"人类的拯救者耶稣"（*Jesus Hominum Salvator*）。灾难来袭，通常被看成上帝发怒的标志。"惩罚我们让上帝高兴"，佛罗伦萨药剂师卢卡·兰杜齐如此评论瘟疫。当 1494 年法国入侵而佛罗伦萨事实上安然无恙，兰杜齐写道："上帝之手从不会离开我们的头顶。"上帝之名也在私人信件中频频出现，如佛罗伦萨贵妇阿莱桑德拉·马琴吉·代利·斯特罗齐的信中有"祈求上帝保佑一切脱离瘟疫……无论上帝

1　Saxl, *Fede astrologica*.

2　D'Ancona, *Sacre rappresentazioni*, p. 264.

3　Garin, *Astrology in Renaissance*.

想要怎样，我们都必须心平气和接受……上帝保佑他们一路平安"等。甚至马基雅维利也在一封家书的最后写道："基督保佑你们所有人。"[1] 在基督徒对上帝的各种想象中，有两个似乎在这一时期特别典型。伟大的荷兰史学家约翰·赫伊津哈注意到的 15 世纪法国和低地国家对上帝和蔼可亲的强调以及上帝对基督"悲伤的温柔"，在意大利也能看到。[2] 比如，萨沃纳罗拉亲密地称上帝为"我亲爱的主"（signor mio caro），或甚至是"可爱的伴侣"（dolce sposo）。以基督为中心的虔诚似乎是修士们传播的，不仅有多米尼克修会的萨沃纳罗拉，还有鼓励崇拜耶稣之名的圣方济会修士锡耶那的贝尔纳迪诺和贝尔纳迪诺·达·费尔特雷，后者创建了许多崇拜基督圣体的兄弟会（Corpus Christi）。《基督受难沉思录》——被归于方济会的圣徒波纳文图拉的作品——是 15 世纪意大利的一本畅销书（至少再版 26 次），一本从 14 世纪低地国家传播过来的《模仿基督》也是这样。[3]

这个和蔼可亲和人性化的救世主图像，与一个更超然的作为宇宙的创造者，宇宙"最美丽的建筑师"（bellissimo architetto，洛伦佐·德·美第奇有一次这样称呼上帝）的上帝形象并存。[4] 在这个商业导向的城市社会，上帝也被想象成一个企业的老板。达·芬奇曾对上帝说，你"把所有好东西都卖给我们作为劳作的酬劳"。佛罗伦萨商人和学者詹诺佐·马

192

1 Strozzi, *Letteredi una gentildonna fiorentina*；马基雅维利这封信的日期为 1527 年 4 月 11 日。

2 Huizinga, *Autumnof the Middle Ages*, ch. 14.

3 Schutte, "Printing, Piety and the People in Italy", pp. 18–19.

4 D'Ancona, *Sacre rappresentazione*, p. 267.

内蒂喜欢将上帝比作"一个企业的老板，把钱交给他的财务主管，并要求他记账以便知道钱是怎么花的"。[1] 他把福音书中关于才能的寓言，即一个地主和他的管家的故事移换到一个更商业化的环境。文艺复兴时期的意大利人就这样把他们自己的关切投射到超自然的世界。

人类生活的这个较低的"月下的"世界被认为由四种元素构成——土、水、气和火——正如瓦萨里在佛罗伦萨旧宫的"元素厅"中的画所显示的。这些元素本身又由四种"对立"构成，——热、冷、潮湿和干燥。

存在于尘世的东西也分为四等，即人、动物、植物和矿物。这就是所谓的"伟大的存在之链"。[2] 存在之"梯"这个词可能更好，因为它使隐含的等级秩序更清楚。石头位于梯子底部，因为它们没有灵魂。接着是拥有亚里士多德所说的"植物性灵魂"的植物，拥有"感觉性灵魂"（即具有接受感觉的能力）的动物以及位于顶端、拥有"知性灵魂"（即理解能力）的人。动物、植物和矿物都按等级排列，宝石比准宝石高级，狮子被视为野兽之王等。

难以于存在之"梯"上确定位置的是在这一时期的诗歌中漫游或飞翔的仙女，或那些生活在荒僻之地会吃小男孩的森林精灵（正如诗人波利齐亚诺的祖母在他小的时候讲给他的），或那些生活在地球和月亮之间并能通过巫术手段沟通的"魔鬼"（菲奇诺就曾尝试这么做）。哲学家皮埃特罗·彭波纳齐怀疑根本就没有魔鬼。[3] 不过，他似乎只是表达了少数人的想法。

1　Vespasiano da Bisticci, *Vite di Huomini illustri*, p. 375.

2　Lovejoy, *Great Chain of Being*.

3　关于魔鬼，参见 Walker, *Spiritual and Demonic Magic*, 第 45 页起；Clark, *Thinking with Demons*。

在读这一时期的诗歌或观看波提切利的《春》时，我们需要记住：画中表现的超自然人物都被看作宇宙万物的一部分，而不仅仅是艺术家的幻想。

世间另一种力量的地位甚至更可疑：命运。[1] 两种常见的"命运之神"形象将它，或者说她，与风和一个轮子联系在一起。风的形象似乎是意大利特有的。"海之命运"（*fortuna di mare*）指风暴，是事情发生突然的和不可控制的变化的一个生动例子。佛罗伦萨的显贵家族鲁切拉伊家族就用一个船帆作徽志，如今在佛罗伦萨新圣马利亚教堂的正立面仍能看到。在这里，风象征命运，船帆则代表人适应和控制环境的力量。[2]

命运的第二个，也是其最著名和经典的形象，是一位有一缕额发的女神，你必须迅速抓住这缕头发，因为她的后脑没有头发。在《君主论》的第 25 章，马基雅维利建议使用暴力，理由是命运是个女人，"要控制她，就必须打她"，而他的朋友，历史学家弗朗切斯科·圭恰尔迪尼则认为试图耍阴谋是自欺欺人，因为"命运在所有事情上都发挥了如此重要的作用，她会恼恨那些试图限制其统治的人"。在这些例子中，现代读者很难判断引入命运女神只是为了使用其他方式得出的结论更难忘，还是她主宰了论据；她是一个文学噱头，还是一个描述那些超出人力控制的东西的严肃（或至少是半严肃）方式。[3]

要理解和操纵尘世有多种技巧可供使用，包括炼金术、魔法和巫术。我们需要讨论一下它们的思想前提。

---

1 Doren, *Fortuna*；González García, *Diosa fortuna*.

2 Gilbert, "Bernardo Rucellai".

3 Guicciardini, *Maxims and Reflections*，第 20 条目。皮特金（Pitkin）的《命运是一个女人》（*Fortune is a Woman*）用一整部专著讨论了马基雅维利的话。

炼金术（alchemy）依赖这样的观念，即存在一个金属的等级秩序，其中黄金最高贵，而且在这个等级秩序中金属的"社会流动"是可能的。炼金术与占星术联系在一起，因为七种金属的每一种都与一个星体相关：黄金与太阳，白银与月亮，水银与水星，铁与火星，铅与土星，锡与木星，铜与金星。炼金也与医学有关，因为炼金术士们寻找的"哲学家之石"[1]也是治愈一切疾病的"万灵药"。

雅各布·布克哈特认为，炼金术在15、16世纪的意大利"只扮演了非常次要的角色"。[2]对于像炼金术这种故弄玄虚的学科的受欢迎程度作出概括论断是危险的，布克哈特就犯了这样的错误。威尼斯"十人委员会"对炼金术的态度比布克哈特严肃，他们在1488年颁发了一条针对炼金术的禁令。文艺复兴晚期成书的一些论炼金术的著作保存了下来。其中最有名的是一本拉丁文诗，即乔万尼·奥古雷罗的《炼金术之歌》（*Chrysopoeia*）。该诗出版于1515年，题献给教皇利奥十世；据说教皇赏给诗人一个空钱袋。一个叫J. A.潘特乌斯的威尼斯牧师也把一本论炼金术的书题献给利奥十世，之后他发明了一个新主题，即"金属秘法"，并小心地将其与炼金术区分开来，可能因为"十人委员会"仍虎视眈眈。另一方面，也有些人对炼金术士的说法持怀疑态度。15世纪佛罗伦萨大主教圣安东尼认为不同金属的变换非人力所能及，而锡耶那冶金学家瓦诺乔·比林古乔认为炼金术是"一种虚妄的愿望和不切实际的梦"，并认为，那些对炼出黄金怀着"比熔炉中的煤还炽烈"

1　或智慧石。——译者注
2　Burckhardt, *Civilization of the Renaissance in Italy*, p. 334.

的渴望的炼金高手们应该去挖矿，就像他那样。[1]

　　关于炼金术与艺术和文学的可能关系，我们只有一些有趣的暗示。炼金术有自己的象征体系——可能被用作某种密码，比如泉象征金属的净化，基督象征"哲学家之石"，婚姻象征硫磺和水银的融合，龙象征火。更复杂的是，一些作家还用炼金术图像作为其他东西（如宗教真理）的象征。1499年在威尼斯出版的（作者不详）一本神秘传奇《波利菲罗之梦》（Dream of Polyphilus）就使用了许多这样的象征，这个爱情故事可能也有炼金术层面的含义。瓦萨里告诉我们，画家帕米加尼诺放弃绘画转而去钻研炼金术，已有学者指出，帕米加尼诺的绘画使用了炼金术象征。[2]但遗憾的是，炼金术士也使用许多常见象征（但赋予它们不寻常的解释），这让我们无法证实这一主张。

　　与炼金术相比，有关魔法的讨论更公开，至少对白魔法是这样，因为正如皮科·德拉·米兰多拉说的：

　　　　魔法有两种形式，一种完全依赖魔鬼的活动和权威，真理之神保佑，这是一种需要规避的事，一种可怕的事。另一种魔法，若正道行之，就是自然哲学的至美境界……前者只能使人成为邪恶力量的奴隶，后者却可使他成为邪恶力量的统治者和主人。[3]

195

　　应当注意的是，皮科相信他谴责的黑魔法是有效力的。

1　Biringuccio, *Pirotechnia*，第35页起。参见 Thorndike, *History of Magic*, vol. 4。

2　Fagioli Dell'Arco, *Parmigianino*.

3　Cassirer et al., *Renaissance Philosophy*，第246页起。

从比较的角度来看，巫术可以从跨文化的角度定义为：试图通过实施某些仪式以及写下或说出某些请求或要求发生某些变化的固定短语（"咒语""魔咒"或"符咒"）以期导致产生这些实质性变化。根据这个定义，我们可以认为文艺复兴时期意大利最有影响力的一群魔法师是天主教教士，因为他们宣称他们的仪式、图像和祷告能治愈病人和避免风暴等。[1]

不过，根据当时人们的看法，宗教和巫术的区别是非常重要的。教会（或从社会学角度更准确地说那些受过更高教育的教士）对巫术一般持怀疑态度。锡耶那的圣贝尔纳迪诺和萨沃纳罗拉都曾当众焚毁咒语书。仅仅用攀比和竞争来解释这种对巫术（正如我们所看到的有时是占星术）的抵制是荒谬的。教士们的怀疑有其他原因。

巫术可能由于两种原因是黑巫术。首先，它可能有破坏性以及生产性或保护性。其次，巫师可能利用恶灵的力量。15世纪，威尼斯人乔万尼·丰塔纳因为制作了许多用于产生戏剧性景观的机械装置而被称为一个得到地狱精灵帮助的巫师，16世纪剑桥大学的约翰·迪也因为一部阿里斯托芬的戏剧设计的"特效"太成功而得到邪恶之名。毫无疑问，布鲁内莱斯基和莱奥纳尔多的许多同代人也用类似眼光看待他们。在教育水平更高的人中，哲学家阿格斯提诺·尼佛主张，巫术奇迹表明——与亚里士多德的看法相反——魔鬼确实存在。

这一时期的文学在巫术中泥足深陷。比如骑士传奇充满了巫师和有魔力的物品。在阿里奥斯托的《疯狂的奥兰多》中，

---

1 Thomas, *Religion and the Decline of Magic*, ch. 1, 其中依据英格兰的情况发展了这一主张。关于图像的巫术用途，参见本书边码第133—134页。

魔法师梅尔利诺和女巫阿尔奇娜扮演了重要角色。安杰利卡有个魔戒；阿斯托尔福被变成一棵树；阿特兰特的城堡是巫师之家等。我们可以认为，这本书的第一批读者若没有总是把巫术当真，他们也没有视之为儿戏。他们相信它的可能性。与阿里奥斯托生活在同一环境，即费拉拉宫廷的多索·多西画了一幅《喀耳刻》（*Circe*，插图 8.1）。喀耳刻是《奥德赛》里的女巫，她在意大利文艺复兴时期吸引了广泛的兴趣。

196

人们对喀耳刻感兴趣的一个原因是她被当成一个女巫，尤其是被吉安弗朗切斯科·皮科·德拉·米兰多拉（乔万尼·皮科的侄子）。他在 1523 年出版了一本论巫术的对话，其中引用了大量古典作家，如维吉尔和荷马。[1] 巫术是穷人或确切地说穷困妇女的魔法，也就是说，在受过教育的精英中很多人将魔法与巫术区分开来，并将后者与穷困妇女联系在一起，她们被认为与魔鬼订立契约，被赋予了用超自然手段为祸的力量，在空中飞行并在夜间参加被称作"魔鬼的秘密聚会"（sabbath）的祭祀仪式。[2] 最容易遭到这些指控的，是那些被邻居请来用超自然手段寻找失物或治疗生病的人或动物的村民，男的和女的都有。当时流行的一句谚语说："知道怎样治病的人也知道怎样致病"（*Qui scit sanare scit destruere*）。[3] 很难确定邻居们认为这些是不是魔鬼的力量，而最难的是重建被指控者本人认

1　Burke, "Gianfrancesco Pico".

2　15 世纪意大利论述巫术的著作被方便地收集在汉森的著作中，参见 Hanson, *Quellen*，第 17 页起。波诺莫（Bonomo）的《猎巫》（*Caccia alle streghe*）虽然在某些方面已过时，仍不失为关于意大利猎巫活动的一个有价值的概要研究。

3　1499 年在墨德纳的一次审判上一位妇女就是这样说的，金兹伯格（Ginzburg）在《夜间战斗》（*Night Battles*）的第 3 章引用了这句话。这里的拉丁文当然是法庭记录，而不是讲话人说的。

图 8.1 多索·多西:《喀耳刻》,罗马波尔盖塞美术馆

为他们是在做什么。1427年，有两个罗马妇女供认她们变成猫、杀死小孩并喝了他们的血；但正如其他大多数审判一样，在这个例子中记录也没有告诉我们被指控者事前受到了什么样的压迫。

一个有说明性和文献记载丰富的例子，是一个叫吉亚拉·西尼奥里尼的农妇。这个来自墨德纳地区的农妇在1520年被指控行施巫术。她和丈夫曾被赶出其住所，而拥有这块土地的女士因此病倒了。吉亚拉答应治好她的病，前提是允许他们夫妇回来。一个证人声称看到吉亚拉在受害者门口放了"摆成一个十字形的橄榄树碎片……一块死人的骨头……一件被认为曾浸过圣油的白绸布袍"。被审问时，吉亚拉描绘了她见到的圣母幻象，而审问者则试图将其解释为一个魔鬼。经过酷刑折磨，吉亚拉承认魔鬼曾在她面前出现，但不承认曾参加"魔鬼的秘密聚会"。与圣母的幻象一样，使用十字架和圣油也很可能有重要意义。毕竟，1450年至1536年是意大利有记载的圣母幻象出现最多的时期。[1]审判官们没收的一些咒语，看起来就像祈祷词。一群人眼中的巫术在另一群人看来可能是宗教。在这个解释冲突中，有刑具作后盾的审问者拥有最后发言权。[2]

虽然如此，一些作家确实对魔法和巫术的功效表现出怀疑。比如，人文主义者和律师安德烈亚·阿尔恰托指出（正如蒙田后来要做的），所谓的巫师们因夜晚飞行等活动而罹患头晕症，因此，他们需要的是药而不是惩罚。[3]医生吉罗拉莫·卡尔达诺认为，被指控者承认审问者向他们暗示的任何话，只是

197

198

---

1 Niccoli, *Vedere con gli occhi del cuore*, p. 116.

2 Ginzburg, "Stregoneria e pietà popolare".

3 Hansen, *Quellen*, 第310页起。

为了结束对他们的酷刑折磨。[1] 在帕多瓦大学教授亚里士多德哲学的皮埃特罗·彭波纳齐在《论咒语》(*On Incantations*)中指出，普通人只是把他们无法理解的事归为魔鬼作祟。他对一些明显的超自然现象提出了自然主义解释，如通过念咒语将箭拔出来以及通过国王的触摸治疗"国王之恶"的皮肤病。彭波纳齐对《圣经》中记载的一些奇迹以及用圣人遗骸治病的事也持类似观点，他主张疾病痊愈可能是因为病人的信仰，狗的骨头会跟圣人的骨头一样有效。不出所料，这本有损教会对魔法与宗教之区分的著作在这位哲学家生前一直没有出版。[2]

社会观

关于文艺复兴时期意大利的"社会"，我们首先要说的是当时还没有这个概念，直到 17 世纪晚期人们才开始用（在意大利及英国、法国、德国）一个一般性术语来描述整个社会体系。不过，当时人们对各种形式的政府、社会群体以及现在与过去之间的差异有大量讨论和著述。[3]

在意大利和在欧洲其他地区一样，一个可追溯到柏拉图和亚里士多德的形象，即"政（治身）体"(*corpo politico*)反复出现。它并不仅仅是一个比喻。许多人对人体与政体的类比都很严肃，许多更具体的论述也基于这一类比。卡斯提利奥内的《论廷臣》中的一个人为君主政体辩护，说它是一种"更自然的政府形式"，因为"在我们身体中，所有部分都服从心

1　Cardano, *De rerum varietate*, p. 567.

2　Pomponazzi, *De incantationibus*.

3　Pocock, *Machiavellian Moment*; Skinner, *Foundations*, vol. 1.

的统治"。[1] 统治者常常被描绘成这个"政治体"（body politic）的"医生"，甚至像马基雅维利这样有独创性和刻意惊世骇俗的作家，有时也使用这个常见比喻。在《君主论》第 3 章，他写道，政治动荡以难诊断但容易治愈始，以易诊断但难治愈终。

199

不过，在意大利，这种"自然的"或"有机的"政治学语言不像欧洲其他地区那样占主导。一个与"政治身体"抗衡的概念，即"国家"（lo stato）发展起来，它包含一系列所指意义，包括公共福利、政治体制和权力结构。阿尔贝蒂的对话《论家庭》中的一个人宣称："我不想将国家想象成好像我的私人财产，想象成好像我的店铺。"[2] 在洛伦佐·德·美第奇创作的戏剧《圣约翰和圣保罗》中，君士坦丁皇帝说："如果我让一个普通臣民娶我的女儿，我会使国家陷入巨大危险。"马基雅维利在《君主论》中 115 次使用了这个词（只有 5 次指传统意义的"事情的状态"）。[3]

共和国和君主国在意大利半岛的共存使人们不同寻常地意识到政治体制（governo, reggimento）并非神赐的，而是人为的，因而是可以改变的。弗朗切斯科·圭恰尔迪尼的《意大利史》中有一段著名叙述报道了 1494 年美第奇家族逃走后在佛罗伦萨发生的讨论，讨论的内容是寡头政体（governo ristetto）、民主政体（governo universale）或二者的折衷政

1　Castiglione, *Courtegiano*, bk 4, ch. 9. 参见 Archambault, "Analogy of the body"。

2　Alberti, *I libri della famiglia*, bk 3, p. 221.

3　D'Ancona, *Sacre rappresentazioni*, p. 244. 参见 Hexter, *Vision of Politics*, ch. 3; Rubinstein, "Notes on the word 'stato' "; Skinner, "Vocabulary of Renaissance republicanism"。

体的相对优劣。[1]这种对制度可塑性的意识，构成了当时有关理想城邦的文献的核心。阿尔贝蒂和菲拉雷特论建筑的著作不仅描绘了建筑理想国，也勾勒了一个社会理想国。莱奥纳尔多·达·芬奇设计的一座想象的城市表达了同样的意识，即社会生活是可以规划的。[2]马基雅维利对政治创新作了非常详细的讨论。在佛罗伦萨，许多得以保存下来的 1494 年到 1530 年间对政治问题的报告和讨论表明，这种新的政治语言及其暗示的存在多种选择的意识并不限于马基雅维利和圭恰尔迪尼，而是有更广泛的传播。在雅各布·布克哈特的《意大利文艺复兴时期的文化》中，其中"作为一件艺术品的国家"一章强调和讨论的就是这种意识。[3]

200
　　对社会地位差异的意识似乎也在意大利格外强烈；至少描绘这些差异的词汇特别具体。中世纪的社会观认为社会由三个群体——祈祷者、战斗者和耕作者——构成，这一观念对意大利的城市居民没有吸引力，他们中大多数人并不从事其中任何一种工作。[4]他们的社会模式是根据等级而非工作区分的，这可能是从为征税目的将市民分为富人、中等收入者和穷人发展来的。"显贵"（*popolo grasso*）和"小民"（*popolo minuto*）这样的短语被广泛使用，特别是在佛罗伦萨，也不难看到"中等阶级"（*mediocri*）这样的词。[5]

1　Guicciardini, *Storia d'Italia*, bk 1, pp. 122–131.

2　Garin, "Cité idealé"；Bauer, *Kunst und Utopia*.

3　这一点清楚地出现在阿尔贝蒂尼重要但被忽视的研究中，参见 Albertini, *Das florentinisch Staatsbwusstsein*。

4　Duby, *Three Orders*；Niccoli, *Sacerdoti*.

5　科恩（Cohn）的《劳动阶级》（*Laboring Classes*, 69n）讨论了解释"小民"（*popolo minuto*）及其同义词的困难。

不过，当时人们并不是完全按照收入群体考虑问题的。他们区分家族和个人的依据还有：是不是贵族（*nobili*, *gentilhuomini*）；是不是拥有政治权利的市民（*cittadini*）；以及属于大行会还是小行会。在他们的社会词汇表中一个最重要的术语是"市民"（*popolare*），但这个词也最难理解，因为其重要性依使用者不同而不同。倘若此人来自社会上层，他可能把它作为一个贬义词，指称所有普通民众。另一方面，在中等阶层，人们认真地区分了享有政治权利的"市民"（*popolo*）和没有政治权利的"贫民"（*plebe*）。这个"贫民"的观念并无记载。[1]

这一时期关于高贵性的定义（基于出身或者个人价值）的频繁讨论——从佛罗伦萨法学家拉波·达·卡斯提利昂基奥的论文（写于1381年前）和波吉奥·布拉乔利尼的对话《论真正的高贵》到卡斯提利奥内的《论廷臣》——揭示了对这一社会结构以及其他潜在的不同结构的意识。这些讨论需要被置于佛罗伦萨和其他地方的政治和社会冲突语境中理解，但它也与当时对个人价值的关注有关联（边码第203页）。

文艺复兴时期意大利的一些艺术家和人文主义者的历史观也引人注目。这种历史观可能传播得更广泛。随着前面讨论的制度可塑性观念的发展，出现了一种因时而变的意识，一种时代倒错（anachronism）或历史距离的意识。[2]从字面来看，"时代倒错"这个词本身就是时代倒错的，因为当时还没有这个词，但人文主义者洛伦佐·瓦拉在对《君士坦丁的献礼》之真

201

1　Gilbert，*Machiavelli and Guicciardini*，第19页起；参见 Cohn，*Laboring Classes*，ch. 3。

2　Burke，*Renaissance Sense of the Past* 和 "Sense of anachronism"。

实性的著名批评中确实指出，这个文本有许多属于较晚时期的表述。他充分意识到"言说的方式"（*stilus loquendi*）会变化，语言有其历史。[1]另一位 15 世纪人文主义者弗拉维奥·比昂多认为，意大利语和其他罗曼语都是从拉丁语发展来的。比昂多还写了一本《复兴的罗马》（*Roman Restored*），其中他试图依据文献证据和现存遗迹重建古典时代的罗马城。在另一本书中，他讨论了罗马人的私人生活、着装和养育孩子的方式。[2]

到 15 世纪晚期，这种古物学家的敏感成了时尚。人文主义雇佣兵队长费德里哥·达·蒙特费尔特罗有一次问人文主义教皇庇护二世（在其回忆录中记载了这个问题），古代的将军是不是穿着跟他一样的盔甲。在前面提到的威尼斯传奇《波利菲罗之梦》中，男子在一片有神庙、坟墓和方尖碑的风景中寻找他的情人，甚至语言也有意使用了一种古老的拉丁语化意大利语。[3]一些艺术家的作品也表现了对古物日益增长的兴趣，其中包括曼泰尼亚和朱利奥·罗马诺。跟他的老师和岳父雅各布·贝利尼一样，曼泰尼亚对临摹古钱币和铭文有浓厚兴趣。他是一些人文主义者的朋友，如维罗纳的费利切·费利恰诺。曼泰尼亚在《恺撒的凯旋》一画中对古罗马城的重建或在表现西皮奥的绘画中引入对西布莉[4]的崇拜，与比昂多辛勤重建历史的工作一脉相通，虽然画中包含一些"想象的"元素。[5]至于朱利奥·罗马诺，正如瓦萨里在罗马诺的传记中指出的，他

1 Gaeta, *Lorenzo Valla*；Kelley, *Foundations*, ch. 1.

2 Weiss, *Renaissance Discovery*.

3 Mitchell, "Archaeology and romance"；Brown, *Venice and Antiquity*.

4 *Cybele*，古代小亚细亚人崇拜的自然女神，与希腊女神瑞亚等同。——译者注

5 Saxl, *Lectures*, pp. 150–160；Greenstein, *Mantegna and Painting*, pp. 59–85.

的绘画《战斗中的君士坦丁》大量借用了图拉真纪功柱上的证据表现"士兵的服装、盔甲、军旗、棱堡、栅栏、攻城槌以及其他各种战争武器"。

瓦萨里本人也有这种历史意识。他的《意大利艺苑名人传》就是围绕艺术随着时间从齐马布埃到米开朗基罗不断发展的观念组织的。他相信艺术的进步,至少朝着某一点发展,但他也相信应根据每个艺术家自己时代的标准评判他们,他解释说:"我的目的从来不是绝对赞美,而是像俗语所说的按照地点、时间和其他类似状况给予相对的赞美。"[1]

历史意识的另一个具体标志是仿制古董,这似乎是一项15世纪的发明。米开朗基罗年轻时曾制作一件古代风格的农神像、一件丘比特和一件巴库斯。他实质上是与古代竞争而不是欺骗,但到16世纪早期,仿造古代雕塑和钱币成了一项繁荣的产业,特别是在威尼斯和帕多瓦,意大利版画家埃涅亚·维科甚至在其《论古代纪念章》(*Discourses on Ancient Medals*, 1555)中告诉他的读者如何鉴别真伪。这是对两种新趋势的反应,即喜好古罗马的时尚和艺术市场的兴起。这种反应与侦察赝品的活动一样依赖一种时代风格的意识。文本也可能伪造。一些人文主义者通过制造他们谎称是西塞罗或其他古典作家的著作表现了这一技能,有些人则通过辨认这些伪造品表现出同一技能。[2]

这种新的历史意识是文艺复兴时期最独特但也是最吊诡的特点。研究古代是为了更忠实地摹仿它,但研究越深入,似乎

---

1 Panofsky, *Meaning in the Visual Arts*, pp. 169–225.
2 Kurz, *Fakes*; Grafton, *Forgers and Critics*.

模仿就越不可能或越不想模仿。弗朗切斯科·圭恰尔迪尼写道："那些亦步亦趋地引用罗马人的人犯了多大错误啊。你得有一个和罗马人一模一样的城市，然后模仿他们行事。这个榜样不适合那些缺乏正确品质的人，就像期望驴子跑得像马一样快那般徒然无益。"[1] 不过，确有不少人亦步亦趋地引用罗马人；圭恰尔迪尼的朋友马基雅维利就是其中一个。

另一个悖论是，在一个创新倾向成为意大利文化最突出特点的时代，创新却被普遍看成一件坏事。在佛罗伦萨的政治争论中，人们理所当然地认为"新路子"不好，并且"所有的变化都有损城市的名望"。[2] 在圭恰尔迪尼的《意大利史》中，"变化"（mutazione）似乎是被当作贬义词用的，当一个人，如尤利乌斯二世被说成"渴望新事物"时，我们能清楚地听出其中的否定意味。艺术中的创新无疑危险要小一些，但也很少被允许。创新通常被视为对过去的回归。当菲拉雷特赞美文艺复兴建筑并谴责哥特式建筑时，他说的"现代人"（moderno）指的是后者。直到文艺复兴晚期，我们才看到有人（如瓦萨里）高兴地说自己是"现代人"。

人的观念

古代关于人体构造的观念和对四种性格的划分（黏液质、胆汁质、多血质和忧郁质）都得到这一时期作家的严肃对待，这是医学史的重要一部分。[3] 这些观念与艺术也不无关系。比如菲奇诺把伟大人物都是忧郁质的观念（来自一本被归

---

1 Guicciardini, *Maxims and Reflections*，第 110 条目。

2 Gilbert, "Florentine political assumptions".

3 Park, *Doctors and Medicine in Early Renaissance Florence*; Siraisi, *Clock and the Mirror*.

于亚里士多德的著作）和柏拉图对灵感就是神圣迷狂的概念结合在一起，并主张有创造力的人都是忧郁质以及甚至疯狂的（*furiosi*）。菲奇诺想的主要是诗人，但瓦萨里将这一理论用于艺术家并因此促进了现代波希米亚（*bohemian*，边码第88—89页）神话的诞生。[1]

不过，这一节的主题必定是当时的论著中没有讨论而是由雅各布·布克哈特发现的（或一些批评家会说发明的）：文艺复兴时期的个人主义。布克哈特的论著《意大利文艺复兴时期的文化》被引用最多的一段话中，他写道："在中世纪……人只是通过其作为一个种族、民族、党派、家庭或团体的一员，只是通过某种一般类别而意识到自己。在意大利，这层面纱最先被揭开……人成了一个精神上的个人（*individual*）并这样认识自己。"[2] 接着，他讨论了对名誉的渴望及其矫正物，即新的嘲讽意识，所有这些都是在"个人的发展"主题下进行的。布克哈特因为使用这个"涵盖一切的术语"（blanket term）而遭到严厉批评。[3] 后来，布克哈特自己也开始怀疑他提出的解释，去世前他曾向一个熟人坦言："你知道，我几乎不再相信个人主义了，但是我没有这样说；它给人们带来了多少快乐啊。"[4]

这些异议很难反驳，因为这一时期意大利城市居民都强烈意识到他们作为家庭或团体一员的角色。[5] 但我们需要个人主 204

1　Klibansky, et al., *Saturn and Melancholy*.

2　Burckhardt, *Civilization of the Renaissance in Italy*, p. 81.

3　Nelson, "Individualism as a criterion".

4　这里有必要把布克哈特的瑞士德语原文写出来（不常被记载）：*"Ach wisse Si, mit dem Individulismus, i glaub ganz nimmi dra, aber I sag nit; si han gar a Fraid."*。引自 Walser, *Gesammelte Studien*, p. xxxvii。

5　Weissman, "Reconstructing Renaissance Sociology"；Burke, "Anthropology of the Renaissance".

义或某种类似的观念。正如人类学家马塞尔·莫斯在半个多世纪前指出的，自我的观念并非自然的。它是一个社会建构，有自己的社会史。[1] 事实上，如果要了解一种文化，我们需要去理解其中流行的（事实上是被认为理所当然的）人的观念，正如另一位人类学家克利福德·格尔茨指出的，那是一个外来者进入该文化的直接道路。[2]

如果我们考察在文艺复兴时期的意大利——至少在精英中——流行的人的观念，就会发现，把自我意识与布克哈特极为关注的自我肯定（self-assertiveness）区分开，并将两者与个人独一无二的观念区分开是有益的。[3]

个人独一无二的观念与前面已经谈到的（参见边码第 28 页）绘画或写作中的个人风格并行发展。在乌尔比诺宫廷，诗人贝纳尔多·阿科尔蒂被冠以"独一无二的阿雷佐人"（L'unico Aretino）的绰号。女诗人维托里亚·科隆纳形容米开朗基罗"独一无二"（unico）。一首作者不详的米兰诗歌写道，正如天堂只有一位上帝，世间也只有一个"摩尔人"（Moro，即卢多维科·斯福尔扎）。书商维斯帕西亚诺·达·比斯蒂奇在他的传记中常常说主人公"与众不同"（singolare）。

对于自我肯定我们可以说得更多。布克哈特主张，对名誉的渴望是文艺复兴时期的新现象。荷兰史学家赫伊津哈反

1　莫斯在 1938 年的演讲重新刊印在卡里塞等编的《人的范畴》（Carrithers et al., *Category of the Person*）的第 1—2 章中，并有一个非常有价值的评论。

2　Geertz, *Local Knowledge*, pp. 59–70.

3　纳尔逊（Nelson）的《作为一个批评标准的个人主义》（"Individualism as a criterion"）区分了五个要素。参见 Batkin, *L'idea di individualità* 和 Burke, "Renaissance, individualism and the portrait"。

驳说，恰恰相反，它与"较早时期骑士们的抱负是一回事"。[1]
中世纪的骑士传奇表明，对名誉的渴望确实是骑士的一个重
要动机，因此布克哈特注意到的可能不过是一种褪去军事
色彩的荣耀。不过，在文艺复兴时期的意大利文学中，表达
自我肯定的词汇的出现频率非常引人注目。其中我们发现有
"竞赛"（*concertazione，concorrenza*）、"竞争"（*emulazione*）、
"荣耀"（*gloria*）、"嫉妒"（*invidia*）、"荣誉"（*onore*）、"名声"
（*vergogna*）、"胆识"（*volare*）；以及最难翻译的"德性"（*virtù*）。
这是该时期用于指个人价值的一个重要概念，我们前面在讨论
其互补性反义词"命运"时已经见过它了。[2]心理学家会说，如
果此类词汇在某一文本中出现的频率不同寻常，如人文主义者
莱昂·巴蒂斯塔·阿尔贝蒂的《论家庭》，那么其作者可能有
超常的成就欲，这一点就阿尔贝蒂的生涯来说无可辩驳。佛罗
伦萨人普遍极为关切成就，这一点体现在该时期的"小故事"
（*novelle*）中，它们常常涉及让一个人的对手丢脸。[3]这一主张也
得到以下事实证实：艺术家之间竞争的制度化；艺术界尖酸刻
薄的言语和嫉妒（如瓦萨里记载的，特别是在卡斯塔尼奥的传
记中）；以及同样重要的，有关佛罗伦萨的创造性记录。

　　无论如何，在意大利，尤其是佛罗伦萨，**自我肯定**是人的
形象的重要一部分。人文主义者布鲁尼和阿尔贝蒂都把生活描
绘成一场赛跑。布鲁尼谈到有些人"不参加赛跑，或比赛开始
后筋疲力尽并半途而废"；阿尔贝蒂说生活是一场只有几个奖

1　Burckhardt, *Civilization of the Renaissance in Italy*, ch. 2；Huizinga, *Autumn of the Middle Ages*, ch. 4.

2　Gilbert, "On Machiavelli's idea of virtù".

3　Rotunda, *Motif-Index*.

项的划船比赛（regatta）："因此，我认为，在人的一生这场追逐光荣和荣耀的比赛中，为自己找一条好船，给自己的力量和能力一次展示的机会并藉此努力争取第一是非常有益的。"[1] 锡耶那籍教皇庇护二世（在通往顶端的比赛中，他事实上并不落后）的抱怨中可以看到对这种斗争充满敌意的描述："在君主的宫廷，人们尽最大努力推倒别人，自己爬上去。"[2] 莱奥纳尔多·达·芬奇建议艺术家与别人一起练习素描，因为"健康的嫉妒"会是一种刺激，让人做得更好。[3] 艺术家之间的竞争并不局限于莱奥纳尔多和米开朗基罗这样的托斯卡纳人，也包括其他地区的人，最有名的就是拉斐尔和提香。[4]

说竞争促进了**自我意识**不无道理，有趣的是，我们发现关于这种个人主义的证据仍是托斯卡纳地区最丰富。这一时期，德尔菲神庙的那句经典神谕"认识你自己"（马尔西利奥·菲奇诺曾引用它）被严肃看待，只是有时被赋予了更世俗的解释。

自我意识的最直接证据是自传，或更准确地说（因为在现代"自传"这个词容易导致对这种文学体裁产生时代倒错的认识）用第一人称写的日记和旅行日志，仅在佛罗伦萨就有约100部保存了下来。[5] 这种文学体裁在当地被叫作 ricordanze，可译为"备忘录"（memoranda），这个含糊的术语正适合这种

---

1 Bruni, *Epistolae populi Florentini*, vol. 1, p. 137; Alberti, *I libri della famiglia*, p. 139.

2 Pius II, *De curialium miseries*, p. 32.

3 Leonardo da Vinci, *Literary Works*, p. 307.

4 Goffen, *Renaissance Rivals*.

5 Bec, *Marchands écrivains*; Brucker, *Two Memoirs*; Guglielminetti, *Memoria e scrittura*; Anselmi et al., "Memoria" dei mercatores. 参见 Ciapelli and Rubin, *Art*, *Memory*, *and Family*。

文学体裁，它具有账本和城市编年史的某些特点，内容以家庭事务为主，但也揭示了关于作者的某些情况，比如我们多次引用的佛罗伦萨药剂师卢卡·兰杜齐、马基雅维利的父亲贝尔纳多或佛罗伦萨贵族乔万尼·鲁切拉伊，此人留下了一本涉及各种主题的笔记，他称之为一个"沙拉拼盘"。[1] 即便这些备忘录并未打算表现自我意识，它们可能也促进了这种意识。风格更个人化的是教皇庇护二世的自传（与恺撒的著作一样以第三人称写成，但仍是自我肯定的）、圭恰尔迪尼的自传（一本简短但有启发性的回忆录）、吉罗拉莫·卡尔达诺医生（曾是伦巴底人而不是佛罗伦萨人）的自传和金匠本维努托·切利尼的自传。

　　自传不是体现文艺复兴时期意大利人自我意识的唯一证据。还有绘画。家族群体中挂肖像和为了家族利益委托制作肖像都是常有的事，但自画像是另一回事。其中大多数并非独立画像，而是在一幅表现其他主题的绘画的一角表现艺术家的肖像，比如贝诺佐·哥佐利在其湿壁画《三王来拜》中的自画像，平图里乔在《天使向圣母报喜》背景画中的自画像（插图 8.2），或拉斐尔在《雅典学园》中的自画像。但在 16 世纪，我们看到了严格意义上的（艺术家）自画像，如帕米加尼诺和瓦萨里的自画像以及提香的多幅自画像。这些肖像画提醒我们注意这一时期制镜业的重要性，尤其在威尼斯。镜子很可能促进了自我意识的发展。正如佛罗伦萨作家詹巴蒂斯塔·格利为佛罗伦萨制镜工人写的一首狂欢节歌所唱："镜子让你看见自己的缺点，它们不像其他人的缺点那么容易发现。"[2] 甚至从委

1　Rucellai, *Giovanni Rucellai ed il suo Zibaldone.*

2　Singleton, *Canti carnascialeschi*，第 357 页起。

图 8.2　平图里乔:《平图里乔自画像》,斯佩罗的大圣马利亚教堂

托人到赞助人的书信也被当作一种逐渐出现的新意识的证据，即自我作为一个"独立的、谨慎的和难以捉摸的能动主体（agent）"的意识。[1]

礼仪手册也提供了自我意识的证据，其中最著名的是卡斯提利奥内的《论廷臣》、乔万尼·德拉·卡萨的《加拉泰奥或礼范》（*Galateo*，1558）和斯特法诺·瓜佐的《文明对话》（*Civil Conversation*，1574）。正如社会学家欧文·戈夫曼指出的，这三本书都是关于"日常生活中自我呈现"的手册，即在公开场合优雅地扮演自己的社会角色这门艺术的指南。它们谆谆教诲人们遵从一套良好举止的规范，而不是表现个人行为风格，但它们本身就是自觉的并促进了读者自我意识的发展。卡斯提利奥内推荐一种"洒脱"（*sprezzatura*），以表明"无论说什么或做什么都是轻而易举的、事实上不假思索的"，但他也承认这种"自发性"必须排练。这是一种掩饰艺术的艺术，接着他又把廷臣比作一个艺术家。正如我们看到的，卡斯提利奥内极为关注的"优雅"（*grazia*）也是这一时期艺术批评的一个核心概念。我们很难确定应该把卡斯提利奥内称为廷臣中的画家，还是把他的朋友拉斐尔称为画家中的廷臣，但他们各自领域的联系却是一目了然的。在乔万尼·皮科·德拉·米兰多拉看来，两个领域的相似性非常清楚，在他著名的《论人类高贵性的演讲》中，上帝对人类说："就像你自己的创造者或塑造者那样，你可以按照自己喜欢的任何形状塑造自己。"[2]

人的尊严是这一时期论述"人类处境"（他们用的是

1　Mclean, *Art of the Network*, p. 228.

2　Cassirer et al., *Renaissance Philosophy*, p. 225.

human conditio 这个短语）的作家们钟爱的一个话题。把皮科关于人的尊严的论文作为文艺复兴的象征，而将教皇英诺森三世论人的悲惨作为中世纪的象征，并将两者进行对照，这一点很吸引人。但文艺复兴时期和中世纪的作家都意识到人的尊严和悲惨。许多论证人的尊严的论据（人体之美、直立行走等）无论在中世纪还是在古代和文艺复兴时期，都是陈词滥调。尊严和悲惨的主题被认为互为补充，而不是相互冲突。[1]

不过在文艺复兴时期，侧重点似乎确实发生了变化，揭示了这一时期知识界对人类信心的增长。洛伦佐·瓦拉以其特有的大胆把灵魂称为"人-神"（*homo deus*），并用罗马凯旋仪式的语言描述灵魂升天。皮埃特罗·彭波尼奥宣称，那些（少数）设法达到几乎完全理性状态的人应被视为神。"神圣的""英雄般的"之类的形容词被越来越多地用于形容画家、君主等凡人。阿尔贝蒂曾形容古人为"神圣的"，波利齐亚诺将洛伦佐·德·美第奇和乔万尼·皮科并称为"英雄而非凡人"，不过这种英雄式语言只是到 16 世纪才变得常见。比如，瓦萨里将拉斐尔描绘成"尘世的神"并讲述了美第奇家族"英雄们"的事迹。马泰奥·班戴洛提到"英雄般的贡扎加家族"和"光辉的女英雄"伊莎贝拉·德·埃斯特。阿雷蒂诺也典型地称自己为"神圣的"。此类赞美词的泛滥使得"神圣的米开朗基罗"面临贬值的危险。[2]

这些关于人的尊严（事实上是神性）的观念也影响了艺术。比如，凡是教皇英诺森三世认为人体令人厌恶之处，文艺

---

1 Trinkaus, *Inour Image*; Craven, *Giovanni Pico della Mirandola*.

2 Weise, *L' ideale eroico del Rinascimento*, pp. 79–119.

复兴作家们就无比欣赏。人文主义者阿格斯提诺·尼佛走得更远，甚至提出"除了人，没有什么能说是美的"。他说的"人"是指女人，特别是阿拉贡的珍妮。在一个表达此类观念的社会，我们可以预料会发现表现理想人体的绘画。从人体（也是理想化的）派生出来的建筑比例，也依赖于人之尊严的观念。再有，我们发现当"英雄的"一词在文学中泛滥的同时，艺术中也是所谓的"宏大风格"占主导。如果我们希望解释艺术趣味的变化，我们需要去看看更广泛的世界观的变化。

　　人的另一种形象，也是在这一时期的文学中常见的，是一种理性、精于算计和审慎的动物。"理性"（*ragione*）和"合理的"（*ragionevole*）两个词频繁出现，并通常带有肯定意味。这两个词有多种不同含义，但其核心是理性的观念。动词 *ragionare* 的意思是"说"，但语言本身就是一个显示人类高于动物的理性标志。*ragione* 的一个意思是"计数"，商人们把账本叫做"计数书"（*libri della ragione*）。另一个含义是"正义"：帕多瓦"正义宫"（*Palazzo della Ragione*）不是"理性的宫殿"（Palace of Reason），而是一个法庭。正如古代和文艺复兴时期出现的天平的图像提醒我们的，正义有计算的意思。*Ragione* 也指"比例"或"比率"。马内蒂的《布鲁莱内斯基传》中有一个对透视法的著名定义，说它是一种根据物体的远近 *con ragione* 确定其大小差异的科学，*con ragione* 可译为"合理地"或"按比例"。

　　计算的习惯是意大利城市生活的核心要素。在佛罗伦萨等地，专门的"珠算学校"教授的计算法（*numeracy*）传播广泛。一些 13 世纪的文本揭示了人们对精确数字的热衷，最著名的是帕尔马的萨利姆贝内修士撰写的编年史和里瓦的博文辛

210　的《米兰的奇迹》，后者列举了米兰的喷泉、店铺和神龛，并计算了米兰居民每日消耗的谷物量。[1] 这种关于计算思维的证据到 14 世纪更多，乔万尼·维拉尼的《佛罗伦萨编年史》中的统计数字就雄辩地证明了这一点，到 15 世纪和 16 世纪，相关证据更为丰富。尤其是在佛罗伦萨和威尼斯，人们开始对进出口、人口和价格的统计数字感兴趣。复式计账法广为传播。1427 年开始征收的重要的"财产税"（catasto，对当时佛罗伦萨统治下的 25 万托斯卡纳人的挨家挨户的调查）既表现又鼓励了这种计算思维的兴起。[2] "时间"被看成"宝贵的"东西，必须小心"花费"，不能"浪费"；所有这些词都出自阿尔贝蒂《论家庭》的第三卷。同样，乔万尼·鲁切拉伊建议他的家人"要节约时间，因为这是我们拥有的最宝贵的东西"。[3] 时间可以成为能合理规划的对象。人文主义校长维托里诺·达·费尔特雷为他的学生制订了一份作息时间表。雕塑家彭波尼奥·高里科吹嘘说，当他还是一个孩子的时候就规划好了自己的生活，这样就不会虚度光阴了。

　　随着人们日益注重理性、节约和计算，"谨慎的""小心地"和"预见"这样的词也开始被频繁使用。合理的常常被等同为有用的，这一时期的许多作家都是功利主义的。比如在瓦拉的对话《论快乐》中，一位谈话者，即人文主义者帕诺尔米塔就为一种实用伦理辩护。这位 15 世纪的杰里米·边沁写道，所有行为都是基于对痛苦和快乐的计算。帕诺尔米塔可能并不

1　Baxandau, *Painting and Experience*, pp. 86–108；Murray, *Reason and Society*, 第 182 页起。

2　Herlihyand Klapisch-Zuber, *Toscans et leurs familles*.

3　Rucellai, *Giovanni Rucellai ed il suo Zibaldone*, p. 8.

代表瓦拉的观点。不过，在这里，重要的是当时人们可能想什么，而不是谁在想。我们在这一时期的文本中屡屡看到对有用的强调，从阿尔贝蒂的《论家庭》到马基雅维利的《君主论》都是如此，后者谈到"臣民的功用"以及要"很好地利用"慷慨、同情甚至是残酷。再有，菲拉雷特创造的理想城"斯福尔琴达"也是一个边沁可能会欣赏的功利主义理想城。这个城市废除了死刑，因为如果让罪犯为生活而努力工作，他们对社会就更有用，为了让这种惩罚起到遏止犯罪的作用，工作条件必须足够艰辛。[1]

计算影响了人和人之间的关系。圭恰尔迪尼的反思尤其清楚地表达了这种人的账簿观，他建议他的家人：

> 要注意，如果帮一个人会让其他人不高兴就不要帮。因为被伤害的人会怀恨在心；事实上他们常常夸大伤害。而接受帮助的一方，要么会忘记恩惠，要么认为恩惠比实际上小。因此，在同等条件下，你失去的比得到的多。[2]

意大利人（至少上层阶级的成年男性）承认他们关注自我控制以及操控他人（这种关切在同时期欧洲其他地区是罕见的，不管这个"资本主义的时代"的真相如何）。在阿尔贝蒂的《论家庭》中，人文主义者利奥纳尔多说："统治和控制精神的激情"是好的，而圭恰尔迪尼宣称控制欲望比满足欲望更快乐。如果说自控就是文明，就像社会学家诺贝特·埃利亚

---

1 Filarete, *Treatise on Architecture*, bk 20, 第 282 页起。

2 Guicciardini, *Maxims and Reflections*, 第 25 条目。

斯在其著名的《文明化的进程》(*The Civilizing Process*)中认为的，那么文艺复兴时期的意大利人即便没有他们的艺术和文学，也有充分理由被描绘成欧洲最文明的人。[1]

世界图景的机械化

现在是时候结束这份必定不完整的文艺复兴时期意大利人的信念的目录，并努力去看看他们的整个世界观。这个世界观的一个突出特点是，许多传统观念与其他一些似乎与其格格不入的观念并存，这一观点是阿比·瓦尔堡在其对佛罗伦萨商人弗朗切斯科·萨凯蒂最后的遗愿和遗嘱的著名讨论中提出的。[2]

总的来说，文艺复兴时期的意大利人，包括在本书中占主导的那些精英，跟他们的中世纪先辈一样生活在一个有生命的（animate）而不是机械的、道德化的而不是中性的、按照对应关系而不是因果关系组织的思想宇宙中。

这一时期的一个常见短语是说世界是"一个动物"。达·芬奇用一种传统方式发展了这一观念，他写道："我们可以说地球拥有一种植物性灵魂，土地是其肌肉，岩石是其骨骼……水流是其血脉……大海的潮起潮落是它的呼吸和脉动。"[3] 宇宙的运作被拟人化。这一时期人们仍按字面意思来理解但丁说的"推动太阳和其他星辰运行的爱"。人们也用类似方式描绘磁性。在犹太医生莱奥内·埃布里奥的《关于爱情

212

---

1 Elias, *Civilizing Process*, 在这本书中，作者对意大利人在他出色描述和分析的那个变化过程中的角色没有给予足够重视。参见 Burke, "Civilization, sex and violence"。

2 Warburg, *Renewal of Pagan Antiquity*, pp. 247–249.

3 Leonardo da Vinci, *Literary Works*, 第 1000 条目。

的对话》（1535）——一本属于菲奇诺新柏拉图主义传统的著作——中，一位谈话者解释说："铁对磁石的爱如此强烈，不管多大和多重它都会动起来，去寻找磁石。"[1] 我们前面谈到的关于"政治体"的讨论（边码第198—199页）符合这个总体图景。正如佛罗伦萨政治理论家多纳托·詹诺蒂说的："每个共和国都像一个自然人体。"作家在论述建筑时也将建筑物与生命体类比，现在这些类比被普遍误解为只是比喻。阿尔贝蒂说一座建筑"就像一个动物"，菲拉雷特说"建筑……需要呵护和照顾，并会像人一样因缺乏照顾而生病，死去"。米开朗基罗甚至说，不管是谁，"如果不精通人体和解剖学"就对建筑一窍不通，因为一座建筑的不同部分"来自人体的各个部分"。[2] 甚至20世纪的弗兰克·劳德·莱特都不能理解这种有机的建筑理论。

　　宇宙的"道德化"是指宇宙的不同特点不像现代科学家那样被视为中性的。例如，人们认为"温暖"比"寒冷"好，因为温暖是"积极的和富有成效的"。"不可改变"（比如天）比"可改变"（比如地）好；静比动好；做一棵树比做一块石头好。阐明这些观点的另一方式是说，宇宙被认为按照等级秩序组织，因而与社会结构类似（并合理化社会结构）。菲拉雷特把三个社会群体，即贵族、市民和农民比作三种石头：宝石、准宝石和普通石头。毫不奇怪，在这个等级宇宙中，我们看到文学和绘画类型也被划分等级：史诗和"历史画"级别最高，喜剧和风景画位于底部。不过，有时相关的不止是等级秩序。

1　Leone Ebreo, *Dialoghi d'amore*, 第2篇对话，第1部分。

2　Filarete, *Treatise on Atchitecture*, bk 1, 第8页起；米开朗基罗的信引自 Akerman, *Architectureof Michelangelo*, p. 37。

各种"奇观"或"怪物"——即罕见现象——从生下畸形儿到天上出现彗星，都被解释为"预兆"，即灾难将至的标志。[1]

213　　　　宇宙的各个部分并不是随意联系在一起的（现代世界图景就是如此），而是按照当时所谓的"对应"（correspondences）和象征意义联系在一起。其中最著名的是"宏观世界"，即整个宇宙与"微观世界"，即人的小宇宙的对应。占星术医学就依赖这些对应，如右眼对应太阳、左眼对应月亮等。在这里，数字命理学[2]占有重要地位。有七个星体、七种金属和一周七天这一事实，被视为它们之间存在对应的证据。这个复杂的对应体系对艺术家和作家来说有很大好处。它意味着图像和象征并不"仅仅"是图像和象征，而是宇宙及其创造者上帝的语言表达。历史事件或个人也可能一一对应，因为历史进程常常被认为是循环的，而不是朝着一个方向稳定"进步"。萨沃纳罗拉将法国国王查理八世看作"第二个查理大帝"和"新居鲁士"——不只是与居鲁士对等，而几乎是这位伟大波斯统治者的再世。[3]皇帝查理五世也被称颂为"第二个查理大帝"。当佛罗伦萨诗人们宣称黄金时代在美第奇家族统治下回归，他们很可能也并不仅仅是在使用一个修饰性谄媚语或谄媚性修饰语。文艺复兴的观念本身就依赖于历史循环发展的观念，并使用了"诞生"的有机语言。

　　　我们所说的这种"有机思维"（organic mentality）影响甚

1　Foucault, *Order of Things*, ch. 2, 他关于"世界散文"的讨论已成经典。更透彻的分析，参见 Céard, *Nature et les prodiges*。

2　numerology, 根据人的出生日期等数字来解释人的性格或占卜祸福，类似中国的"生辰八字"和属相。——译者注

3　Weinstein, *Savonarola and Florence*, pp. 145, 166–167; Burke, "History as allegory".

广，到 17 世纪才受到笛卡儿、伽利略、牛顿和其他"自然哲学家"的直接挑战。在 15、16 世纪，有机的宇宙模式一直占主导。尽管如此，有一些人，至少有时确实使用了另一种不同的宇宙模式，即机械的宇宙模式，这在一个产生了诸如马里亚诺·塔科拉、弗朗切斯科·迪·乔尔乔·马尔提尼以及当然还有莱奥纳尔多·达·芬奇等伟大工程师的文化并不奇怪。[1] 曾撰文论述"水钟"（和其他题目）的乔万尼·丰塔纳有一次提到宇宙这个"高贵的时钟"，这种作为机械钟的宇宙形象到 17、18 世纪将变得极为普遍。

　　莱奥纳尔多·达·芬奇（我们曾引述他关于小宇宙和大宇宙的比较）也经常使用机械的宇宙模式。他把人体经络形容成"机械工具"，并把心脏看成一个"奇妙的工具"。他还写过"鸟是种按照数学法则运作的工具"，他正是基于这一原则尝试制作飞行器的。[2] 马基雅维利和圭恰尔迪尼从"力量平衡"（balance of power）的角度看待政治。在《君主论》第 20 章，马基雅维利提到意大利"处于某种平衡"的时刻，而圭恰尔迪尼在《意大利史》的开篇阐述了同样的观点，他观察到，洛伦佐·德·美第奇去世时，"意大利事务处于某种平衡状态"。本章前面讨论的人们对精确计算时间和空间的普遍关注，更符合这种机械的宇宙观，而非传统的有机宇宙观。世界图景的机械化事实上是 17 世纪的产物，但这一进程至少在意大利已经开始了。[3]

214

1　Gille, *Engineers of the Renaissance*.

2　关于在莱奥纳尔多·达·芬奇那里有机的与机械的思维模式并存的情况，参见 Dijksterhuis, *Mechanization of the World Picture*, pp. 253–264。

3　Delumeau, "Réinterprétion de la Renaissance"，他强调了抽象能力的发展。

看来我们有必要讨论一下文艺复兴时期意大利世界观的多元化，这种多元化很可能是思想创新的一个刺激因素。各种对立观念并存自然引出了它们与不同社会群体的关系问题。机械的世界图景有时被说成是"市民阶级"（*bourgeoisie*）。[1]它真的与市民阶级联系在一起吗？在讨论了什么是市民阶级和文艺复兴时期意大利社会结构的总体样貌之后再来回答这个问题就比较容易了。这就是下一章的任务。

---

1 Borkenau, *übergang*.

第 9 章

社会构架

本章将继续从文艺复兴时期艺术和文学所由产生的环境以及它们表达的世界观向外扩展。本章本质上关注的是正式和非正式的组织及其与文艺复兴文化的关系。首先考察一个宣传一种世界观的机构，即教会；然后是政治机构；接着是社会结构；最后是社会的基础，即经济。

宗教组织

如果现代的基督徒能到文艺复兴时期的意大利参观，教堂中发生的事可能会让他们大为吃惊，或者说震惊，甚至意大利天主教徒也会皱眉头。[1] 威尼斯枢机主教加斯帕罗·孔塔里尼描述人们"谈论着贸易、战争以及甚至常常是爱情"漫步穿过教堂。穿过教堂，尤其是在弥撒时（比如 1463 年时的墨德纳和 1530 年时的米兰）常常被禁止，颁布禁令的频率足以使我们断定这种事必定随时都在发生。在教堂中，人们会看到乞

1　关于意大利教会的一项总体研究，参见 Hay, *Church in Italy in the Fifteenth Century*。参见 Prodi and Johanek, *Strutture ecclesiastiche*。

丐、马、赌博的人、上课的老师或是正在进行的政治集会。教区的教徒们在教堂吃、喝、跳舞来庆祝重大的节日，如保护圣徒的节日。教堂也可能被当作储藏谷物或木料的仓库。1535年，对曼托瓦教区的一次访问报道说，有一座教堂里，"牧师有一个厨房、几张床以及其他不是很适合这种神圣场所的东西；但……或许可以原谅他，因为他的住处很小"。[1] 值钱的东西可能被藏在圣器室，毕竟没有几个地方比这里安全。

荷兰史学家约翰·赫伊津哈评论说，在中世纪人们往往用"一种不排除尊敬的亲密态度对待神圣之物"，这同样适合文艺复兴时期，不过前提是他们的亲密不一定包含尊敬。[2] 在文艺复兴时期，敬神与渎神的界限并不统一，也没有 16 世纪特伦特宗教会议后那样严格。而且，也不是每个人都做这种区分。直到 1580 年，蒙田在造访维罗纳城时仍吃惊地看到人们做弥撒时站着说话，帽子不摘，背对祭坛。[3]

教士和平信徒之间也没有严格界限。1526 年罗马的人口统计记录了一个当石匠的修士（ *il frate muratore* ）。在特伦特宗教会议后设立许多神学院前，教士也缺乏专门训练。1514年拉特兰宗教会议期间，一位与会者质问："有多少教士不穿教规规定的衣服、包养情妇、买卖圣职、野心勃勃？有多少神职人员像士兵一样携带武器……？有多少教士带着自己的孩子去祭坛？有多少教士用十字弓和枪狩猎射击？"[4] 要回答他的这

1　Tacchi Venturi, *Storia della Compagnia di Gesù*，第 179 页起；Putelli, *Vita, storia ed arte mantovana nel cinquecento*, p. 16。

2　Huzinga, *Autumn of the Middle Ages*, ch. 12.

3　Montaigne, *Journal*, p. 64.

4　Tacchi Venturi, *Storia della Compagnia di Gesù*, p. 36.

些修辞性问题，或甚至是说出有多少神职人员（少数情况的存在使这个问题更复杂了，即那些加入小修会的人，包括波利齐亚诺和阿里奥斯托这样的名人）似乎都是不可能的。现有证据只能让我们估计某些城市在某些年份神职人员的数目：如佛罗伦萨在 1427 年约有 3.8 万人，其中约有 300 名世俗教士，但有 1100 多名僧人、修士和修女。[1] 到 1550 年，佛罗伦萨总人口上升到 6 万人，但神职人员的比例增加更快，超过了 5000 人或总人口的近 9%。1581 年，威尼斯的总人口为 135000 人，其中约有 600 名世俗教士，但若将修士和修女包括在内，则神职人员的总数上升为 4000 多名。[2]

无论从社会角度还是从文化角度来看，神职人员都远非一个统一体。我们至少需要区分三个群体：主教、普通世俗教士和宗教修会的成员。

主教，意大利有近 300 人，通常是贵族。一些主教职位事实上是某些家族世袭的，主教世家（dynasty）通过**叔休侄继**的做法维系。通往主教宝座的另一条大路是恩主—门客体制。一位年轻的教会法博士可能会到一位枢机主教家当秘书或做其他工作，并借助他的影响获得主教职位。在意大利与欧洲其他地方一样，主教们一般也了解他们的法则——事实上比神学更了解。[3]

教区牧师也依靠庇护制，因为任命圣职的权力常常属于某

217

1 Herlihy and Klapisch-Zuber, *Toscans et leurs familles*，表 10。

2 Battara, *Popolazione di Firenze*, pp. 79–80；Beltrami, *Storia della popolazione di Venezia*, p. 79.

3 Alberigo, *Vescovi italiani*；Prosperi, "Figura del vescovo". 参见 Hay, *Churchin Italy in the Fifteenth Century*, pp. 18–20。

个家族。有些教区的首席牧师或者圣职持有者自己并不工作，而是常常拿出一小部分收入雇一个代理或"代理牧师"替他们工作。在 16 世纪早期，米兰教区的一些牧师年收入只有 40 里拉，还不及一个非熟练工人。有些牧师积极从事贩卖牛马的生意以谋生。无论是教区牧师还是代理牧师，都没有受过多少正规训练。他们通过所谓"学徒期"，即通过协助工作和观看学习要做的事。这一时期有关牧师愚蠢无知的故事很常见，而事实上很可能被夸大了。但对教区的巡视总会揭露一些没有祈祷书的牧师，或一些可以用简洁但毁灭性的词语形容为"一窍不通"或"大字不识"的牧师。[1]

最后是**宗教修会**。有僧人，特别是本尼迪克会的僧人，其中包括诗人泰奥菲罗·佛伦格，还有特别严格的卡马尔多利会，15 世纪人文主义者安布罗乔·特拉维萨里就是其中一员，此人是尼科罗·德·尼科利和科西莫·德·美第奇的朋友，曾翻译过许多希腊教父的著作。[2] 有五个托钵僧修会。其中，塞尔维特会（*The Servites*）创建于佛罗伦萨，崇奉圣母马利亚。奥古斯丁修会成员包括路易吉·马尔西利，此人是尼科利和科卢乔·萨鲁塔蒂的朋友。崇拜"加尔默罗山圣母"的加尔默罗会成员包括利波·利皮修士和拉丁诗人乔万尼·巴蒂斯塔·斯帕尼奥罗（以"曼托瓦人"著称）。多米尼克会成员包括画家安杰利科修士和传教士吉罗拉莫·萨沃纳罗拉。圣方济会则有多位传教士领袖，包括锡耶纳的圣贝尔纳迪诺。如果说圣方济会没有培养出任何重要的艺术家，那么从 13 世纪开始他们无

1　Hay, *Church in Italyin the Fifteenth Century*, pp. 49–57.

2　Collett, *Italian Benedictine Scholars*, ch. 1.

疑对艺术产生了巨大影响。[1]

当许多教区教士似乎都成了"不叫的哑巴狗"（宗教改革家们喜欢这样形容他们的英国同行），正是修士们使布道在意大利的宗教生活中变得重要起来，至少在城市是这样。圣贝尔纳迪诺甚至告诉他的听众，如果需要在弥撒和布道之间选择，他们应选择布道。狂热的教徒快速记下他的布道，有时，为了让所有人都能前去聆听他布道，司法审判甚至会延期（插图9.1）。[2] 有些传教士还从演员那里学了些东西。据说有个布道士曾向听众朗读了一封基督的来信，而另一个布道士，即罗贝尔托·达·莱切则全副武装登上祭坛，以鼓动发动一场圣战。本书只简要谈到布道，那不是因为它们在当时的文化生活中不重要，而是因为它们属于中世纪晚期传统而不是文艺复兴时期的创新，也因为保存下来的刊印的布道册子只是一个极其简略且不完整的记录，不足以成为重建实际表演的坚实基础。[3]

宗教节日是另一种很难重建但对15、16世纪的意大利人来说意义重大的表演形式。例如，"基督圣体节"在15世纪日益重要。教皇庇护二世在其《回忆录》中记载，1462年他和枢机主教们在维特波举行了盛大的"基督圣体节"庆典。为节日制作的装饰包括一个喷涌水和酒的喷泉，还有"一个青年扮演救世主，他流着血，体侧一处伤口流出的能治病的鲜血注满

218

1　Hay, *Church in Italy in the Fifteenth Century*, pp. 58–61；Zarri, "Aspetti della sviluppo degli ordini religiosi". Francastel, "Valeurs socio-psychologiques de l'espace-temps", pp. 305–315；Kempers, *Painting, Power and Patronage*, pp. 26–35.

2　Origio, *World of San Bernardino*；Bronzini, "Pubblico e predicazione popolare".

3　Rusconi, "Predicatori e predicazione"；Nigro, *Brache di San Griffone: novellistica e predicazione tra quattrocento e cinquecento*.

图 9.1　圣贝尔纳迪诺在锡耶纳市政厅广场上的布道

图 9.2　真蒂莱·贝利尼:《圣马可广场上的游行》,1496 年,
帆布蛋彩画,威尼斯艺术学院

一个杯子"。[1] 真蒂莱·贝利尼的一幅名画表现了在威尼斯基督
圣体节期间民众游行穿过圣马可广场的情景(插图 9.2)。在
16 世纪,"逼真的画"(*tableaux vivants*)成了威尼斯基督圣体
节游行的一个重要构成元素。[2] 宗教剧是这些节日庆典的另一
要素——表演中的表演。基督圣体节是戏剧表演的重大场合;
另一个重要节日,至少在佛罗伦萨是主显节,期间上演的戏剧
表现了三位智者,或国王,即加斯伯、巴尔塔萨和麦基奥带着
礼物朝拜小耶稣的故事。在罗马,大竞技场(*Colosseum*)每
年都要上演一部基督受难剧。一位 15 世纪的德国游客记载:
"这是真人表演的,甚至鞭打、钉十字架和犹大上吊自杀都
是如此。他们都是富家子弟,因此表演都是井然有序和华丽
的。"[3]

最重要的是各个城市保护圣徒的节日:如米兰的圣安布

219

1　Pius II, *Commentarii*, bk 8.

2　Muir, *Civic Ritual*, pp. 223–230.

3　Harff, *Pilgrimage*, p. 40.

罗斯节、威尼斯的圣马可节、佛罗伦萨的施洗者圣约翰节等。[1]
这些节日是提升城市名望和庄严重申公共价值观的重大事件。
比如在佛罗伦萨，人们通过赛跑、马上比武和斗牛来庆祝施洗
者圣约翰节。佛罗伦萨帝国的下属城镇派代表前来首都，其间
有为元老会（*signoria*，即市政府）举行的盛宴，还有常见的
漂流物、比赛、骑兵队、狩猎、变戏法的、走钢丝的以及巨人
（由踩着高跷的人扮演）。[2]

　　组织这些戏剧和节日庆典的主要是宗教兄弟会（*compagnie*,
scuole）。这些平信徒自愿组成的社团在 14、15 世纪非常普遍，
当时仅意大利北部和中部至少就有 420 多个这样的团体。宗教
兄弟会的主要工作可被描绘为模仿基督：这是他们经常自我鞭
笞、举行宴会（一种模仿最后晚餐的团结仪式）、在某些时候
为穷人洗脚以及关注所谓七种俗世善功（看望病人、给饥饿者
食物、给饥渴者水、给衣不蔽体者衣服、帮助囚犯、安葬死者
和为朝圣者提供食宿）的原因所在。有些兄弟会专门从事某一
种工作。1442 年在佛罗伦萨成立的圣马丁兄弟会（*Buonomini
di San Martino*）专门帮助穷人，尤其是有教养的穷人，该兄
弟会以之命名的圣马丁曾把斗篷分给一个乞丐。有些兄弟会安
慰罪犯，如罗马的被斩首的圣约翰兄弟会，米开朗基罗就是其
中一员。[3]

1　Peyer, *Stadt und Stadtpatron*; Fium, *Santo patrono.*

2　Guasti, *Feste*; Trexler, *Public Life in Renaissance Florence*，第 240、326、406 及第
　　450 页起。

3　Weissman, *Ritual Brotherhood in Renaissance Florence*; Eisenbichler, *Crossing the
　　Boundaries.* 关于圣马丁兄弟会，参见 Trelxer, "Charity and the defence of urban elites";
　　Hughes-Johnson, "Early Medici patronage"。关于圣约翰兄弟会，参见 Edgerton,
　　Picture and Punishment。

　　宗教兄弟会作为艺术赞助人的重要性前面已经讨论过了（参见边码第96页）。它们也在节日庆典中扮演了重要角色：参加节日游行以及露天表演和戏剧。比如在佛罗伦萨，露天表演三位东方博士的是"东方三博士兄弟会"。[1]在该城表演洛伦佐·德·美第奇创作的戏剧《圣约翰与圣保罗》的是圣约翰兄弟会。罗马的"旌旗（Gonfalon）兄弟会"则定期在大竞技场表演其戏剧《耶稣受难日》(画家安东尼亚佐·罗马诺是其中一员，戏剧的舞台布景就是他画的)。兄弟会还在他们的游行和教堂内唱赞美圣母和圣徒的赞美诗，其中一些是宗教诗歌的杰出典范，并可能纪尧姆·迪费这样的一流作曲家为其配乐。[2]兄弟会还聆听特定的布道，有些可能是俗人宣讲的。想象马基雅维利站在布道台上是很奇怪的，但我们还是能够读到他为"佛罗伦萨虔诚兄弟"宣讲的"劝忏悔"。有学者指出，这些兄弟会对佛罗伦萨"柏拉图学院"的贡献就像原初的柏拉图学院一样大。[3]

220

政治组织

　　城邦，尤其是共和国的重要性，是文艺复兴时期意大利政治组织的一个显著特色。1200年前后，意大利"大约有200或300个可称为城邦的政治单位"。[4]到15世纪，它们大多都丧失了独立，但文艺复兴时期的两个"最杰出的"城市佛罗伦萨和威尼斯除外。它们的政治体制形成了鲜明对比。

1　Hatfield，"Compagnia de'Magi"。

2　Monti，*Un laudario umbra* 和 *Confraternite medievali*。

3　Kristeller，"Lay religious traditions"。

4　Waley，*Italian City-Republics*，p. 11.

　　如果说曾有一个国家显然很适合 20 世纪早期占主导的社会学和社会人类学的功能分析的话，那这个国家一定是威尼斯。威尼斯的政治体制以其稳定性和均衡（归功于三种主要政体的混合：总督代表君主制、元老院代表贵族制、大议会代表民主制）而备受赞扬。实际上，君主制的因素很微弱。尽管总督被赋予一些外在荣誉，如将总督的头像铸在钱币上，但他并没有多少实权。威尼斯人已经发展出政治体系"尊贵的"（dignified）与"有实权的"（efficient）的区分，这种区分以沃尔特·白哲特对 19 世纪英国政治体制的著名描述闻名。相比之下，大议会确实参与政治决策，但这个贵族委员会并非完全民主性的。至于冲突，不是没有，而是隐藏在和谐一致的神话背后。

　　与混合政体的观念一样，威尼斯的稳定或"和谐"也不是一个中性形容词。它是一种"意识形态"，一种今天史学家们称为"威尼斯神话"的一部分；换句话说，它是威尼斯统治阶级所持的一种理想化的威尼斯观的一部分，如枢机主教加斯帕罗·孔塔里尼，他的《威尼斯共和国和威尼斯政府》（1543）就大力宣扬这一观念。[1] 不过，相对而言，威尼斯的稳定性观念还是有一定真实性的。在这一时期，威尼斯的政治制度变化不大。如果说威尼斯由少数人统治，那么这少数人不同寻常的多：所有成年贵族——16 世纪早期有 2500 多人[2]——都是"大议会"（*Maggior Consiglio*）的成员，正因为如此"大议会

1　Gaeta, "Alcuni considerationi sul mito"; Logan, *Culture and Society*, ch. 1; Finlay, *Politics in Renaissance Venice*, ch. 1.

2　Davis, *Decline of the Venetian Nobility*, ch. 3; Finlay, *Politics in Renaissance Venice*, ch. 2.

厅"的面积才那么大并需要巨幅湿壁画来填充。

相比之下，佛罗伦萨的政治体制则很不稳定。但丁在其流亡期间的闲暇写成的《神曲》中，把佛罗伦萨比作一个在床上辗转反侧的病妇，哪种姿势都不舒服（*Vedrai te simigliant a quella inferma，Che non può trovar pose in su le piume，Ma con dar volta suo dolore scherma.*）。[1] 正如 16 世纪的一个威尼斯观察者指出的："他们对其政体从来不满意，没有安静片刻，这个城市似乎总是渴望变更体制，因此没有一种政府形式能延续超过 15 年。"他非常幸灾乐祸地评论说，这是上帝对佛罗伦萨人罪孽的惩罚。[2] 不过，这可能与如下一个事实更有关：佛罗伦萨人 14 岁就开始享有政治权利，而威尼斯人直至 25 岁才被看成政治意义上的成年人，并且直到成为老人时其想法才会被认真对待。威尼斯总督当选时的平均年龄是 72 岁。[3]

不论出于何种原因，变化是佛罗伦萨的常态。1434 年，科西莫·德·美第奇从流亡中返回并接管了这个国家。1458 年，佛罗伦萨设立了一个"两百人议会"。1480 年，它被一个"七十人议会"取代。1494 年，美第奇家族被逐出佛罗伦萨，一个以威尼斯为榜样的大议会建立起来。1502 年，佛罗伦萨设立了一个类似威尼斯总督的职位，即"终身正义旗手"。1512 年，美第奇家族在外国军队的保护下重返佛罗伦萨。1527 年他们再度被逐，1530 年又再度返回。这样想或许并不是太异想天开，在佛罗伦萨的政治文化和艺术文化以及两者都有的创新倾向之间存在某种联系，虽然要具体说明这种联系很难。相比之下，较

---

1 *Purgatorio*，第 6 节。

2 Segarizzi, *Relazioni degli ambasciatori veneti*, p. 39.

3 Finlay, "Venetian republic as a gerontocracy"; Chojnacki, "Political adulthood".

为稳定的威尼斯人在迎接文艺复兴方面要迟缓一些。除了这种结构变化的趋势外，佛罗伦萨与威尼斯的不同还表现为其官职轮换的速度更快；最高行政机构，或元老会，每届任职期只有两个月。在佛罗伦萨，能参与政治生活的少数人的数量也比威尼斯多得多，仅有资格担任最高行政官的就超过了 6000 人（包括手艺人、店铺老板以及贵族）。[1]

意大利其他三个强国实际上都是君主国，两个是世袭的（米兰和那不勒斯），一个是选举的（教皇国）。在这里与费拉拉、曼托瓦和乌尔比诺等小国一样，最重要的机构是宫廷。文艺复兴时期的众多重要艺术和文学作品——从曼泰尼亚的"彩绘厅"（*camera degli sposi*）到阿里奥斯托的《疯狂的奥兰多》——都是在这个环境中产生的，因此了解这究竟是什么地方很重要。在诺贝特·埃利亚斯关于宫廷的先驱性社会学（或人类学）研究之后出现了许多专题研究，从而让这个任务变得容易些了。[2]

宫廷由数百人构成，例如 1527 年，罗马教廷约有 700 多人。从这个角度来看，围绕在佛罗伦萨共和国"第一公民"洛伦佐·德·美第奇周围的那个小圈子根本配不上"宫廷"这个头衔。[3]宫廷里聚集着三教九流的人，从有职衔（如马厩总管、管家、司马官等）的贵族到较次要的廷臣（如在起居室工作的

1　Molho, "Politics and the ruling class"; Kent, "Florentine Reggimento" 和 *Rise of the Medici*; Rubinstein, *Government of Florence*; Bruker, *Civic World of Early Renaissance Florence*; Stephens, *Fall of the Florentine Republic*; Butters, *Governors and Government in Early Sixteenth-Century Florence*, ch.1。

2　Elias, *Court Society*; 参见 Quondam, *Corti farnesine*; Ossola, *Corte e il cortigiano*; Prosperi, *Corte e il cortigiano*; Fantoni, *Corte del granduca*; Rosenberg, *Court Cities*。

3　比较 Pottinger, *Court of the Medici*。

绅士、秘书和年轻侍从），到鼓手、驯鹰手、厨子、理发师和马厩童等仆人不等。愚人和侏儒比较难放到宫廷的等级结构中（他们事实上是职业外来者），但他们总是陪在君主身边取悦他们。君主的诗人和乐师的地位与愚人和侏儒可能没什么两样。

　　宫廷最重要的特点是它具有两种日益分化的功能：私人的和公共的；君主的家和国家行政机构。君主通常与廷臣一起进餐。当他移动的时候，宫廷大多数人跟随他一起行动，虽然为这样一大群人（数量可抵一个小镇的人口）提供交通、饮食和住宿造成了大量后勤难题。卢多维科·斯福尔扎公爵决定从米兰前往他喜爱的乡村别墅维杰瓦诺宫，或其他城堡和狩猎场时，动用了 500 匹马和骡子运送宫廷成员和物品。[1]那不勒斯国王阿拉贡的阿方索大多数时候也居无定所，游历帝国的不同地区，包括加泰罗尼亚、西西里和撒丁岛。他的官员被迫效仿他，事实上就是跟着他一起流动。例如，1451 年，阿方索把他的委员会召到他碰巧在那里狩猎的帕普亚，解决他与巴塞罗那的争端。[2]

　　作为一种机构，宫廷的文化重要性在于它将许多有闲绅士——和淑女——聚集在一起。这对埃利亚斯所说的"文明化进程"至关重要。与优雅的举止一样，对艺术和文学的兴趣也有助于显示贵族与普通人的区别。如同 17 世纪巴黎的沙龙，贵族妇女的出现也刺激了文艺复兴时期意大利宫廷的对话、音乐和诗歌。当然，我们必须注意不要把文艺复兴时期的宫廷理想化。我们不能过于字面地理解卡斯提利奥内的名著《论廷

1　Malaguzzi-Valeri, Corte di Lodovico il Moro, vol. 1, ch. 3.

2　Ryder, *Kingdom of Naples*.

臣》。作者打算让它成为与柏拉图的《理想国》对等的著作，这本书还应当被看成一种公共关系的练习（正如该书的修订史显示的），从第一版对受到威胁的乌尔比诺公国的捍卫，到最后一版对反教会言论的审查（那时作者已经开始了第二种，即教会职业生涯）都表明了这一点。[1] 廷臣们可能常常发现时间太多了。我们甚至在卡斯提利奥内的文字中也发现他们用下流笑话和在客厅游戏打发时间。其中一个人描述贵族们在宫廷中互相投掷食物，或打赌吃最令人作呕的东西：这就是所谓的"文明"。

人文主义者埃涅亚·塞尔维奥·皮科罗米尼成为教皇庇护二世之前的 1444 年，即他当选教皇 14 年之前写成的一本小册子，是对卡斯提利奥内描绘的理想化宫廷画面的一个很好的矫正。这本名为《廷臣的悲惨》（*Miseries of Courtiers*）的书无疑是一本讽刺性著作并借用了一种文学和道德俗套的传统，但它也增加了一些尖锐的个人观察。埃涅亚写道，如果你想在宫廷找到快乐，你会大失所望。宫廷确实有音乐，但它只是在君主想听而不是你想听的时候有，甚至是在你想睡觉的时候也有。不管怎样，你都无法舒舒服服地睡觉，因为铺盖很脏，而且床上还有其他人（这在 15 世纪很常见），你的邻铺整夜咳嗽并拉走你的被子，或者你可能得睡在马厩里。仆人从不准时拿来食物，而且你没吃完他们就撤了。你从不知道宫廷什么时候要转移；当你准备好离开，却发现君主已经改变主意。独处和安静都是不可能的。无论君主坐着还是站着，廷臣必须一直站立。这些听起来都不像是最有可能激发创造性的条件，但它们却是

224

1　Guidi, "Jeu de cour".

像阿里奥斯托的这样的诗人（只是其中最著名的）必定曾工作过的环境。

宫廷遍布整个欧洲，尼德兰、瑞士和德意志也有城邦——若非严格政治理论意义上的，至少实际上也是。意大利的政治组织形式在这一时期是不是独一无二，这个问题值得一问，如果真是如此，这种独特性是否促进了这场我们称为文艺复兴的文化运动。正如意大利史学家费德里科·沙博问的："有一个文艺复兴国家吗？"

沙博作了一个有限定条件的肯定回答，这一回答的依据不是雅各布·布克哈特大量论述的政治意识，而是官僚制的兴起。[1] "官僚制"这个词语有许多含义。为清楚起见，我们将沿用德国社会学家马克斯·韦伯的精确定义，并按照六个标准区分两种政治制度：世袭制和官僚制。

世袭制政府（patrimonial government）本质上是私人化的，但官僚制政府则是非私人化的（公共领域与私人领域分离，人们服从的是官职持有者而不是某个人）。世袭制政府由业余人士任职，官僚制政府则由受过职业训练的专业人士任职，其任命依据功绩而不是恩宠，他们有固定薪水并有自己的职业伦理。世袭制政府是非正式的，而官僚制政府的官员则将一切记录在案。世袭制政府是非专业化的，而在官僚体制内，官员们从事分工细致的工作，并小心地界定各自的政治领域。世袭制政府求助于传统，而官僚制政府则依赖理性和法律。[2]

1　Federico Chabod, "Was there a Renaissance state?". 参见 Gamberini, *Italian Renaissance State*。

2　Weber, *Economy and Society*, pt 2, chs 10–14.

　　我们当然有理由认为，在文艺复兴时期至少有些意大利国家是早熟的官僚制政府，这不仅归功于我们前面讨论的意大利的城市化以及由此导致的读写能力和计算能力的传播；也归功于共和国的存在，在那里效忠对象不是统治者，而是非个人化的国家；以及意大利存在一个庞大国际组织，即天主教会的首都。可以肯定的是，当时一些人对公共领域和私人领域作了非常明确的划分，比如阿尔贝蒂的《论家庭》中就有个人拒绝把前者与后者混同（*ch'io in modo alcuno facessi del publico privato*）。[1] 也有防止官员为了私利而假公济私的措施：行业工会（*sindacato*）。在佛罗伦萨、米兰和那不勒斯，当一个官员任职期满，他在离任前必须接受特派员或"评议会委员"的调查。教皇作为教会首领和教皇国统治者的双重角色，也促进了将个人与其职位区分开来的意识。[2]

　　另外，全职官员的数量也比较多，尤其是在罗马。在罗马，获得法学博士学位相当于教廷官员的职业训练。有些官职有一定任期并发展出一种团体（或团伙）精神（corporate ethos）。固定薪金很常见，而且一些还比较高。在 16 世纪初期的威尼斯，秘书厅秘书的平均年薪为 125 杜卡特，相当于美第奇银行分行经理的薪水。人们还试图通过业绩而不是通过购买、恩宠或邻里关系获取职位。在这一时期的罗马，秘书数量日益增长。[3]

　　在较大的意大利国家，官员的职能作了非常细的划分。比如卢多维科·斯福尔扎时代的米兰设有一个司法秘书和一个

1　Alberti, *I libri della famiglia*, p. 221.

2　Prodi, *Papal Prince*, 第 50 页起。

3　Kraus, "Scretarius und Sekretariat"; Partner, *Pope's Men*.

外事秘书，后者有许多下属具体负责对不同国家的外交事务。[1]佛罗伦萨和威尼斯设有专事贸易、海军事务、防御等的委员会。在 16 世纪晚期的罗马，教皇西斯克特五世设立了许多枢机主教的"会议"或常务委员会，其职能从宗教仪式到海军事务不等。也是在文艺复兴时期的意大利，外交首先实现了专门化和职业化。[2]

　　书面记录在行政管理中也日益重要。在 15 世纪，墨德纳的一位主教业已宣称他不想成为生活在"一个文件世界"（*un mundo de carta*）的大臣或大使。[3]在信息收集方面最引人注目的例子是人口普查，尤其是佛罗伦萨 1427 年的"财产税"，它囊括了佛罗伦萨元老会统治下的每个佛罗伦萨人。[4]当然，像佛罗伦萨这样的小国进行人口普查要比法国这样的大国容易。就信息的归档和检索来说，16 世纪的一些统治者，如托斯卡纳大公科西莫·德·美第奇、教皇西斯克特五世和格列高利十三世都对建立档案特别感兴趣。[5]人们还越来越意识到财政预算的必要性，即预先计算收入和支出，特别是在罗马。[6]

　　这给人一种印象，即意大利人在政治领域与艺术领域一样出现了自我意识和创新。就意大利已经发展出一种官僚制统治模式而言，说有一个"文艺复兴国家"是有益的。虽然如此，我们不应夸大变化的速度。意大利不缺乏宫廷，而正如

1　Santoro, *Uffici del domino sforzesco*.

2　Mattingly, *Renaissance Diplomacy*.

3　引自 Santoro, *Mundo de carta*, p. 35。

4　Herlihy and Klapisch-Zuber, *Toscans et leurs familles*.

5　Prodi, *Papal Prince*, p. 117.

6　Partner, "Papal financial policy".

我们看到，宫廷公共管理与统治者的私人家庭并未分离；忠诚集中于一个人而不是一个机构；而且如果统治者想要恩宠某个谄媚者，他随时都可以避开这个体制。在职位的任命和擢升方面，最重要的是君主的宠爱。正如庇护二世在抱怨廷臣的悲惨指出的："在君主的宫廷，重要的不是你做什么，而是你是谁"（*non enim servitia in curiis principum sed personae ponderantur*）。[1]

在罗马教廷，圣职常常被出售，尤其是在利奥十世统治时期，还专门建立了负责这一事务的教廷组织部或圣职部（the Datary）。[2] 在米兰和那不勒斯也有买卖官职的现象。[3] 官职的买主可能不会亲历其职，而是"经营"它——换句话说即用这个职位的一小部分收入雇用其他人代行其职责，就像教区的"代理牧师"。官职被看作投资，并被期望带来收入。不过，官员的薪水一般并不多。在 15 世纪中期的米兰，公爵委员会的大臣的薪水并不比一个非熟练工人多。行政官员们则依靠礼物、费用和其他特权（如占有一部分充公财物的权利）。

甚至共和国的行政管理在许多方面也跟马克斯·韦伯模式的非个人化的有效官僚制相去甚远。实际上，在一些方面，如官员的团体精神，佛罗伦萨的官僚化程度还不如米兰。[4] 官僚制可能曾强调平等和业绩，但我们也得考虑如今意大利人说的"任人唯亲"（*sottogoverno*）。例如在威尼斯，一些职位可

1　Pius II, *De curialium miseriis*, p. 35.

2　Partner, *Renaissance Rome*，第 60 页起；D'Amico, *Renaissance Humanism*，第 27 页起。

3　Chabod, "Usi ed sbusi".

4　Witt, *Hercules at the Cross-Roads*，第 112 页起。

以购买、出售和作为嫁妆。在这一时期意大利的任何一个国家，家族联系和被委婉地称为"友谊"（*amicizia*）——即有权势的恩主与其附庸或"门客"之间的关系——的体制的重要性无论怎么高估都不为过。在 1434 年科西莫掌权前的几年，许多保存下来的写给美第奇家族成员的信让我们对"友谊"之于双方的重要性留下了生动印象。这些证实了当时一个叫乔万尼·卡瓦尔坎蒂的佛罗伦萨人的抱怨，他说佛罗伦萨公社（或共和国）"是在晚宴上和私人书房内，而不是在元老会宫被统治的"。[1]

当时的许多政治冲突都是敌对"派系"间的斗争——即恩人—门客集团间的斗争。佩鲁贾和皮斯托亚因派系斗争臭名远扬，前者是奥迪家族与巴利奥尼家族斗，后者是潘恰蒂基与康切利埃里家族斗。正如马基雅维利在《君主论》第 20 章指出的："通过派系控制皮斯托亚"是非常必要的。直到 16 世纪，地方斗争实质上仍是令人尊敬的"圭尔夫党"（起初支持教皇）和吉伯林党（支持皇帝）的斗争。庇护制在政治和社会生活中的重要性证实了一句意大利谚语："没有圣徒你就上不了天堂"（*Senza santi non si va in Paradiso*），这句话用此岸世界的图像描绘了彼岸世界。对艺术家和作家的赞助构成了这一广泛制度的一部分。

现在我们可以回到政治和文化的联系上。有学者沿着诺贝特·埃利亚斯的路径主张，文艺复兴时期的意大利揭示了"国家形成"与"文明化"的联系。[2] 更准确地说，我们可以认为

1　Kent，*Rise of the Medici*，第 83 页起；参见 Weissman，"Taking patronage seriously"；Cavalcanti，*Istorie fiorentine*，bk 2，ch. 1。

2　Elias，*Civilizing Process*；Kempers，*Power and Patronage*，pp. 209–216.

意大利的政治和艺术生活都采取了日益复杂和高级的组织形式，意大利在这些方面领先于其他欧洲国家。考虑到意大利不同政体的对比，我们有必要问一个更确切的问题：哪一种政府更有益于艺术，共和国还是君主国？[1] 当时人们曾讨论过这个问题，但意见不一致。正如我们看到的（参见边码第 32 页），莱奥纳尔多·布鲁尼认为，罗马文化与罗马共和国兴衰与共，教皇庇护二世说："学术研究在自由的雅典和元老院为公众福祉实行统治时的罗马最繁荣。"[2] 另一方面，15 世纪人文主义者乔万尼·孔维尔西诺·达·拉文纳痛切地抱怨道："在大众实行统治的地方，唯有产生实际利益的成就才受尊重……人们对诗人的鄙视恰如对他们的无知，他们宁愿养狗也不愿供养学者或教师。"[3]

最明显有利于布鲁尼观点的一点，是大多数艺术家和作家都诞生在两个重要的共和国，即佛罗伦萨和威尼斯。不过，仅记录存在一种联系是不够的，我们得去解释它。虽然成就驱动力的大小不可测量，我们有理由认为这种驱动力在共和国要强一些，因为共和国是依据竞争原则组织的，所以父母更可能培养孩子努力超过其他人。我们也可以认为这种驱动力在佛罗伦萨比在威尼斯强，因为佛罗伦萨的体制比威尼斯开放，在威尼斯，重要的公共职位事实上都被贵族垄断。因此，艺术家或作家出生在共和国更好些，在那里他们有更好的机会发展其才能。

但是，当这些才能发展起来以后就需要赞助了，而就赞助来说，要说哪一种政治体制最有益于艺术家和作家就不那么容易

---

1 Warnke, *Court Artist*; Kemp, *Behind the Pictures*.

2 Pius II, *De curialium miseries epistola*, p. 39.

3 引自 Baron, *Crisis of the Early Italian Renaissance*, p. 139。

了。共和国有公共赞助，这种赞助在 15 世纪早期的佛罗伦萨最
强劲，那时手艺人还能加入政府，而布鲁内莱斯基则在 1425 年
获选最高职位，即一位"执政"（prior）。这种公共赞助受到"乡
土主义"（campanilismo）的促动，即一种地方爱国主义意识，它
被与邻近公社的竞争驱动，并通过该时期那些宏大的市政厅（锡
耶纳人刻意把他们的钟楼建得比佛罗伦萨的高）表现出来。公共
赞助在 15 世纪晚期比早期弱，在威尼斯比在佛罗伦萨弱，虽然
威尼斯设有一些官方和半官方官职，如本博和提香等的职位。在
共和国出生和接受训练的艺术家被吸引到宫廷也并不奇怪，比如
莱奥纳尔多·达·芬奇到米兰、米开朗基罗到罗马等。一个不吝
钱财、雄心勃勃的君主会通过雇用业已成名的艺术家而使其宫廷
迅速成为一个艺术中心。他只是无法创造艺术家。正如我们看到
的，年轻人是否选择艺术生涯依赖于社会结构。

社会结构

　　政府官僚化趋势未能进一步发展的一个原因，是在一个本
质上仍是面对面的社会中不可能有非个人化管理。在这一时
期，只有那不勒斯和威尼斯两个城市人口超过了 10 万，这个
规模相当于 20 世纪 80 年代的剑桥。对自己所属城区、选区、
"区"（罗马称 rione，威尼斯称 sestiere）的忠诚仍很强烈，这
种忠诚在锡耶纳的"居民区"（contrade）至今仍存（无论是何
原因），著名的赛马节（palio）就是其标志和象征。[1] 在一个城
区，邻区（vincinanza）是一个重要单位，它是表演地方团结
和敌意戏剧的舞台。在佛罗伦萨，邻区，或准确地说"旗区"

229

1　Dundes and Falassi, *Terra in piazza*.

（*gonfalone*，区中之区，或佛罗伦萨城的十六分之一）是政治活动的中心，最近有关佛罗伦萨"红狮区"和"绿龙区"的研究就表现了这一点。[1]教区常常就是一个社区，街道也是如此，街道常常由某一行业主宰，如罗马的金匠就聚集在佩莱格里诺大街。城市都不大，一座钟——如威尼斯城的"鱼鹰钟"（*marangóne*）或锡耶纳城曼加塔（*Torre del Mangia*）的钟——的钟声可以响彻全城宣告城门开放、一天工作开始，或号召市民武装起来或参加会议。[2]市民与官员可能私下互相认识，这阻碍了官职的非个人化。

文艺复兴时期的佛罗伦萨在某些方面看起来更像一个村庄而不是一个城市，因为我们关注的许多艺术家和作家都相互认识，而且常常还很熟。对于在这个面对面的社会中人与人的关系，一个生动事例是1503年佛罗伦萨主教堂工程委员会召开的那个确定在何处安放米开朗基罗的《大卫》的会议。出席会议的有30人，他们主要是艺术家，包括莱奥纳尔多·达·芬奇、波提切利、佩鲁吉诺、皮埃罗·迪·科西莫、科西莫·罗塞利、圣加罗兄弟（即朱利亚诺·达·圣加罗和安东尼奥·达·圣加罗）和安德烈亚·桑索维诺，他们的意见都被详细记录在案。比如，波提切利说"科西莫说的恰恰与我的想法一致"等。[3]

不过，意大利社会当然是很复杂的并需要一个详细的分类

---

1 Kent and Kent, *Neighbours and Neighbourhood*; Eckstein, *District of the Green Dragon* 和 "Neighbourhood as microcosm"。

2 Hook, *Siena*, p. 96.

3 Gaye, *Carteggio inedito d'artisti*, vol. 2, pp. 454–463; Klein and Zerner, *Italian Art*, pp. 39–44.

体系。工作种类繁多，特别是我们现在说的"职业"——不仅包括医生和律师，而且包括教授、经理和秘书。[1] 说明这种复杂性的一个简单方式是引用几个年收入的例子，我们以里拉为单位说明变化的幅度，变化幅度为 3500∶1。[2]

230

L 140000　　最富有的威尼斯枢机主教（1500 年左右）

L 77000　　　威尼斯大商人（1500 年左右）

L 21000　　　威尼斯总督（1500 年左右）

L 12500　　　威尼斯外交官（1500 年左右）

L 3750　　　　米兰步兵将领（1520 年左右）

L 900　　　　威尼斯秘书厅秘书（1500 年左右）

L 900　　　　威尼斯造船师傅（1500 年左右）

L 600　　　　佛罗伦萨美第奇银行分行经理（1450 年左右）

L 400　　　　佛罗伦萨丝绸纺织工（1450 年左右）

L 250　　　　米兰士兵（1520 年左右）

L 250　　　　米兰宫廷鼓手（1520 年左右）

L 200　　　　佛罗伦萨的年轻银行职员（1450 年左右）

L 150　　　　威尼斯士兵（1500 年左右）

L 120　　　　米兰石匠或木匠（1520 年左右）

1　Biow, *Doctors*, *Ambassadors*, *Secretaries*.

2　我把许多不同的货币单位（弗罗林和杜卡特等）转换成里拉，因为里拉是这一时期标准的"货币计量单位"。年收入数字有时是根据日收入换算的，我乘以 250 天而不是 365 天。我没考虑价格变动因素，因为意大利只是在 16 世纪中期遭受了一次严重的通货膨胀。此处使用的资料包括 Fossati, "Lavoro e lavoratori"; Lane, *Venetian Ships and Shipbuilders*; Barbieri, *Economia e politica*; Sardella, *Nouvelles et speculations*; Chabod, *L'epoca di Carlo V*; Roover, *Rise and Decline of the Medici Bank*. 关于工人的工资，参考 Goldthwaite, *Building of Renaissance Florence*, 附录 3。

L 70	佛罗伦萨店童（1450 年左右）
L 60	米兰劳工（1450 年左右）
L 50	威尼斯仆人（1500 年左右）
L 50	威尼斯造船业学徒（1500 年左右）
L 40	米兰宫廷侍从（1500 年左右）
L 40	佛罗伦萨仆人（1450 年左右）

　　正如我们已看到的（边码第 200 页），当时人们也意识到了这些复杂性。不需要复述他们对社会的描述。本书这样的一般论述所要求的，是讨论文艺复兴时期意大利的社会结构在多大程度上是独特的，正如其文化肯定如此。这个讨论将集中在两个问题上。意大利社会是开放的吗？它是市民阶级的吗？

　　第一个问题换个说法会更明确些，即在 15、16 世纪，意大利的社会流动性比其他地方高吗？这样一问，直接回答这个问题的困难就更清楚了。个体向上流动的例子是惊人的。比如乔万尼·安东尼奥·康帕诺从一个牧羊童，变成了佩鲁贾大学的一名教师，他还被教皇庇护二世授予主教之职，显示了教会作为一条上升大道的传统功能。所谓的人文主义教皇尼古拉五世虽是职业人士之子（医生之子），但在学生时代也曾穷困潦倒。巴托罗梅奥·德拉·斯卡拉是一个磨房主之子，后来成为佛罗伦萨共和国的秘书长。斯卡拉（Scala）的纹章是个梯子并有"一步一步"（*gradatim*）的箴言。这显然是他名字的纹章双关语[1]，但也是其社会流动的一个恰当象征。他的《辩解》

─────────────

1　scala 在意大利语中的意思是梯子。——译者注

（*Apologia*）讨论了出身卑微的伟人。[1] 农民成为艺术家的例子——从乔托到贝卡福米（参见边码第 53—54 页）——虽未引起当时人的注意，但却引起后世的极大兴趣。

当时的文献表明，文艺复兴时期的意大利是一个异常关注社会流动的社会。一些文献带有敌意，如但丁的《神曲·地狱篇》第 16 章批评佛罗伦萨的"爆发户和飞来横财"（*La gente nuova e i subiti guadagni*）。有些则比较积极，如波吉奥的对话《论真正的高贵》，该书很符合生活作为一场赛跑的形象，其中最优秀者胜出（参见边码第 205 页）。那些出身卑微最终出人头地的古希腊和罗马人引起人们的极大兴趣。这种主流的价值观体系，至少在托斯卡纳地区也有利于社会流动。不过，20 世纪中期对美国的一项著名研究揭示了社会流动理论与实践的严重脱节，而早些时期的研究也不能忽视这些脱节。[2]

遗憾的是，我们无法衡量文艺复兴时期意大利社会流动的比率。证据太零散，而且不同国家有不同的税收体制等因素使我们事实上无法进行精确比较。[3] 这在历史学家若不作定量论断就等于什么也没说的领域尤其遗憾，因为没有一个社会不存在一定程度的流动性，也没有一个社会的流动是"完美的"——即在那里，个人的社会地位与其父母的地位没有任何直接关系。所有社会都介于这两种极端情况之间；重要的是其确切的位置。

虽然如此，我们仍有充分理由断言在 15 世纪的意大利城市，尤其是 15 世纪早期的佛罗伦萨社会流动性比较高，"新

---

1 Brown, *Bartolommeo Scala*.

2 Lipset and Bendix, *Social Mobility*.

3 Delumeau, "Mobilité sociale: riches et pauvres a l'époque de la Renaissance"; Herlihy, "Three patterns".

人"（gente nuova）从乡村涌进城市并成为公民、担任公职，
其数量引起了诸如里纳尔多·代利·阿尔比齐之类显贵的警
惕。根据当时的一部编年史记载，里纳尔多·代利·阿尔比齐
在 1426 年召开的一次会议上猛烈抨击了这些"新人"。[1] 佛罗
伦萨人的竞争、嫉妒和对成就的注重（参见边码第 204 页）都
很像一个流动社会的特点。

232

但到 15 世纪晚期，社会阶层已经关闭。在帕多瓦、维罗
纳、贝加莫和布雷西亚，这个变化来得较早，这可能是因为它
们被并入了威尼斯帝国。在威尼斯本国内，这一时期新人进入
贵族阶层的机会微乎其微，若有流动也可能在较低级阶层。[2]

这一部分试图回答的第二个问题是，这一时期意大利社会
是否有理由被描绘成"市民阶级的"。正如我们看到的，许多
文艺复兴史学家都持这一观念，但这种大胆论断至少需要加上
一些限定和区分才能成立。[3]

在 15、16 世纪，意大利是欧洲城市化程度最高的社会
之一。在 1550 年，约有 40 个意大利城市人口达到或超过
10000，其中有 25 个城市人口达到或超过 25000，如下表所示
（数字四舍五入到最接近的整数 5000）。[4]

210000　那不勒斯
160000　威尼斯

1 Cavalcanti, *Istorie fiorentine*, bk 3, ch. 2. 参见 Kent, "Florentine Reggimento"；
Brucker, *Civic World of Early Renaissance Florence*, 第 256、472 页起。
2 Ventura, *Nobilità e popolo nella società veneta del quattrocento e cinquecento*, ch. 2；
Lane, *Venice*, 第 111、151、252 页起。
3 Jones, "Economia e società".
4 Beloch, *Bevölkerungsgeschichte Italiens*, 第 327 页起。

70000	米兰、巴勒莫
60000	博洛尼亚（1570 年）、佛罗伦萨、热那亚
50000	维罗纳
45000	罗马（1526 年时人口为 55000）
40000	曼托瓦、布雷西亚
35000	莱切、克雷莫纳
30000	帕多瓦、维琴察
25000	卢卡、墨西拿（1505 年）、皮亚琴查，锡耶那
20000	佩鲁贾、贝加莫、帕尔马、塔兰托、特拉帕尼

在欧洲其他地方，从里斯本到莫斯科，这种规模的城市可能不会超过 20 个。在托斯卡纳和威内托，大约四分之一的人口是城市居民；在欧洲其他地方，可能只有弗兰德尔的城市人口比例高于此。

绝不能认为所有这些城市居民都是市民阶级。文艺复兴时期的佛罗伦萨和其他城市依靠的是当时所说的"小民"（*popolo minuto*），即"劳动阶级"。[1] 佛罗伦萨曾被形容为富人和穷人的"双城"，即使这两个群体之间的潜在冲突被恩主—门客关系、邻里间的团结和社会流动的机会所减少。[2] 虽然如此，意大利城市的相对重要性显然与商人、职业人士、手艺人和店主的相对重要性联系在一起。所有这些群体有时都被称为"市民阶级"；他们都不符合传统社会教士、贵族和农民的等级划分模式。不过，我们需要对他们进行区分。富有的商人有时是重

233

1　Cohn, *Laboring Classes*.

2　Kent, "Be rather loved than feared".

要的赞助人。手艺人孕育了艺术家，而职业人士则孕育了作家和人文主义者，无论他们是律师（马基雅维利的父亲）、医生（菲奇诺的父亲）、公证人（布鲁内莱斯基的父亲）还是大学教授（彭波纳齐的父亲）。

要超越这些比较精确的要点作进一步论断就要靠推测了。文艺复兴时期的价值观，尤其是对抽象、测量和个人的关切，与中产阶级内一个或更多群体的价值观有亲缘性吗？虽然两者的类似显而易见，但我们却不能草率论断。马基雅维利长于政治算计，但他鄙视佛罗伦萨是一座"由店铺老板统治"（*uomini nutricati nella mercanzia*）的城市，并说自己"不能讨论赢利和损失、丝绸行会或羊毛行会"。[1]

在文艺复兴时期，意大利的社会结构与其艺术和文学之间还存在其他联系。家族谱系（lineage）的重要性以及对家族凝聚力的重视，至少贵族圈子中，有助于解释家族礼拜堂和家族陵墓的重要性，因为它们是祖先崇拜的焦点。没有祖先就没有谱系。大量金钱被用于修建宫室，这部分是因为它们象征着家族意义的"家"的伟大。修建敞廊（如最著名的15世纪佛罗伦萨的鲁切拉伊宫敞廊）是将其作为宴会以及其他有大量亲属参加的仪式的场所。而另一方面，大家庭凝聚力的崩溃很可能促进了文艺复兴"个人主义"（竞争以及自我意识）的发展。[2]

1　马基雅维利写给维托里（Vettori）的信，1513年4月9日。因此，这个在银行工作的尼科罗·马基雅维利可能是另一个人，虽然马菲伊认为他就是马基雅维利。参见 Maffei, *Giovane Machiavelli banchiere*。

2　有关佛罗伦萨贵族家族的重要但某种程度上互相矛盾的研究，参见 Goldthwaite, *Private Wealth* 和 Kent, *Household and Lineage*, ch. 5。有关敞廊和祖先，参见 Kent, *Household and Lineage*, ch. 5。关于社会和个人，参见 Connell, *Society and Individual*。

最后，对文艺复兴意大利社会的这一简要考察表明，画家、音乐家以及甚至某种意义上人文主义者模棱两可的社会地位，是一个更普遍问题的具体例子：即教士、贵族和农民之外的其他人如何在社会结构中找到其位置（参见边码第 200 页）。如果说艺术家的地位模棱两可，商人也同样如此。在店铺老板统治的城市，特别是佛罗伦萨，艺术家最容易被接受，这可能并不仅仅是巧合。注重成就的商人文化可能比注重出身的军事文化，如法国、西班牙和那不勒斯，更易于认可艺术家和作家的价值。因此，佛罗伦萨这种流动性较强的社会与对成就的尊重和高度创造性联系在一起并不让人意外。

经 济 [1]

与欧洲其他地区相比，意大利的城市规模更大，且数量也更多，这很大程度上解释了社会结构中不同"中间阶级"的重要性，如手艺人、商人和律师。但这个解释进一步引出了另一个问题：为什么城市在意大利如此重要？

一旦建立，城市便能通过经济政策维持其地位。城市一般都控制着周围的乡村，即近郊（contado），当政者还可能为了城市居民而牺牲乡村的利益强制推行廉价食物政策，对帕维亚的一项研究就说明了这一点。[2] 郊区还被迫交纳过重的赋税，这必定是促使较富裕的农民移居城市的一个重要因素。乡村属民反抗城市的情况也不罕见；高地托斯卡纳人就分别在 1401

---

1 关于地中海世界的背景，参考 Braudel, *Mediterranean and Mediterranean World*，第 1、2 部分。

2 Zanetti, *Problemi alimentari di una economia preindustirale*.

年和 1426 年起义反抗佛罗伦萨对他们的统治。[1] 市民们也享有很多乡村居民没有的法律和政治特权。在 16 世纪，怀孕的妇女常常从郊区进到卢卡城内生育，以便让孩子获得在城内出生可享有的特权。[2] 难怪一句意大利谚语说乡村是动物住的，城市是人住的。

当然，这些政策没有说明城市首先是怎样在某一地区发展起来的。文艺复兴时期，意大利主要城市中心的地理位置很大程度上得益于部分天然的、部分继承自古罗马的交通体系。热那亚、威尼斯、里米尼、佩萨罗、那不勒斯和巴勒莫都是海滨城市，罗马和比萨也距海不远。帕维亚和克雷莫纳坐落在波河上，比萨和佛罗伦萨坐落在阿诺尔河上。罗马的"埃米利亚大道"（*Via Emilia*，如今铁路仍沿它而建）将皮亚琴查、帕尔马、墨德纳、博洛尼亚、伊莫拉、法恩查、弗利和里米尼连接在一起。[3]

这些有利条件仍不足以解释文艺复兴时期意大利城市的重要性。城市的发展是对其他地区、毗邻的内地或更远地区的需求的反应，因为它们为这些地区提供服务。就前工业化时代的欧洲而言，区分三种服务和三种城市会比较有帮助。

首先是商业城市，通常是一个港口，如威尼斯及其竞争对手热那亚。它们服务的腹地远远超出了威内托地区或利古里亚地区。文艺复兴时期，热那亚作为一个商业强国的重要性已不如 13 世纪，土耳其人占领了它在黑海的贸易港口卡法后更是

1　Cohn, *Creating the Florentine State*.
2　Berengo, *Nobilie mercanti nella Lucca del Cinquecento*, p. 298.
3　有关意大利历史地理的一个附有丰富插图的介绍，参见 Gambi and Bollati, *Storia d'Italia*。

如此。但热那亚仍然在与法国、西班牙和北美的谷物和羊毛贸易中占有重要地位。[1] 至于威尼斯，从某种意义上说其经济"腹地"就是整个欧洲。因为在15世纪晚期葡萄牙人开辟绕过好望角的路线前，威尼斯商人作为欧洲与东方（阿莱波、亚历山大里亚、贝鲁特、卡法、君士坦丁堡、大马士革等）贸易的主要中间商的地位一直未遇到强有力的竞争对手。在15世纪早期，威尼斯是世界上最强大的商业城市之一（仅次于开罗、广州和苏州），每年出口价值1000万杜卡特的货物。威尼斯人进口棉布、丝绸和香料（尤其是花椒）并用羊毛布（英国产的和意大利产的）以及专门铸造的银币支付。在16世纪初，威尼斯每年从亚历山大里亚进口250万磅香料，并为此支付30万杜卡特和其他商品。这些香料被转售给奥格斯堡、纽伦堡和布鲁日的商人。[2]

其次是手工业城市，如米兰或佛罗伦萨。佛罗伦萨是最出色的工业城市，其主要工业是纺织业；15世纪晚期对佛罗伦萨城的一项描述列举了270个织布作坊，其他作坊的数量相对较少，包括84个木雕和镶嵌作坊、83个丝绸作坊、74个金匠作坊及54个石匠作坊。佛罗伦萨人通过织布业进入贸易。佛罗伦萨的"舶来羊毛加工行会"（前面讨论了它作为艺术赞助人的作用）从法国和弗兰德尔进口毛布，对其进行"精加工"（梳剪、染色等），然后再出口。[3] 米兰的纺织业也很重要，但该城最著名的是武器制造业和其他金属加工业。[4] 热那亚的丝绸享有国际

236

1　Lopez, "Quattrocento genovese".

2　Lane, *Venice*.

3　Doren, *Florentiner Wollentuindustrie*.

4　Barbieri, *Economia e politica*.

声誉，而威尼斯则以玻璃、造船和印刷业（从 15 世纪 90 年代或之后开始）闻名；阿尔多·马努齐奥是最有学识和最著名的印刷商，但他绝不是 16 世纪威尼斯唯一的印刷商。[1]

第三种是服务性城市。其中，利润最丰厚的是金融业。从 14 世纪到 16 世纪，意大利人主宰着欧洲的银行业。最主要的银行包括佛罗伦萨的巴尔迪银行、佩鲁齐银行（直到英国国王爱德华三世及其他统治者使其破产）、美第奇银行以及 16 世纪晚期的帕拉文齐尼银行和热那亚的斯皮诺拉银行（曾向西班牙国王菲利普提供巨额贷款）。首都城市则提供其他服务：如那不勒斯和罗马是官员的城市和权力中心。就那不勒斯来说，法官、律师和收税员们"服务"的腹地是那不勒斯王国或阿拉贡的阿方索统治时期的整个地中海帝国。罗马服务的腹地有时是教皇国，但就其某些功能来说则是整个天主教世界。正如当时一位批评家指出的，罗马是"一个宗教店铺"（*una bottega delle cose di Cristo*）。罗马看不见的出口商品包括赎罪券和赦免书。这个巨大的商业需要管理，教皇的银行家，从美第奇家族到锡耶纳的阿格斯提诺·凯基（如今以赞助拉斐尔著称）扮演了重要角色。[2]

尽管谷物进口日益重要，但这个复杂的城市结构仍建立在意大利的农业基础上。[3]波河流域尤其富饶，它也是欧洲最大

1　Lowry, *World of Aldus Manutius* 和 *Nicholas Jenson*; Zeidberg and Superbi, *Aldus Manutiu and Renaissance Culture*; Nuovo, *Commercio liberario*。

2　Roover, *Rise and Decline of the Medici Bank*; Gilbert, *Pope, his Banker, and Venice*, ch. 4.

3　Sereni, *Storia del paesaggio* 和 "Agricoltura e mondo rurale"; Jones, "Agrarian development" 和 "Italy"。

的平原之一。这种富饶部分是天然的——如均匀的降雨——部分则是人为的。在 15 世纪，伦巴底地区开凿了多条运河，灌溉系统使原先废置的土地也变成了可耕地。到 1500 年，帕维亚与克雷莫纳之间的约 85% 的土地都被开垦出来，这一比例是相当高的，因为当时沼泽和森林的分布比现在大得多。奶牛场也变得日益重要。[1]

波河流域以南的图景则没有这么美好。在托斯卡纳地区，多山的地势限制了农业发展，但内部的河谷很肥沃。瓦尔达诺尤以盛产谷物闻名，瓦尔迪基亚纳盛产葡萄酒，穆杰罗盛产水果，卢卡周围的地区则盛产橄榄油。不过，在 14、15 世纪，托斯卡纳地区的很多土地都抛荒了，10% 的村庄完全消失了。[2]再往南，岩石地貌和生长季节稀少的降雨一直是农业发展的障碍，除了那不勒斯周围及其他地方小块的繁荣区域，南部的农业日益衰落。随着人口下降，这一地区逐渐从农业转向畜牧业。正如托马斯·莫尔时代的英格兰一样：羊正在吃人。

要维持意大利的城市人口高位就必须有许多农民为市场生产商品。比如，聚集在威尼斯的不从事农耕的约 16 万人，不仅导致了威内托地区农业的商业化，甚至也促进了远至曼托瓦、马尔凯地区以及可能还有阿普利亚的农业的商业化。意大利的纺织业促进了伦巴底地区的菘蓝种植业以及罗马康帕涅亚、意大利南部和托斯卡纳地区养羊业的发展。

这个关于意大利经济的简单描述，只是探讨经济与文艺复兴的联系这一问题的一个导论。不过，在讨论这些联系前，我

1　Dowd, "Economic expansion of Lombardy".

2　Klapisch-Zuber and Day, "Villages désertés en Italie".

们必须先弄清一个重要问题。这是"资本主义"经济吗？资本主义已经有许多不同的定义，但强调这一生产模式的两个特点可能是有帮助的：资本集中在少数企业家手中以及一种理性的、精打细算地处理经济问题的方式的制度化。区分商业资本主义、金融资本主义和工业资本主义可能也是有益的。[1]

在这一时期，我们不难发现富有企业家的突出例子。如阿维拉尔多·迪·比齐·德·美第奇（科西莫的祖父），他在 1428 年去世时留下 18 万弗罗林的财富。企业家很可能用这种方式积累资本，因为在一些主要的工厂，大部分工人已不再是独立手艺人。纺织业是劳动分工最发达的工业，当时的人把一捆羊毛变成一匹成品布的过程分成了约 25 道或更多工序，其中大多数工序都包含一种专门化职业。在佛罗伦萨，好几种这样的工作都在一些让人忍不住称为"工厂"的大作坊里进行，如打毛、分毛和梳毛，工人则按日计酬。纺毛工作大多由住在家中的妇女承担，但她们可能仍依赖提供原材料的企业家。在热那亚和卢卡，丝绸商不仅提供原材料，还提供纺纱机和作坊，他们将这些纺纱机和作坊出租给为他们工作的纺纱工人，就像他们向织布工出租织布机一样。[2] 这种体制与 19 世纪那种工业资本主义有很大不同，后者是大规模组织并由工厂主直接控制。但有一点很清楚，即企业家扮演了核心角色并在很大程度上间接控制着生产过程。

关于意大利城市居民的计算思维前面已经讨论过了（边

1　Gras, "Capitalism, concepts and history". 参见 Braudel, *Wheels of Commerce*, ch. 3。

2　Doren, *Florentiner Wollentuchindustrie*，他的观点遭到赫尔梅斯和鲁沃尔的批评，参见 Hermes, "Kapitalismus"；Roover, "Florentine firm"。关于卢卡的丝绸业，参见 Berengo, *Nobili e mercanti nella Lucca del Cinquecento*，第 66 页起。

码第 209 页）。这里需要强调的是，当时存在一些既表现又促进了这种思维模式的制度以及一种复杂的、依赖抽象思维和精打细算的信贷结构，它包括银行、公债、商业公司甚至海事保险等。正如我们已经看到的，在这一时期银行业某种意义上是意大利人的专长。除银行外还有许多公共当铺（*Monti di Pietà*），后者在 15 世纪晚期随着教会的鼓励迅速发展起来。这些当铺既借钱，也放贷，并支付固定利息。它们是仿照公债（*Monte commune*）建立的。公债是 14 世纪中期在佛罗伦萨设立的，它使市民们由此成了国家的投资者。佛罗伦萨还设有一种"嫁妆基金"（*Monte delle doti*），投资者在女儿出嫁时可连本带利收回他们的钱。[1] 还有商业公司，人们可以对其进行投资而不必参与管理，公司破产时投资人只需要承担有限责任。商人们还可以为船只失事投保——威尼斯是重要的海事保险中心——而在热那亚，丈夫甚至可以为妻子购买生育死亡险。[2]

经济组织在很多方面仍是传统的。小作坊和家族企业是最普遍的工业和贸易组织形式。许多农民以实物支付地租。不过，新的组织形式在意大利，尤其是佛罗伦萨、罗马和威尼斯这样的大城市（我们所说的文艺复兴大部分都发生在这里）都不同寻常地快速发展。人们自然会在经济领域与文化领域，尤其是物质文化与视觉艺术之间寻找联系。

要找到这些联系也不难，但在描述这些联系时避免落入狭隘的精确或相反宏大的模棱两可却不容易。从细节着手我们会看到，艺术和思想常常沿着贸易路线传播。[3] 比如，书籍就从

239

1　Kirshner and Molho, "Dowry fund".

2　Tenenti, *Naufrages*.

3　相关例子，参见 Bologna, *Napoli e le rotte mediterranee*；Nuovo, *Commercio librario*, p. 48。

威尼斯向维也纳传播。威尼斯从大马士革和阿勒坡进口装饰图案和香料，并向中欧出口艺术、艺术家以及香料。提香和帕里斯·波尔多内去过奥格斯堡，雅各布·德·巴尔巴里去过纽伦堡（正如丢勒从纽伦堡来到威尼斯）。塞巴斯提亚诺·德尔·皮翁博应银行家阿格斯提诺·凯基邀请从威尼斯前往罗马；凯基正是通过其商业联系熟悉威尼斯艺术界的。托斯卡纳艺术家也沿着贸易路线行进——罗索和达·芬奇去了法国，托里加尼去了英格兰（据说这是那些和英国有联系的佛罗伦萨商人安排的）。绘画是双向流动的。佛罗伦萨绘画用船运到法国作为弗朗索瓦一世的收藏，但是，现藏乌菲齐宫的那件著名的波尔提纳里祭坛画（插图 9.3）则是美第奇银行布鲁日分行的经理带到佛罗伦萨的。

这种精确的信息虽然有趣，却不足以让我们对文艺复兴作出一个历史解释——为什么这场运动在这一时期发生在这个社会。财富是关键因素吗？意大利发生文艺复兴是因为她付得起吗？这里的问题是时间不符。在意大利，1348—1349 年毁灭性的大瘟疫之后紧接着是经济衰退，恢复很缓慢。正如我们已看到的，经济史学家罗贝尔托·洛佩兹曾论证说，这种经济衰退恰恰是文艺复兴需要的，当投资获利的机会比以往少的时候，商人们就把钱花费在艺术上——"困难时期与文化投资"。[1]然而，对赞助的研究（参见边码第 133 页）表明，商人们在委托制作艺术品时并不是出于投资考虑，而是出于虔诚、自豪感或快乐。

在经济趋势与文化趋势之间必须插入一个社会因素：生

1　Lopez, "Hard times and investment". 参见 Esch, "Sul rapport fra arte ed economia".

图 9.3　波尔提纳里祭坛画

活方式。在 15、16 世纪，佛罗伦萨人和威尼斯人开始比以往更注重炫耀性消费。生活方式的这一变化或许可以从经济角度解释，即从企业家到食利者的转变是对经济衰退的一种适应——一个"困难时期和鄙视贸易"的例子，是一种酸葡萄效应。也有学者认为，意大利的经济结构特别适合奢侈品市场的兴起，这不仅是因为财富的积累，也因为财富在一个不断变化的城市消费群体中的广泛分布。[1]

在这些状况下，对社会地位的竞争兴盛起来，以致宏大的建筑成了一些家族使自己区别于他人的一个策略。[2] 当然，把

1　Goldthwaite, "Renaissance economy"; "Empire of things"; *Wealth and the Demand for Art* 和 *Economy of Renaissance Florence*。

2　Bourdieu, *Distinction*. 关于意大利的情况，参见 Burke, *Historical Anthropology*, pp. 132–149。

文艺复兴时期的艺术仅仅看作一套地位象征符号是不符合历史事实的，它忽略了隐藏在宗教图像赞助背后的虔诚或私人收藏的快乐。但若认为艺术与炫耀消费毫无关系也是悖离历史事实的。两者联系的程度随时间而变化。考察文化变化与社会变迁之间的联系是下一章的目标。

第 10 章

文化与社会变迁

> 世事变幻使富有继之以贫困……最初发家的人对财富非常小心，因为他既已懂得如何赚钱，也就知道如何守财……他的继承人对不劳而获的财富就不那么上心。他们在富裕的环境长大，从没学过赚钱的本事。他们让财富从指缝中流走有什么奇怪呢？
> ——圭恰尔迪尼：《格言与反思》(Guicciardini, *Maxims and Reflections*)，第 33 条

本书的重点一直都是描述和分析社会和文化"结构"；即那些在一两个世纪内相当稳定的因素。它们并非静止的，但把它们当作静止的分析有助于清楚地说明问题。到现在为止我们一直都相对孤立地考察艺术、意识形态、政治和经济因素。若目的是分析和描述，那么这一程序自有其优点，不过，当时人们经历的显然是所有这些因素的结合或联合，而且这种结合是不断变化的。因此，有益的做法可能是把不同部分的主题放在一起，并集中于历史学家的传统工作——研究历时性变化。

区分不同的变化实际上是有帮助的，就像布罗代尔在其关

于地中海世界的著名研究中做的那样。[1] 有短时段变化，即事件的时间，当时人们对此有充分意识；也有长时段变化，当时的人几乎不可能注意到，但在历史后见中很清楚。对有些时代来说，像布罗代尔那样区分长时段（long-term）和很长时段（very long-term）是有益的，但这不适合本书的这项只关注两个世纪的研究。

242

世 代

在对短时段变化的研究中，一个有用和吸引人的概念是"世代"。这个概念吸引人是因为它似乎来自经历，即自我认同某一群体并疏远其他群体。它有助于分析事件的历史和结构的历史的联系，这正是布罗代尔的研究中最薄弱的地方。"世代"的概念似乎特别适合文艺复兴时期的艺术家和作家这样有自我意识的群体。事实上，艺术史家沃尔特·弗里德兰德正是在谈论矫饰主义艺术时得出了"祖父规律"的，认为是"刻意漠视父辈和直接老师的观念和情感的一代人，跳回前一时期并接受其父辈恰恰激烈反对的倾向，虽然是在一个新的意义上。"[2]

人们常说大概30年为一代，即从长大成人到退休的时间。但成年期的平均长度随着时间而变化，父母与孩子的年龄差距也是如此。[3] 无论如何世代并不是客观事实，而是文化建构。与社会阶级一样，属于一代人的意识也是

1　Braudel, *Mediterranean and the Mediterranean World*.

2　Friedländer, *Mannerism and Anti-Mannerism*, p. 56. 参见 Pinder, *Problem der Generation*; Peyre, *Générations littéraires*。

3　Herlihy, "Generation in medieval history".

一种极为重要的经历。世代的典型特征，也是社会阶级的典型特征，是卡尔·曼海姆说的"在社会和历史进程中的一个共同位置"，它鼓励某些行为并抑制其他行为。[1]

如果世代意识是历史进程本身创造的，那么一代人延续的时间就不会一样长，或者说与前一代人的区分不会一样鲜明。重大事件可能会将一个年龄群的人异乎寻常地紧密联结在一起。比如西班牙的"1898 年一代"作家，从米格尔·德·乌纳木诺到何塞·奥尔特加·伊·加塞特，就被一种意识，即随着古巴殖民地的丧失，西班牙不再是一个大国的意识联系在一起。[2] 这种强烈的世代意识很可能是 19、20 世纪的现象（1789 年以后日益加速的社会和文化变革的结果），因此我们必须注意不要将它折射到更早的过去。不过，去看看文艺复兴时期意大利的重大事件是否让某些年龄群体意识到他们在历史上的共同位置以及这种意识是否影响了艺术至少还是值得一试的。

许多学者，尤其是汉斯·巴伦（边码第 41 页）在他所说的"意大利文艺复兴早期的危机"的研究中，强调了 15 世纪早期的政治事件在创造一代人方面的重要性。[3]1392—1402 年统治米兰的吉安加莱佐·维斯孔蒂公爵通过先攫取维罗纳、维琴察、帕多瓦，后占领比萨、佩鲁贾、锡耶纳和博洛尼亚建立起一个帝国。此时，事实上已经四面被围的佛罗伦萨人很可能

243

---

1 参见曼海姆对平德尔《世代问题》（*Problem der Generation*）的评述，Essays，pp. 276–320。

2 Ramsden，*1898 Movement*.

3 Baron, "Crisis of the Early Italian Renaissance". 参见 Fubini, "Renaissance historian"; Hankins, "Baron thesis"; Molho, "Hans Baron's crisis"。

认为接下来就要轮到他们了。但他们却一直坚守，直到瘟疫夺走吉安加莱佐·维斯孔蒂公爵的生命。

佛罗伦萨共和国秘书长莱奥纳尔多·布鲁尼把佛罗伦萨与米兰的战争描绘成自由与专制的战争。他把佛罗伦萨比作罗马共和国，人们认为佛罗伦萨城正是在罗马共和国时期建立的；当他说罗马的杰出人物在皇帝的专制统治下消亡（边码第 32 页引用过）时，他要表达的正是这一点。他为佛罗伦萨贵族南尼·斯特罗齐的葬礼发表的演说，也将佛罗伦萨与古希腊时代的雅典和他以之为榜样的伯里克利的葬礼演说表达的价值观等同起来。

在 15 世纪早期，佛罗伦萨的视觉艺术风格也出现了比较突然的变化，即一个模仿古罗马艺术的趋势。促成这一变化的艺术家们大都处于一个可以感受到吉安加莱佐·维斯孔蒂威胁解除的年龄。如在 1402 年，布鲁内莱斯基 25 岁，吉贝尔蒂 24 岁，马索利诺 19 岁，多纳泰罗 16 岁左右。

"巴伦命题"（Baron thesis）为各种不同的现象提供了一个精妙的政治解释[1]。它与布鲁尼及其圈子的人文主义以及视觉艺术都有关系。在艺术领域，它与形式，与一种更"古代的"风格的诞生以及与图像学都有关系；正如我们已看到的（参见边码第 181 页），对大卫和圣乔治的表现都有政治意味。这一命题也适用于赞助人和艺术家。布鲁内莱斯基和多纳泰罗受到公共赞助的刺激，而公共赞助则受到这一危机的刺激。

然而，这种对政治与文化之关系的解释比看起来更模棱两可。我们可以认为 1402 年的事件对新一代人的形成有决定

---

1 原文此处是"经济解释"，显然是错误的。——译者注

性作用，也可以认为这一代人的形成是一个更长时期，即从14世纪90年代到15世纪20年代的变化的结果。论证某一年至关重要（巴伦本人也常常作此种论证）会引起有争议的问题，比如确定布鲁尼某些著作的日期以及遗漏像科卢乔·萨鲁塔蒂（1331—1406，他表达类似思想的时间太早）和马萨乔（1404—1428，生得太晚）这样的重要人物。[1]

这样认为似乎更合理，即与米兰的整个斗争以及可能还有较早之前佛罗伦萨与教皇国的"八圣徒战争"（1375—1378）都是决定性事件；但这样一来事件当然就散布得过于稀疏而不足以创造一代人。也必须承认，我们对于布鲁内莱斯基和多纳泰罗这样的一流艺术家的政治态度了解太少，或者我们甚至也不清楚布鲁尼对自由的强调究竟是发自内心的认识，还是行政职位要求的一种官方态度。无论如何，这一观点只适用于佛罗伦萨。佛罗伦萨人是创新的领袖，但也有其他重要的人文主义者，如维托里诺·达·费尔特雷和瓜里诺·达·维罗纳和重要的画家，如皮萨内罗到雅各布·贝利尼。这两位人文主义者对君主没有表现出任何反感：维托里诺受雇于曼托瓦宫廷，瓜里诺则在费拉拉宫廷。

另一个被认为对文化产生深刻影响的政治事件发生在1453年：君士坦丁堡落入土耳其之手。[2] 这一命题作为文艺复兴的唯一解释长期深嵌于教科书，它可追溯到文艺复兴时期本身，追溯到伦巴底人文主义者皮埃尔·坎迪多·德切姆布里奥。根据这种观点，君士坦丁堡的陷落迫使希腊学者移居意大

---

1 对巴伦的批评，参见 Seigel, "Civic Humanism"; Larner, *Culture and Society in Italy, 1290–1420*, 第 244 页起。

2 Burke, "Myth of 1453".

利，他们带来了希腊语和希腊文学知识并由此激发了古代学术的复兴。对这一命题的一个明显反驳是，希腊学者早在1453年前已经在意大利工作了。热米斯托斯·普莱顿和贝萨里昂参加了1439年在佛罗伦萨召开的宗教大会，贝萨里昂还留在意大利。德米特里奥斯·查尔孔迪拉斯和泰奥多雷·加查在15世纪40年代来到意大利。和1402年的情况一样，把注意力过于狭窄地集中在一个特定日期可能是错误的。关键性的政治事件是土耳其向西推进，这在1453年前已经一目了然。事实上，正是土耳其的威胁促成了拉丁基督徒和希腊东正教徒在佛罗伦萨宗教大会上的和解。人文主义者泰奥多雷·加查是在1430年他的家乡萨罗尼卡被土耳其占领后前往意大利的。君士坦丁堡陷落后，更多希腊学者来到意大利，如雅诺斯·阿吉罗普罗斯和雅诺斯·拉斯卡里斯。

245 　　这些移民对意大利学术界产生了重要影响，这与1933年以后来自中欧的学者——包括许多研究文艺复兴的专家——对英语世界的影响不无相似。他们激发了对古希腊的研究。然而他们的重要性在于满足了一种早已存在的需求。君士坦丁堡的陷落震惊了基督教世界，但它似乎并没有将一代人凝聚在一起。事实上，1420年到1450年间出生的艺术家和作家（如菲奇诺或吉兰达约）与其先辈相比似乎是一个政治意识较弱的群体，这可能是因为对先辈的抵制，也可能因为他们的全盛期恰逢意大利半岛较为和平的时代，即意大利的力量均势时代。

　　在本质上属于佛罗伦萨的两代人之后，出现了一代真正的意大利人。1460年到1479年出生的85位创造性精英中只有21个托斯卡纳人。无论如何，政治事件使1460年到1490年出生的这代人（包括马基雅维利和圭恰尔迪尼，阿里奥斯托和本博，米开朗基罗、提香和拉斐尔）意识到了他们作为意大利人的共同命运。他们的形成期以1494年法国入侵及随后漫长的战争为标志，一场法国（查理八世、路易十二、弗朗西斯一世）、西班牙（在天主教的费迪南领导下）和神圣罗马帝国（在马克西米利安和查理五世治下）争夺意大利主宰权的斗争。许多意大利人在支持或抗击侵略者的过程中死于非命。许多城市被占领，有些遭到洗劫。"危机"是一个有点被史学家们滥用的词。事实上，任何把这个词用于某一时期的人都有义务表明在此之前和之后都是"非危机"时期。[1] 不过有一点是很清楚的，意大利正在经历一个"多事之秋"。

从那时至今，1494年一直被视为意大利——实际上是欧洲——历史的一个转折点。弗朗切斯科·圭恰尔迪尼和利奥波德·冯·兰克只是从这一年开始其历史叙述的历史学家中最著名的两位。生活年代更靠近1494年的贝纳尔多·鲁切拉伊也是如此。[2] 我们不能假定1494年也标志着意大利文化史上的一个转折，但支持这种说法的证据却不难找到。

艺术家和作家在这个多事之秋的流散比较容易查找。比如在佛罗伦萨，音乐家海因里希·伊萨克在1494年他的赞助人美第奇家族被驱逐后离开。在那不勒斯，城市改建计划因法国入侵而终止，建筑师焦孔多修士随查理八世去了法国。米兰的黑色年份是1499年，那时，卢多维科·斯福尔扎在法国人到来时逃走了，他的宫廷艺术家也作鸟兽散。建筑师布拉曼泰、雕塑家克里斯托弗·索拉里和音乐家加斯帕尔·凡·维尔贝克

1　Bec，*Italie 1500–1550*，该书把危机的观念扩展到从1500年到1550年。

2　Gilbert，"Bernardo Rucellai"；Bec，*Italie 1500–1550*.

246　都去了罗马，历史学家贝尔纳迪诺·科里奥隐退到他的乡间别墅。1509 年，轮到威尼斯受到攻击。虽然威尼斯城并未被占领，但其陆上领地遭到蹂躏。帕多瓦大学关闭了很多年，而印刷商阿尔多·马努齐奥离开威尼斯（出于经济或政治原因）在外生活了三年。[1]

　　马基雅维利和萨沃纳罗拉对这个多事之秋做出了两种截然不同的有意识的反应。对萨沃纳罗拉来说，法国入侵是他对一场新洪水的预言的应验。他把查理八世描绘成上帝改造教会的工具，他之所以入侵意大利是由于意大利人的罪孽。一些人文主义者，如乔万尼·内西与萨沃纳罗拉一样期望一个即将到来的"新时代"。[2] 对马基雅维利来说，查理八世对意大利轻而易举的征服也是一个教训，但他从中学到了与萨沃纳罗拉极为不同的东西。马基雅维利认识到人"忘恩负义、反复无常是撒谎者和骗子"，因此在政治生活中起决定作用的不是理性而是强权。如同圭恰尔迪尼的著作，他的著作也反映了一种所谓"观念危机"。[3] 事件使传统观念，即 15 世纪人文主义者所持的有关人可趋于完美以及理性在政治生活中的重要性的观念遭到质疑。与西班牙的 1898 年的一代人一样，1494 年的意大利人似乎也强烈感到必须对降临在他们头上的灾难作出解释，从马基雅维利到萨沃纳罗拉都是如此。威尼斯人躲过了这场危机，但到 1509 年遇到了他们自己的危机，那时，针对他们的康布雷同盟形成，城邦的独立危在旦夕。[4]

1　Lowry, *World of Aldus Manutius*, pp. 169–171.

2　Weinstein, *Savonarola and Florence*, 第 194 页起; *Savonarola: Renaissance Prophet*。Fontes et al., *Savonarola*.

3　Gilbert, *Machiavelli and Guicciardini*.

4　Gilbert, "Venice in crisis".

要说出这一灾难对艺术风格和思维方式的影响有多大则比较难。桑德罗·波提切利的例子表明影响确实存在。虽然入侵发生时波提切利已经近 50 岁了，但他的风格在 1494 年后仍发生了巨大变化。早期画作中的安详被《哀悼基督》和《基督的神秘诞生》表达的不安情绪取代。后一幅画中的文字说明为一个画家在艰难时期的反应提供了直接证据，他与萨沃纳罗拉一样从千禧年的角度解释这些灾难：

> 我，桑德罗，于 1500 年末意大利的灾难中作了这幅画，此时是《圣经·启示录》第十一章圣约翰预言的第二场灾祸的中间，即放出魔鬼为祸七年的三年半。然后魔鬼将在第十二章被用链子捆起来，我们将在这幅画中看到他被摔到地上。[1]

但总的来说，证据不足以让我们把这一时期的政治事件与绘画风格建立起密切联系。1500 年，一个叫巴乔·德拉·波尔塔的佛罗伦萨画家，也是萨沃纳罗拉的一个狂热支持者成为一名多米尼克会修士，人称巴托罗梅奥修士。但他的风格并未改变。莱奥纳尔多·达·芬奇表现世界毁灭的素描可追溯到 16 世纪早期，那时毁灭意大利的灾难正在他身边发生，但他的笔记却未显示出两者之间的任何联系。此时莱奥纳尔多的风格也没有发生变化。法国入侵时他甚至没有离开米兰。

1494 年后的第 33 年，是另一个被认为标志着文艺复兴结

1　Weinstein, "Myth of Florence", p. 15；参见 Ettlinger and Ettlinger, *Botticelli*, 第 96 页起。

束的黑色年份：1527 年，这一年罗马遭到查理五世军队的洗劫。这无疑是自 1100 多年前阿拉里克和维京人洗劫罗马城以来该城遭遇的最大灾难。当时人们把这看成是一场大灾祸，而且就像 1494 年的入侵一样，我们也能证明它对艺术产生了实际的，虽说是有限的影响。

在 1527 年前的几年，罗马一直是特别慷慨的赞助中心。艺术家和作家从四面八方云集到这个"世界的中心"（*caput mundi*），这使其流散格外令人瞩目。阿雷蒂诺、塞巴斯提亚诺·德尔·皮翁博和雅各布·桑索维诺去了威尼斯，米凯莱·萨米凯利次年去了威尼斯。帕米加尼诺（曾被德国士兵俘虏）和版画家马坎托尼奥·雷蒙迪去了博洛尼亚。切利尼在经历了他本人在自传中吹嘘的那些磨难后返回佛罗伦萨。拉斐尔的弟子，画家乔万尼·达·乌迪内返回乌迪内，而他的同事佩里诺·德尔·瓦加和波利多罗·达·卡拉瓦乔则分别去了热那亚和那不勒斯。留下来的人都遭受了不愉快的经历。比如画家和建筑师巴尔达萨雷·佩鲁齐被关进监狱，直到交纳了一笔赎金才获释。人文主义者雅各布·萨多莱托失去了他的藏书，而另一位人文主义者安杰罗·科罗奇则既失去了他的手稿，又丢了他的雕塑。难怪这促使科罗奇的朋友皮埃罗·瓦莱里亚诺写了一本论"文人"（*litterati*）之悲惨的书，"尤其是在这个时候"——有些人死于瘟疫，有些人被迫流亡并饥寒交迫；有些被人用剑刺死，有些人每天饱受各种折磨"。[1]

这场大洗劫终结了罗马的文化主宰地位。它是否创造了一代人或刺激了风格的变化则难说。正如 1402 年和 1494 年的情

1　Valeriano, *De litteratorum infelicitate*；Chastel, *Sack of Rome*，第 123 页起。

况，集中于 1527 年而排除之前和之后的年月将是错误的。对
意大利人来说，16 世纪 20 年代是可怕的年份——它们是饥馑
的年月，瘟疫的年月以及热那亚、米兰、那不勒斯、佛罗伦萨
和罗马等城市被围困和洗劫的年月。16 世纪 20 年代也是精神
危机的年月，如果说这听起来太含糊，我们或者可以说这是教
会遭到严厉批评的年月，它导致了一些新的、更严格的修会的
创建，如泰亚廷会（Theatines）和嘉布遣会（Capuchins），也
导致了对路德思想的兴趣。通过廉价小册子传播的预言表明普
通市民也卷入了这场危机、批评和期望复兴的运动。[1] 教会对
危机的反应将导致 1542 年 "神圣法庭"（Holy Office，一个中
央集权的宗教法庭）的设立以及几年后 "禁书目录" 的颁布。
教会日益增强的文化审查，对 1550 年以后意大利艺术的产生
了重要影响。[2]

　　16 世纪 20 年代也是当今艺术史家们所说的矫饰主义
（Mannerism）风格出现的时期，它打破了透视法、比例以及建
筑母题的结合等的规则。在朱利奥·罗马诺（1527—1534）设
计的曼托瓦的 "泰宫"，我们可看到一个最著名的打破规则的
例子，饰带上所有三竖线花纹装饰的第三个都是错位的，好像
松了一样（参见边码第 92 页，插图 3.9）。这是一个建筑玩笑，
但值得一问的是，无论是开玩笑还是认真的，这些对规则和理
性的摒弃，是否并不是对这个多事之秋的一个反应，这个多事
之秋促进了新一代的诞生，包括作家阿雷蒂诺、贝尔尼、佛伦
格和艺术家彭托尔莫、罗索、朱利奥·罗马诺、切利尼、帕米

1　Niccoli, *Prophecy and People*.

2　Rochon, *Lepouvoir et la plume*.

加尼诺和瓦萨里（都出生在 1492—1511 年间）。这一代人情绪不稳，在激烈反对现实与悲观接受现实之间摇摆不定。对这场运动的说明可能会将风格的变化描绘成世界观变化的表达，并将世界观的变化描绘成对世界变化的反应。有些作家甚至会走得更远，把他们说成是"异化的"一代。[1]

这样的说明过于简单，因为它忽视了——至少部分——风格的变化可能是对艺术而不是其外部世界的反应。无论如何，我们对大多数艺术家的精神生活及其对外部世界的反应也缺乏确定证据。唯一的例外米开朗基罗属于较早的一代人（他生于 1475 年）。他被卷入自己时代的宗教运动，青年时代他同情萨沃纳罗拉，晚年则支持伊格纳修·罗耀拉。他的书信和诗确实传达了某种精神痛苦。不过，根据我们对朱利奥·罗马诺和帕米加尼诺这类艺术家的生平和个性的点滴了解，他们与米开朗基罗非常不同。我们最有把握指出的是：矫饰主义艺术家以不同的方式对类似经历——其中最重要的是 1527 年洗劫罗马——作出了反应。[2]

结构性变化

在发生这些重大事件的同时意大利也发生了其他社会和文化变革，它们在当时同样重要并事实上无法被忽视。如果我们将 16 世纪的情况与 1400 年作一比较，一些重要的差异就会凸显出来。比如，1400 年，我们所说的文艺复兴运动还只是局限于一小群佛罗伦萨人，他们在艺术领域作出了重要创新并批

---

1 Hauser, *Mannerism*，他称异化是矫饰主义风格的"关键"。
2 Chastel, *Sack of Rome*，第 169 页起。

评一些传统观念和价值。他们的周围，甚至在佛罗伦萨，是持
传统观念的同事、有常规需求的赞助人以及按照传统方式工作
的手艺人。新的观念和风格逐渐从佛罗伦萨传播到托斯卡纳的
其他地区，并从托斯卡纳传播到意大利其他地方。[1]

　　印刷术的发明促使文艺复兴运动的理想以有史以来最快的
速度传播开来。语法书以及诗歌和文学选集使整个意大利受过
教育的男女都熟悉了托斯卡纳语的用法。维特鲁威、塞尔利奥
和帕拉迪奥的插图本建筑学著作也使人们熟悉了古典建筑语
言。新的艺术逐渐为自己创造了一个新的市场。赞助人逐渐意
识到可以订制古典神话题材的小雕像或绘画，而关于多里克、
爱奥尼亚和科林斯柱式之差异的知识成了绅士教育的内容。

　　一个对新理想感兴趣的公众群体的成长本身就是一股推动
变化的力量，它促进了一种更注重引经据典的艺术和文学的发
展。戏仿彼特拉克爱情诗的作家包括阿雷蒂诺和贝尔尼。要欣
赏他们的诗，读者需要对彼特拉克及其 15 世纪的模仿者有一
定程度的了解，这种了解即使不能说导致了彻底的鄙视，也滋
生了厌倦。[2] 同样，朱利奥·罗马诺在曼托瓦"泰宫"饰带中
有意而为的错误或失当也暗示了这样一些观众：他们受过良好
教育因而懂得建筑规则，怀有某些视觉期望、在期望落空时
被震惊并最终喜欢被震惊，因为对规则的熟悉已经让他们非常
麻木。

250

1　创造性精英中有 50 人生于 1360—1399 年——其中，23 人出生在托斯卡纳，14
　　人出生在威内托，只有 13 人来自意大利其他地区。但 1480—1519 年出生的精英
　　有 176 位：50 人来自托斯卡纳，49 人来自威内托，77 人来自意大利其他地区。

2　Borsellino, *Anticlassicisti*; Battisti, *L'antirinascimento*; Grendler, *Critics of the
　　Italian World*.

新理想的传播导致的另一意外后果，是地区多样性逐渐消失，这种多样性在早前几个世纪曾极其重要，甚至到 16 世纪在伦巴底、那不勒斯以及特别是威尼斯仍依稀可见。[1] 比如多梅尼科·贝卡福米作为一位锡耶纳画家的地区特点就不如（比如说）内罗乔·德·兰迪突出。从米兰到那不勒斯，用方言创作的文学逐渐让位于用托斯卡纳语创作的文学。[2]

至于其他文化变化，本书已经不止一次讨论过了。艺术和文学中的个人风格变得更突出，并且事实上在 16 世纪前所未有地引起更多关注（参见边码第 230 页）。艺术缓慢但稳定地朝着世俗化方向发展——比如世俗主题的绘画比例的上升。[3] 在艺术以及文学中出现了日益注重庄重、文雅、优雅、宏大和庄严的趋势。[4] 结果许多词汇不得不从文学中删除（方言、技术术语、"粗俗"术语等），许多姿势也从艺术中删除。沃尔夫林举的例子让人吃惊："吉兰达约 1480 年画的《最后的晚餐》中圣彼得用食指指着基督的姿势，一种普通人的姿势，被高雅艺术视为不可接受而毫不犹豫地摒弃了。"[5] 在 16 世纪，上层阶级逐渐从大众节日中退出。他们并没有放弃狂欢节，但创造了自己的狂欢节，与大众狂欢节并行而不是其中一部分。总之，地区文化差异逐渐被社会阶层之间的文化差异取代。当伦巴底

---

1 Castelnuovo and Ginzburg, "Centre and periphery"; Schofield, "Avoiding Rome"; Humfrey, *Venice and the Veneto*; Michalsky, "Local eye".

2 Binni and Sapegno, *Storia letteraria delle regioni d'Italia*.

3 以有明确日期的绘画为样本，我们发现 1480—1489 年世俗画的比例为 5%；1500—1509 年为 10%；1510—1519 年为 11%；1520—1529 年为 13%；1530—1539 年为 22%。

4 Weise, *L'ideale eroico del Rinascimento*.

5 Wölfflin, *Classic Art*, 第 213 页起。

文化与托斯卡纳文化的差距日益缩小时，高级（精英）文化与 251
低级（大众）文化之间的差距则扩大了。[1]

　　为什么发生这些变化？把它们从头到尾解释清楚甚至连尝试都是不切实际的，但要忽视它们与艺术的切近环境以及整个意大利发生的那些社会变化的明显联系也是荒谬的。

　　比如，艺术家的社会地位和社会出身都有逐渐上升的趋势。15世纪早期的重要艺术家，如安杰利科修士、雅各布·贝利尼（一个锡匠的儿子）、安德烈亚·卡斯塔尼奥（一个农民的儿子）、多纳泰罗、利波·利皮修士、马索利诺和米凯洛佐都出身卑微。而16世纪前20年中出生的许多重要艺术家社会地位都比较高：如帕里斯·波尔多内（母亲是位贵族）、阿尼奥罗·布龙齐诺、本维努托·切利尼、莱奥内·莱奥尼（受封为骑士）和皮埃罗·李格里奥（一个贵族）。画家被封为贵族的例子大多也出现在1480年之后或更晚，大多数过着奢华生活的画家也是如此，如拉斐尔（有些人预测他会被封为枢机主教）和巴尔达萨雷·佩鲁齐（罗马被洗劫期间他曾被当成贵族抓起来）。瓦萨里在德洛·德利的传记中提到，15世纪与"现在"不同，艺术家并不耻于为家具画画和镀金。羞耻感增强的一个明显原因是艺术家的社会地位上升了。艺术家与大多数手艺人分离的另一个标志是学院的创建，如佛罗伦萨的"设计学院"（*Accademia di Disegno*，创建于16世纪60年代）和罗马的"圣路加学院"（创建于16世纪90年代）；这些机构的榜样是文学学社，后者是贵族业余爱好者的俱乐部。在1400年，艺术的社会地位很低，艺术家的社会出身也是如此；两种因素

1　Burke, *Popular Culture*, pp. 366–381.

可互相说明。但在 1600 年艺术的社会地位和艺术家的出身一同上升了。

在这一时期，艺术赞助也发生了重要变化。到 16 世纪，我们可以发现有相当数量的收藏家因为艺术品本身的缘故购买它们，对风格和图像细节感兴趣以及关心获得一件拉斐尔或一件提香而不是一件圣母或一件圣塞巴斯蒂安，比如文献记载丰富的伊莎贝拉·德·埃斯特或乔尔乔内的威尼斯赞助人。艺术个人主义如今变得有利可图，虽然在 1600 年前财产清单中很少提到艺术家的名字，但有其他证据证明，在一些圈子出现了从宗教意义的"崇拜的图像"（cult images）到因为图像而"图像崇拜"（cult of images）的转变。[1] 艺术家与赞助人的力量对比也发生了转变。艺术家社会地位的提高可能提高了他们在讨价还价中的地位。米开朗基罗不是一个手艺人之子，而是一位佛罗伦萨地方官的儿子，他以大多数同事不可企及的方式与赞助人平起平坐。另一方面，艺术家的日益独立（变得越来越像诗人而不是木匠）无疑又提高了他们的社会地位。艺术家与赞助人的角色是互相依赖并一起变化的。他们也是一个更大的社会角色网络的一部分，并受到社会结构变化的影响。

这些社会结构的变化可以用两个词概括，它们分别代表了两种互相冲突的趋势："商业化"和"再封建化"（refeudalization）。

前面的章节已经提供了一些商业化的证据。城市在 15 世纪发展起来，并在 16 世纪发展得更迅速。比如佛罗伦萨的人

1　Ferino Pagden, "From cult images to the cult of images"; Kemp, *Behind the Picture*, pp. 149–154.

口从 1427 年的 4 万增长到 16 世纪早期和中期的 7 万。1450 年那不勒斯的人口为 4 万，但一个世纪后超过了 20 万。这些城市以及其他城镇的发展引发了农业的商业化。比如，联合收割制度在托斯卡纳传播开来，这种制度暗示，地主们越来越倾向于像商人那样考虑利润，而不是从固定地租中获得稳定收入。同时，由于印刷术的发明书籍市场也变得日益重要。正如我们已经看到的，艺术市场——古代和当代艺术，原创艺术品和复制品——也是如此。

但这一趋势在某种程度上被另一种趋势抵消了，即史学家们所说的"再封建化"（广义的马克思主义意义上的"封建"）或布罗代尔所说的"市民阶级的背叛"。[1] 许多富有的商人（遗憾的是我们无法确定在任何给定的十年内有多少这样的商人）将投资从贸易转向土地。这一趋势在两个城市最突出，即本研究中最关注的威尼斯和佛罗伦萨。在这里，曾长期在市民阶级与传统贵族之间保持平衡的城市贵族通过改变生活方式选择了后者。在佛罗伦萨，这一运动是渐进的，在任何一代人中几乎都察觉不到，但若将 1600 年的贵族与其 1400 年或记载更丰富的 1427 年的同类进行比较，其差异一目了然。在威尼斯，这场运动来得更突然。贵族们是在 1570 年或之后开始将投资从贸易转向陆地的土地不动产，从邻近的帕多瓦转向遥远的弗留利的。[2] 他们从企业家变成了靠地租为生的人；从主要关注获取利润转转向主要关注消费。布龙齐诺等艺术家所画的佛罗伦萨人的肖像中的优雅姿势反映了画中人的态度：他们不准备

253

1　Romano，*Tra due crisi.* 参见 Braudel，*Mediterranean and the Mediterranean World*。

2　Woolf，"Venice and 'terraferma'"。

图 10.1　帕拉迪奥设计建造的巴尔巴罗家族的马塞尔别墅

再像他们的祖辈和父辈们那样弄脏双手（正如乔万尼·鲁切拉伊在 15 世纪晚期指出，好商人的手指上总是有墨渍）。[1] 在威尼斯，从 16 世纪 60 年代早期帕拉迪奥设计修建，并由维罗内塞装饰的巴尔巴罗家族的马塞尔别墅（Villa Maser，插图 10.1）开始的那些最豪华的威尼斯别墅，就属于这个返回土地的时期。

　　为什么会发生这一变化？这看起来像是一个"富不过三代"的循环，一种第三代综合征，美国经济学家 W. W. 罗斯托根据托马斯·曼的一部著名小说中的吕贝克家族将其命名为"布登布鲁克斯（Buddenbrooks）动力模式"。[2] 与托马斯·曼的小说中一样，在文艺复兴时期的意大利，我们也能指出许多因为人文主义教育而商业破产的家族（最明显的就是美第奇家族）；"伟大的"洛伦佐创作诗歌时其家族银行日趋衰落。但这个重要变化不是影响了一些家族，而是整个社会群体。之前也有一些家族退出贸易；在威尼斯、佛罗伦萨等地出现的新现

1　Ruccellai, *Giovanni Rucellai ed il suo Zibaldone*, p. 6.

2　Rostow, *Stages of Economic Growth*.

象是再也没有出现代替它们的新家族。

为什么？根本的解释可能是经济上的。由于美洲的发现，欧洲贸易重心从地中海向大西洋转移。意大利人正在丧失他们传统的国际贸易中间人的地位，这一角色被葡萄牙人、英国人以及特别是在 17 世纪被荷兰人取代。我们回到了"困难时期和鄙视贸易"的命题（参见边码第 239 页）。与此同时，食品价格不断上涨，因此对富有的意大利人来说，土地似乎成了一种日益诱人的投资。

贵族生活方式的这一变化从短期来看有利于艺术，但长远来说则不是那么有利。统治阶级更乐于赞助艺术是因为这是他们新的贵族生活方式的一部分，但从长远来看，能让他们建造宫殿和购买艺术品的资金枯竭了。价值观的变化——尤其是强调出身和鄙视体力劳动——也对艺术家刚刚提高的社会地位不利。由于文艺复兴理想向国外的传播以及随后匈牙利、法国、西班牙、英国等地对意大利艺术家的需求，意大利出现了某种"智力枯竭"（智力是艺术家调色所需要的）。在 14、15 世纪，意大利，一个商人共和国的国度，其社会和文化都与众不同。但随着意大利开始变得与其他欧洲社会类似，她也丧失了其文化领导地位。创造力也从视觉艺术转向音乐领域，这一现象被归结为城市国家的衰落以及教会对视觉艺术的控制日益强化。[1]虽然如此，意大利艺术直到 1680 年乔万尼·贝尔尼尼去世前一直是欧洲的骄傲。

254

---

1 Koenigsberger, "Decadence or shift?".

第 11 章

一些比较和结论

历史学家提出的解释——不论他们承认与否——都依赖于含蓄的比较、对比甚至概括。本研究中提出的解释也不例外，把其中几个隐含的比较和对比说得更清楚一些可能是有益的。

这里描述和分析的意大利文艺复兴文化与其他一些社会的文化，远的和近的，有许多共同点。比如，16世纪纽伦堡的艺术成就和创新，就跟威尼斯和佛罗伦萨的一样，与公共赞助及市民自豪感密切联系在一起。1521年，阿尔布雷希特·丢勒应邀为纽伦堡市政厅绘制壁画，市政画家一职也在十年后设立。成功地克服了一个"自由的危机"的观念是刺激艺术发展的一个因素，这一点不仅体现在15世纪早期的佛罗伦萨，也体现在埃斯库罗斯、索福克勒斯和欧里庇德斯时代的古希腊以及莎士比亚时代的英国。正如佛罗伦萨人消除了米兰的威胁，英国人也击败了强大的西班牙军队，希腊人战胜了波斯帝国。虽然瓦萨里是第一个贡献了一部艺术家传记的欧洲人（普利尼有关希腊艺术家逸事的记载只是其巨著《自然史》的一部分），但中国唐代的张彦远（815—907）在他之前已经记载了370位画家的生平。另一方面，意大利文艺复兴时期的作坊组织和一

些大规模艺术工程表现出的对个人独创性的淡漠在一些部落社
会也有相似物，如尼日利亚的提夫。在那里，不同的人可能轮
流雕刻同一件作品。[1]

　　将文化特性孤立出来的危险是夸大一些显而易见的相似
性，和忽视它们的意义所依托的语境。比较整个文化组态或体
系更有启发性，尽管这样做显然难度更大。比如，约瑟夫·阿
尔索普主张，艺术市场和艺术史的兴起在许多文化中都同时出
现，包括古罗马、传统中国及文艺复兴时期的意大利。[2] 伟大
的法国史学家马克·布洛赫对两种比较史作了有益的区分：本
质上相似社会（如中世纪的法国和英国）的比较和本质上相异
社会（如法国和日本）的比较。[3] 虽然它们比较方式不同，但
都非常有用。下面我将分别描绘对文艺复兴时期意大利的这两
种比较：与 15、16 世纪尼德兰的比较以及与 17 世纪晚期和
18 世纪早期日本（或按照较少欧洲中心主义的说法，日本德
川幕府的元禄时期）的比较。

尼德兰

　　在 15、16 世纪，尼德兰是一个文化创新中心（就欧洲而
言），只有意大利能与之匹敌或超过她。如同在意大利，尼德
兰也有一大群杰出画家，如扬·凡·艾克、罗吉尔·凡·德
尔·维登、汉斯·梅姆林、昆廷·马西斯、卢卡斯·凡·莱登
和老彼得·勃鲁盖尔。亦如在意大利，这里也存在有意识的创

1　Bohannan, "Artist and critic", p. 89.

2　关注整体情况是克罗伯（Kroeber）的《文化发展的构成》(*Configurations of Culture Growth*) 和阿尔索普（Alsop）的《稀有艺术的传统》(*Rare Art Traditions*) 的优点。

3　Marco Bloch, *Land and Work*, pp. 44–81.

新，当时称为"新实践"（*nouvelle pratique*）。画家的主要目标之一是逼真，达到这一目标的一个重要途径是采用透视法。与意大利一样，在这里绘画的主题也日益世俗化并出现了不同绘画类型的区分。这些类型包括肖像画，它甚至比在意大利还流行；静物画，这是 16 世纪发展起来的；风景画，从 15 世纪手稿中的微型画（*miniature*）到安特卫普的约阿希姆·帕特尼尔（被丢勒誉为"一位优秀的风景画画家"）的作品；表现日常生活的绘画，如卢卡斯·凡·莱顿画的玩纸牌者和下棋者或彼得·阿埃特森描绘市集的画。

不过，在其他方面意大利文化与我们可方便地称为"弗莱芒"的文化（虽然准确地说，弗兰德尔只是尼德兰的一部分）则迥然不同。正如艺术史家欧文·潘诺夫斯基指出的，对这两个地区文化创新的比较揭示了一种"交叉错位模式"（chiastic pattern）。在意大利，建筑领域的创新最大，其次是雕塑，然后是绘画，最后是音乐。相比之下，在尼德兰，最重大的创新出现在迪费、宾什瓦、布斯诺瓦、奥克海姆和乔斯昆·德·普雷斯时代的音乐领域，其次是绘画。雕塑远远地落在后面，1406 年克劳斯·斯鲁特去世后再没有出现能接替他的重要雕塑家（意大利雕塑家的竞争对手都来自南德意志且他们从事木雕）。建筑风格也比较传统；一个典型的例子是鲁汶市政厅，它建于 1448 年，是华丽的哥特式风格。[1]

更严格地集中于绘画可以揭示这两个地区的其他一些差异。湿壁画在尼德兰不那么重要（在这里，教堂的大窗子只留

1　Panofsky, *Early Netherlandish Painting*. 参见 Chipps Smith, *Northern Renaissance*; Nash, *Northern Renaissance Art*; Belozerskaya, *Rethinking the Renaissance*。

出很少墙面），手稿中的微型画更重要。米开朗基罗对这一时期意大利画家和尼德兰画家的比较最著名：

> 在弗兰德尔，画家作画只为欺骗外部的眼睛（vista exterior）……他们的画就是纺织品、砖和灰泥、田野上的草地、树影、河流和桥梁等他们称为风景的东西，以及这里或那里的一些小人儿。虽然所有这些在一些人看来或许不错，但事实上既无理性又无艺术，既无对称又无比例，没有认真的取舍，并最终缺乏任何实质或精神气。[1]

米开朗基罗的批评虽有失公正，但揭示了——恰恰是这种不公正——米开朗基罗本人和佛罗伦萨视觉文化的价值观，其中，理想化和英雄色彩是最关键的，而稳固的错觉（illusion of solidity）比空间错觉更重要。这一差异并未妨碍这一时期的意大利人欣赏和购买汉斯·梅姆林、雨果·凡·德尔·胡斯或罗吉尔·凡·德尔·维登这类画家的作品。[2]

意大利和尼德兰在经济、社会和文化方面也有相似之处。正如15世纪的一个西班牙游客指出的："两个城市争夺商业控制权，即西方弗兰德尔的布鲁日和东方的威尼斯。"这些城市位于欧洲城市化程度最高的地区。1500年前后，在弗兰德尔和布拉班特各省，有三分之二的人口住在城市。如同在意大利，城市的增长也引发农业的商业化，并导致农奴制比其他地区更早消失。如同在意大利，纺织业出口促进的城市发展极

1　Hollanda, *Da pintura antigua*，第1篇对话，第63页。
2　这个主题吸引了自阿比·瓦尔堡以来的学者们的兴趣。最近的一项研究是纳托尔（Nuttall）的《从弗兰德尔到佛罗伦萨》(*From Flanders to Florence*)。

其重要，在纺织业内出现了向奢侈品市场生产的转变，如阿拉
斯、里尔和图尔内制造的挂毯。在尼德兰，视觉艺术的顶峰时
期也与奢侈品工业发展的鼎盛时期相吻合。[1]

如同在意大利，弗兰德尔的艺术家也常常是手艺人之子。
在我们知道其父辈职业的 17 位重要画家中，有 14 人是手艺
人的儿子：一个剪刀匠、一个纺织工、一个铁匠和一个艺术家
等。绘画是一项家族生意，有一些非常出名的艺术家族，如布
茨家族、布鲁格尔家族、弗罗里斯家族及马西斯家族等。不
过，这里的女艺术家更醒目并"必定在许多城镇构成了劳动
力的重要一部分"。[2] 画家往往出生在有一定规模的城镇，并向
尼德兰最大的商业城市布鲁日和安特卫普集中。1500 年左
右，由于维因河河道淤积，布鲁日的经济主导地位被安特卫
普取代，后者到 1550 年已有约 10 万居民。绘画的中心也从
布鲁日转移到安特卫普，这并不奇怪，因为商人是最重要的
赞助人。如同在意大利，尼德兰的艺术市场到 16 世纪也发展
起来。[3]

如同在意大利，尼德兰艺术家的社会地位通常是手艺人，
除非他们的赞助人是勃艮第公爵"好人"菲利普这样的统治
者。他任命扬·凡·艾克为官方画家和贴身男仆（*valet de
chambre*），派他出使外国，拜访他在布鲁日的画室，还在画
家的儿子洗礼时赏赐了 6 个银杯。但尼德兰画家似乎缺乏一
些意大利同行的那种自我意识。自画像比较少见，"荷兰的瓦

---

1 Lestocquoy, *Aux origines de la bourgeoisie*; Prevenier and Blockmans, *Burgundian
    Netherlands*.

2 Nash, *Northern Renaissance Art*, p. 77.

3 Floerke, *Studien*.

萨里"卡雷尔·凡·曼德尔直到 1604 年才出版了他的艺术家传记。

这一时期的音乐及与其产生其中的社会之间的关系则更间接和更难解释。大部分音乐是教会音乐（可能因为教会音乐更有机会保存下来）。伟大作曲家的音乐训练（参见边码第 61 页）通常归功于大教堂的唱诗班学校。他们中的一些人拥有圣职。不过，只是由于俗人的慷慨赞助这一时期唱诗班的规模才得以扩大。一部分钱被用来聘请俗人进入唱诗班，如安特卫普大教堂的教士就用一些圣职的收入聘请职业歌手（不一定是神职人员）。如同在意大利，尼德兰的市民也创建兄弟会，有些兄弟会，如安特卫普的"圣母兄弟会"（其成员包括银行家、商人和手艺人）付钱给歌手让他们提供日常服务。换言之，15 世纪尼德兰的教会文化建立在城市财富基础上。

259

也有些音乐是为宫廷创作的。勃艮第公爵"好人"菲利普让宾什瓦当他的侍从，并任命迪费担任其子"大胆的"查理的家庭音乐教师，教查理唱歌、弹竖琴以及创作香颂和圣歌。查理成为公爵后雇用了布斯诺瓦，他甚至行军打仗时都带着自己的乐师。下面这一事实揭示了宫廷赞助的重要性：1477 年查理死后，主要作曲家伊萨克和乔斯昆都离开了尼德兰。

维持宫廷自然得花钱。"雉鸡宴"，即 1454 年在勃艮第举行的一场宴会花费惊人，其中乐师们扮演了主要角色，甚至一位参加宴会的廷臣，即奥利维尔·德·拉·马尔凯都在其编年史中说它"毫无节制、非理性的花费"。"好人"菲利普和"大胆的"查理是幸运的，因为他们的领地内有根特、布鲁日、布鲁塞尔和安特卫普等城市及其能提供巨额税款的富商。宫廷和教会一样最终也依赖贸易。

日　本

　　一个多世纪后的日本也涌现出大量文化成就和创新，它们至少与文艺复兴时期的意大利和尼德兰的文化成就与创新一样引人注目。[1] 这个时代的顶峰是 1688—1703 年的元禄时期。这一时期的伟大人物包括诗人松尾芭蕉（1644—1694，以其"俳句"著称）；小说家井原西鹤（1642—1693）；剧作家近松门左卫门（1653—1725）；哲学家荻生徂徕（1666—1728）；艺术家菱川师宣（1618—1694）等。新艺术类型包括彩色木刻版画；不是用汉字而是以一种简单的音节写成的"假名书"；两种新戏剧，歌舞伎（*kabuki*）和净瑠璃（*jōruri*，一种木偶戏）。正是在这一时期，三弦（*samisen*，三味线）被引入日本音乐，为戏剧表演伴奏。

　　如同在意大利和尼德兰，这一时期日本艺术的一个显著趋势也是世俗化。在哲学领域，这一时期的日本儒学家就像 15 世纪意大利的人文主义者一样把重点从了解天堂转向了解人自身。[2] 在 1600 年以前，主导的戏剧能乐（*Nō*）是宗教性的。但净瑠璃和歌舞伎剧院上演的是历史剧或表现日常生活的戏剧。日本传统的绘画和雕塑一样主要是佛教艺术，但 1600 年后世俗作品日益普及，其中包括彩绘屏风、装饰私人住宅的雕塑以及通常表现风景、演员或日常生活场景的木刻版画。

　　这个世俗化过程的一个说明和象征就是"浮世"（*ukiyo*）一词。这个词最初是佛教术语，指世间万物的转瞬即逝，但它

1　Hibbert, *Floating World*；Keene, *World within Walls*；Lane, *Masters of the Japanese Print*.

2　Bellah, *Tokugawa Religion*；Maruyama, *Studies in the Intellectual History*.

在 17 世纪有了享乐主义的意味，开始指"活在当下"，特别是生活在江户（今天的东京）、京都和大阪这三个大城市的"欢乐区"。"漂浮的行业"就是卖淫。木版画常常表现这一时期的娱乐业（演员、妓女和相扑手等），人们称这些画为"浮世绘"（*ukiyo-e*）。佛教价值的世俗化在这一时期的小说中有对应，它们有时被称为"浮世草子（笔记）"（*Ukiyo-zoshi*）。井原西鹤最著名的小说《好色一代女》就是对一种宗教文学（即佛教忏悔文学）的世俗化改编。两种体裁在形式上的相似和精神上的相异恰如笛福的《莫尔·弗兰德斯》（*Moll Flanders*）与班扬的《蒙恩回忆录》（*Grace Abounding*）。

　　元禄时期的多种艺术和文学中都能看到的另一个特点是现实主义，尤其是日常生活现实主义（参见边码第 23 页）。日语中的对应词"世话物"（*sewamono*）被用于指表现当代生活而不是历史事件的歌舞伎戏剧。正如菱川师宣制作了表现吉原[1]街景的木刻画，近松门左卫门和井原西鹤也从日常生活选取场景并将其变成文学，甚至连名字和地址都没有改变。据说，近松门左卫门是在一家饭馆吃饭时听人讲了发生在天网岛（Amijima）的一个殉情悲剧并被请求立即就这一主题写一部木偶剧。两天后他完成了他最著名的一部剧作。与笛福一样，井原西鹤也迷恋服饰和价格等真实的生活细节，并将它们编入故事，以增强故事的真实感。

　　不管这是不是一个从远处观察并遗漏了更精致细节的欧洲观察者的错觉，我觉得，与意大利或尼德兰的文化变化相比，日本文化的这些变化更清楚，并更紧密地与社会变化联系在

---

[1]　Yoshiwara，江户著名的"欢乐区"。——译者注

一起。

16 世纪是日本的内战时期。16 世纪末，连续三位强悍的统治者确立了和平秩序，第三位统治者德川家康（1543—1616）建立了一个由强有力的统治者或"将军"统治的王朝（即幕府体制，始于 1603 年）。和平确立之后出现了人口增长、交通改善和城镇的迅速发展。有三个城市扩张得尤其迅速：故都京都，1634 年有 41 万居民；大阪，1625 年有 28 万居民；以及江户，在德川家康选择它作为首都前不过是个小村庄，但到 1721 年其居民已上升至 50 万人。[1]

德川政权对工匠和商人（chōnin，町人）并无好感，认为他们比农民和武士（samurai）还低贱。但这些"町人"却前所未有地富裕起来，而许多"武士"（他们对商业的蔑视不亚于 17 世纪的西班牙贵族）却发现自己陷入经济困境。[2]至于这一时期的价值观，井原西鹤的《日本永代藏》中似乎有所反映，该书记载了一系列成功的经商故事，它们让人想到塞缪尔·斯迈尔斯的小说，只是它们早了一个半世纪——事实上斯迈尔斯的《自助》（Self-help，1859）出版没几年就被译成了日语。

认为这一时期町人——若非"中产阶层"——的兴起与文化创新相互关联似乎是有道理的。在重要的作家和艺术家中，菱川师宣是个刺绣工的儿子，井原西鹤是一个大阪商人的儿子。井原西鹤最著名的追随者江岛其碛（1666—1735）是京都一个店主的儿子。能乐曾经仅为武士创作，而武士也被禁止观

1　Hall and Jansen, *Studies in the Institutional History*.
2　Sheldon, *Rise of the Merchant Class in Tokugawa Japan*；Crawcour, "Changes in Japanese commerce".

看歌舞伎和净瑠璃表演，它们是为町人创作的，并常常描写他们的生活。井原西鹤等人的小说是用简单的假名印刷的，因此其读者比传统文人要广泛得多。在17世纪，书籍买卖是一项有利可图的事业；1626年的大阪有50家书店。借用笛福评论英格兰的话，我们可以说，写作正成为"日本商业的重要一部分"。图像亦如此。木版画可以批量廉价生产，因此手艺人也买得起。它们的其中一个功能是商业性的——宣传它们经常表现的那些演员和交际花的技艺和魅力。如同在欧洲，我们在日本也看到了一个艺术市场的兴起以及艺术和文学的商品化。

对这幅市民文化图景我们要作两个限定。首先要指出的是，它与不再积累财富而是陶醉于炫耀性消费的商人联系在一起。其次是强调元禄时期的文化并不仅仅是商人和手艺人的文化。京都是一个首都，这里有宫廷和一个与之相联系的传统文化。在这里，我们要说的只是新体裁主要是为新社会团体（或者刚刚富起来的、数量庞大或有读写能力的群体）创作的。甚至这些新体裁也借用了贵族传统，包括能乐和11世纪的《源氏物语》，虽然很难说它们是对后者的模仿、戏仿，还是这两者的模糊和不稳定的混合。

对意大利与日本和尼德兰的这个简单比较有一些明显的空白。现有的二手资料不足以让我们讨论弗兰德尔人的商人精神，或日本艺术家的生活环境。无论如何，这些例子不是我们能选择的所有例子。但它们的确表明存在一些反复出现的文化和社会变化模式，它们将我们带回到这项研究中多次出现的一个问题（有时在前景，有时在背景）：市民阶级的文化角色。

我开始撰写这本书是在20世纪60年代晚期，当时我的想法是将布克哈特的思想和卡尔·马克思的思想并置，对其进行必要的批评和扬弃，并尝试进行一个综合。当然，布克哈特并不是唯一一位让人感兴趣的文艺复兴诠释者，他的众多优秀继承者——巴伦、巴克桑达尔、贡布里希、洛佩兹等——为本研究贡献了很多观念以及信息。当然，马克思也不是唯一一位重要的社会理论家，或者唯一一位其思想与这一时期和这个问题有关的社会理论家。想象马克斯·韦伯（强调世俗化、计算、抽象）会怎样讨论文艺复兴；埃米尔·涂尔干（强调劳动分工及其对集体表征的影响）会怎样讨论它；诺贝特·埃利亚斯会怎样看待它（作为文明化进程的一部分）；或者欧文·戈夫曼（强调自我展示）、皮埃尔·布尔迪厄（注重"文化资本""区隔""象征性统治"的策略）或者克利福德·格尔茨（考虑秩序和意义的关系）会怎样看待它，无疑都是令人鼓舞的思想练习（但也不只是练习）。我从上述每一位思想家以及其他人那里都学到了一些东西，并将它们都用到了本书中。

不过，本书的核心问题仍然是文化与社会结构的关系和变化，与尼德兰和日本的比较更清楚地揭示了这个问题的核心重要性。比如，现实主义与市民阶级的联系并不像一些马克思主义者（如安塔尔）论证或以为的那样简单。因为（正如我们已经看到），有不止一种现实主义，不止一种市民阶层和不止一种文化与社会的可能关系。

不过，改进这些概念并没有解决这一问题。社会团体与艺术体裁（若非风格）之间的确存在某种密切关系。如果将市民阶层分为商人和手艺人，他们对艺术的贡献也可以作如下区分：大多数艺术家的产生环境是手艺人占主导的城市，因此可以说（参见边码第 52 页）有潜力的艺术家的才能在手工业城市受挫的可能性最小。另一方面商人主要是赞助人，并常常能迅速接受新体裁。毕竟，他们的职业要求他们具有适应能力，并且他们若要在经济上生存也必须能够适应新环境。在这里，对新事物的重视很重要。这并不是说统治者、贵族（中国的士大夫、日本的武士）和教会（或与其对等的印度教、佛教或伊斯兰教）不是重要的赞助人；这显然是错误的。不过，本研究一直集中于文化创新，弗莱芒、日本以及意大利的例子都表明创新需要新型赞助人的支持，至少最初是这样。在文化中与在经济生活中一样既有食利者，也有企业家。

附录：创造性精英

构成本书，特别是第3章的600名画家、雕塑家、建筑师、作家、人文主义者、科学家和音乐家主要根据下列著作遴选：

1. 314位画家和雕塑家选自《世界艺术百科全书》（*Encyclopedia of World Art*，该书按地区编排，这个名单似乎是对瓦萨里的托斯卡纳偏见的抵制）中关于"意大利艺术"的文章。

2. 88位作家选自魏尔金斯的《意大利文学史》（E. H. Wilkins，*A History of Italian Literature*，Cambridge，MA and London：Harvard University Press，1954）。

3. 74位人文主义者选自加林的《意大利人文主义》（E. Garin，*Italian Humanism*，Eng. trans.，Oxford：Blackwell，1965）。

4. 55位"科学家"选自塔顿主编的《科学通史》（R. Taton ed.，*A General History of the Sciences*，vol. 2，London：Thames & Hudson，1965），该书在马歇尔·科拉盖（Marshall Clagett）教授的帮助下做了修订。

5. 50位音乐家选自雷斯的《文艺复兴时期的音乐》（G. Reese，*Music in the Renaissance*，New York and London：W. W. Norton，1959）。

6. 19 位作家和人文主义者并不在魏尔金斯或加林的著作中，我选择他们是为了凑足 600 这个整数而且我认为他们非常重要：阿孔乔（J. Aconcio）、阿德里亚尼（G. B. Adriani）、马努齐奥（A. Manuzio）、奥里斯帕（G. Aurispa）、巴尔巴罗（F. Barbaro）、巴尔齐扎（G. Barzizza）、贝尼维埃尼（G. Benivieni）、贝罗亚尔多（F. Beroaldo）、比比埃纳（B. Bibbiena）、本菲尼（A. Bonfini）、卡尔美塔（V. Calmeta）、卡维维奥（J. Caviveo）、科里奥（B. Corio）、多梅尼基（L. Domenichi）、内尔利（F. Nerli）、鲁切拉伊（B. Rucclelai）、萨贝利科（M. A. Sabellico）、德拉·斯卡纳（B. della Scala）、塞涅尼（B. Segni）。

完整的名单参见本书索引，名字前有星号标记。这份名单不可避免是武断的，至少处于边缘的人是这样。同时代的人无论抱持怎样同情的观点去看待一部集体传记，可能也发现把"创造性"作为选择标准很难理解，有学识之人则期望看到教会法学家或神学家而不是艺术家。这一研究的目标是对这些已故之人进行某种社会调查：寻找模式或趋势。因此，我们需要提出以下精确的问题：

1. 出生地区：有 9 个可能的答案：（伦巴底；威内托；托斯卡纳；教皇国；南意大利；利古里亚；皮埃蒙特；意大利以外；不详）。

2. 出生地规模：有 4 个可能的答案（大城市；中等城市；小城市；不详）。

3. 父亲的职业：有 9 个可能答案（秘书；贵族；人文主义者；职业人士或商人；艺术家；与艺术相关的手艺人或店主；与艺术无关的手艺人或店主；农民；不详）。

4. 训练：有6个可能答案（帕多瓦大学；其他大学；其他人文主义教育；学徒制；音乐教育；不详）。

5. 主要从事的学科：有7个可能答案（绘画；雕塑；建筑；文学；人文主义；科学；音乐）。

6. 专长：有3个可能答案（1门学科；2门学科；3门或更多）。

7. 从事这些科目的亲属：有5个可能答案（没有这样的亲戚；有1个；有2个；有3个；有4个或更多）。

8. 地理流动：有5个可能答案（极为稳定；相当稳定；相当流动；极为流动；不详）。

9. 赞助：有2个可能答案（美第奇赞助；其他）。

10. 出生时期：有10个可能答案（以20年为时间单位把1340—1519年之间划分为9个时期，外加一个不明时期）。

参考文献

This bibliography contains all works to which reference is made in the notes, together with a few other studies of relevance to the field.
JWCI = Journal of the Warburg and Courtauld Institute.

Ackerman, J. S., 'Architectural practice in the Italian Renaissance', *Journal of the Society for Architectural History* 13 (1954), pp. 3–10.
—*The Architecture of Michelangelo*. 2nd edn, Harmondsworth: Penguin, 1970.
—'*Ars sine scientia nihil est*', *Art Bulletin* 12 (1949), pp. 84–108.
—*Palladio*. Harmondsworth: Penguin, 1966.
—'Sources of the Renaissance villa', in *Studies in Western Art*, Vol. 2: *The Renaissance and Mannerism*, ed. I. E. Rubin, pp. 6–18. Princeton, NJ: Princeton University Press, 1963.
Ady, C. M., *The Bentivoglio of Bologna*. Oxford: Oxford University Press, 1937.
Ago, R., *Gusto for Things: A History of Objects in Seventeenth-Century Rome*. Eng. trans., Chicago: University of Chicago Press, 2013.
Ajmar, M., 'Talking pots', in *The Art Market in Italy*, ed. M. Fantoni et al., pp. 55–64. Modena: Panini, 2003.
Ajmar-Wollheim, M., and F. Dennis (eds), *At Home in Renaissance Italy*. London: V&A, 2006.
Ajmar-Wollheim, M., F. Dennis and A. Matchette, *Approaching the Italian Renaissance Interior*. Oxford: Blackwell, 2007.
Alberici, C. (ed.), *Leonardo e l'incisione*. Milan: Electa, 1984.
Alberigo, G., *I vescovi italiani al concilio di Trento*. Florence: Sansoni, 1959.
Alberti, L. B., *De re aedificatoria*, ed. P. Portoghesi, 2 vols. Milan: Il Polifilo, 1966.
—*I libri della famiglia*, ed. R. Romano and A. Tenenti. Eng. trans. R. N. Watkins. Columbia: University of South Carolina Press, 1969.
—*On Painting*, Eng. trans. J. R. Spencer. London: Routledge & Kegan Paul, 1956.

—*On Painting; and On Sculpture*, Eng. trans. C. Grayson. London: Phaidon Press, 1972.

Albertini, R. von, *Das florentinisch Staatsbewusstsein im Ubergang von der Republik zum Prinzipat*. Bern: Franke, 1955.

Alpers, S., *The Art of Describing*. Chicago: University of Chicago Press, 1983.

Alsop, J., *The Rare Art Traditions*. London: Thames & Hudson, 1982.

Ames-Lewis, F., 'Donatello's bronze *David* and the Palazzo Medici courtyard', *Renaissance Studies* 3 (1989), pp. 235–51.

—*Drawing in Early Renaissance Italy*. New Haven, CT, and London: Yale University Press, 1981.

—(ed.), *Florence*. Cambridge: Cambridge University Press, 2012.

—*The Intellectual Life of the Early Renaissance Artist*. New Haven, CT, and London: Yale University Press, 2000.

—*Isabella and Leonardo*. New Haven, CT, and London: Yale University Press, 2012.

Ames-Lewis, F., and Wright, J. (eds) *Drawing in the Italian Renaissance Workshop*. New Haven and London: Yale University Press, 1983.

Anderson, J., 'Rewriting the history of art patronage', *Renaissance Studies* 10 (1996), pp. 129–38.

Anselmi, G. M., F. Pezzarassa and L. Avellini, *La 'memoria' dei merca-tores*. Bologna: Pàtron, 1980.

Antal, F., *Florentine Painting and its Social Background*. London: Kegan Paul, 1947.

Anthon, C., 'Social status of Italian musicians during the sixteenth century', *Journal of Renaissance and Baroque Music* 1 (1946), pp. 111–23, 222–34.

Antoni, C., *From History to Sociology*. Eng. trans., Detroit: Wayne State University Press, 1959.

Archambault, P., 'The analogy of the body in Renaissance political literature', *Bibliothèque d'Humanisme et Renaissance* 29 (1967), pp. 21–53.

Aretino, P., *Sei giornate* (1534–6), ed. G. Aquilecchia. Bari: Einaudi, 1975.

Arnaldi, G., and M. Pastore Stocchi (eds), *Storia della cultura veneta*, 3: *Dal primo quattrocento al concilio di Trento*, 2 vols. Vicenza: Neri Pozza, 1980–1.

Aron, P., *Toscanello*. Venice, 1523.

Asor Rosa, A. (ed.), *Letteratura italiana*, 2: *Produzione e consumo*. Turin: Einaudi, 1983.

Atlas, A. W., *Music at the Aragonese Court of Naples*. Cambridge: Cambridge University Press, 1985.

Auerbach, E., 'Figura', in Auerbach, *Scenes from the Drama of European Literature*, pp. 11–76. New York, 1959.

—*Literary Language and its Public in Late Latin Antiquity and in the Middle Ages*. Eng. trans., London: Routledge & Kegan Paul, 1965.

—*Mimesis*. Eng. trans., Princeton, NJ: Princeton University Press, 1954.

Avery, C., *Florentine Renaissance Sculpture*. London: John Murray, 1970.

Bandello, M., *Novelle* (1554), ed. G. G. Ferrero. Turin, 1974.

Barbieri, G., *Economia e politica nel ducato di Milano*. Milan: Vita e pensiero, 1938.

Bareggi, C., *Il mestiere di scrivere: lavoro intellettuale e mercato librario a Venezia nel cinquecento*. Rome: Bulzoni, 1988.

Barkan, L., *Unearthing the Past: Archaeology and Aesthetics in the Making of Renaissance Culture*. New Haven, CT: Yale University Press, 1999.

Barnes, B., *Michelangelo's Last Judgement: the Renaissance Response*. Berkeley: University of California Press, 1998.

Barolsky, P., *Infinite Jest: Wit and Humor in Italian Renaissance Art*. London: University of Missouri Press, 1978.

—*Why Mona Lisa Smiles*. University Park: Pennsylvania State University Press, 1991.

Baron, H., 'Burckhardt's *Civilisation of the Renaissance* a century after its publication', *Renaissance News* 13 (1960), pp. 207–22.

—*The Crisis of the Early Italian Renaissance*. Rev. edn, Princeton, NJ: Princeton University Press, 1966.

—'The historical background of the Florentine Renaissance', *History* 23 (1938), pp. 315–27.

Barzman, K.-E., 'Gender, religious representation and cultural production in early modern Italy', in *Gender and Society in Renaissance Italy*, ed. J. C. Brown and R. C. Davis, pp. 213–33. London: Longman, 1998.

Baskins, C., *Cassone Painting, Humanism and Gender in Early Modern Italy*. Cambridge: Cambridge University Press, 1998.

Batkin, L. M., *L'idea di individualità nel Rinascimento italiano*. Italian trans. from Russian. Rome: Laterza, 1992.

—*Die italienische Renaissance*. German trans. from Russian, Dresden: Verlag der Kunst, 1979.

Battara, P., *La popolazione di Firenze alla metà del '500*. Florence: Rinascimento del libro, 1935.

Battisti, E., *L'antirinascimento*. Milan: Feltrinelli, 1962.

Bauer, H., *Kunst und Utopie*. Berlin: De Gruyter, 1965.

Baxandall, M., 'Art, society and the Bouguer principle', *Representations* 12 (1985), pp. 32–43.

—'Bartholomaeus Facius on painting', *JWCI* 27 (1964), pp. 90–107.

—'A dialogue on art from the court of Leonello d'Este', *JWCI* 26 (1963), pp. 304–26.

—*Giotto and the Orators*. Oxford: Clarendon Press, 1971.

—'Guarino, Pisanello and Manuel Chrysoloras', *JWCI* 28 (1965), pp. 183–201.

—*Painting and Experience in Fifteenth-Century Italy*. Oxford: Clarendon Press, 1972.

Bayer, A. (ed.), *Art and Love in Renaissance Italy*. New Haven, CT: Yale University Press, 2008.

Bec, C., *Cultura e società a Firenze nell'età della Rinascenza*. Rome: Salerno editrice 1981.

—(ed.), *Italie 1500–1550: une situation de crise?* Lyons: Hermès, 1975.

—*Les livres des florentins (1413–1608)*. Florence: Olschki, 1984.

—*Les marchands écrivains*. Paris and The Hague: Mouton, 1967.

—'Lo statuto socio-professionale degli scrittori', in *Letteratura italiana*, 2: *Produzione e consumo*, ed. A. Asor Rosa. Turin: Einaudi, 1983.

Bellah, R., *Tokugawa Religion*. Glencoe, IL: Free Press, 1957.

Belloni, G., and R. Drusi (eds), *Umanesimo ed educazione*. Vicenza: Costabissara, 2007.

Beloch, K. J., *Bevölkerungsgeschichte Italiens*, vol. 3. Berlin: De Gruyter, 1961.

Belozerskaya, M., *Luxury Arts of the Renaissance*. Los Angeles: J. Paul Getty Museum, 2005.

—*Rethinking the Renaissance: Burgundian Arts across Europe*. Cambridge: Cambridge University Press, 2002.

Belting, H., *Florence and Baghdad: Renaissance Art and Arab Science*. Eng. trans. D. L. Schneider. Cambridge, MA: Belknap Press, 2011.

—*Likeness and Presence: A History of the Image before the Era of Art*. Eng. trans. E. Jephcott. Chicago: University of Chicago Press, 1994.

Beltrami, D., *Storia della popolazione di Venezia*. Padua: Cedam, 1954.

Bembo, P., *Prose della volgar lingua* (1525), in Bembo, *Prose e rime*, ed. C. Dionisotti. Turin: Unione Tipografico, 1960.

Benjamin, W., 'The work of art in the age of mechanical reproduction', Eng. trans. in Benjamin, *Illuminations*, pp. 219–44. London: Jonathan Cape, 1970.

Benson, P. J., *The Invention of the Renaissance Woman*. University Park: Pennsylvania State University Press, 1992.

Bentley, J., *Politics and Culture in Renaissance Naples*. Princeton, NJ: Princeton University Press, 1987.

Berengo, M., *Nobili e mercanti nella Lucca del cinquecento*. Turin: Einaudi, 1965.

Berlin, I., *Vico and Herder*. London: Hogarth Press, 1976.

Bertelli, S., 'L'egemonia linguistica come egemonia culturale', *Bibliothèque d'humanisme et Renaissance* 38 (1976), pp. 249–81.

Bing, G., 'A. M. Warburg', *JWCI* 28 (1965), pp. 299–313.

Binni, W., and N. Sapegno (eds), *Storia letteraria delle regioni d'Italia*. Florence: Sansoni, 1968.

Biow, D., *The Culture of Cleanliness in Renaissance Italy*. Ithaca, NY: Cornell University Press, 2006.

—*Doctors, Ambassadors, Secretaries: Humanism and Professions in Renaissance Italy*. Chicago: University of Chicago Press, 2002.

—*In your Face: Professional Improprieties and the Art of Being Conspicuous in Sixteenth-Century Italy*. Stanford, CA: Stanford University Press, 2010.

Biringuccio, V., *Pirotechnia* (1540). Eng. trans., new edn, Cambridge, MA: MIT Press, 1966.

Black, R., 'Italian Renaissance education', *Journal of the History of Ideas* 52 (1991), pp. 315–34.

Bloch, M., *Land and Work in Medieval Europe*. Berkeley and London: University of California Press, 1967.

Blunt, A., *Artistic Theory in Italy 1450–1600*. Oxford: Clarendon Press, 1940.

Boase, T. S. R., *Giorgio Vasari: The Man and the Book*. Princeton, NJ: Princeton University Press, 1979.

Bock, N., 'Patronage standards and *transfert culturel*: Naples between art history and social science', *Art History* 31 (2008), pp. 574–97.

Bodart, D. H., *Tiziano e Federico II Gonzaga: storia di un rapporto di committenza*. Rome: Bulzoni, 1998.

Bohannan, P., 'Artist and critic in an African society', in *The Artist in Tribal Society*, ed. M. W. Smith, pp. 85–94. London: Routledge & Kegan Paul, 1961.

Bolland, A., 'From the workshop to the academy: the emergence of the artist in Renaissance Florence', in *Renaissance Florence: A Social History*, ed. R. J. Crum and J. T. Paoletti, pp. 454–78. Cambridge: Cambridge University Press, 2007.

Bologna, F., *Napoli e le rotte mediterranee della pittura: da Alfonso il Magnanimo a Ferdinando il Cattolico*. Naples: Società Napoletana di Storia Patria, 1977.

Bombe, W. (ed.), *Nachlass-Inventare des Angelo da Uzzano und des Lodovico di Gino Capponi*. Leipzig and Berlin: Teubner, 1928.

—'Die Tafelbilder, Gonfaloni und Fresken des Benedetto Bonfigli', *Repertorium für Kunstwissenschaft* 32 (1909), pp. 97–146.

Bonfil, R., 'The historian's perception of the Jews in the Italian Renaissance', *Revue des Etudes Juives* 143 (1984), pp. 59–82.

—*Rabbis and Jewish Communities in Renaissance Italy*. Oxford: Oxford University Press, 1990.

Bonomo, G., *Caccia alle streghe*. Palermo: Pulumbo, 1959.

Borkenau, F., *Der Übergang vom feudalen zum bürgerlichen Weltbild*. Paris: Alcan, 1934.

Borsellino, N., *Gli anticlassicisti del cinquecento*. Rome and Bari: Laterza, 1973.

Bottari, G. G., *Raccolta di lettere sulla pittura, scultura ed architettura*, 8 vols. Milan: Silvestri, 1822–5.

Bourdieu, P., *Distinction*. Eng. trans. R. Nice. London: Routledge & Kegan Paul, 1984.

Bouwsma, W. J., 'The Renaissance and the drama of European history', *American Historical Review* 84 (1979), pp. 1–15.

Braghirolli, W., 'Carteggio di Isabella d'Este intorno ad un quadro di Giambellino', *Archivio Veneto* 13 (1877), pp. 376–83.

Branca, V., *Poliziano e l'umanesimo della parola*. Turin: Einaudi, 1983.

—(ed.), *Umanesimo europeo ed umanesimo veneziano*. Florence: Sansoni, 1964.

Braudel, F., *The Mediterranean and the Mediterranean World in the Age of Philip II*. Eng. trans. S. Reynolds, 2 vols. Berkeley and London: University of California Press, 1972–3.

—*The Wheels of Commerce*. Eng. trans. S. Reynolds. London: Collins, 1982.

Bredekamp, H., M. Diers and C. Schoell-Glass (eds), *Aby Warburg*. Hamburg: VCH, 1991.

Bridgman, N., *La vie musicale au quattrocento et jusqu'à la naissance du madrigal*. Paris: Gallimard, 1964.

Bronzini, G., 'Pubblico e predicazione popolare di Bernardino di Siena', *Lares* 44 (1978), pp. 3–31.

—*Tradizione di stile aedico dai cantari al 'Furioso'*. Florence: Olschki, 1966.

Brotton, J., *The Renaissance Bazaar: from the Silk Road to Michelangelo*. Oxford: Oxford University Press, 2002.

Brown, A., *Bartolommeo Scala, 1430–1497, Chancellor of Florence*. Princeton, NJ: Princeton University Press, 1979.

—'The humanist portrait of Cosimo de'Medici', *JWCI* 24 (1961), pp. 186–221.

—(ed.), *Language and Images of Renaissance Italy*. Oxford: Oxford University Press, 1995.

Brown, C. M., 'A Ferrarese lady and a Mantuan marchesa: the art and antiquities collections of Isabella d'Este Gonzaga', in *Women and Art in Early Modern Europe*, ed. C. Lawrence, pp. 53–71. University Park: Pennsylvania State University Press, 1997.

Brown, J. C., and R. C. Davis (eds), *Gender and Society in Renaissance Italy*. London: Longman, 1998.

Brown, P. F., *Private Lives in Renaissance Venice*. New Haven, CT: Yale University Press, 2004.

—*Venetian Narrative Painting in the age of Carpaccio*. New Haven, CT: Yale University Press, 1988.

—*Venice and Antiquity*. New Haven, CT: Yale University Press, 1996.

Brucker, G., *The Civic World of Early Renaissance Florence*. Princeton, NJ: Princeton University Press, 1977.

—(ed.), *Two Memoirs of Renaissance Florence*. New York: Harper & Row, 1967.

Bruni, L., *Epistolae populi Florentini nomine scriptae*, ed. L. Mehus, 2 vols. Florence, 1741.

—'Panegyric to the city of Florence', in *The Earthly Republic*, ed. B. Kohl and R. Witt, pp. 135–75. Philadelphia: University of Pennsylvania Press, 1978.

Bryson, N., *Word and Image*. Cambridge: Cambridge University Press, 1981.

Bullen, J. B., *The Myth of the Renaissance in Nineteenth-Century Writing*. Oxford: Clarendon Press, 1994.

Burckhardt, J., *The Architecture of the Italian Renaissance* (1867). Eng. trans., London: Secker & Warburg, 1985.

—*Beiträge zur Kunstgeschichte von Italien*. Basel: Lendorff, 1898.

—*The Civilization of the Renaissance in Italy* (1860). Eng. trans., London: Phaidon Press, 1944.

—*Reflections on History* (1906). Eng. trans., London: Allen & Unwin, 1943.

Burke, J., *Changing Patrons: Social Identity and the Visual Arts in Renaissance Florence*. University Park: Pennsylvania State University Press, 2004.

Burke, P., 'Anthropology of the Renaissance', *Journal of the Institute for Romance Studies* 1 (1992), 207–15.

—'L'art de la propagande à l'époque de Pisanello', in *Pisanello*, pp. 253–62. Paris: La documentation française, 1998.

—'Civilization, sex and violence in early modern Italy: reflections on the theories of Norbert Elias', *Journal of the Institute of Romance Studies* 5 (1997), pp. 71–80.

—'Decentering the Renaissance: the challenge of postmodernism', in *At the Margins: Minority Groups in Premodern Italy*, ed. S. Milner, pp. 36–49. Minneapolis: University of Minnesota Press, 2005.

—'Gianfrancesco Pico and his *Strix*', in *The Damned Art*, ed. S. Anglo, pp. 32–52. London: Routledge & Kegan Paul, 1977.

—*Historical Anthropology of Early Modern Italy: Essays on Perception and Communication*. Cambridge: Cambridge University Press, 1987.

—'History as allegory', *Inti* 45 (1997), pp. 337–51.

—'Investment and culture in three seventeenth-century cities', *Journal of European Economic History* 7 (1978), pp. 311–36.

—'The Italian artist and his roles', in *History of Italian Art*, ed. Burke, 2 vols, vol. 1, pp. 1–28. Cambridge: Polity, 1994.

—'Jack Goody and the comparative history of Renaissances', *Theory, Culture and Society* 26 (2009), pp. 1–17.

—'Learned culture and popular culture in Renaissance Italy', *Pauvres et riches: mélanges offerts à Bronislaw Geremek*, ed. M. Aymard, S. Bylina et al., pp. 341–9. Warsaw: Wydawnictwo Naukowe PWN, 1992.

—'The myth of 1453: notes and reflections', in *Querdenken: Dissens und Toleranz im Wandel der Geschichte: Festschrift zum 65. Geburtstag Hans R. Guggisberg*, ed. M. Erbe et al., pp. 23–30. Mannheim: Palatium, 1996.

—'Oral culture and print culture in Renaissance Italy', *ARV: Nordic Yearbook of Folklore* (1998), pp. 79–90.

—*Popular Culture in Early Modern Europe*. 3rd edn, Farnham: Ashgate, 2009.

—'Prosopografie van der Renaissance', *Millennium* 7 (1993), pp. 14–22.

—'Renaissance Europe and the world', in *Palgrave Advances in Renaissance Historiography*, ed. J. Woolfson, pp. 52–70. Basingstoke: Palgrave Macmillan, 2005.

—'The Renaissance, individualism and the portrait', *History of European Ideas* 21 (1995), pp. 393–400.

—*The Renaissance Sense of the Past*. London: Edward Arnold, 1969.

—'Il ritratto veneziano nel cinquecento', in *La pittura nel Veneto: il cinquecento*, vol. 3, ed. Mauro Lucco, pp. 1079–118. Milan: Electa, 1999.

—'The sense of anachronism from Petrarch to Poussin', in *Time in the Medieval World*, ed. C. Humphrey and W. M. Ormrod, pp. 157–73. Woodbridge: York Medieval Press, 2001.

—'Strengths and weaknesses of the history of mentalities', *History of European Ideas* 7 (1986), pp. 439–51.

—*Varieties of Cultural History*. Cambridge: Polity, 1997.

Burney, C., *A General History of Music*, 4 vols (1776–89). New York: Dover, 1969.

Burroughs, C., *The Italian Renaissance Palace Façade*. Cambridge: Cambridge University Press, 2002.

Butters, H., *Governors and Government in Early Sixteenth-Century Florence*. Oxford: Clarendon Press, 1986.

Callmann, E., *Apollonio di Giovanni*. Oxford: Clarendon Press, 1974.

Campbell, L., *Renaissance Portraits*, New Haven, CT: Yale University Press, 1990.

Campbell, S., *The Cabinet of Eros: Renaissance Mythological Painting and the studiolo of Isabella d'Este*. New Haven, CT: Yale University Press, 2004.

Caplan, H., 'The four senses of scriptural interpretation', *Speculum* 4 (1929), pp. 282–94.

Caplow, H. N., 'Sculptors' partnerships', *Studies in the Renaissance* 21 (1974), pp. 145–75.

Carboni Baiardi, G., et al. (eds), *Federico di Montefeltro: lo stato/le arti/ la cultura*, 3 vols. Rome: Bulzoni, 1986.

Cardano, G., *The Book of My Life* (1575). Eng. trans., New York: Dover, 1962.

—*De rerum varietate*. Basel, 1557.

Carew-Reid, N., *Les fêtes florentines au temps de Lorenzo il Magnifico*. Florence: Olschki, 1995.

Carrithers, M., S. Collins and S. Lukes (eds), *The Category of the Person*. Cambridge: Cambridge University Press, 1985.

Cartwright, J., *Isabella d'Este*. 2nd edn., 2 vols. London: John Murray, 1903.

Casotti, G. B., *Memorie istoriche della miracolosa immagine di Maria vergine dell'Impruneta*, 2 vols. Florence, 1714.

Cassirer, E., P. Kristeller and J. H. Randall (eds), *The Renaissance Philosophy of Man*. Chicago: University of Chicago Press, 1948.

Cast, D., *The Calumny of Apelles*. New Haven, CT, and London: Yale University Press, 1981.

Castelnuovo, E., 'Per una storia sociale de l'arte', in Castelnuovo, *Arte, industria, rivoluzioni*. Turin: Einaudi, 1985.

—'Il significato del ritratto pittorico nella società', *Storia d'Italia 5*, pp. 1035–94. Turin: Einaudi, 1973.

Castelnuovo, E., and C. Ginzburg, 'Centre and periphery', Eng. trans. in *History of Italian Art*, ed. P. Burke, 2 vols, vol. 1, pp. 29–112. Cambridge: Polity, 1994.

Castiglione, B., *Il cortegiano* (1528), ed. B. Maier. 2nd edn, Eng. trans., New York: Ungar, 1959.

Castiglione, S. di, *Ricordi* (1549). 2nd edn, Venice, 1554.

Cavalcanti, G., *Istorie fiorentine*. Milan: Aldo Martello, 1944.

Céard, J., *La nature et les prodiges*. Geneva: Droz, 1977.

Cellini, B., *Vita*, ed. E. Camesasca. Eng. trans., Harmondsworth: Penguin, 1956.

Cèndali, L., *Giuliano e Benedetto da Maiano*. Florence: Società editrice Toscana, 1936.

Cennini, C., *Il libro dell'arte*. Eng. trans., ed. D. V. Thompson, 2 vols. New Haven, CT: Yale University Press, 1932–3.

Chabod, F., *L'epoca di Carlo V*. Milan: Treccani, 1961.

—'Usi ed abusi nell'amministrazione dello stato di Milano', in *Studi storici in onore di Gioacchino Volpe*, pp. 95–194. Florence: Sansoni, 1958.

—'Was there a Renaissance state?', in *The Development of the Modern State*, ed. H. Lubasz. New York: Macmillan, 1964.

Chakrabarty, D., *Provincializing Europe*. Princeton, NJ: Princeton University Press, 2000.

Chambers, D. S. (ed.), *Patrons and Artists in the Italian Renaissance*. London: Macmillan, 1970.

Chambers, D. S., and Quiviger, F. (eds), *Italian Academies of the Sixteenth Century*. London: Warburg Institute, 1995.

Chastel, A., *Art et humanisme à Florence au temps de Laurent le Magnifique*. Paris: Presses Universitaires de France, 1961.

—'Art et humanisme au quattrocento', in *Umanesimo europeo ed umanesimo veneziano*, ed. V. Branca, pp. 395–406. Florence: Sansoni, 1964.

—*The Sack of Rome*. Princeton, NJ: Princeton University Press, 1983.

Chipps Smith, J., *The Northern Renaissance*. London: Phaidon Press. 2004.

Chojnacki, S., 'Political adulthood in fifteenth-century Venice', *American Historical Review* 91 (1986), pp. 791–810.

Christian, K. W., and D. J. Drogin (eds), *Patronage and Italian Renaissance Sculpture*. Farnham: Ashgate, 2010.

Christiansen, K., and S. Weppelmann (eds), *The Renaissance Portrait: From Donatello to Bellini*. New York: Metropolitan Museum of Art, 2011.

Ciammitti, L., S. Ostrow and S. Settis (eds), *Dosso's Fate: Painting and Court Culture in Renaissance Italy*. Los Angeles: Getty Research Institute, 1998.

Ciappelli, G., and P. Rubin (eds), *Art, Memory, and Family in Renaissance Florence*. Cambridge: Cambridge University Press, 2000.

Cipolla, C. M., *Clocks and Culture*. London: Collins, 1967.

—'Economic depression of the Renaissance?', *Economic History Review* 16 (1963–4), pp. 519–24.

Clark, S., *Thinking with Demons: The Idea of Witchcraft in Early Modern Europe*. Oxford: Clarendon Press, 1997.

Clark, T., *Image of the People*. London: Thames & Hudson, 1973.

Clements, R. J. (ed.), *Michelangelo: A Self-Portrait*. Englewood Cliffs, NJ: Prentice-Hall, 1963.

Clough, C. H., 'Federigo da Montefeltre's patronage of the arts', *JWCI* 36 (1973), pp. 129–44.

Cocchiara, G., *Le origini della poesia popolare*. Turin: Boringhieri, 1966.

Coffin, D. R. (ed.), *The Italian Garden*. Washington, DC: Dumbarton Oaks, 1972.

—*The Villa in the Life of Renaissance Rome*. Princeton, NJ: Princeton University Press, 1979.

Cohn, S. K., *Creating the Florentine State: Peasants and Rebellion, 1348–1434*. Cambridge: Cambridge University Press, 1999.

—*The Laboring Classes in Renaissance Florence*. New York: Academic Press, 1980.

—'Renaissance attachment to things', *Economic History Review* 65 (2011), pp. 984–1004.

Cole, B., *The Renaissance Artist at Work: From Pisano to Titian*. London: John Murray, 1983.

—*Sienese Painting*. New York: Harper & Row, 1980.

Collett, B., *Italian Benedictine Scholars and the Reformation*. Oxford: Clarendon Press, 1985.

Comanducci, R. M., 'Il concetto di "artista" e la pratica di lavoro nella bottega quattrocentesca', in *Arti fiorentine*, ed. G. Fossi and F. Franceschi, vol.2, pp. 149–65. Florence: Giunti, 1999.

—'L'organizzazione produttiva della bottega d'arte fiorentina', in *Economia ed arte*, ed. S. Cavaciocchi, pp. 751–9. Florence: Le Monnier, 2002.

—'Produzione seriale e mercato dell'arte a Firenze tra quattro e cinquecento', in *The Art Market in Italy, 15th–17th Century*, ed. M. Fantoni et al., pp. 105–13. Modena: F. C. Panini, 2003.

Concina, E., *L'Arsenale della Repubblica di Venezia*. Milan: Electa, 1984.

—*Dell'arabico: a Venezia tra Rinascimento e Oriente*. Venice: Marsilio, 1994.

Condivi, A., *Vita di Michelangelo Buonarroti*, ed. E. S. Barelli. Milan: Rizzoli, 1964.

Coniglio, G., *Il regno di Napoli al tempo di Carlo V*. Naples: Edizioni scientifiche italiane, 1951.

Connell, S., *The Employment of Sculptors and Stonemasons in Venice in the Fifteenth Century*. New York: Garland, 1988.

Connell, W. J. (ed.), *Society and Individual in Renaissance Florence*. Berkeley: University of California Press, 2002.

Contadini, A., 'Middle Eastern objects', in *At Home in Renaissance Italy*, ed. M. Ajmar-Wollheim and F. Dennis, pp. 308–21. London: V&A, 2006.

Contarini, G., *Commonwealth and Government of Venice* (1543). Eng. trans., London, 1598.

Conti, A., 'L'evoluzione dell'artista', *Storia dell'arte italiana*, 2, pp. 117–263. Turin: Einaud, 1979.

Coor, G., *Neroccio de' Landi*. Princeton, NJ: Princeton University Press, 1961.

Copenhaver, B. P., and C. Schmitt, *Renaissance Philosophy*. Oxford: Oxford University Press, 1992.

Corti, G., and F. Hartt, 'New documents concerning Donatello', *Art Bulletin* 44 (1962), pp. 155–67.

Cosenza, M., *Biographical and Bibliographical Dictionary of the Italian Humanists*. New York, 1952.

Cox, V., *The Renaissance Dialogue: Literary Dialogue in its Social and Political Contexts, Castiglione to Galileo*. Cambridge: Cambridge University Press, 1992.

—*Women's Writing in Italy, 1400–1650*. Baltimore: Johns Hopkins University Press, 2008.

Cox-Rearick, J., *Dynasty and Destiny in Medici Art*. Princeton, NJ: Princeton University Press, 1984.

Cozzi, G., 'Cultura, politica e religione nella pubblica storiografia veneziana', *Studi Veneziani* 5 (1963), pp. 215–94.

Cranston, J., *The Poetics of Portraiture in the Italian Renaissance*. Cambridge: Cambridge University Press, 2000.

Craven, W. G., *Giovanni Pico della Mirandola, Symbol of his Age*. Geneva: Droz, 1981.

Crawcour, E. S., 'Changes in Japanese commerce in the Tokugawa period', in *Studies in the Institutional History of Early Modern Japan*, ed. J. W. Hall and M. B. Jansen, pp. 189–202. Princeton, NJ: Princeton University Press, 1968.

Crouzet-Pavan, E., *Renaissances italiennes 1380–1500*. Paris: Albin Michel, 2007.

Crowe, J. A., and G. B. Cavalcaselle, *The Life and Times of Titian*. London: John Murray, 1881.

Crum, R. J., and J. T. Paoletti (eds), *Renaissance Florence: A Social History*. Cambridge: Cambridge University Press, 2006.

Currie, E., *Inside the Renaissance House*. London: V&A, 2006.

Dacos, N., 'Italian art and the art of antiquity', in *History of Italian Art*, ed. P. Burke, 2 vols, vol. 1, pp. 113–213. Cambridge: Polity, 1994.

D'Amico, J. F., *Renaissance Humanism in Papal Rome*. Baltimore: Johns Hopkins University Press, 1983.

D'Ancona, A. (ed.), *Sacre rappresentazioni dei secoli xiv, xv, e xvi*. Florence: Le Monnier, 1872.

Daniello, B., *Poetica*. Venice, 1536.

D'Arco, C., *Giulio Pippi Romano*, 2nd edn. Mantua: Fratelli Negretti, 1842.

Darnton, R., *The Great Cat Massacre and other Episodes in French Cultural History*. New York: Basic Books, 1984.

Davis, J. C., *The Decline of the Venetian Nobility as a Ruling Class*. Baltimore: Johns Hopkins University Press, 1962.

Davis, N. Z., *Trickster Travels: A Sixteenth-Century Muslim between Worlds*. London: Faber, 2006.

De Caprio, V., 'Aristocrazia e clero da la crisi dell'umanesimo alla Controriforma', *Letteratura italiana, 2: Produzione e consumo*, ed. A. Asor Rosa, pp. 299–361. Turin: Einaudi, 1983.

—'Intellettuali e mercato del lavoro nella Roma medicea', *Studi romani* 29 (1981), pp. 29–46.

De la Mare, A., 'Vespasiano da Bisticci', PhD thesis, University of London, 1965.

Della Casa, G., *Galateo* (1558), ed. D. Provenzal. Eng. trans., Harmondsworth: Penguin, 1958.

Delumeau, J., 'Mobilité sociale: riches et pauvres à l'époque de la Renaissance', in *Ordres et classes*, ed. E. Labrousse, pp. 125–34. Paris and The Hague: Mouton, 1973.

—'Réinterprétation de la Renaissance', *Revue d'histoire moderne et contemporaine* 14 (1967), pp. 296–314.

De Maio, R., *Michelangelo e la Controriforma*. Rome: Laterza, 1978.

Dempsey, C., 'Mercurius Ver: the sources of Botticelli's *Primavera*', *JWCI* 31 (1968), pp. 251–69.

—*The Portrayal of Love: Botticelli's Primavera and Humanist Culture at the Time of Lorenzo the Magnificent*. Princeton, NJ: Princeton University Press, 1992.

—'Some observations on the education of artists at Florence and Bologna during the later sixteenth century', *Art Bulletin* 62 (1980), pp. 552–6.

Denley, P., 'Recent studies on Italian universities of the Middle Ages and Renaissance', *History of Universities* 1 (1981), pp. 193–206.

—'The social function of Italian Renaissance universities', *CRE Information* 62 (1983), pp. 47–58.

Dijksterhuis, E. J., *The Mechanization of the World Picture*. Eng. trans., Oxford: Clarendon Press, 1961.

Dionisotti, C., *Geografia e storia della letterature italiana*. Turin: Einaudi, 1967.

Dolce, L., *Aretino* (1557). Eng. trans., ed. M. W. Roskill. New York: New York University Press, 1968.

Dominici, G., *Regola del governo di cura familiare* (1860). Eng. trans., Washington, DC: Catholic University of America, 1927.

Doren, A., 'Aby Warburg und sein Werk', *Archiv für Kulturgeschichte* 21 (1931), pp. 1–23.

—*Die florentiner Wollentuchindustrie vom 14. bis zum 16. Jahrhundert.* Stuttgart, 1901.

—*Fortuna im Mittelalter und in der Renaissance.* Hamburg: Teubner, 1922.

Doria, G., 'Una città senza corte: economia e committenza a Genova nel '400–'500', in *Arte, committenza ed economia a Roma e nelle corti del Rinascimento, 1420–1530*, ed. A. Esch and C. L. Frommel, pp. 243–54. Turin: Einaudi, 1995.

Dowd, D. F., 'The economic expansion of Lombardy, 1300–1500', *Journal of Economic History* 21 (1961), pp. 143–60.

Duby, G., *The Three Orders*. Eng. trans., Chicago: University of Chicago Press, 1980.

Dundes, A., and A. Falassi, *La terra in piazza: An Interpretation of the Palio of Siena*. Berkeley: University of California Press, 1975.

Dürer, A., *Schriftlicher Nachlass*, ed. H. Rupprich, 3 vols. Berlin: Deutscher Verein für Kunstwissenschaft, 1956–69.

Ebreo, L., *Dialoghi d'amore* (1535). Bari: Laterza, 1929.

Eckstein, N. A., *The District of the Green Dragon: Neighbourhood Life and Social Change in Renaissance Florence*. Florence: Olschki, 1995.

—'Neighbourhood as microcosm', in *Renaissance Florence: A Social History*, ed. R. J. Crum and J. T. Paoletti, pp. 219–39. Cambridge: Cambridge University Press, 2006.

Edgerton, S. Y., *Pictures and Punishment: Art and Criminal Prosecution during the Florentine Renaissance*. Ithaca, NY, and London: Cornell University Press, 1985.

—*The Renaissance Rediscovery of Linear Perspective*. New York: Basic Books, 1975.

Edwards, J. M. B., 'Creativity: social aspects', *International Encyclopaedia of the Social Sciences*, ed. D. L. Sills, vol. 3, pp. 442–55. New York: Macmillan, 1968.

Einstein, A., *Essays on Music*. London: Faber & Faber, 1958.

—*The Italian Madrigal*, 3 vols. Princeton, NJ: Princeton University Press, 1949.

Eisenbichler, K. (ed.), *Crossing the Boundaries: Christian Piety and the Arts in Italian Medieval and Renaissance Confraternities*. Kalamazoo: Western Michigan University Press, 1991.

Elam, C., 'Battista della Palla', *I Tatti Studies* 5 (1993), pp. 33–109.

—'Lorenzo de'Medici and the urban development of Renaissance Florence', *Art History* 1 (1978), pp. 43–56.

—'Lorenzo de'Medici's sculpture garden', *Mitteilungen des Kunsthistorischen Instituts in Florenz* 36 (1992), pp. 41–84.

Elias, N., *The Civilizing Process*. Eng. trans., 2 vols. Oxford: Blackwell, 1978–82.

—*The Court Society*. Eng. trans., Oxford: Blackwell, 1983.

Elsner, J., and Cardinal, R. (eds), *The Cultures of Collecting*. London: Reaktion, 1994.

Emison, P., 'The replicated image in Florence, 1300–1600', in *Renaissance Florence: A Social History*, ed. R. J. Crum and J. T. Paoletti, pp. 431–53. Cambridge: Cambridge University Press, 2006.

Encyclopaedia of World Art, 15 vols. New York: McGraw-Hill, 1959–68.

Errera, I., *Répertoire des peintures datées*. Brussels: Librairie nationale d'art et d'histoire, 1920.

Esch, A., 'Sul rapporto fra arte ed economia nel Rinascimento italiano', in *Arte, committenza ed economia a Roma e nelle corti del Rinascimento, 1420–1530*, ed. A. Esch and C. L. Frommel, pp. 3–49. Turin: Einaudi, 1995.

Esch, A., and Frommel, C. L. (eds), *Arte, committenza ed economia a Roma e nelle corti del Rinascimento, 1420–1530*. Turin: Einaudi, 1995.

Esposito, A., 'Le confraternite romane tra arte e divozione', in *Arte, committenza ed economia a Roma e nelle corti del Rinascimento, 1420–1530*, ed. A. Esch and C. L. Frommel, pp. 107–20. Turin: Einaudi, 1995.

Ettlinger, L. D., 'The emergence of the Italian architect during the fifteenth century', in *The Architect*, ed. S. Kostof, pp. 96–121. New York: Oxford University Press, 1977.

—*The Sistine Chapel before Michelangelo*. Oxford: Clarendon Press, 1965.

Ettlinger, L. D., and H. S. Ettlinger, *Botticelli*. London: Thames & Hudson, 1976.

Evans-Pritchard, E. E., *The Nuer*. Oxford: Clarendon Press, 1940.

Fagiolo Dell'Arco, M., *Il Parmigianino: un saggio sull'ermetismo nel cinquecento*. Rome: Bulzoni, 1970.

Fahy, E., 'The marriage portrait in the Renaissance', in *Art and Love in Renaissance Italy*, ed. A. Bayer, pp. 17–27. New Haven, CT: Yale University Press, 2008.

Fantoni, M., *La corte del granduca*. Rome: Bulzoni, 1994.

Fantoni, M., et al. (eds), *The Art Market in Italy, 15th–17th Century*. Modena: F. C. Panini, 2003.

Farago, C. (ed.), *Reframing the Renaissance: Visual Culture in Europe and Latin America, 1450–1650*. New Haven, CT: Yale University Press, 1995.

Febvre, L., *The Problem of Unbelief in the Sixteenth Century*. Eng. trans., Cambridge, MA: Harvard University Press, 1983.

Feldman, M., *City Culture and the Madrigal at Venice*. Berkeley: University of California Press, 1995.

Fenlon, I. *The Ceremonial City*. New Haven, CT: Yale University Press, 2007.

—*Music and Culture in Late Renaissance Italy*. Oxford: Oxford University Press, 2002.

—*Music and Patronage in Sixteenth-Century Mantua*. Cambridge: Cambridge University Press, 1980.

Ferguson, W. K., *The Renaissance in Historical Thought*. Boston: Houghton Mifflin, 1948.

Ferino Pagden, S., 'From cult images to the cult of images: the case of Raphael's altarpieces', in *The Altarpiece in the Renaissance*, ed. P. Humfrey and M. Kemp, pp. 165–89. Cambridge: Cambridge University Press, 1990.

ffoulkes, C. J., and R. Maiocchi, *Vincenzo Foppa*. London: J. Lane, 1909.

Ficino, M., *De vita*. Venice, *c.* 1525.

Field, A., *The Origins of the Platonic Academy of Florence*. Princeton, NJ: Princeton University Press, 1988.

Filarete, A., *Treatise on Architecture*. Eng. trans., with facsimile, ed. J. R. Spencer, 2 vols. New Haven, CT: Yale University Press, 1965.

Findlen, P., 'Possessing the past: the material culture of the Italian Renaissance', *American Historical Review* 103 (1998), pp. 83–114.

Finlay, R., *Politics in Renaissance Venice*. London: Ernest Benn, 1980.

—'The Venetian Republic as a gerontocracy', *Journal of Medieval and Renaissance Studies* 8 (1978), pp. 157–78.

Finucci, V., 'La donna di corte: discorso istituzionale e realtà nel *Libro del Cortegiano*', *Annali d'Italianistica* 7 (1989), pp. 88–103.

Firenzuola, A., *Prose*. Florence, 1548.

Fishman, J. A., 'Who speaks what language to whom and when', in *The Sociology of Language*, ed. J. B. Pride and J. Holmes, pp. 15–31. Harmondsworth: Penguin, 1971.

Fiume, G., *Il santo patrono e la città*. Venice: Marsilio, 2000.

Flaten, A. R., 'Portrait medals and assembly-line art in late '400 Florence', in *The Art Market in Italy, 15th–17th Century*, ed. M. Fantoni et al., pp.127–39. Modena: F. C. Panini, 2003.

Fletcher, J., 'Isabella d'Este and Giovanni Bellini's *Presepio*', *Burlington Magazine* 113 (1971), pp. 703–12.

Floerke, H., *Studien zu niederländische Kunst- und Kulturgeschichte*. Munich and Leipzig, 1905.

Folena, G. F., 'La cultura volgare e l'umanesimo cavalleresco nel Veneto', in *Umanesimo europeo ed umanesimo veneziano*, ed. V. Branca, pp. 141–57. Florence: Sansoni, 1964.

Fontes, A., et al. (eds), *Savonarole: enjeux, débats, questions*. Paris: Université de la Sorbonne nouvelle, 1997.

Forcellino, A., *Michelangelo: A Tormented Life*. Eng. trans. A. Cameron. Cambridge: Polity, 2011.

Forster, K., 'Introduction' to A. Warburg, *The Renewal of Pagan Antiquity*. Eng. trans., Los Angeles: Getty Center, 1999.

Foscari, A., and M. Tafuri, *L'armonia e i conflitti: la chiesa di San Francesco della Vigna nella Venezia del '500*. Turin: Einaudi, 1983.

Fossati, F., 'Lavoro e lavoratori a Milano nel 1438', *Archivio storico lombardo* 55 (1928), pp. 225–58, 496–525; 56 (1929), pp. 71–95.

Foucault, M., *The Order of Things*. Eng. trans., London: Vintage, 1973.

Fraenkel, B., *La signature, genèse d'un signe*. Paris: Gallimard, 1992.

Fragnito, G. (ed.), *Church, Censorship and Culture in Early Modern Italy*. Cambridge: Cambridge University Press, 2001.

Frajese, V., *Nascita dell'Indice: la censura ecclesiastica dal Rinascimento alla Controriforma*. Brescia: Morcelliana, 2006.

Francastel, G., 'De Giorgione à Titien: l'artiste, le public et le commercialisation de l'oeuvre d'art', *Annales ESC* 15 (1960), pp. 1060–75.

Francastel, P., *Peinture et société*. 2nd edn., Paris: Gallimard, 1965.

—'Valeurs socio-psychologiques de l'espace–temps figuratif de la Renaissance', *L'Annee Sociologique* (1965), pp. 3–68.

Frangenberg, T., 'Bartoli, Giambullari and the prefaces to Vasari's *Lives*', *JWCI* 65 (2002), pp. 244–58.

Frey, C. (ed.), *Il libro de Antonio Billi*. Berlin: Grote, 1892.

Friedländer, W., *Mannerism and Anti-Mannerism in Italian Painting*. New York: Schocken, 1965.

Frommel, C. L., *Architettura e committenza da Alberti a Bramante*. Florence: Olschki, 2006.

Fubini, R., *Humanism and Secularization: From Petrarch to Valla*. Durham, NC: Duke University Press, 2003.

—'Renaissance historian: the career of Hans Baron', *Journal of Modern History* 64 (1992), pp. 541–74.

Fumagalli, G., *Leonardo: omo sanza lettere*. Florence: Sansoni, 1952.

Fumaroli, M., *L'âge de l'éloquence*. Geneva: Droz, 1980.

Gabrieli, F., *Testimonianze arabe ed europee*. Bari: Dedalo libri, 1976.

Gaeta, F., *Lorenzo Valla: filologia e storia nell'umanesimo italiano*. Naples: Nella Sede dell'Istituto, 1955.

Gaeta, F., 'Alcuni considerazioni sul mito di Venezia', *Bibliothèque d'Humanisme et Renaissance* 23 (1961), pp. 58–75.

Galitz, R., and B. Reimers (eds), *Aby M. Warburg: Portrait eines Gelehrten*. Hamburg: Dölling & Galitz, 1995.

Galton, F., *Hereditary Genius*. London: Macmillan, 1869.

Gamberini, A. (ed.), *The Italian Renaissance State*. Cambridge: Cambridge University Press, 2012.

Gambi, L., and G. Bollati (eds), *Storia d'Italia, 6: Atlante*. Turin: Einaudi, 1976.

Garin, E., *Astrology in the Renaissance*. Eng. trans., London: Routledge & Kegan Paul, 1983.

—'I cancellieri umanisti della repubblica fiorentina', *Rivista storica italiana* 71 (1959), pp. 185–208.

—'La cité idéale de la Renaissance italienne', in *Les utopies à la Renaissance*, ed. J. Lameere, pp. 13–37. Brussels: Presses universitaires de Bruxelles, 1963.

Gauricus, P., *De sculptura* (1504), ed. A. Chastel and R. Klein. Geneva: Droz, 1969.

Gaye, G. (ed.), *Carteggio inedito d'artisti dei secoli xiv, xv, xvi*, 3 vols. Florence: Molini, 1839–40.

Geanakoplos, D. J., *Interaction of the 'Sibling' Byzantine and Western Cultures in the Middle Ages and Italian Renaissance (330–1600)*. New Haven, CT: Yale University Press, 1976.

Geertz, C., *Local Knowledge*. New York: Basic Books, 1983.

Gelli, G. B., 'Vite d'artisti', *Archivio Storico Italiano* 17 (1896), pp. 32–62.

Ghelardi, M., *La scoperta del Rinascimento: l''Età di Raffaello' di Jacob Burckhardt*. Turin: Einaudi, 1991.

Ghiberti, L., *I commentari*, ed. O. Morisani. Naples: Riccardo Ricciardi, 1947.

Giard, L., 'Histoire de l'université et histoire du savoir: Padoue (xive–xvie siècles', *Revue de Synthèse* 104–6 (1983–5), pp. 139–69, 259–98, 419–42.

Gilbert, C. E., 'The archbishop on the painters of Florence', *Art Bulletin* 41 (1959), pp. 75–87.

—'On subject and not-subject in Italian Renaissance pictures', *Art Bulletin* 34 (1952), pp. 202–16.

—'What did the Renaissance patron buy?' *Renaissance Quarterly* 51 (1998), pp. 392–450.

Gilbert, F., 'Bernardo Rucellai and the Orti Oricellari', *JWCI* 12 (1949), pp. 101–31.

—'Biondo, Sabellico and the beginnings of Venetian official historiography', in *Florilegium historiale*, ed. J. G. Rowe and W. H. Stockdale, pp. 276–87. Toronto: University of Toronto Press, 1970.

—'Florentine political assumptions in the period of Savonarola and Soderini', *JWCI* 20 (1957), pp. 187–214.

—*Machiavelli and Guicciardini*. Princeton, NJ: Princeton University Press, 1965.

—'On Machiavelli's idea of *virtù*', *Renaissance News* 4 (1951), pp. 53–55.

—*The Pope, his Banker, and Venice*. Cambridge, MA, and London: Harvard University Press, 1980.

—'Venice in the crisis of the League of Cambrai', in Gilbert, *History: Choice and Commitment*, ch. 11. Cambridge, MA: Belknap Press, 1977.

Gille, B., *Engineers of the Renaissance*. Eng. trans., Cambridge, MA: MIT Press, 1966.

Ginzburg, C., *Cheese and Worms*. Eng. trans., London: Routledge & Kegan Paul, 1981.

—'Da A. Warburg a E. H. Gombrich', *Studi medievali* 7 (1966), pp. 1015–65.

—*The Enigma of Piero*. Eng. trans., London: Verso, 1985.

—*The Night Battles*. Eng. trans., London: Routledge & Kegan Paul, 1983.

—'Stregoneria e pietà popolare', *Annali Scuola Normale di Pisa* 30 (1961), pp. 269–87.

Gnoli, D., *La Roma di Leon X*. Milan: Ulrico Hoepli, 1938.

Goffen, R., *Piety and Patronage in Renaissance Venice*. New Haven, CT, and London: Yale University Press, 1986.

—*Renaissance Rivals: Michelangelo, Leonardo, Raphael, Titian*. New Haven, CT: Yale University Press, 2002.

Goffman E., *The Presentation of Self in Everyday Life*. Rev. edn, New York: Doubleday, 1959.

Goldthwaite, R. A., *The Building of Renaissance Florence*. Baltimore: Johns Hopkins University Press, 1980.

—'The economic and social world of Italian Renaissance maiolica', *Renaissance Quarterly* 42 (1989), pp. 1–32.

—*The Economy of Renaissance Florence*. Baltimore: Johns Hopkins University Press, 2009.

—'The empire of things: consumer demand in Renaissance Italy', in *Patronage, Art and Society in Renaissance Italy*, ed. F. W. Kent and P. Simons, pp. 153–75. Oxford: Oxford University Press, 1987.

—*Private Wealth in Renaissance Florence*. Princeton, NJ: Princeton University Press, 1968.

—'The Renaissance economy: the preconditions for luxury consumption', in *Aspetti della vita economica medievale*, pp. 659–75. Florence: Olschki, 1985.

—'Schools and teachers of commercial arithmetic in Renaissance Florence', *Journal of European Economic History* 1 (1972), pp. 418–33.

—*Wealth and the Demand for Art in Italy, 1300–1600*. Baltimore: Johns Hopkins University Press, 1993.

Gombrich, E. H., *Aby Warburg: An Intellectual Biography*. London: Warburg Institute, 1970.

—*Art and Illusion*. London: Phaidon Press, 1960.

—*The Heritage of Apelles*. Oxford: Phaidon Press, 1976.

—*In Search of Cultural History*. Oxford: Clarendon Press, 1969.

—*Meditations on a Hobby Horse*. London: Phaidon Press, 1963.

—*Norm and Form*. London: Phaidon Press, 1966.

—'The social history of art', *Art Bulletin* 35 (1953), pp. 79–84.

—*Symbolic Images*. London: Phaidon Press, 1972.

—*The Uses of Images*. London: Phaidon Press, 1999.

—'Vasari's *Lives* and Cicero's *Brutus*', *JWCI* 23 (1960), pp. 309–11.

González García, J., *La diosa fortuna: metamorfosis de una metáfora política*. Madrid: A. Machado, 2006.

Goody, J., *Renaissances: The One or the Many?* Cambridge: Cambridge University Press, 2009.

Gossman, L., *Basel in the Age of Burckhardt*. Chicago: University of Chicago Press, 2000.

Graf, A., *Attraversa il '500*. Turin, 1888.

Grafton, A., *The Culture of Correction in Renaissance Europe*. London: British Library, 2011.

—*Forgers and Critics: Creativity and Duplicity in Western Scholarship*. London: Collins & Brown, 1990.

—*Leon Battista Alberti: Master Builder of the Italian Renaissance*. New York: Hill & Wang, 2001.

Grafton, A., and L. Jardine, 'Humanism and the school of Guarino', *Past and Present* 96 (1982), pp. 51–80.

Gras, N. S. B., 'Capitalism, concepts and history', in *Enterprise and Secular Change*, ed. F. C. Lane and J. Riemersma, pp. 66–79. London: Allen & Unwin, 1953.

Greene, T., *The Light in Troy: Imitation and Discovery in Renaissance Poetry*. New Haven, CT, and London: Yale University Press, 1982.

Greenstein, J. M., *Mantegna and Painting as Historical Narrative*. Chicago: University of Chicago Press, 1992.

Greer, G., *The Obstacle Race*. London: Secker & Warburg, 1979.

Grendler, P. F., *Critics of the Italian World 1530–60*. Madison: University of Wisconsin Press, 1969.

—'Francesco Sansovino and Italian popular history', *Studies in the Renaissance* 16 (1969), pp. 139–80.

—'Printing and censorship', in *The Cambridge History of Renaissance Philosophy*, ed. C. B. Schmitt et al. Cambridge: Cambridge University Press, pp. 25–54.

—*Schooling in Renaissance Italy: Literacy and Learning 1300–1600*. Baltimore: Johns Hopkins University Press, 1989.

—*The Universities of the Italian Renaissance*. Baltimore: Johns Hopkins University Press, 2002.

Grove, G., *New Dictionary of Music and Musicians*, ed. S. Sadie, 2nd edn, 29 vols. London: Macmillan, 2001; online version accessible via Oxford Music Online.

Guasti, C. (ed.), *Le feste di S. Giovanni Batista in Firenze*. Florence: G. Cirri, 1884.

Guerri, D., *La corrente popolare nel Rinascimento*. Florence: Sansoni, 1931.

Guerzoni, G., *Apollo and Vulcan: The Art Markets in Italy 1400–1700*. East Lansing: Michigan State University Press, 2011.

Guglielminetti, M., *Memoria e scrittura: l'autobiografia da Dante a Cellini*. Turin: Einaudi, 1977.

Guicciardini, F., *Maxims and Reflections of a Renaissance Statesman*. Eng. trans., New York: Harper & Row, 1965.

—*Storia d'Italia* (1561), ed. C. Panigada, 5 vols. Bari: Laterza, 1929.

Guidi, J., 'Le jeu de cour et sa codification dans les différentes rédactions du *Courtisan*', *Centre de Recherches sur la Renaissance Italienne* 10 (1982), pp. 97–115.

Gundersheimer, W., 'Patronage in the Renaissance', in *Patronage in the Renaissance*, ed. G. F. Lytle and S. Orgel, pp. 3–23. Princeton, NJ: Princeton University Press, 1981.

Gutas, D., *Greek Thought, Arabic Culture: The Graeco-Arabic Translation Movement in Baghdad and Early 'Abbāsid Society*. London: Routledge, 1998.

Haines, M., 'Brunelleschi and bureaucracy: the tradition of public patronage at the Florentine cathedral', *I Tatti Studies* 3 (1989), pp. 89–125.

—'The market for public sculpture in Renaissance Florence', in *The Art Market in Italy, 15th–17th Century*, ed. M. Fantoni et al., pp. 75–93. Modena: F. C. Panini, 2003.

Hale, J. R., *England and the Italian Renaissance*. London: Faber & Faber, 1954.

Hall, J. W., and M. B. Jansen (eds), *Studies in the Institutional History of Early Modern Japan*. Princeton, NJ: Princeton University Press, 1968.

Hall, M. (ed.), *Rome*. Cambridge: Cambridge University Press, 2005.

Hall, P., *Cities in Civilization*. London: Weidenfeld & Nicolson, 1998.

Hankins, J., 'The "Baron thesis" after forty years and some recent studies of Leonardo Bruni', *Journal of the History of Ideas* 56 (1995), 309–30.

—*Plato in the Italian Renaissance*, 2 vols. Leiden: E. J. Brill, 1990.

—(ed.), *Renaissance Civic Humanism: Reappraisals and Reflections*. Cambridge: Cambridge University Press, 2000.

Hansen, J. (ed.), *Quellen zur Geschichte des Hexenwahns*. Bonn: C. Georgi, 1901.

Harff, A. von, *The Pilgrimage of Arnold von Harff, Knight* (1496). Eng. trans., London: Hakluyt Society, 1946.

Harprath, R., *Papst Paul III. als Alexander der Grosse*. Berlin: De Gruyter, 1981.

Hartt, F., 'Art and freedom in quattrocento Florence', in *Essays in Memory of Karl Lehmann*, ed. L. F. Sandler, pp. 114–31. New York: New York University Press, 1964.

—*Giulio Romano*. New Haven, CT: Yale University Press, 1958.

Haskell, F., *Patrons and Painters*. London: Chatto & Windus, 1963.

Hatfield, R., 'The Compagnia de'Magi', *JWCI* 33 (1970), pp. 107–44.

—'The funds of the façade of S. Maria Novella', *JWCI* 67 (2004), pp. 81–127.

—'Review of Burke, *Tradition and Innovation*', *Art Bulletin* 55 (1973), pp. 630–3.

Hauser, A., *Mannerism*, 2 vols. London: Routledge & Kegan Paul, 1965.

—*A Social History of Art*, 2 vols. London: Routledge & Kegan Paul, 1951.

Hay, D., *The Church in Italy in the Fifteenth Century*. Cambridge: Cambridge University Press, 1977.

Hegel, G. W. F., *Philosophy of History* (1837). Eng. trans., New York: Dover, 1956.

Heikamp, D., *Mexico and the Medici*. Florence: EDAM, 1972.

Heller, A., *Renaissance Man*. London: Routledge & Kegan Paul, 1979.

Herder, J. G., *Ideen zur Philosophie der Geschichte der Menschheit*, 4 vols. Berlin, 1784–91.

Herlihy, D., 'The generation in medieval history', *Viator* 5 (1974), pp. 347–64.

—'Three patterns of social mobility in medieval history', *Journal of Interdisciplinary History* 3 (1973), pp. 633–47.

Herlihy, D., and C. Klapisch-Zuber, *Les Toscans et leurs familles*. Paris: Presses de la Fondation nationale des sciences politiques, 1978.

Hermes, G., 'Der Kapitalismus in der Florentiner Wollentuchindustrie', *Zeitschrift für die gesamte Staatswissenschaft* 72 (1916), pp. 367–400.

Herrick, M. T., *Italian Comedy in the Renaissance*. Urbana: University of Illinois Press, 1960.

—*Italian Tragedy in the Renaissance*. Urbana: University of Illinois Press, 1965.

Hersey, G. L., *Alfonso II and the Artistic Renewal of Naples*. New Haven, CT, and London: Yale University Press, 1969.

Hexter, J., *The Vision of Politics on the Eve of the Reformation*. London: Allen Lane, 1973.

Heydenreich, L. H., 'Federico da Montefeltre as a building patron', in *Studies in Renaissance and Baroque Art presented to Anthony Blunt on his 60th Birthday*, pp. 1–6. London: Phaidon Press, 1967.

Heydenreich, L. H., and W. Lotz, *Architecture in Italy 1400–1600*. Harmondsworth: Penguin, 1974.

Hibbett, H., *The Floating World in Japanese Fiction*. London: Oxford University Press, 1959.

Hill, G. F., *A Corpus of Italian Medals of the Renaissance before Cellini*, 2 vols. London: British Museum, 1930.

Hills, P., 'Piety and patronage in '500 Venice: Tintoretto and the Scuole del Sacramento', *Art History* 6 (1983), pp. 30–43.

Hind, A. M., *Early Italian Engraving*. London: H. Milford, 1930.

Hollanda, F. de, *Da pintura antigua* (1548). Eng. trans. as *Four Dialogues on Painting*, London: Oxford University Press, 1928.

Hollingsworth, M., *Patronage in Renaissance Italy*, 2 vols. London: John Murray, 1993–6.

Holly, M. A., *Panofsky and the Foundations of Art History*. Ithaca, NY, and London: Cornell University Press, 1984.

Hook, J., *Siena: A City and its History*. London: Hamish Hamilton, 1979.

Hope, C., 'Artists, patrons and advisers in the Italian Renaissance', in *Patronage in the Renaissance*, ed. G. F. Lytle and S. Orgel, pp. 293–343. Princeton, NJ: Princeton University Press, 1981.

—'The eyewitness style', *New York Review of Books*, 22 December 1988.

—*Titian*. London: Jupiter, 1980.

—'Le *Vite* vasariane: un esempio di autore multiplo', in *L'autore multiplo*, ed. A. Santoni, pp. 59–74. Pisa: Scuola normale superior, 2005.

Hope, C., and E. McGrath, 'Artists and humanists', in *The Cambridge Companion to Renaissance Humanism*, ed. J. Kraye, pp. 161–88. Cambridge: Cambridge University Press, 1996.

Howard, D., *The Architectural History of Venice*. London: Batsford, 1980.

—'Architectural politics in Renaissance Venice', *Proceedings of the British Academy* 154 (2008), pp. 29–67.

—*Jacopo Sansovino: Architecture and Patronage in Renaissance Venice*. New Haven, CT: Yale University Press, 1975.

—'The status of the oriental traveller in Renaissance Venice', in *Re-orienting the Renaissance: Cultural Exchanges with the East*, ed. G. MacLean, pp. 29–49. Basingstoke: Palgrave Macmillan, 2005.

—*Venice and the East: The Impact of the Islamic World on Venetian Architecture 1100–1500*. New Haven, CT: Yale University Press, 2000.

Hughes-Johnson, S., 'Early Medici patronage and the confraternity of the Buonomini di San Martino', *Confraternitas* 22 (2012), pp. 3–25.

Huizinga, J., *Autumn of the Middle Ages* (1919). Eng. trans., Chicago: University of Chicago Press, 1995.

—'Renaissance and realism' (1920), Eng. trans. in Huizinga, *Men and Ideas*, pp. 288–309. New York: Meridian Books, 1959.

—'The task of cultural history' (1929), Eng. trans. in Huizinga, *Men and Ideas*, pp. 17–76. New York: Meridian Books, 1959.

Humfrey, P. (ed.), *Venice and the Veneto*. Cambridge: Cambridge University Press, 2007.

Humfrey, P., and M. Kemp (eds), *The Altarpiece in the Renaissance*. Cambridge: Cambridge University Press, 1990.

Humfrey, P., and R. MacKenney, 'The Venetian trade guilds as patrons of art in the Renaissance', *Burlington Magazine* 128 (1986), pp. 317–30.

Huse, N., and W. Wolters, *The Art of Renaissance Venice: Architecture, Sculpture and Painting, 1460–1590*. Chicago: University of Chicago Press, 1990.

Hymes, D., *Foundations in Sociolinguistics: An Ethnographic Approach*. London: Tavistock, 1977.

Ianziti, G., *Humanistic Historiography under the Sforzas*. Oxford: Clarendon Press, 1988.

Jacobs, F. H., *Defining the Renaissance Virtuosa: Women Artists and the Language of Art History and Criticism*. Cambridge: Cambridge University Press, 1997.

Janson, H. W., 'The equestrian monument from Cangrande della Scala to Peter the Great', in *Aspects of the Renaissance*, ed. A. R. Lewis. Austin: University of Texas Press, 1967.

Jardine, L., 'Isotta Nogarola: women humanists – education for what?', *History of Education* 12 (1983), pp. 231–44.

—'The myth of the learned lady in the Renaissance', *Historical Journal* 28 (1985), pp. 799–820.

—*Worldly Goods*. London: W. W. Norton, 1996.

Javitch, D., *Proclaiming a Classic: The Canonization of Orlando Furioso*. Princeton, NJ: Princeton University Press, 1991.

Jenkins, C. H., 'Cosimo de'Medici's patronage of architecture and the theory of magnificence', *JWCI* 33 (1970), pp. 162–70.

Jones, P. J., 'The agrarian development of medieval Italy', *Second International Conference of Economic History*, 2, pp. 69–86. Paris and The Hague: Mouton, 1965.

—'Economia e societa nell'Italia medievale: la leggenda della borghesia', *Storia d'Italia: Annali 1*, pp. 185–372. Turin: Einaudi, 1978.

—'Italy', in *The Cambridge Economic History of Europe*, vol. 1, ed.

M. M. Postan, pp. 340–431. Cambridge: Cambridge University Press, 1966.

Jones, R., and N. Penny, *Raphael*. New Haven, CT, and London: Yale University Press, 1983.

Jordan, C., *Renaissance Feminism*. Ithaca, NY: Cornell University Press, 1990.

Kaegi, W., *Jacob Burckhardt: eine Biographie*, 7 vols. Basel: B. Schwabe, 1947–82.

—'Das Werk Aby Warburgs', *Neue Schweize Rundschau* 1 (1933), pp. 283–93.

Kagan, R., 'Universities in Italy, 1500–1700', in *Histoire sociale des populations étudiantes*, ed. D. Julia, J. Revel and R. Chartier, 2 vols., vol. 1, pp. 153–86. Paris: Ecole des hautes études en sciences sociales, 1986.

Kasl, R. (ed.), *Giovanni Bellini and the Art of Devotion*. Indianapolis: Indianapolis Museum of Art, 2004.

Kearney, H. F., *Scholars and Gentlemen*. London: Faber, 1970.

Keene, D., *World within Walls: Japanese Literature of the Premodern Era, 1600–1867*. London: Secker & Warburg, 1976.

Kelley, D., *Foundations of Modern Historical Scholarship*. New York: Columbia University Press, 1970.

Kelly, J., 'Did women have a Renaissance?', in *Becoming Visible*, ed. R. Bridenthal and C. Koonz, pp. 137–61. Boston: Houghton Mifflin, 1977.

Kemp, M., *Behind the Picture: Art and Evidence in the Italian Renaissance*. New Haven, CT: Yale University Press, 1997.

—'From "mimesis" to "fantasia": the quattrocento vocabulary of creation, inspiration and genius in the visual arts', *Viator* 8 (1977), pp. 347–98.

—*Leonardo da Vinci: The Marvellous Works of Nature and of Man*. London: Dent, 1981.

Kempers, B., *Painting, Power and Patronage*. Eng. trans., London: Allen Lane, 1992.

Kent, D. V., *Cosimo de' Medici and the Florentine Renaissance: The Patron's Oeuvre*. New Haven, CT: Yale University Press, 2000.

—'The Florentine *Reggimento* in the fifteenth century', *Renaissance Quarterly* 28 (1975), pp. 575–620.

—*The Rise of the Medici: Faction in Florence, 1426–1434*. Oxford: Oxford University Press, 1978.

Kent, D. V., and F. W. Kent, *Neighbours and Neighbourhood in Renaissance Florence*. Locust Valley, NY: J. J. Augustin, 1982.

Kent, F. W., 'Be rather loved than feared: class relations in quattrocento Florence', in *Society and Individual in Renaissance Florence*, ed. W.

J. Connell, pp. 13–50. Berkeley: University of California Press, 2002.

—*Household and Lineage in Renaissance Florence*. Princeton, NJ: Princeton University Press, 1977.

—*Lorenzo de' Medici and the Art of Magnificence*. Baltimore: Johns Hopkins University Press, 2004.

—'Palaces, politics and society in fifteenth-century Florence', *I Tatti Studies* 2 (1987), pp. 41–70.

Kent, F. W., and P. Simons (eds), *Patronage, Art and Society in Renaissance Italy*. Oxford: Oxford University Press, 1987.

Kernodle, G. F., *From Art to Theatre: Form and Convention in the Renaissance*. Chicago: University of Chicago Press, 1944.

King, C., *Renaissance Women Patrons: Wives and Widows in Italy, c.1300–c.1550*. Manchester: Manchester University Press, 1998.

King, M. L., 'Thwarted ambitions: six learned women of the Italian Renaissance', *Soundings* 59 (1976), pp. 280–300.

—*Venetian Humanism in an Age of Patrician Dominance*. Princeton, NJ: Princeton University Press, 1986.

Kirshner, J., and A. Molho, 'The dowry fund and the marriage market in early fifteenth-century Florence', *Journal of Modern History* 50 (1978), pp. 403–38.

Klapisch-Zuber, C., *Les maîtres du marbre*. Paris: SEVPEN, 1969.

—*Women, Family and Ritual in Renaissance Italy*. Chicago and London: University of Chicago Press, 1985.

Klapisch-Zuber, C., and J. Day, 'Villages désertés en Italie', in *Villages désertés et histoire économique*, ed. F. Braudel, pp. 420–59. Paris: SEVPEN, 1965.

Klein, R., and R. Zerner, *Italian Art 1500–1600*. Englewood Cliffs, NJ: Prentice-Hall, 1966.

Klibansky, R., E. Panofsky and F. Saxl, *Saturn and Melancholy*. London: Nelson, 1964.

Koch, G. F., *Die Kunstausstellung*. Berlin: De Gruyter, 1967.

Koenigsberger, H. G., 'Decadence or shift? Changes in the civilization of Italy and Europe', *Transactions of the Royal Historical Society* 10 (1960), pp. 1–18.

Kraus, A., 'Secretarius und Sekretariat', *Romische Quartalschrift* 55 (1960), pp. 43–84.

Krautheimer, R., and T. Krautheimer-Hess, *Lorenzo Ghiberti*. Princeton, NJ: Princeton University Press, 1956.

Kraye, J. (ed.), *The Cambridge Companion to Renaissance Humanism*. Cambridge: Cambridge University Press, 1996.

Kris, E., and O. Kurz, *Legend, Myth and Magic in the Image of the Artist*. Eng. trans., New Haven, CT: Yale University Press, 1979.

Kristeller, P. O., 'Italian humanism and Byzantium', in Kristeller,

Renaissance Thought and its Sources, ch. 7. New York: Columbia University Press, 1964.

—'Lay religious traditions and Florentine Platonism', in Kristeller, *Studies in Renaissance Thought and Letters*, pp. 99–123. Rome: Edizione di storia e letteratura, 1956.

—*Renaissance Thought*. New edn, New York: Harper & Row, 1961.

Kroeber, A. L., *Configurations of Culture Growth*. Berkeley and Los Angeles: University of California Press, 1944.

Kubersky-Piredda, S., 'Immagini devozionali nel rinascimento fiorentino', in *The Art Market in Italy, 15th–17th Century*, ed. M. Fantoni et al., pp. 115–25. Modena: F. C. Panini, 2003.

Kurczewski, J., 'Społeczny mechanizm odrodzenia', *Znak* 35 (1983), pp. 1333–40.

Kurz, O., *Fakes*. Rev. edn, New York: Dover, 1967.

Labalme, P. (ed.), *Beyond their Sex: Learned Women of the European Past*. New York: New York University Press, 1980.

La-Coste-Messelière, M. G. de, 'Giovanni Battista della Palla', in *Il se rendit en Italie: études offertes à André Chastel*, pp.195–208. Rome: Elefante, 1987.

Ladis, A., and C. Wood (eds), *The Craft of Art: Originality and Industry in the Italian Renaissance and Baroque Workshop*. Athens: University of Georgia Press, 1995.

Ladis, A., and S. Zuraw (eds), Visions of Holiness: *Art and Devotion in Renaissance Italy*. Athens: Georgia Museum of Art, 2001.

Land, N. E., *The Viewer as Poet: The Renaissance Response to Art*. University Park: Pennsylvania State University Press, 1994.

Landau, D., and P. Parshall, *The Renaissance Print, 1470–1550*. New Haven, CT: Yale University Press, 1994.

Landes, D., *Revolution in Time*. Cambridge, MA: Belknap Press, 1983.

Landino, C., *Commento sopra la Comedia di Dante*. Venice, 1507.

Landucci, L., *A Florentine Diary*. Eng. trans., London: Dent, 1927.

Lane, F. C., *Venetian Ships and Shipbuilders of the Renaissance*. Baltimore: Johns Hopkins University Press, 1934.

—*Venice: A Maritime Republic*. Baltimore: Johns Hopkins University Press, 1973.

Lane, R., *Masters of the Japanese Print*. London: Thames & Hudson, 1962.

Langdale, A., 'Aspects of the critical reception and intellectual history of Baxandall's concept of the period eye', *Art History* 21 (1998), pp.479–97.

Larivaille, P., *Pietro Aretino fra Rinascimento e Manierismo*. Rome: Bulzoni, 1980.

Larner, J., *Culture and Society in Italy, 1290–1420*. London: Batsford, 1971.

—*Italy in the Age of Dante and Petrarch*. London: Longman, 1980.

Lazzaro, C., *The Italian Renaissance Garden*. New Haven, CT: Yale University Press, 1990.

Lee, R. W., '*Ut pictura poesis*: the humanistic theory of painting', *Art Bulletin* 3 (1940); repr. New York: W. W. Norton, 1967.

Lenzi, M. L. (ed.), *Donne e madonne: l'educazione femminile nel primo rinascimento italiano*. Turin: Loescher, 1982.

Leonardo da Vinci, *Literary Works*, ed. J. P. Richter. Oxford: Oxford University Press, 1939.

Lerner-Lehmkuhl, H., *Zur Struktur und Geschichte des florentinischen Kunstmarktes im 15. Jahrhundert*. Wattenscheid: K. Busch, 1936.

Lestocquoy, J., *Aux origines de la bourgeoisie: les villes de Flandre et d'Italie sous le gouvernement des patriciens*. Paris: Presses universitaires de France, 1952.

Levey, M., *Painting at Court*. London: Weidenfeld & Nicolson, 1971.

Lewis, C. S., *The Discarded Image*. Cambridge: Cambridge University Press, 1964.

Lillie, A., *Florentine Villas in the Fifteenth Century: An Architectural and Social History*. Cambridge: Cambridge University Press, 2005.

Lindow, J. R., *The Renaissance Palace in Florence: Magnificence and Splendour in Fifteenth-Century Italy*. Aldershot: Ashgate, 2007.

Lipset, S. M., and R. Bendix, *Social Mobility in Industrial Society*. Berkeley: University of California Press, 1959.

Lockwood, L., *Music in Renaissance Ferrara, 1400–1505*. Cambridge, MA: Harvard University Press, 1984.

Logan, O., *Culture and Society in Venice 1470–1790*. London: Batsford, 1972.

Lopez, R. S., 'Économie et architecture médiévales', *Annales ESC* (1952), pp. 433–8.

—'Hard times and investment in culture', in W. K. Ferguson et al., *The Renaissance: Six Essays*. New York: Harper & Row, 1953.

—'Quattrocento genovese', *Rivista Storica Italiana* 75 (1963), pp. 709–27.

—*The Three Ages of the Italian Renaissance*. Charlottesville: University Press of Virginia, 1970.

Lord, A. B., *The Singer of Tales*. Cambridge, MA: Harvard University Press, 1960.

Lorenzi, G., *Monumenti per servire alla storia de Palazzo Ducale*. Venice: Visentini, 1868.

Lotto, L., *Libro delle spese diverse (1538–1556)*, ed. P. Zampetti. Rome and Venice: Olschki, 1969.

Lovejoy, A. O., *The Great Chain of Being*. Cambridge, MA: Harvard University Press, 1936.

Lowe, K. J. P., *Nuns' Chronicles and Convent Culture: Women and History Writing in Renaissance and Counter-Reformation Italy*. Cambridge: Cambridge University Press, 2003.

Lowinsky, E. E., 'Music in the culture of the Renaissance', *Journal of the History of Ideas* 15 (1954), pp. 509–53.

—'Music of the Renaissance as viewed by Renaissance musicians', in *The Renaissance Image of Man and the World*, ed. B. O'Kelly, pp. 129–64. Columbus: Ohio State University Press, 1966.

Lowry, M., *Nicholas Jenson and the Rise of Venetian Publishing in Renaissance Europe*. Oxford: Blackwell, 1991.

—*The World of Aldus Manutius*. Oxford: Blackwell, 1979.

Lydecker, J. K., *The Domestic Setting of the Arts in Renaissance Florence*. Ann Arbor, MI: UMI, 2001.

Lyotard, J.-F., *The Postmodern Condition*. Eng. trans., Minneapolis: University of Minnesota Press, 1984.

Machiavelli, N., *Istorie fiorentine* (1523). Eng. trans., New York: AMS Press, 1967.

—*The Prince* (1532). Eng. trans. ed. Q. Skinner and R. Price. Cambridge: Cambridge University Press, 1988.

McIver, K., *Women, Art and Architecture in Northern Italy, 1520–1580*. Aldershot: Ashgate, 2006.

Mack, R. E., *Bazaar to Piazza: Islamic Trade and Italian Art, 1300–1600*. Berkeley: University of California Press, 2002.

MacKenney, R., 'Arti e stato a Venezia tra tardo medioevo e '600', *Studi veneziani* 5 (1981), pp. 127–43.

—'Guilds and guildsmen in sixteenth-century Venice', *Bulletin of the Society for Renaissance Studies* 2/2 (1984), pp. 7–18.

—*Tradesmen and Traders: The World of the Guilds in Venice and Europe, c.1250–c.1650*. London: Croom Helm, 1987.

McLean, P. D., *The Art of the Network: Strategic Interaction and Patronage in Renaissance Florence*. Durham, NC: Duke University Press, 2007.

Maffei, D., *Il giovane Machiavelli banchiere con Berto Berti a Roma*. Florence: Giunti, G. Barbera, 1973.

—*Gli inizi dell'umanesimo giuridico*. 2nd edn, Milan: Giuffrè, 1972.

Maikuma, Y., *Der Begriff der Kultur bei Warburg, Nietzsche und Burckhardt*. Königstein: Hain bei Athenäum, 1985.

Makdisi, G., *The Rise of Humanism in Classical Islam and the Christian West*. Edinburgh: Edinburgh University Press, 1990.

Malaguzzi-Valeri, F., *La corte di Lodovico il Moro*, 4 vols. Milan: Hoepli, 1913–23.

—*Pittori Lombardi del quattrocento*. Milan: L. F. Cogliati, 1902.

Mâle, E., *L'art religieux après le concile de Trente*. Paris: Colin, 1951.

—*L'art religieux du 13e siècle en France*. Paris: Colin, 1925.

Manetti, A., *Vita di Brunelleschi*, text and Eng. trans. ed. H. Saalman. University Park: Pennsylvania State University Press, 1970.

Mann, N., and L. Syson (eds), *The Image of the Individual: Portraits in the Renaissance*. London: British Museum, 1998.

Mannheim, K., *Essays on the Sociology of Knowledge*. London: Oxford University Press, 1952.

Marabottini, A., 'I collaboratori', in *Raffaello: l'opera, le fonti, la fortuna*, ed. M. Salmi, 2 vols, 1, pp. 199–203. Novara: Agostini, 1968.

Marchant, E., and A. Wright (eds) *With and Without the Medici: Studies in Tuscan Art and Patronage, 1434–1530*. Aldershot: Ashgate, 1998.

Martin, A. von, *The Sociology of the Renaissance*. Eng. trans., new edn, New York, 1963.

Martines, L., *Power and Imagination: City-States in Renaissance Italy*. New York: Knopf, 1979.

—*The Social World of the Florentine Humanists, 1390–1460*. London: Princeton University Press, 1963.

Martini, G. S., *La bottega di un cartolaio fiorentino della seconda metà del quattrocento*. Florence: Olschki, 1956.

Maruyama, M., *Studies in the Intellectual History of Tokugawa Japan*. Princeton , NJ, and Tokyo: Princeton University Press, 1974.

Marx, K., and F. Engels, F., *The German Ideology* (1846). Eng. trans., Moscow: Progress, 1964.

Massing, J.-M., *Du texte à l'image: la Calomnie d'Apelle et son iconographie*. Strasbourg: Presses universitaires de Strasbourg, 1990.

Mather, R., 'Documents relating to Florentine painters and sculptors', *Art Bulletin* 30 (1948), pp. 20–65.

Matthew, L. C., 'The painter's presence: signatures in Venetian Renaissance pictures', *Art Bulletin* 80, pp. 616–48.

—'Were there open markets for pictures in Renaissance Venice?' in Fantoni, M., et al. (eds), *The Art Market in Italy, 15th–17th Century*, ed. M. Fantoni et al., pp. 253–61. Modena: F. C. Panini, 2003.

Matthews-Greco, S., and G. Zarri, 'Committenza artistica feminile', *Quaderni Storici* 104 (2000), pp. 283–95.

Mattingly, G., *Renaissance Diplomacy*. London: Penguin, 1955.

Medcalf, S., 'On reading books from a half-alien culture', in *The Later Middle Ages*, ed. S. Medcalf, pp. 1–55. London: Holmes & Meier, 1981.

Medin, A., and L. Frati (eds), *Lamenti storici* 3. Bologna: Romagnoli, 1890.

Meiss, M., 'Masaccio and the early Renaissance', in *Renaissance and*

Mannerism, ed. I. E. Rubin, pp. 123–43. Princeton, NJ: Princeton University Press, 1963.

—*Painting in Florence and Siena after the Black Death*. Princeton, NJ: Princeton University Press, 1951.

—Review of Antal, *Florentine Painting and its Social Background*, *Art Bulletin* 30 (1948), pp. 143–50.

Menocal, M. R., *The Arabic Role in Medieval Literary History: A Forgotten Heritage*. Philadelphia: University of Pennsylvania Press, 1987.

Michalsky, T., 'The local eye: formal and social distinctions in late quattrocento Neapolitan tombs', *Art History* 31 (2008), pp. 484–504.

Michelacci, L., *Giovio in Parnasso*. Bologna: Il Mulino, 2004.

Michelangelo, *Carteggio*, ed. G. Poggi, 5 vols. Florence, 1965–83. Eng. trans. E. H. Ramsden as *The Letters of Michelangelo*. London: Peter Owen, 1963.

Migiel, M., and J. Schiesari (eds), *Refiguring Woman: Perspectives on Gender and the Italian Renaissance*. Ithaca, NY: Cornell University Press, 1991.

Millon, H. (ed.), *Italian Renaissance Architecture: From Brunelleschi to Michelangelo*. London: Thames & Hudson, 1994.

Mills, C. Wright, *The Sociological Imagination*. Oxford: Oxford University Press, 1959.

Milner, S., and S. Campbell (eds), *Artistic Exchange and Cultural Translation in the Italian Renaissance City*. Cambridge: Cambridge University Press, 2004.

Mitchell, C., 'Archaeology and romance in Renaissance Italy', in *Italian Renaissance Studies*, ed. E. F. Jacob, pp. 455–83. London: Faber & Faber, 1960.

Molho, A., 'The Brancacci Chapel: studies in its iconography and history', *JWCI* 40 (1977), pp. 50–85.

—'Hans Baron's crisis', in *Florence and Beyond: Culture, Society and Politics in Renaissance Italy*, ed. D. S. Peterson and D. E. Bornstein, pp. 61–90. Toronto: Centre for Reformation and Renaissance Studies, 2008.

—'The Italian Renaissance: made in the USA', in *Imagined Histories: American Historians Interpret the Past*, ed. Molho and G. S. Wood, pp. 263–94. Princeton, NJ: Princeton University Press, 1998.

—'Politics and the ruling class in early Renaissance Florence', *Nuova Rivista Storica* 52 (1968), pp. 401–20.

Molmenti, P., and G. Ludwig, *Vittore Carpaccio et la confrérie de Sainte Ursule à Venise*. Florence: R. Bemporad, 1903.

Mondolfo, R., 'The Greek attitude to manual labour', *Past and Present* 6 (1954), pp. 1–5.

Montaigne, M. de, *Journal de voyage en Italie*, ed. F. Rigolot. Paris, 1992.

Monti, G. M., *Le confraternite medievali dell'alta e media Italia*, 2 vols. Venice: La Nuova Italia, 1927.

—(ed.), *Un laudario umbra quattrocentista dei Bianchi*. Todi: Atanòr, 1920.

Morisani, O., 'Cristoforo Landino', *Burlington Magazine* 95 (1953), pp. 267–70.

Morison, S., *Venice and the Arabesque*. London: Morison, 1955.

Morse, M. A., 'Creating sacred space: the religious visual culture of the Renaissance Venetian *casa*', *Renaisance Studies* 21 (2007), pp. 151–84.

Mortier, A., *Etudes italiennes*. Paris: Albert Messein, 1930.

Mosher, F. J., 'The fourth catalogue of the Aldine Press', *La Bibliofilia* 80 (1978), pp. 229–35.

Motta, E., 'Musici alla corte degli Sforza', *Archivio Storico Lombardo* 14 (1887), pp. 29–64, 278–340, 514–57.

—'L'università dei pittori milanesi nel 1481', *Archivio Storico Lombardo* 22 (1895), pp. 408–33.

Motture, P., and M. O'Malley, 'Introduction' to *Re-Thinking Renaissance Objects: Design, Function and Meaning*, *Renaissance Studies* 24/1 (2010), pp. 1–8 [special issue].

Muir, E., *Civic Ritual in Renaissance Venice*. Princeton, NJ: Princeton University Press, 1981.

—'The idea of community in Renaissance Italy', *Renaissance Quarterly* 55 (2002), pp. 1–18.

—'In some neighbours we trust: on the exclusion of women from the public in Renaissance Italy', in *Florence and Beyond: Culture, Society and Politics in Renaissance Italy*, ed. D. S. Peterson and D. E. Bornstein, pp. 271–89. Toronto: Centre for Reformation and Renaissance Studies, 2008.

Müntz, E., *Les collections des Médicis au XVe siècle*. Paris: Librairie de l'art, 1888.

Muraro, M. A., 'The statutes of the Venetian *Arti* and the mosaics of the Mascoli Chapel', *Art Bulletin* 43 (1961), pp. 263–74.

Murray, A., *Reason and Society in the Middle Ages*. Oxford: Clarendon Press, 1978.

Murray, P., 'The Italian Renaissance architect', *Journal of the Royal Society of Arts* 144 (1966), pp. 589–607.

Musacchio, J. M., *Art, Marriage and Family in the Florentine Renaissance Palace*. New Haven, CT: Yale University Press, 2008.

—*The Ritual of Childbirth in Renaissance Italy*. New Haven, CT: Yale University Press, 1999.

Nagel, A., *Michelangelo and the Reform of Art*. Cambridge: Cambridge University Press, 2000.

Nagel, A., and C. Wood, *Anachronic Renaissance*. New York: Zone Books, 2010.

Najemy, J. M., *Between Friends: Discourses of Power and Desire in the Machiavelli–Vettori Letters of 1513–1515*. Princeton, NJ: Princeton University Press, 1993.

—*A History of Florence, 1200–1575*. Oxford: Blackwell, 2006.

Nash, S., *Northern Renaissance Art*. Oxford: Oxford University Press, 2008.

Neher, G., and R. Shepherd (eds), *Revaluing Renaissance Art*. Aldershot: Ashgate, 2000.

Nelson, J. K., and R. Zeckhauser (eds), *The Patron's Payoff: Conspicuous Commissions in Italian Renaissance Art*. Princeton, NJ: Princeton University Press, 2008.

Nelson, N., 'Individualism as a criterion of the Renaissance', *Journal of English and Germanic Philology* 32 (1933), pp. 316–34.

Niccoli, O., *Prophecy and People in Renaissance Italy*. Eng. Trans., Princeton, NJ: Princeton University Press, 1990.

—(ed.), *Rinascimento al femminile*. Rome: Laterza, 1991.

—*I sacerdoti, i guerrieri, i contadini*. Turin: Einaudi, 1979.

—*Vedere con gli occhi del cuore: alle origini del potere delle imagini*. Rome: Laterza, 2011.

Nigro, S., *Le brache di San Griffone: novellistica e predicazione tra quattrocento e cinquecento*. Bari: Laterza, 1985.

Nochlin, L., 'Why have there been no great women artists?' *ARTnews* (January 1971), pp. 22–39, 67–71.

Novelli, L., and M. Massaccesi, *Ex voto del santuario della Madonna del Monte di Cesena*. Forli: Santa Maria del Monte, 1961.

Nuovo, A., *Il commercio librario nell'Italia del Rinascimento*. Rev. edn, Milan: F. Angeli, 2003.

Nuttall, P., *From Flanders to Florence: The Impact of Netherlandish Painting, 1400–1500*. New Haven, CT: Yale University Press, 2004.

Oberhuber, K., 'Raffaello e l'incisione', in Fabrizio Mancinelli et al., *Raffaello in Vaticano*, pp. 333–42. Milan: Electa, 1984.

O'Kelly, B. (ed.), *The Renaissance Image of Man and the World*. Columbus: Ohio State University Press, 1966.

O'Malley, M., *The Business of Art: Contracts and the Commissioning Process in Renaissance Italy*. New Haven, CT: Yale University Press, 2005.

O'Malley, M., and E. Welch (eds), *The Material Renaissance*. Manchester: Manchester University Press, 2007.

Origo, I., *The Merchant of Prato*. London: Jonathan Cape, 1957.

—*The World of San Bernardino*. London: Reprint Society, 1963.

Ortalli, G., *La pittura infamante nei secoli xiii–xvi*. Rome: Jouvence, 1979.

Ossola, C. (ed.), *La corte e il cortegiano*, vol. 1. Rome: Bulzoni, 1980.

Ostrow, S. F., *Art and Spirituality in Counter-Reformation Rome: The Sistine and Pauline Chapels in S. Maria Maggiore*. Cambridge: Cambridge University Press, 1996.

Owens, J. A., 'Was there a Renaissance in music?' in *Language and Images of Renaissance Italy*, ed. A. Brown, pp. 111–26. Oxford: Clarendon Press, 1995.

Palisca, C., *Humanism in Renaissance Italian Musical Thought*. New Haven, CT: Yale University Press, 1985.

Palladio, A., *I quattro libri dell'architettura* (1570). Eng. trans. as *The Four Books of Architecture*. New York: Dover, 1965.

Palmieri, M., *Vita civile*, ed. G. Belloni. Florence: Sansoni, 1982.

Palumbo Fossati Casa, I., 'La casa veneziana', in *Da Bellini a Veronese*, ed. G. Toscano and F. Valcanover, pp. 443–92. Venice: Istituto Veneto di scienze, lettere ed arti, 2004.

—*Intérieurs vénitiens à la Renaissance*. Paris: Maule, 2012.

Panizza, L. (ed.), *Women in Italian Renaissance Culture and Society*. Oxford: European Humanities Research Centre, 2000.

Panofsky, E., 'Artist, scientist, genius', in W. K. Ferguson et al., *The Renaissance: Six Essays*. New edn, New York: Harper & Row, 1962.

—*Early Netherlandish Painting*. Cambridge, MA: Harvard University Press, 1953.

—*Idea: A Concept in Art Theory* (1924). Eng. trans., New York: Harper & Row, 1968.

—*Meaning in the Visual Arts*. Garden City, NY: Doubleday, 1955.

—*Perspective as Symbolic Form* (1924–5). Eng. trans., New York: Zone Books, 1991.

—*Studies in Iconology*. New York: Oxford University Press, 1939.

Paoletti, J. T., and G. M. Radke, *Art in Renaissance Italy*. London: Laurence King, 1997.

Park, K., *Doctors and Medicine in Early Renaissance Florence*. Princeton, NJ: Princeton University Press, 1985.

Parker, R., and G. Pollock, *Old Mistresses: Women, Art and Ideology*. London: Pandora, 1981.

Partner, P., 'Papal financial policy in the Renaissance and the Counter-Reformation', *Past and Present* 88 (1980), pp. 17–62.

—*The Pope's Men: The Papal Civil Service in the Renaissance*. Oxford: Clarendon Press, 1990.

—*Renaissance Rome 1500–1559*. Berkeley: University of California Press, 1976.

Partridge, L., and R. Starn, *A Renaissance Likeness: Art and Culture in Raphael's Julius II*. Berkeley: University of California Press, 1980.

Pesenti, G., 'Alessandra Scala: una figura della Rinascenza fiorentina', *Giornale Storico della Letteratura Italiana* 85 (1925), pp. 241–67.

Petrucci, A., 'Le biblioteche antiche', in *Letteratura italiana 2: Produzione e Consumo*, ed. A. Asor Rosa, pp. 499–524. Turin: Einaudi, 1983.

—'Il libro manoscritto', in *Letteratura italiana 2: Produzione e Consumo*, ed. A. Asor Rosa, pp. 499–524. Turin: Einaudi, 1983.

—(ed.), 'Per la storia dell'alfabetismo e della culture scritta', *Quaderni Storici* 38 (1978), pp. 437–50.

—*La scrittura: ideologia e rappresentazione*. Turin: Einaudi, 1986.

Pevsner, N., *Academies of Art*. Cambridge: Cambridge University Press, 1940.

—'The term "architect" in the Middle Ages', *Speculum* 17 (1942), pp. 549–62.

Peyer, H. C., *Stadt und Stadtpatron im mittelalterlichen Italien*. Zurich: Europa, 1955.

Peyre, H., *Les générations littéraires*. Paris: Boivin, 1948.

Phillips-Court, K., *The Perfect Genre: Drama and Painting in Renaissance Italy*. Farnham: Ashgate, 2011.

Pignatti, T. (ed.), *Le scuole di Venezia*. Milan: Electa, 1981.

Pinder, W., *Das Problem der Generation in der Kunstgeschichte Europas*. Berlin: Frankfurter Verlags-Anstalt, 1926.

Pine, M. L., *Pietro Pomponazzi: Radical Philosopher of the Renaissance*. Padua: Antenore, 1986.

Pino, P., *Dialoghi di pittura* (1548). New edn, Milan, 1954.

Pitkin, H. F., *Fortune is a Woman: Gender and Politics in the Thought of Machiavelli*. Berkeley: University of California Press, 1984.

Pius II, *Commentaries* (1614). Eng. trans., 5 vols. Northampton, MA, 1959.

—*De curialium miseriis epistola*. Baltimore: Johns Hopkins University Press, 1928.

Plaisance, M., 'Culture et politique à Florence de 1542 à 1551', in *Les écrivains et le pouvoir en Italie à l'époque de la Renaissance*, ed. A. Rochon, pp. 149–228. Paris: Université de al Sorbonne nouvelle, 1973.

—*Florence: fêtes, spectacles et politique à l'époque de la Renaissance*. Rome: Vecchiarelli, 2008.

—'La politique culturelle de Côme Ier et les fêtes annuelles à Florence de 1541 à 1550', in *Les fêtes de la Renaissance*, 3, ed. J. Jacquot, pp. 133–48. Paris: Centre national de la recherché scientifique, 1975.

—'Une première affirmation de la politique culturelle de Côme I', in *Les écrivains et le pouvoir en Italie à l'époque de la Renaissance*, ed. A. Rochon, pp. 361–433. Paris: Université de al Sorbonne nouvelle, 1973.

Plekhanov, G., *The Role of the Individual in History* (1898). Eng. trans., New York: International, 1940.

Pocock, J. G. A., *The Machiavellian Moment*. Princeton, NJ: Princeton University Press, 1975.

Podro, M., *The Critical Historians of Art*. New Haven, CT: Yale University Press, 1982.

Poggi, G. (ed.), *Il duomo di Firenze*. Berlin: Cassirer, 1909.

Poliziano, A., *Panepistemon*. Venice, 1495.

Pomian, K., *Collectors and Curiosities*. Eng. trans., Cambridge: Polity, 1990.

Pomponazzi, P., *De incantationibus* (1556). Hildesheim and New York: G. Olms, 1970.

Pope-Hennessy, J., *Italian Renaissance Sculpture*. London: Phaidon Press, 1958.

—*The Portrait in the Renaissance*. London: Phaidon Press, 1966.

Pottinger, G., *The Court of the Medici*. London: Croom Helm, 1978.

Prager, F. D., and G. Scaglia, *Brunelleschi: Studies of his Technology and Inventions*. Cambridge, MA: MIT Press, 1970.

Prevenier, W., and W. Blockmans, *The Burgundian Netherlands*. Eng. trans., Cambridge: Cambridge University Press, 1986.

Procacci, U., 'Compagnie di pittori', *Rivista d'Arte* X (1960), pp. 3–37.

Prodi, P., *The Papal Prince*. Eng. trans., Cambridge: Cambridge University Press, 1987.

Prodi, P., and P. Johanek (eds), *Strutture ecclesiastiche in Italia e in Germania prima della Riforma*. Bologna: Il Mulino, 1984.

Prosperi, A. (ed.), *La corte e il cortegiano*, vol. 2. Rome: Bulzoni, 1980.

—'La figura del vescovo fra '400 e '500', *Storia d'Italia, Annali* 9, ed. G. Chittolini and G. Miccoli, pp. 221–62. Turin: Einaudi, 1986.

Pullan, B., 'Nature e carattere delle scuole', in *Le scuole di Venezia*, ed. T. Pignatti, pp. 9–26. Milan: Electa, 1981.

—*Rich and Poor in Renaissance Venice*. Oxford: Blackwell, 1971.

Puppi, L., *Andrea Palladio*. Eng. trans., London: Phaidon Press, 1975.

Putelli, R., *Vita, storia ed arte mantovana nel cinquecento*, vol. 2. Mantua: Peroni, 1935.

Pyle, C., *Milan and Lombardy in the Renaissance*. Rome: La Fenice, 1997.

Quadflieg, R., *Filaretes Ospedale maggiore in Mailand: zur Rezeption islamischen Hospitalwesens in der italienischen Frührenaissance*. Cologne: Abteilung Architektur des Kunsthistorischen Instituts, 1981.

Quondam, A. (ed.), *Le corti farnesiane di Parma e Piacenza, 1545–1622*. Rome: Bulzoni, 1978.

—'La letteratura in tipografia', in *Letteratura italiana 2: Produzione e Consumo*, ed. A. Asor Rosa, pp. 555–686. Turin: Einaudi, 1983.

—'Mercanzia d'honore, mercanzia d'utile: produzione libraria e lavoro intellettuale a Venezia nel '500', in *Libri editori e pubblico nell'Europa moderna*, ed. A. Petrucci, pp. 53–104. Bari: Laterza, 1977.

Raby, J., *Venice, Dürer and the Oriental Mode*. London: Islamic Art, 1982.

Radcliffe, A., and N. Penny, *Art of the Renaissance Bronze, 1500–1650*. London: Philip Wilson, 2004.

Ramsden, H., *The 1898 Movement in Spain*. Manchester: Manchester University Press, 1974.

Randolph, A., *Engaging Symbols: Gender, Politics and Public Art in Fifteenth-Century Florence*. New Haven, CT: Yale University Press, 2002.

—'Gendering the period eye: *Deschi di parto* and Renaissance visual culture', *Art History* 27 (2004), pp. 538–62.

Rashdall, H., *The Universities of Europe in the Middle Ages*. Oxford: Oxford University Press, 1936.

Regan, L. K., 'Ariosto's threshold patron: Isabella d'Este in the Orlando Furioso', *Modern Language Notes* 20 (2005), pp. 50–69.

Reiss, S. E., and D. G. Wilkins (eds), *Beyond Isabella: Secular Women Patrons of Art in Renaissance Italy*. Kirksville, MO: Truman State University Press, 2001.

Renouard, Y., 'L'artiste ou le client?' *Annales ESC* 5 (1950), pp. 361–5.

Reti, L., 'The two unpublished manuscripts of Leonardo', *Burlington Magazine* 110 (1968), pp. 10–22.

Ricci, C., *Il tempio malatestiano*. Milan and Rome: Bestetti & Tumminelli, 1924.

Rice, E., *St Jerome in the Renaissance*. Baltimore and London: Johns Hopkins University Press, 1985.

Richardson, B., *Manuscript Culture in Renaissance Italy*. Cambridge: Cambridge University Press, 2009.

—*Print Culture in Renaissance Italy: The Editor and the Vernacular Text, 1470–1600*. Cambridge: Cambridge University Press, 1994.

—*Printing, Writers and Readers in Renaissance Italy*. Cambridge: Cambridge University Press, 1999.

Richardson, C. M. (ed.), *Locating Renaissance Art*. New Haven, CT: Yale University Press, 2007.

—*Reclaiming Rome: Cardinals in the Fifteenth Century*. Leiden: E. J. Brill, 2009.

Ringbom, S., *Icon to Narrative: The Rise of the Dramatic Close-Up Fifteenth-Century Devotional Painting*. Åbo: Åbo Akademi, 1965.

Roberts, A., *Dominican Women and Renaissance Art: The Convent of San Domenico of Pisa*. Farnham: Ashgate, 2008.

Robertson, C., 'Annibal Caro as iconographer', *JWCI* 45 (1982), pp. 160–75.

—'Il gran cardinale': Alessandro Farnese, Patron of the Arts. New Haven, CT: Yale University Press, 1992.

Robin, D., *Filelfo in Milan*. Princeton, NJ: Princeton University Press, 1991.

Rochon, A. (ed.), *Les écrivains et le pouvoir en Italie à l'époque de la Renaissance*, 1. Paris: Université de la Sorbonne nouvelle, 1973.

—(ed.), *Formes et significations de la beffa dans la littérature italienne de la Renaissance*. Paris: Université de la Sorbonne nouvelle, 1972.

—*La jeunesse de Laurent de Médicis (1449–1478)*. Clermont-Ferrand: Université de Paris, 1963.

—(ed.), *Le pouvoir et la plume: incitation, contrôle et répression dans l'Italie du 16e siècle*. Paris: Université de la Sorbonne nouvelle, 1982.

Roeck, B., *Der junge Aby Warburg*. Munich: Beck, 1997.

Rogers, M. (ed.), *Fashioning Identities in Renaissance Art*. Aldershot: Ashgate, 2000.

Romano, R., *Tra due crisi: l'Italia del Rinascimento*. Turin: Einaudi, 1971.

Roover, R. de, 'A Florentine firm of cloth manufacturers', *Speculum* 16 (1941), pp. 3–30.

—*The Rise and Decline of the Medici Bank*. Rev. edn, Cambridge, MA: Harvard University Press, 1963.

Rosand, D., *Painting in Cinquecento Venice: Titian, Veronese, Tintoretto*. Rev. edn, Cambridge: Cambridge University Press, 1997.

Roscoe, W., *The Life of Lorenzo de'Medici*. London, 1795.

Rose, P. L., *The Italian Renaissance of Mathematics*. Geneva: Droz, 1975.

Rosenberg, C. (ed.), *The Court Cities of Northern Italy*. Cambridge: Cambridge University Press, 2010.

Rossi, S., *Dalle botteghe alle accademie: realtà sociale e teorie artistiche a Firenze dal xiv al xvi secolo*. Milan: Feltrinelli, 1980.

Rostow, W. W., *The Stages of Economic Growth*. Cambridge: Cambridge University Press, 1960.

Rotunda, D. P., *Motif-Index of the Italian Novella in Prose*. Bloomington: Indiana University Press, 1942.

Rowe, J. G., and W. H. Stockdale (eds), *Florilegium historiale*. Toronto: University of Toronto Press, 1971.

Rowland, I., *The Culture of the High Renaissance: Ancients and Moderns in Sixteenth-Century Rome*. Cambridge: Cambridge University Press, 1998.

—*From Heaven to Arcadia: The Sacred and the Profane in the Renaissance*. New York: New York Review of Books, 2005.

Rubin, I. E., *The Renaissance and Mannerism*. Princeton, NJ: Princeton University Press, 1963.

Rubin, P. L., *Giorgio Vasari: Art and History*. New Haven, CT: Yale University Press, 1995.

—*Images and Identity in Fifteenth-Century Florence*. New Haven, CT: Yale University Press, 2007.

Rubinstein, N. (ed.), *Florentine Studies*. London: Faber, 1968.

—*The Government of Florence under the Medici*. 2nd edn, Oxford: Clarendon Press, 1997.

—'Notes on the word *stato* in Florence before Machiavelli', in *Florilegium historiale*, ed. J. G. Rowe and W. H. Stockdale, pp. 314–21. Toronto: University of Toronto Press, 1971.

Rucellai, B., *Giovanni Rucellai ed il suo Zibaldone*. London: Warburg Institute, 1960.

Ruda, J., *Fra Filippo Lippi*. London: Phaidon Press, 1993.

Rupprecht, B., 'Villa: Geschichte eines Ideals', in *Probleme der Kunstwissenschaft* 2, pp. 210–50. Berlin: De Gruyter, 1966.

Rusconi, R., 'Dal pulpito alla confessione: modelli di comportamento religioso', in *Strutture ecclesiastiche in Italia e in Germania prima della Riforma*, ed. P. Prodi and P. Johanek, pp. 259–315. Bologna: Il Mulino, 1984.

—'Predicatori e predicazione (secoli ix–xviii)', *Storia d'Italia, Annali 4*, pp. 951–1053. Turin: Einaudi, 1981.

Ryder, A. F., 'Antonio Beccadelli', in *Cultural Aspects of the Italian Renaissance*, ed. C. H. Clough, ch. 7. Manchester: Manchester University Press, 1976.

—*The Kingdom of Naples under Alfonso the Magnanimous*. Oxford: Clarendon Press, 1976.

Saalman, H., 'Antonio Filarete', *Art Bulletin* 41 (1959), pp. 89–106.

—'Filippo Brunelleschi', *Art Bulletin* 40 (1958), pp. 113–37.

Sabbadini, R., 'Come il Panormita diventò poeta aulico', *Archivio Storico Lombardo* 43 (1916), pp. 5–28.

Salomon, X. F., 'Cardinal Pietro Barbo's collection and its inventory', *Journal of the History of Collections* 15 (2003), pp. 1–18.

Sannazzaro, J., *L'Arcadia*. Venice, 1504.

Santangelo, G. (ed.), *Le epistole 'De imitatione' di Giovanfrancesco Pico della Mirandola e di Pietro Bembo*. Florence: Olschki, 1954.

Santillana, G. de, 'Paolo Toscanelli and his friends', in *The Renaissance Image of Man and the World*, ed. B. O'Kelly, pp. 105–28. Columbus: Ohio State University Press, 1966.

Santoro, C., *Gli uffici del dominio sforzesco (1450–1500)*. Milan: Fondazione Treccani, 1948.

Sardella, P., *Nouvelles et spéculations à Venise au début du XVIe siècle.* Paris: Colin, 1948.

Savonarola, G., *Prediche e scritti.* Florence: Olschki, 1952.

Saxl, F., *La fede astrologica di Agostino Chigi.* Rome: Reale accademia d'Italia, 1934.

—*Lectures.* London: Warburg Institute, 1957.

Schaffran, E., 'Die Inquisitionsprozesse gegen Paolo Veronese', *Archiv fur Kulturgeschichte* 42 (1960), pp. 17–93.

Schiaparelli, A., *La casa fiorentina e i suoi arredi nei secoli XIV e XV.* Florence: Sansoni, 1908.

Schmarsow, A., *Gotik in der Renaissance.* Stuttgart: F. Enke, 1921.

Schmitt, C., (ed.), *The Cambridge History of Renaissance Philosophy.* Cambridge: Cambridge University Press, 1988.

—'Philosophy and science in sixteenth-century universities', in *The Cultural Context of Medieval Learning*, ed. J. E. Murdoch and E. D. Sylla. Dordrech: D. Reidel, 1975.

Schofield, R., 'Avoiding Rome: an introduction to Lombard sculptors and the antique', *Arte Lombarda* 100 (1992), pp. 29–44.

Scholderer, V., *Printers and Readers in Italy in the Fifteenth Century.* London: G. Cumberlege, 1949.

Schubring, P., *Cassoni.* Leipzig: Hiersemann, 1915.

Schulz, A. M., *The Sculpture of Bernardo Rossellino and his Workshop.* Princeton, NJ: Princeton University Press, 1977.

Schutte, A. J., 'Printing, piety and the people in Italy: the first thirty years', *Archiv für Reformationsgeschichte* 71 (1980), pp. 5–20.

Segarizzi, A. (ed.), *Relazioni degli ambasciatori veneti*, vol. 3. Bari: Laterza, 1916.

Seigel, J., 'Civic humanism or Ciceronian rhetoric?', *Past and Present* 34 (1966), pp. 3–48.

Senatore, F., *Uno mundo de carta: forme et strutture della diplomazia sforzesca.* Naples: Liguori, 1998.

Serafino dell'Aquila, *Opere.* Venice, 1505.

Sereni, E., 'Agricoltura e mondo rurale', *Storia d'Italia* 1, pp. 136–252. Turin: Einaudi, 1973.

—*Storia del paesaggio agrario italiano.* Bari: Laterza, 1961.

Serra Desfilis, A., 'Classical language and imperial ideal in the early Renaissance: the artistic patronage of Alfonso V the Magnanimous', in *Europe and its Empires*, ed. N. Harris and C. Lévai, pp. 17–29. Pisa, PLUS-Pisa University Press, 2008.

Settis, S., 'Artisti e committenti fra quattro e cinquecento', *Storia d'Italia, Annali 4*, pp. 791–64. Turin: Einaudi, 1981.

—*Giorgione's Tempest: Interpreting the Hidden Subject.* Eng. trans., Cambridge: Polity, 1990.

—'The iconography of Italian art, 1100–1500', Eng. trans. in *History of Italian Art*, ed. P. Burke, 2 vols, vol. 2, pp. 119–259. Cambridge: Polity, 1994.

—(ed.), *Memoria dell'antico nell'arte italiana*, 2 vols. Turin: Einaudi, 1984–5.

Seymour, C., *Michelangelo's David: A Search for Identity*. 2nd edn, New York: W. W. Norton, 1974.

—*Sculpture in Italy, 1400 to 1500*. Harmondsworth: Penguin, 1966.

Seznec, J., *The Survival of the Pagan Gods*. Eng. trans., New York: Pantheon Books, 1953.

Shaftesbury, Lord, *Second Characters, or, The Language of Forms*. Cambridge: Cambridge University Press, 1914.

Sheard, W. S., and J. T. Paoletti (eds), *Collaboration in Italian Renaissance Art*. New Haven, CT: Yale University Press, 1978.

Shearman, J., *Andrea del Sarto*, 2 vols. New Haven, CT: Yale University Press, 1965.

—'The collections of the younger branch of the Medici', *Burlington Magazine* 117 (1975), pp. 12–27.

—'The Florentine entrata of Leo X, 1515', *JWCI* 38 (1975), pp. 136–44.

—*Mannerism*. Harmondsworth: Penguin, 1967.

—'Il mecenatismo di Giulio II e Leone X', in *Arte, committenza ed economia a Roma e nelle corti del Rinascimento, 1420–1530*, ed. A. Esch and C. L. Frommel, pp. 213–42.Turin: Einaudi, 1995.

—*Only Connect: Art and the Spectator in the Italian Renaissance*. Princeton, NJ: Princeton University Press, 1992.

—'The Vatican stanze: functions and decoration', *Proceedings of the British Academy* 57 (1971), pp. 369–424.

Sheldon, C. D., *The Rise of the Merchant Class in Tokugawa Japan*. Locust Valley, NY: Association for Asian Studies, 1958.

Shepherd, R., 'Republican anxiety and courtly confidence: the politics of magnificence and fifteenth-century Italian architecture', in *The Material Renaissance*, ed. M. O'Malley and E. Welch, pp. 47–70. Manchester: Manchester University Press, 2007.

Simeoni, L., 'Una vendetta signorile nel '400', *Nuovo Archivio Veneto* 5 (1903), pp. 252–8.

Simons, P., 'Women in frames', *History Workshop* 25 (1988), pp. 4–30.

Singleton, C. (ed.), *Canti carnascialeschi*. Bari: Laterza, 1936.

Siraisi, N., *Avicenna in Renaissance Italy*. Princeton, NJ: Princeton University Press, 1987.

—*The Clock and the Mirror: Girolamo Cardano and Renaissance Medicine*. Princeton, NJ: Princeton University Press, 1997.

Skinner, Q., *Foundations of Modern Political Thought*, 2 vols. Cambridge: Cambridge University Press, 1978.

—'The vocabulary of Renaissance republicanism: a cultural *longue durée?*', in *Language and Images of Renaissance Italy*, ed. A. Brown, pp. 87–110. Oxford: Clarendon Press, 1995.

Smith, C., *Architecture in the Culture of Early Humanism*. New York: Oxford University Press, 1992.

Smith, W., 'On the original location of the *Primavera*', *Art Bulletin* 57 (1975), pp. 31–40.

Smyth, C. H., *Mannerism and Maniera*. Locust Valley, NY: J. J. Augustin, 1962.

Snow-Smith, J., *The Primavera of Sandro Botticelli: A Neoplatonic Interpretation*. New York: Peter Lang, 1993.

Solum, S. (2008) 'The problem of female patronage in fifteenth-century Florence', *Art Bulletin* 90, pp. 76–100.

Soria, A., *Los humanistas de la corte de Alfonso el Magnanimo*. Granada: Universidad de Granada, 1956.

Sorrentino, A., *La letteratura italiana e il Sant'Uffizio*. Naples: Francesco Perrella, 1935.

Spencer, J. R., '*Ut rhetorica pictura*', *JWCI* 20 (1957), pp. 26–44.

Starn, R., 'A postmodern Renaissance?', *Renaissance Quarterly* 60 (2007), pp.1–24.

Steinberg, R. M., *Fra Girolamo Savonarola, Florentine Art, and Renaissance Historiography*. Athens: Ohio University Press, 1977.

Steinmann, E., *Die Sixtinische Kapelle*, 2 vols. Munich: F. Bruckmann, 1905.

Stephens, J. N., *The Fall of the Florentine Republic, 1512–1530*. Oxford: Clarendon Press, 1983.

Sterling, C., *Still Life Painting: From Antiquity to the Present Time*. Paris: Pierre Tisné, 1959.

Stone, L., 'Prosopography', *Daedalus* (Winter 1971), pp. 46–73.

Straeten, E. van der (ed.), *La musique aux Pays-Bas*, vol. 6: *Les musiciens néerlandais en Italie* (1882). New York: Dover, 1969.

Strocchia, S., 'Learning the virtues: convent schools and female culture in Renaissance Florence', in *Women's Education in Early Modern Europe*, ed. B. J. Whitehead, pp. 3–46. New York: Garland, 1999.

Strozzi, A. Macinghi negli, *Lettere di una gentildonna fiorentina del secolo xv ai figliuoli esuli*. Florence: Sansoni, 1877.

Summers, D., *Michelangelo and the Language of Art*. Princeton, NJ: Princeton University Press, 1981.

Syson, L., and D. Thornton, *Objects of Virtue: Art in Renaissance Italy*. London: British Museum, 2001.

Tacchi Venturi, P., *Storia della Compagnia di Gesù in Italia*, 1. Rome: Segati, 1910.

Tafuri, M., *Venice and the Renaissance*. Eng. trans., Cambridge, MA: MIT Press, 1989.

Tagliaferro, G., and B. Aikema, *Le botteghe di Tiziano*. Florence: Alinare 24 ore, 2009.

Talvacchia, B., 'Raphael's workshop and the development of a managerial style', in *The Cambridge Companion to Raphael*, ed. M. Hall, pp. 167–85. Cambridge: Cambridge University Press, 2005.

—*Taking Positions: On the Erotic in Renaissance Culture*. Princeton, NJ: Princeton University Press, 1999.

Tavernor, R., *On Alberti and the Art of Building*. New Haven, CT: Yale University Press, 1999.

—*Palladio and Palladianism*. London: Thames & Hudson, 1990.

Tenenti, A., 'Luc'Antonio Giunti il giovane, stampatore e mercante', in *Studi in onore di Armando Sapori*, pp. 1023–60. Milan: Cisalpino, 1957.

—*Naufrages, corsaires et assurances maritimes à Venise, 1592–1609*. Paris: SEVPEN, 1959.

Testa, F., *Winckelmann e l'invenzione della storia dell'arte*. Bologna: Minerva, 1999.

Thieme, U., and F. Becker, *Allgemeines Lexikon der bildenden Künstler*, 37 vols. Leipzig: Seemann, 1907–50.

Thomas, A., *The Painter's Practice in Renaissance Tuscany*. Cambridge: Cambridge University Press, 1995.

—'The workshop as the space of collaborative artistic production', in *Renaissance Florence: A Social History*, ed. R. J. Crum and J. T. Paoletti, pp. 415–30. Cambridge: Cambridge University Press, 2006.

Thomas, K. V., *Religion and the Decline of Magic*. London: Weidenfeld & Nicolson, 1971.

Thorndike, L., *History of Magic and Experimental Science*, 8 vols. New York: Macmillan, 1930–58.

Thornton, D., *The Scholar in his Study*. New Haven, CT: Yale University Press, 1998.

Thornton, P., *The Italian Renaissance Interior, 1400–1600*. London: Weidenfeld & Nicolson, 1991.

Tietze, H., 'Master and workshop in the Venetian Renaissance', *Parnassus* 11 (1939), pp. 34–45.

Tietze-Conrat, E., 'Marietta, fille du Tintoret', *Gazette des Beaux Arts* 76 (1934), pp. 258–62.

Tillyard, E. M. W., *The Elizabethan World Picture*. London: Chatto & Windus, 1943.

Tinagli, P., *Women in Italian Renaissance Art: Gender, Representation, Identity*. Manchester: Manchester University Press, 1997.

Tinctoris, J., *De arte contrapuncti* (1477). Eng. trans. in *Musicological Studies and Documents 5*. Rome, 1961.

Tirosh-Rothschild, H., 'Jewish culture in Renaissance Italy', *Italia* 9 (1990), pp. 63–96.

Tolnay, C., *Michelangelo*, 5 vols. Princeton, NJ: Princeton University Press, 1943–60.

Tomlinson, G., *Music in Renaissance Magic: Toward a Historiography of Others*. Chicago: University of Chicago Press, 1993.

Toscano, B., 'The history of art and the forms of the religious life', Eng. trans. in *History of Italian Art*, ed. P. Burke, 2 vols, vol. 2, pp. 260–325. Cambridge: Polity, 1994.

Toynbee, A., *A Study of History*, vol. 9: *Contacts between Civilizations in Time*. Oxford: Oxford University Press, 1954.

Trachtenberg, M., *Dominion of the Eye: Urbanism, Art and Power in Early Modern Florence*. Cambridge: Cambridge University Press, 1997.

Trexler, R., 'Charity and the defence of urban elites in the Italian communes', in *The Rich, the Well Born and the Powerful*, ed. F. C. Jaher, pp. 64–105. Urbana: University of Illinois Press, 1973.

—'Florentine religious experience: the sacred image', *Studies in the Renaissance* 19 (1972), pp. 7–41.

—*Public Life in Renaissance Florence*. New York: Academic Press, 1980.

Trinkaus, C., *In our Image and Likeness*, 2 vols. London: Constable, 1970.

Trovato, P., *Con ogni diligenza corretto: la stampa e le revisioni editoriali dei testi letterari italiani (1470–1570)*. Bologna: Il Mulino, 1991.

Turner, A. R., *The Vision of Landscape in Renaissance Italy*. Princeton, NJ: Princeton University Press, 1966.

Turner, J. (ed.), *The Dictionary of Art*, 34 vols. London: Macmillan, 1990.

Urquizar Herrera, A., *Coleccionismo y nobleza: signos de distinción social en la Andalucía del Renacimiento*. Madrid: Marcial Pons, 2007.

Usmiani, M. A., 'Marko Marulić', *Harvard Slavic Studies* 3 (1957), pp. 1–48.

Valeriano, G. P., *De litteratorum infelicitate* (1620). Eng. trans. as *Pierio Valeriano on the Ill Fortune of Learned Men*. Ann Arbor: University of Michigan Press, 1999.

Varchi, B., *Due lezioni*. Florence, 1549.

Vasari, G., *Der Literarische Nachlass*, 2 vols. Munich: Müller, 1923.

—*Vite*, ed. P. Barocchi and R. Bettarini, 6 vols. Florence, 1966–87. Eng. trans. as *Lives of the Most Eminent Painters, Sculptors, and Architects*. London: Macmillan, 1912–15.

Veen, H. T. van, *Cosimo I de' Medici and his Self-Representation in*

Florentine Art and Culture. Eng. trans., Cambridge: Cambridge University Press, 2006.

Venezian, S. (1921) *Olimpo da Sassoferrato.* Bologna: Zanichelli, 1921.

Ventura, A., *Nobiltà e popolo nella società veneta del quattrocento e cinqucento.* Bari: Laterza, 1964.

Verde, A., *Lo studio fiorentino,* 3 vols. Florence: Istituto nazionale di studi sul Rinascimento, 1973.

Verdon, T., and J. Henderson (eds), *Christianity and the Renaissance: Image and Religious Imagination in the Quattrocento.* Syracuse, NY: Syracuse University Press, 1990.

Vespasiano da Bisticci, *Vite di uomini illustri.* Eng. trans., as *Lives of Illustrious Men of the 15th Century.* London: Routledge, 1926.

Vicentino, N., *L'antica musica.* Venice, 1555.

Vida, M. G., *The De arte poetica* (1527). Eng. trans., New York: Columbia University Press, 1976.

Voltaire, *Essai sur les moeurs* (1756), 2 vols. Paris: Garnier, 1963.

Wackernagel, M., *The World of the Florentine Renaissance Artist.* Eng. trans. Alison Luchs. Princeton, NJ: Princeton University Press, 1981.

Waley, D., *The Italian City-Republics.* 2nd edn, London: Longman, 1978.

Walker, D. P., *Spiritual and Demonic Magic from Ficino to Campanella.* London: Warburg Institute, 1958.

Wallace, W. E., *Michelangelo at San Lorenzo: The Genius as Entrepreneur.* Cambridge: Cambridge University Press, 1994.

—'Michelangelo's assistants in the Sistine Chapel', *Gazette des Beaux-Arts* 110 (1987), pp. 203–16.

Walser, E., *Gesammelte Studien zur Geistesgeschichte der Renaissance.* Basel: B. Schwabe, 1932.

Warburg, A., *The Renewal of Pagan Antiquity.* Eng. trans., Los Angeles: Getty Center, 1999.

Warkentin, G., and C. Podruchny (eds), *Decentring the Renaissance: Canada and Europe in Multidisciplinary Perspective, 1500–1700.* Toronto: University of Toronto Press, 2001.

Warnke, M., *The Court Artist.* Eng. trans., Cambridge: Cambridge University Press, 1993.

Warren, J., 'Bronzes', in *At Home in Renaissance Italy*, ed. M. Ajmar-Wollheim and F. Dennis, pp. 294–305. London: V&A, 2006.

Weber, M., *Economy and Society.* Eng. trans., New York: Bedminster Press, 1968.

Weinberg, B., *A History of Literary Criticism in the Italian Renaissance,* 2 vols. Chicago: University of Chicago Press, 1961.

Weinstein, D., 'The myth of Florence', in *Florentine Studies*, ed. N. Rubinstein, pp. 15–44. London: Faber, 1968.

—*Savonarola and Florence*. Princeton, NJ: Princeton University Press, 1970.

—*Savonarola: The Rise and Fall of a Renaissance Prophet*. New Haven, CT: Yale University Press, 2011.

Weise, G., *L'ideale eroico del Rinascimento*, 2 vols. Naples: Edizioni scientifiche italiane, 1961–5.

—'*Maniera* und *Pellegrino*', *Romanistisches Jahrbuch* 3 (1950), pp. 321–403.

Weisinger, H., 'The English origins of the sociological interpretation of the Renaissance', *Journal of the History of Ideas* 11 (1950), pp. 321–38.

Weiss, R., *The Renaissance Discovery of Classical Antiquity*. Oxford: Blackwell, 1969.

Weissman, R., 'Reconstructing Renaissance sociology', in *Persons in Groups*, ed. R. Trexler, pp. 39–46. Binghamton, NY: Center for Medieval and Early Renaissance Studies, 1985.

—*Ritual Brotherhood in Renaissance Florence*. New York: Academic Press, 1982.

—'Taking patronage seriously: Mediterranean values and Renaissance society', in *Patronage, Art and Society in Renaissance Italy*, ed. F. W. Kent and P. Simons, pp. 25–45. Oxford: Oxford University Press, 1987.

Welch, E. S., *Art and Authority in Renaissance Milan*. New Haven, CT: Yale University Press, 1995.

—*Art and Society in Italy 1350–1500*. Oxford: Oxford University Press, 1997.

—'The process of Sforza patronage', *Renaissance Studies* 3 (1989), pp. 370–86.

—*Shopping in the Renaissance: Consumer Culture in Italy, 1300–1550*. New Haven, CT: Yale University Press, 2005.

—'Women as patrons and clients in the courts of quattrocento Italy', in *Women in Italian Renaissance Culture and Society*, ed. L. Panizza, pp. 18–34. Oxford: European Humanities Research Centre, 2000.

Wellek, R., *Concepts of Criticism*. New Haven, CT: Yale University Press, 1963.

Wendorff, R., *Zeit und Kultur*. 2nd edn, Opladen: Westdeutscher Verlag, 1980.

Westfall, C. W., *In this Most Perfect Paradise: Alberti, Nicholas V and the Invention of Conscious Urban Planning in Rome, 1447–55*. University Park: Pennsylvania State University Press, 1974.

Wilde, J., 'The hall of the Great Council of Florence', in *Renaissance Art*, ed. C. Gilbert, pp. 92–132. New York: Harper & Row, 1970.

Williams, R., *Culture and Society, 1780–1950*. London: Chatto & Windus, 1958.

—*Keywords: A Vocabulary of Culture and Society*. London: Croom Helm, 1976.

—*The Long Revolution*. 2nd edn, Harmondsworth: Penguin 1965.

—*Marxism and Literature*. Oxford: Oxford University Press, 1977.

Williamson, G. C. (ed. and trans.), *The Anonimo: Notes on Pictures and Works of Art in Italy*. London: Bell, 1903.

Wilson, N. G., *From Byzantium to Italy: Greek Studies in the Italian Renaissance*. London: Duckworth, 1992.

Winckelmann, J. J., *Geschichte der Kunst des Altertums* (1764). Eng. trans., London: Low, 1881.

Wind, E., *Bellini's Feast of the Gods*. Cambridge, MA: Harvard University Press, 1948.

—*Giorgione's Tempestà*. Oxford: Clarendon Press, 1969.

—*Pagan Mysteries in the Renaissance*. Rev. edn, Oxford: Oxford University Press, 1980.

Wisch, B., and D. C. Ahl (eds), *Confraternities and the Visual Arts in Renaissance Italy: Ritual, Spectacle, Image*. Cambridge: Cambridge University Press, 2000.

Witt, R. G., *Hercules at the Cross-Roads: The Life, Work and Thought of Coluccio Salutati*. Durham, NC: Duke University Press, 1983.

—'In the Footsteps of the Ancients': The Origins of Humanism from Lovato to Bruni*. Leiden: E. J. Brill, 2000.

Witt, R. G., J. M. Najemy, C. Kallendorf and W. Gundersheimer, 'Hans Baron's Renaissance humanism', *American Historical Review* 101 (1996), 107–44.

Wittkower, R., *Architectural Principles in the Age of Humanism*. 3rd edn, London: Alec Tiranti, 1962.

—'Individualism in art and artists', *Journal of the History of Ideas* 22 (1961), pp. 291–302.

Wittkower, R., and M. Wittkower, *Born under Saturn*. London: Weidenfeld & Nicolson, 1963.

Wohl, H., *The Aesthetics of Italian Renaissance Art: A Reconsideration of Style*. Cambridge: Cambridge University Press, 1999.

Wölfflin, H., *Classic Art* (1898). Eng. trans., London: Phaidon Press, 1952.

—*Principles of Art History* (1915). Eng. trans., New York: Dover, 1950.

—*Renaissance and Baroque* (1888). Eng. trans., London: Cornell University Press, 1964.

Woods-Marsden, J., *The Gonzaga of Mantua and Pisanello's Arthurian Frescoes*. Princeton, NJ: Princeton University Press, 1988.

—*Renaissance Self-Portraiture*. New Haven, CT: Yale University Press, 1998.

—*Toward a History of Art Patronage in the Renaissance: The Case of Pietro Aretino*. Durham, NC: Duke University Press, 1994.

Woolf, S., 'Venice and the *terraferma*', in *Crisis and Change in the Venetian Economy*, ed. B. Pullan, pp. 175–203. London: Methuen, 1968.

Woolfson, J. (ed.), *Palgrave Advances in Renaissance Historiography*. Basingstoke: Macmillan, 2004.

Wright, A., 'Between the patron and the market: production strategies in the Pollaiuolo workshop', in *The Art Market in Italy, 15th–17th Century*, ed. M. Fantoni et al., pp. 225–36. Modena: F. C. Panini, 2003.

Wyrobisz, A., 'L'attività edilizia a Venezia', *Studi Veneziani* 7 (1965), pp. 307–43.

Yates, F., *Giordano Bruno and the Hermetic Tradition*. London: Routledge & Kegan Paul, 1964.

Zancan, M., 'La donna e il cerchio nel *Cortegiano*', in *Nel cerchio della luna*, ed. Zancan, pp. 13–56. Venice: Marsilio, 1983.

Zanetti, D., *Problemi alimentari di una economia preindustriale: cereali a Pavia dal 1338 al 1700*. Turin: Boringhieri, 1964.

Zanrè, D., *Cultural Non-Conformity in Early Modern Florence*. Aldershot: Ashgate, 2004.

Zappella, G., *Il ritratto nel libro italiano del cinquecento*, 2 vols. Milan: Bibliografica, 1988.

Zarlino, G., *Istitutioni harmoniche* (1558). Eng. trans. as *The Art of Counterpoint*. New York, W. W. Norton, 2011.

Zarri, G., 'Aspetti dello sviluppo degli ordini religiosi', in *Strutture ecclesiastiche in Italia e in Germania prima della Riforma*, ed. P. Prodi and P. Johanek, pp. 207–57. Bologna: Il Mulino, 1984.

—*Le sante vive: profezie di corte e devozione femminile tra '400 e '500*. Turin: Rosenberg & Sellier, 1990.

Zeidberg, D., and F. Superbi, *Aldus Manutius and Renaissance Culture*. Florence: Olschki, 1998.

Zhiri, O., *L'Afrique au miroir de l'Europe: fortunes de Jean Léon L'Africain à la Renaissance*. Geneva: Droz, 1991.

Zilsel, E., *Die Entstehung des Geniebegriffes*. Tübingen: Mohr, 1926.

Zimmermann, T. C. P., 'Paolo Giovio and the evolution of Renaissance art criticism', in *Cultural Aspects of the Italian Renaissance*, ed. C. H. Clough, pp. 406–24. Manchester: Manchester University Press, 1976.

—*Paolo Giovio: The Historian and the Crisis of Sixteenth-Century Italy*. Princeton, NJ: Princeton University Press, 1995.

索 引（参考页边码）

带 * 者为创造性精英群体的成员，并非全部成员都包含在本书文本中。

图书在版编目(CIP)数据

意大利文艺复兴:文化与社会:第3版/(英)彼
得·伯克(Peter Burke)著;刘君译. —上海:上海
人民出版社,2024
(思想剧场)
书名原文:The Italian Renaissance:Culture and
Society in Italy (3Rd)
ISBN 978 - 7 - 208 - 17164 - 0

Ⅰ.①意⋯ Ⅱ.①彼⋯ ②刘⋯ Ⅲ.①文艺复兴-研
究-意大利 Ⅳ.①K546.32

中国版本图书馆 CIP 数据核字(2021)第 112151 号

特约编辑	钱一栋
责任编辑	陈佳妮
封面设计	好谢翔

思想剧场

意大利文艺复兴(第3版)
——文化与社会

[英]彼得·伯克 著

刘 君 译

出　　版	上海人民出版社	
	(201101 上海市闵行区号景路 159 弄 C 座)	
发　　行	上海人民出版社发行中心	
印　　刷	上海盛通时代印刷有限公司	
开　　本	890×1240 1/32	
印　　张	13.75	
插　　页	3	
字　　数	312,000	
版　　次	2024 年 8 月第 1 版	
印　　次	2024 年 8 月第 1 次印刷	
ISBN 978 - 7 - 208 - 17164 - 0/K · 3092		
定　　价	78.00 元